Forum historische Forschung: Antike

Herausgegeben von Prof. Dr. Ralf Behrwald (Bayreuth),
Prof. Dr. Kaja Harter-Uibopuu (Hamburg), Prof. Dr. Hilmar Klinkott (Kiel),
Prof. Dr. Christian Mann (Mannheim), Prof. Dr. Werner Tietz (Köln)

Eine Übersicht aller lieferbaren und im Buchhandel angekündigten Bände der Reihe finden Sie unter:

 https://shop.kohlhammer.de/fhf-antike

Hilmar Klinkott

Xerxes

Der Großkönig in Griechenland

Verlag W. Kohlhammer

Dieses Werk einschließlich aller seiner Teile ist urheberrechtlich geschützt. Jede Verwendung außerhalb der engen Grenzen des Urheberrechts ist ohne Zustimmung des Verlags unzulässig und strafbar. Das gilt insbesondere für Vervielfältigungen, Übersetzungen, Mikroverfilmungen und für die Einspeicherung und Verarbeitung in elektronischen Systemen.

Dieses Werk enthält Hinweise/Links zu externen Websites Dritter, auf deren Inhalt der Verlag keinen Einfluss hat und die der Haftung der jeweiligen Seitenanbieter oder -betreiber unterliegen. Zum Zeitpunkt der Verlinkung wurden die externen Websites auf mögliche Rechtsverstöße überprüft und dabei keine Rechtsverletzung festgestellt. Ohne konkrete Hinweise auf eine solche Rechtsverletzung ist eine permanente inhaltliche Kontrolle der verlinkten Seiten nicht zumutbar. Sollten jedoch Rechtsverletzungen bekannt werden, werden die betroffenen externen Links soweit möglich unverzüglich entfernt.

Umschlagabbildung: Die verschiedenen Volksgruppen des Perserreichs. Detail der Fassade des Grabs von Xerxes I. in Naqsh-e Rostam, Iran (Foto: A. Davey; CC BY 2.0).

1. Auflage 2023

Alle Rechte vorbehalten
© W. Kohlhammer GmbH, Stuttgart
Gesamtherstellung: W. Kohlhammer GmbH, Stuttgart

Print:
ISBN 978-3-17-040114-3

E-Book-Format:
pdf: ISBN 978-3-17-040115-0

„Der Reichtum der Welt liegt in der Vielfalt,
nicht im Einerlei. Diese Vielfalt, die kommt nicht
von einem selbst, die kommt aus der Vergangenheit."

(Navid Kermani, *Entlang der Gräben,* München 2018, 301)

Inhaltsverzeichnis

Vorwort 9

Einleitung 11

1   Die Kriegsentscheidung des Xerxes
     in den griechischen Quellen 16

1.1   Die Beschlussfassung im Rat der Perser:
       Herodots literarische Schlüsselszene 16
1.2   Die griechischen Partner 19
1.3   Parteiungen am Hof 29
1.4   Die Rede des Xerxes im Rat der Perser 36
1.5   Die Träume des Xerxes 40

2   Die Vorbereitungen zum Feldzug 52

2.1   Kriegsvorbereitungen und Athos-Kanal 52
2.2   Die politischen Verhältnisse in der Ägäis aus persischer Sicht 60

3   Die persische Sicht – ein Deutungsmodell 72

3.1   Eine methodische Annäherung an Herodots Umgang
       mit ‚östlichen' Texten 78
3.2   Die Xerxes-Inschrift aus Persepolis XPl 88
       3.2.1   Der Text 89
       3.2.2   Stilanalyse und Kommentierung 92

4   Der Griechenlandfeldzug als achaimenidisches
     Programm 107

4.1   Der Übergang über den Hellespont 114
4.2   Die königliche ‚Jagd der griechischen Löwen':
       Der Marsch nach Athen 125
4.3   Die Inszenierung des Feldzugendes 151

4.4 Salamis 161
4.5 Der Umgang mit der Niederlage 168
4.6 Themistokles vor dem Großkönig 175

5   Das Nachspiel: Die persischen Strategenfeldzüge 187

Schluss 219

Literaturverzeichnis 229

Index 257
Personen- und Ortsnamen 257
Belegstellen 264

Vorwort

Navid Kermanis Buch *Entlang der Gräben* (2018) schildert in eindrucksvoller Weise, wie kriegerische Konflikte und ihre Geschichte in der späteren Wahrnehmung speziellen Narrativen untergeordnet werden. Ihr konstruierter Charakter offenbart sich im Perspektivwechsel, auch wenn die jeweils andere Blickrichtung gleichermaßen einer eigenen Wahrnehmung und ‚Erzählung' folgt. Deutlich wird dadurch: Die historische ‚Wahrheit' ist durch diese ‚Erzählungen' kaum zuverlässig zu bestimmen, mit Sicherheit aber nicht durch die Darstellung nur einer Seite zu erklären. In diesem Sinne widmet sich das vorliegende Buch „entlang der Gräben" der sogenannten Perserkriege – an sich schon ein tendenziöser Begriff – im Besonderen dem Feldzug Xerxes I. nach Griechenland. Im Mittelpunkt steht der Versuch, sich gezielt der nichtgriechischen Perspektive zu widmen, die als die der ‚Anderen' bislang kaum ernsthaft zu Kenntnis genommen wurde, diese zu verstehen und zu rekonstruieren. Der Xerxesfeldzug aus der Sicht der Perser, genauer: des achaimenidischen Großkönigs, folgte zweifellos einem ganz anderen Narrativ, das der griechischen Wahrnehmung eines Herodot entgegenstand. Dementsprechend versucht diese Arbeit, bekannte Erklärungsmuster aufzubrechen und in das Verständnis des achaimenidischen Großkönigs einzuordnen. Die ‚neuen Lesarten' sollen dabei keineswegs als ‚Korrekturen' der griechischen Überlieferung und Geschichte verstanden werden, sondern als Deutungsvorschläge und -hypothesen einer anderen, eben der achaimenidischen Perspektive. Somit bietet dieses Buch keine endgültige, umfassende historische Rekonstruktion des Xerxesfeldzuges, sondern soll einen Anstoß zur Diskussion liefern, die ‚Gräben' in der historischen Interpretation zu überwinden und neue Perspektiven auf das alte Thema zuzulassen.

Dass dieses Buch überhaupt zustande kommen konnte, verdanke ich vielen Freunden und Kollegen: Norbert Kramer war einer der ersten, dem ich die Idee zu diesem Buch vorgestellt habe. Ohne seine Ermutigungen, trotz des zu erwartenden Widerspruchs diese Überlegungen einer fachlichen Diskussion vorzustellen, wäre wohl keine Zeile geschrieben worden. Nicht nur er, sondern auch Christian Mann, Kai Ruffing, Joseph Wiesehöfer und Hendrik Wagner haben das Manuskript dann vollständig gelesen und es mit zahllosen Hinweisen, Anregungen, Kommentaren und kritischen Anmerkungen versehen. Diesem intensiven wissenschaftlichen Austausch während der sog. Corona-Jahre 2020 und 2021 bin ich besonders dankbar: Er hat das Buch in vielfältiger Weise bereichert, verbessert und vor Fehlern bewahrt. Henry Coburn, Jona Lendering und Jeffrey Spier danke ich besonders für Ihre Hilfe bei den Abbildungen in diesem Band, wie auch Peter Palm für die Anfertigung der beiden Karten. Bei der redaktionellen Arbeit bin ich Moritz Buhrmann, Momme Jensen und Rico May zu großem Dank verpflichtet, da sie mich mit ihrer Zeit, ihrem Einsatz und ihren Ideen kompetent unterstützt haben. Dem Subcluster ‚Knowledge' im Kieler Exzellenzcluster ROOTS verdanke ich zudem tatkräftige finanzielle Unterstützung bei der Drucklegung des Bandes: Ohne diese Hilfe wäre das Buch wohl kaum schon in diesem Jahr erschienen. Nicht zuletzt danke ich in besonderer Weise meiner Familie für ihre Geduld und ihren Rückhalt, ohne die ich ein solches ‚Projekt' nicht hätte realisieren können.

Hilmar Klinkott   Kiel, im Juli 2022

Einleitung

Seit C. Hignett 1963 das große Buch zur Invasion des Xerxes in Griechenland vorgelegt hat, ist keine entsprechend umfangreiche Monographie zu diesem Thema mehr erschienen, die wesentlich Neues bietet.[1] Die Deutungslinien zum Xerxeszug schienen damit in ihrem Grundmuster festgeschrieben, wurden bis in die neuere Forschung beinahe unverändert übernommen[2] und im Grundsatz weder in Frage gestellt noch weiterentwickelt. Dabei hatte H. T. Wallinga bereits 1966 in einer Rezension zu C. Hignetts Buch den entscheidenden Kritikpunkt ausgesprochen:[3]

> „On the whole the author contrives to give the unfortunate impression that he does not care very much for what really happened and why. Certainly he has given far too little thought to the background of the Helleno-Persian wars. Thus he has little to contribute to a better understanding of the Persian strategy without which all modern attempts to solve the logistic problems (...) are bound to fail."

In der Tat sind die Perserkriege, und im Besonderen der Griechenlandfeldzug des Xerxes, bislang im Wesentlichen aus einer gräkozentrischen Perspektive betrachtet worden, nicht zuletzt weil die griechischen Quellen, allen voran Herodot, nahezu als einzige über dieses Ereignis berichten.[4] Eine konsequente Deutung aus persischer Sicht steht bislang aus. Dies ist v. a. durch die Überlieferungslage bedingt, da die östlichen Quellen weder in ihrem Charakter einer historiographischen Zielsetzung folgen noch den Griechenlandfeldzug des Xerxes überhaupt explizit zur Kenntnis nehmen.[5] Selbst bei den achaimenidischen Königsinschriften handelt es sich, abgesehen von der Behistun-Inschrift Dareios' I., um Repräsentationstexte, die eine herrschaftsideologische Programmatik vermitteln, aber Ereignisgeschichte nicht historiographisch reflektieren

---

1 Hignett 1963.
2 Zu dieser Problematik siehe auch Kelly 2003, 189. Selbst Stoneman 2015 folgt dem klassischen Muster. Siehe bes. ebd., Kap. 5, S. 109–138: „Invasion (I): The Cornerstone of Greek Freedom". Siehe auch Schulz 2017; Cawkwell 2005, 87–125; Harrison 2002, 551–578; Funke 2013, 267–274; Hammond 1988, 518–591; Myres 1953.
3 Wallinga 1966, 94.
4 Siehe hierzu besonders charakteristisch Harrison 2002, 551–578, dessen Darstellung gänzlich die neueren Arbeiten von Bichler 2000 und Bichler/Rollinger 2000 ignoriert und die Darstellung bei Herodot in einer positivistischen Weise als historisch zutreffend versteht. Ausführlich zur griechischen Perspektive auf diesen „Perserkrieg" siehe auch Konstan 1987, 59–73. Zu Herodots Darstellung des Xerxes-Feldzuges als konzeptionelles Gegenstück zum Trojanischen Krieg siehe Bowie 2012, 267–286, bes. 271–278; Saïd 2012, 87–105; vgl. auch Schulz 2013, 333–344; allgemein zu Erzählstrukturen griechischer Mythologie in den Historien: Wesselmann 2011; zu Xerxes: Clarke 2018, 153–157.
5 Siehe dazu Stickler 2015, 322; Wiesehöfer 2013, 280; Wiesehöfer 1994, 71–89.

oder prozessual diskutieren.⁶ Es sind Herodots *Historien* aus der Mitte des 5. Jahrhunderts v. Chr., welche als wichtigste literarische Quelle die Ereignisgeschichte und den Kontext des Xerxeszuges darlegen und damit die Basis für die spätere Überlieferung legen.⁷ Längst ist jedoch gesehen worden, dass Herodot, obwohl bekannt als *pater historiae*, sein Werk in komplexer Weise auch literarisch komponiert hat.⁸ Es finden sich unterschiedlichste Erzählebenen – über das sog. Kulturstufenschema und die Gegenweltkonzeption, die übergreifende Anlage von Motiv- und Erzählketten, bis hin zur Metahistorie und einem kritischen Zeitbezug –, welche historische Informationen nach der Selektion des Autors einbeziehen und nach eigenen, literarischen Aspekten in teilweise neuen Kontexten konstruieren.⁹ Die jüngere Herodotforschung hat dabei gezeigt, dass der Ansatz D. Fehlings und der sog. *Liar-School* bezüglich vom Autor intendierter Falschaussagen vielfach zu kurz greift.¹⁰ Immer wieder zeigt sich, dass vermeintliche ‚Falschaussagen' aus anderen Kontexten als dem einer strikt griechischen Wahrnehmung verständlich werden. Ihre Erklärung ergibt sich oft aus einem altorientalischen Hintergrund, der von der *Liar-School* zu wenig als literarisch intendiert ernst genommen wird.¹¹ Durch ihn ergibt sich aber für die Rezeption durch Herodot eine weitaus intensivere Auseinandersetzung mit dem östlichen Nachrichten- und Literaturmaterial, die nicht schlicht als eine diffuse ‚Anekdotensammlung' abzutun ist. Vielmehr ist sie im Quellenwert, in ihrer intendierten Verarbeitung und narrativen (Um-)Gestaltung weitaus komplexer und für Herodots literarisches Konzept ernst zu nehmen.¹² So wird in der aktuellen Forschung immer deutlicher herausgestellt, dass Herodot über ‚orientalisches' Material verfügte, das er teilweise aus älteren mündlichen und schriftlichen Traditionslinien, die bis in assyrische Zeit zurückreichen kön-

---

6 Siehe Jacobs 2014, 341–352.
7 Dazu Zali 2016, 34–58.
8 Deshalb betont Cic. De leg. 1, 5 auch: *quamquam et apud Herodotum patrem historiae et apud Theopompum sunt innumerabiles fabulae*. Ausführlich dazu Dunsch 2013, 153–195. Cawkwell 2005, 100 formuliert treffend, aber vielleicht zu negativ: „One arrives at an awkward position. We have Herodotus and cannot do without him, but one cannot have great confidence in what he says."
9 Zu Herodots Narrativen und Metanarrativen siehe Munson 2001, 20–44; speziell in Bezug auf persische Ideologie ebd., 149–156, allerdings ohne die Verarbeitung eigenständiger, orientalischer Narrative bei Herodot. Zu mythologischen Motivketten und Vernetzungen siehe Bowie 2012, 269 f.; Rollinger 2017, 13–42; zu Kommunikationsmechanismen aliterater Gesellschaften: West 1988, 207–211. Zum Narrativ des Xerxeszuges: Harrison 2002, 560–571.
10 Vgl. Fehling 1971; ausführlich zu Fehling und der *Liar-School*: Pritchett 1993; vgl. in diesem Kontext auch Lincoln 2012.
11 Siehe dazu Thomas 1996, 175–178.
12 Siehe dazu grundlegend Haubold 2013 (ausführlicher zu seinem Ansatz s. u. im Methodenkapitel).

Einleitung

nen,[13] schöpfte, in seine Erzählung einband und im Sinn seines Narrativs anpasste.

Auf dieser Grundlage will die vorliegende Studie in bewusst provokanter Weise einen neuen Ansatz für den Griechenlandfeldzug des Xerxes vorlegen, der dem Postulat von H. T. Wallinga folgt: eine Deutung aus konsequent persischer bzw. achaimenidischer Perspektive.[14] Es ist dabei zu betonen, dass dieser Ansatz nicht als Ersatz der bisherigen Interpretations- und Erkenntnisgewinne, sondern als Kompartiment gedacht ist. Die Forschungsergebnisse zu den Perserkriegen, zum Griechenlandfeldzug des Xerxes und zu Herodot sollen keineswegs negiert werden – sie sind vielmehr bedeutend, v. a. wo sie die innergriechischen historischen und literarischen Verhältnisse behandeln. Die präzise Rekonstruktion des ereignisgeschichtlichen, topographischen und chronologischen Feldzugsverlaufs soll deshalb hier nicht im Zentrum der Untersuchung stehen.

Aus einer gräkozentrierten Retrospektive[15] ist der Krieg gegen Xerxes und die Perser ein epochales Ereignis: Er ist verbunden mit dem erfolgreichen Freiheitskampf der Griechen gegen ‚barbarische' Despotie und Tyrannis,[16] mit (vermeintlich) panhellenischen Interessen und den richtungsweisenden Siegen der Griechen bei Salamis, Plataiai und Mykale über den Großkönig,[17] sein übergroßes Vielvölkerheer und seine zahlenmäßig weit überlegene Flotte.[18] Diese Siege als End- und Höhepunkt der sogenannten Perserkriege werden teilweise auch in der griechischen Kunst und Architektur als ‚Initialzündung' gesehen, welche den Wendepunkt von der Archaik zur Klassik markiert.[19] Aus diesem Kampf, der v. a. von athenischer Seite als überwältigender Sieg gefeiert wurde, entspann sich eine Dynamik, welche u. a. die athenische Hegemonie im atti-

---

13 Siehe Rollinger 2017, 13–42; Schwab 2017, 163–195; Kramer 2017, 83–104; Huber 2005, 339–397.
14 Eine inspirierende Vorlage hierfür bietet Bichler 2016c.
15 Der zunächst athenische Blickwinkel wurde erst allmählich verallgemeinert und bildete dabei das Barbarenstereotyp aus: dazu Börm 2019, 17, 20–22; Bichler 1988, 117–128; Borzsák 1987 289–297; zur Ausbildung des Perserbildes im 5./4. Jahrhundert v. Chr. zwischen Faszination und Gegenwelt: Hölscher 2000, 287–320; Wiesehöfer 2004, 297 f., 302 f.
16 Siehe zu einer derartigen Gesamtwertung Dio Chrysost., Über die Habgier, 14: „*Oder Xerxes, der Herr über den anderen Kontinent! Als er, um sich auch Griechenland einzuverleiben, eine solche mächtige Flotte und so viele tausend Soldaten zusammengebracht hatte, da verlor er mit Schimpf und Schande seine ganze Streitmacht und rettete mit knapper Not sein eigenes Leben; später musste er dann zusehen, wie sein Land und die an der Küste gelegenen Städte verwüstet wurden.*" Siehe auch Trampedach 2013, 86 f.; Borzsák 1987, 289–297.
17 Vgl. dazu etwa Diod. 11, 2, 5: „*der dringende Wunsch, dass sich sämtliche Griechenstädte an der Vorverteidigung beteiligten und den Krieg gegen die Perser zur gemeinsamen Sache machten.*" Im Überblick dazu Müller 2019, 309 f. Zu Behandlungen der sog. ‚Perserkriege' aus dem griechischen Blickwinkel: Schulz 2017, 171–179; Fischer 2013 sowie weiterhin Hignett 1963, 96 ff.
18 Zur Problematik der überlieferten Zahlen: Cawkwell 2005, 88.
19 Siehe hierzu Hauser 2019, 281–304; Briant 2019, 67–80.

schen Seebund und nicht zuletzt den Peloponnesischen Krieg bedingte.[20] Bezeichnend für diese Wahrnehmung ist die Tatsache, dass die Athener diesen Kampf als erfolgreichen Freiheitskampf ihrer Polis propagierten, obwohl ihre Stadt zwei Mal von den Persern erobert und besetzt wurde.[21]

Gestützt auf die v. a. griechische Überlieferung wurden in der Rezeption der Perserkriege die griechischen Siege förmlich als „Geburtsschrei Europas" verstanden,[22] deren Wirkungslinien bis zu Alexander III. und darüber hinaus gezogen werden.[23] Die Weihung des Plataiai-Monuments (Hdt. 9, 81) und die Simonides-Inschrift(en) der berühmten Schlangensäule im Apollonheiligtum von Delphi machten die Perserkriege insgesamt zu einem *lieu de mémoire* mit vornehmlich panhellenischem Charakter.[24] Dem achaimenidischen Imperium wurde dabei die negative Antagonistenrolle zugewiesen.[25] In einer solchen grundsätzlich vergleichenden Ausrichtung an und Abgrenzung von Griechenland aus einer vornehmlich griechischen Blickrichtung fehlt bislang die Auseinandersetzung mit dem Xerxeszug aus einer intrinsisch achaimenidischen Perspektive.

Dies soll hier versucht werden, wohl wissend, dass damit zwangsläufig eine gänzlich andere, fremde und ungewohnte Sicht auf den Sinn und die Bedeutung dieses ‚Griechenkriegs' in der Politik des Xerxes als Großkönig des Achaimenidenreiches entsteht.[26] Auf diese Weise werden sicherlich alte, liebgewonnene Denk- und Deutungsmuster aufgebrochen und in gänzlich andere Zusammenhänge gestellt. Zweifellos werden damit andere Akzente als aus griechischer Sicht gesetzt, für die möglicherweise der militärische Erfolg nicht in entsprechender Weise Gewicht besitzt. Dies soll aber nicht als Korrektur, sondern als Ergänzung der Deutungsebenen verstanden werden. Mit diesem Versuch soll eine weiterführende, konstruktive Diskussion zum Xerxesfeldzug und zu Herodots Darstellung in den *Historien* angeregt werden, welche die vorgelegten Thesen modifizieren und weiterentwickeln soll. Die methodischen Schwierigkeiten sind dem Verfasser dabei vollauf bewusst. Ein Methoden- und

---

20   Siehe dazu speziell am Beispiel der ‚orientalischen Despotie' grundlegend Bichler 2007, 475–500.
21   Siehe zu diesem Phänomen auch Kramer 2004, 257–270; Krikona 2018, 85–104.
22   Siehe Rollinger/Ruffing/Thomas 2019, 2; Ruffing 2006, 4; Gehrke 2009, 85–101; Hölkeskamp 2001, 329–353; Meier 1998, 250–284. Siehe ebenso etwa Bradford 2004; Holland 2006; Cartledge 2006. Vgl. auch zum Einfluss Hegels dabei: Oeken 2019, 350; Panaino 2019, 385–387.
23   Djurslev 2019, 35–52; Müller 2019, 310 f.; Stoneman 2019, 403–424.
24   Siehe ausführlich Jung 2006, bes. 243 f.; Stephenson 2016, 67–92; Ruffing 2021, 351, 360 . Zu den Epigrammen des Simonides auf der Säule Ruffing 2020, 82 f. Zur Inschrift: Syll. 3 31; HGIÜ I 42; vgl. dazu Hdt. 9, 81.
25   Siehe Hauser 2019, 281 f., 285, 298, 300. Zum Imperiumsbegriff in diesem Kontext siehe Rollinger 2014a, 149–192.
26   Zum Begriff der „Griechenkriege" und dem zugehörigen Perspektivwechsel siehe Wiesehöfer 2002, 209 f. Siehe auch Wiesehöfer 2010, 19 f.

Theoriekapitel widmet sich deshalb speziell dem Umgang mit den persischen Quellen sowie deren Verhältnis zur griechischen Überlieferung, im Besonderen zu Herodot. Dennoch gibt es für den vielfältigen und komplexen Umgang Herodots mit dem östlichen Material keinen einheitlichen, methodischen Zugangs- oder Deutungsschlüssel. Immer wieder begegnen daher Fälle, in denen ein östlicher Hintergrund offensichtlich scheint, sich aber weder in einem weiteren achaimenidischen noch konkret historischen Kontext befriedigend erklären lässt. In solchen Fällen sind die vorgelegten Deutungen v. a. als Vorschläge zu verstehen, um die Auseinandersetzung mit einer anderen Perspektive und Zugangsebene anzuregen. Möglicherweise werden sich die hier angedachten Deutungsvorschläge als nicht oder nur teilweise zutreffend erweisen; Ziel ist aber, über diese Anregungen zu neuen Deutungsansätzen und Lösungen zu kommen.

1 Die Kriegsentscheidung des Xerxes in den griechischen Quellen

1.1 Die Beschlussfassung im Rat der Perser: Herodots literarische Schlüsselszene

Wie Herodot in einer literarisch-narrativen Stringenz den Griechenlandfeldzug des Xerxes als zwingende Konsequenz der Unternehmungen unter Dareios I. darstellt, so deutlich betont er auch, dass diese faktisch gar nicht bestand. Für Xerxes gab es keine Notwendigkeit für einen Griechenlandfeldzug, und er hatte diesen anfänglich offenbar auch nicht geplant.[1] Erst recht scheint das Rachemotiv keine Relevanz für das politische Handeln des neuen Königs besessen zu haben, denn bei Herodot wird dieses ja erst durch die Pläne des Mardonios ins Spiel gebracht.[2] Es ist also nur ein literarisches Konstrukt Herodots für die Wahrnehmung der griechischen Leser, wenn H. Löffler aus dem Text für Xerxes postuliert, er sei ein „Entscheidungsträger, der einen Entscheidungsprozess erbt, in dem die Option bereits gewählt ist, aber noch nicht realisiert wurde".[3]

Zu Beginn des 7. Buches in den *Historien* führt Herodot die Beschlussfassung zum Kriegszug gegen Griechenland aus. In einer ausgefeilten Komposition baut er diese in Analogie zur sog. Verfassungsdebatte beim Herrschaftsantritt des Dareios als eine Beratungsszene auf,[4] in welcher die Vor- und Nachteile

---

1 Sicherlich unzutreffend ist freilich, aus diesem Grund Xerxes als „uninteressiert der griechischen Welt gegenüber" zu charakterisieren, der „die Geschehnisse in Sardes (…) nicht kennt". So Löffler 2008, 170. Er lässt dabei den Aspekt unberücksichtigt, dass Griechenland – im Gegensatz zu Ägypten – nicht zum Perserreich gehörte und gegen den Großkönig rebellierte. Als Aspekt bei Löffler erst ebd., 173 genannt.
2 Hdt. 7, 5, 2 und noch deutlicher in der Mardonios-Rede: Hdt. 7, 9, 2. Zur Thronfolge siehe auch XPf § 4 f.; Llewellyn-Jones 2013, 17.
3 Löffler 2008, 169. Siehe in diesem Kontext auch zu den Aspekten von Kausalität und Schuld bei Herodot Kiechl (in Vorb.).
4 Zur Bedeutung dieser Episode: Fröhlich 2013, 139. Die Beratungsszene mit den sog. Reichsträumen des Xerxes ist sprachlich und inhaltlich innerhalb des Werks und über dieses hinaus vielfältig vernetzt, siehe z. B. Krewet 2017, 441–494; Fröhlich 2013, 141; Bichler 2007a, 39–44. So bezieht sich z. B. der Verweis auf die persische Eroberungstradition in der Xerxes-Rede (Hdt. 7, 8α: *„Wie viele Völkerschaften nun Kyros und Kambyses und dann mein Vater Dareios unterworfen und hinzugewonnen haben, das braucht Kundigen niemand zu erzählen."*) sowohl auf Herodots Schilderung der Feldzüge unter Kyros, Kambyses und Dareios als auch in Bezug auf Aischyl. Pers. 201 ff. auf die Missachtung der ‚echten', sozusagen: richtigen Tradition: dazu Bichler 2000, 319. Die Ratschläge des Artabanos als Antwort auf Mardonios vor Xerxes verweisen auf eine entsprechende Szene in Griechenland in den Wechselreden des Mardonios und der Artemisia vor Xerxes im

1.1 Die Beschlussfassung im Rat der Perser

dieser folgenreichen Entscheidung diskutiert, abgewogen und zum Beschluss geführt werden. Wie die Verfassungsdebatte enthält auch die Feldzugsberatung eine wörtliche Wechselrede ganz im griechischen Duktus, in welcher durch Mardonios positive und durch Artabanos kritische Argumente vorgelegt werden.[5] Der Prozess der Beschlussfassung gliedert sich in drei Teile: Erstens eine Rede des Xerxes, in welcher als Hauptgründe das Rachemotiv (für die Niederlage von Marathon) und die Eroberungstradition der Vorfahren angeführt werden; als Zweites die argumentative Wechselrede zwischen Mardonios und Artabanos; und schließlich, drittens, die Traumerscheinungen, welche den Willen und die Macht des göttlichen Schicksalslaufs vorführen und damit letztendlich die Entscheidung bewirken. In Analogie zur Machtergreifung verbindet Herodot dabei über die Beschlussfassung den griechischen Diskurs[6] mit der altorientalischen Prophetie: Wie der griechischen ‚Verfassungsdebatte' das altorientalische Pferdeorakel bei der Kür des Königs folgt,[7] schließt sich im Kriegsbeschluss an die griechisch geprägte Ratsdebatte eine Rezeption des altbabylonischen šar puḫi-Rituals in der Traumerscheinung des Artabanos als großköniglichem Substitut an.[8] Auch anhand derartiger Entsprechungen im ‚Spiel' mit griechischen und östlichen Vorlagen wird die Komplexität in der literarischen Konstruktion bei Herodot deutlich, der die Ratsszene nicht nur nach einem werkimmanenten Modell, sondern auch im Rückgriff auf Diskurse und Vorlagen in der griechischen Literatur und in Kombination mit östlichen Vorlagen zu einer eigenen Version gestaltet. Diese dient v. a. dazu, Xerxes als „einen hochmütigen und doch wankelmütigen Machtmenschen" in seiner persönlichen Gestaltung des Entscheidungsprozesses zu inszenieren.[9]

Dementsprechend oder gerade deshalb ist diese Szene nicht geeignet, verlässliche Rückschlüsse auf die Persönlichkeit und den Charakter des histori-

---

Kriegsrat von Phaleron: Hdt. 8, 68; ausführlich s. u. Vgl. auch den Rückblick des Artabanos auf die fatalen Feldzüge der königlichen Vorgänger in Hdt. 7, 18, 2 f. als ein Moment, in welchem der Autor selbst seine konzeptionelle Erzählstruktur erläutert. In diesem Zusammenhang steht auch das Verschwinden des Kranzes in der letzten Traumerscheinung des Xerxes als Hinweis für den Leser auf das bevorstehende Ende: Hdt. 7, 19, 1; dazu Bichler 2000, 322; Köhnken 1988, 24–40. Grundlegend zur griechischen Komposition der Verfassungsdebatte in Hdt. 3, 80–82: Gschnitzer 1977, 30–40.

5   Siehe dazu Bichler 2007a, 41. Es ist wohl zu einfach, die Reden des Artabanos schlicht als „entirely fictitious" (Cawkwell 2005, 92) abzutun, ohne mögliche Reflexe Herodots auf die politische Situation in den ersten Regierungsjahren des Xerxes in Betracht zu ziehen.

6   Siehe zu den Vorlagen Herodots, im Besonderen bei Aischylos: Bichler 2000, 318–320, bes. bei der Bestimmung der Kriegsziele Athen und Sparta ebd., 319. Siehe auch Blösel 2004, 93, Anm. 181.

7   Grundlegend zum Pferdeorakel bei der Königswahl des Dareios: Rollinger 2017, 13–42.

8   Zum šar puḫi-Ritual grundlegend: Huber 2005, 339–397.

9   Bichler 2000, 322; zur „Schöpferkraft" Herodots in dieser Episode mit einer vielschichtigen Vernetzung im Gesamtwerk: Bichler 2007a, 43. Zur Diskussion um die Wankelmütigkeit des Xerxes: Fröhlich 2013, 143 f.

schen Xerxes zu gewinnen.[10] Alle negativen und topischen Facetten treten hier in einer verdichteten Programmatik des Gesamtwerkes auf. Zudem scheint Herodot diese Szene teilweise auch mit Ironie zu hinterlegen.[11] Das bedeutet jedoch nicht, dass die Hintergründe für den Griechenlandfeldzug gänzlich fiktional oder ohne historischen Wert im Detail sind.[12]

Auch wenn zweifelhaft bleibt, in welchem zeitlichen Verhältnis die ersten Pläne und die Entscheidung für einen Griechenlandfeldzug zum Ägypten- und Babylonienfeldzug standen,[13] steht eine frühzeitige Vorbereitung des Unternehmens außer Frage: Neben der Rüstung des Heeres, für die Herodot insgesamt vier Jahre angibt,[14] verlangten der Bau des Athos-Kanals und der Strymon-Brücke seit 482 v. Chr.,[15] die Konstruktionen für die Schiffsbrücke[16] und die Vorbereitungen für die logistische Versorgung des Heeres auf dem Marsch[17] entsprechenden organisatorischen und zeitlichen Vorlauf.[18] Ebenso gehörte die Einsetzung eines Stellvertreters zu den Vorbereitungen, die rechtzeitig umgesetzt werden mussten. Herodot berichtet, dass Xerxes seinen Onkel Artabanos zum stellvertretenden Mitregenten ernannte.[19] Dabei bindet er diesen Ernennungsakt in die sog. Traumgeschichte der Beschlussfassungsepisode ein, verkehrt ihn in sein negatives Gegenstück[20] und verbindet ihn mit einer

---

10 Zu dieser Problematik: grundlegend Sancisi-Weerdenburg 1989, 549–562. Zur Komplexität der literarischen Xerxes-Figur bei Herodot: Flower 2006, 282 f.
11 Siehe Mathéus (in Vorb.).
12 Siehe Cawkwell 2005, 92, der zu Recht darauf hinweist, dass aus Herodot nicht verlässlich zu erschließen ist, was im Rat des Großkönigs tatsächlich besprochen wurde.
13 Es bleibt doch unklar, ob der Feldzug nach Griechenland für Xerxes ein derart prominentes Thema war, dass er sich diesem noch vor der Niederschlagung der Aufstände im eigenen Reich widmete. Vielmehr wird durch die frühe Behandlung bei Herodot (dazu s. u.) die Motivation aus einem Vergeltungsdrang unterstützt. Zum Ägypten-Aufstand: Hdt. 7, 5, 1; 7; Wijnsma 2019, 32–61; zu den Babylon-Aufständen: Waerzeggers 2003/04, 150–173; Briant 1992, 7–20.
14 Hdt. 7, 20. Vgl. auch Hdt. 7, 26. Dazu Bichler 2000, 323–327, zu Zweifeln an dieser Zeitangabe für die Vorbereitung: Kelly 2003, 195 f.
15 Hdt. 7, 22–25. Kramer 2017, 100; Rookhuijzen 2020, 95 f., 102.
16 Hdt. 7, 25: Flechten der Taue.
17 Hdt. 7, 25: Anlegen von Proviant, Bau von Speichern, Züchten von Vieh, Auswahl günstiger Depots und Einlagerung von Versorgungsgütern.
18 Zur Kritik an den zeitlichen Angaben siehe Kelly 2003, 193–196. T. Kelly nimmt eine kürzere Vorbereitungszeit an, welche die Griechen überraschte (Kelly 2003, 195, 197), während propagandistische Fehlinformationen, etwa durch die persischen Herolde, zusätzlichen Einfluss auf den zu erwartenden Widerstand in Griechenland ausüben sollten (Kelly 2003, 196–200).
19 Siehe auch Llewellyn-Jones 2013, 16.
20 Nach Hdt. 7, 11, 1 erhält Artabanos vom Großkönig die Strafe und Schmach, bei den Frauen zu Hause in den Residenzen zu bleiben: „*Artabanos, du bist meines Vaters Bruder; das mag dich davor bewahren, dass du den Lohn empfängst, den dein törichtes Gerede verdient. Doch leg ich dir, da du feige bist und kein Mann, diese Schmach auf, dass du nicht mit mir ziehst nach Hellas, sondern du sollst hier bleiben bei den Weibern.*" Dazu Bichler 2000, 3320.

Version des *šar puḫi*-Rituals, welche möglicherweise zum achaimenidischen Investiturritual eines Mitregenten und Nachfolgers gehörte.[21] Die Bedeutung des Aktes wird erst in Hdt. 7, 52, 2 deutlich, als Xerxes in Sardes Artabanos mit den Worten zu den Residenzen zurückschickt:[22] „*bleib vielmehr guten Mutes und bewahre mir mein Haus und meinen Thron; denn keinem anderen als dir lege ich mein Szepter in die Hände.*"

Abgesehen von derartigen Vorbereitungen ist ein Hauptthema in der gesamten Beschlussfassungsepisode Hdt. 7, 5-19 die Abwägung der Risiken eines solchen Feldzuges, die hier bereits mit der Hybris des Großkönigs verbunden werden.[23] Dementsprechend herrscht die allgemeine Einschätzung vor, dass Stolz und Anmaßung „Xerxes blind für jedes Risiko" machten.[24]

Welche Risiken bestanden aber tatsächlich und wie beeinflussten sie die Entscheidung zum Feldzug? Wenn die Charakterisierung des Xerxes bei Herodot nicht als historisch, sondern als literarisches Konstrukt zu verstehen ist, dann gilt dies besonders für die Hybris[25] und die Missachtung der Feldzugsrisiken aufgrund seiner persönlichen Veranlagung. Es ist kaum vorstellbar, dass ein derart gut und aufwändig vorbereitetes Unternehmen[26] sich nicht in der Planungsphase genau mit eventuellen Risiken auseinandersetzte und diese analysierte.

1.2 Die griechischen Partner

Herodot berichtet von verschiedenen griechischen Gesandtschaften, die sich während der Beschlussfassung und Vorbereitung zum Griechenlandfeldzug am großköniglichen Hof befanden (Hdt. 7, 6, 2-5):

> „Dabei unterstützte ihn (Mardonios, Erg. d. Verf.) *noch manch anderes, dass der König sich überreden ließ: Zuerst erschienen Boten von den aus Thessalien. Sie riefen den König herbei und versicherten ihm ihren Beistand gegen Griechenland; diese waren die führenden Herren von Thessalien. Ferner holten ihn die Peisistratiden, die nach Susa gekommen waren und die gleiche Sprache führten wie die Aleuaden. Dazu konnten sie ihm noch anderes bieten: Sie hatten nämlich Onomakritos aus Athen mitgebracht, einen Seher und Ordner der Sprüche des Musaios. Vorher*

---

21 Ausführlich dazu s. u.
22 Dazu Bichler 2000, 334.
23 Hdt. 7, 8β-γ. Zum Ziel einer Herrschaft über Asien und Europa und einer daraus folgenden Weltherrschaft: Bichler 2000, 319. Deutlicher und auf Herodot aufbauend Diod. 10, 19, 5 (Frg. Aus Exc. Const. 4, S. 297 f.), der diese Pläne bereits Dareios zuschreibt.
24 Siehe Bichler 2000, 320. Wie symptomatisch die vorgeprägte Perspektive und Wertung für die Kriegsentscheidung des Xerxes ist, zeigt die Tatsache, dass diese Episode ausführlich als „Fehlentscheidung" besprochen wird in Löffler 2008, 166-219.
25 Zur Hybris als literarischem Motiv in den Historien siehe Clarke 2018, 288-306.
26 Zur Logistik siehe Kehne 2002, 29-47.

hatten sie ihre Feindschaft mit ihm beigelegt, denn Onomakritos war von Hipparchos, dem Sohn des Peisistratos, aus Athen vertrieben worden, (...) Jetzt also zog er mit nach Susa hinauf. Sooft er vor den König trat – die Peisistratiden lobten ihn sehr –, sagte er einige Orakelsprüche her. Wenn unheilkündende Zeilen für den Barbaren darin standen, ließ er sie aus; nur das Günstigste wählte er stets aus, so z. B., dass einst nach dem Geschick ein Perser den Hellespont überbrücken werde. Er erläuterte den Feldzug. So drängte Onomakritos mit seinen Weissagungen und ebenso die Peisistratiden und mit ihren Absichten."

In Griechenland selbst gab es demnach verschiedene Kräfte, die Xerxes energisch unterstützten und ebenfalls aus eigenen politischen Erwägungen als Bundesgenossen dorthin einluden. So suchten die Aleuaden in Thessalien offensichtlich ihre königliche Stellung dort mit der Unterstützung der Perser zu festigen.[27] Eine thessalische Gesandtschaft befand sich laut Herodot beim Regierungsantritt des Xerxes bereits bei Hofe und sprach das Hilfegesuch und die Einladung der Aleuaden aus.[28] Xerxes konnte damit davon ausgehen, dass die große griechische Nachbarlandschaft, die an das persisch beherrschte Makedonien[29] angrenzte, auf seiner Seite stand[30] und den Vormarsch nach Mittelgriechenland militärisch und logistisch unterstützen würde.

Außerdem befand sich eine Gesandtschaft der Peisistratiden am königlichen Hof. Auch sie richtete ein Hilfegesuch an Xerxes und lud ihn als Bundesgenossen nach Athen ein.[31] Dies war v. a. dann naheliegend, wenn die Indizien zutreffen, dass aus Sicht der Großkönige Athen möglicherweise als Teil des achaimenidischen Herrschaftsbereichs galt.[32] 507 v. Chr. hatte sich dieses bereits mit einem Hilfegesuch nach Sardes an Artaphernes gewandt (Hdt. 5, 73):

„Als die Boten (der Athener; Erg. d. Verf.) in Sardes ankamen und ihren Auftrag ausrichteten, fragte der Hyparch von Sardes, Artaphernes, der Sohn des Hystaspes, was für ein Volk es denn sei, welches bitte, zu Bundesgenossen der Perser zu werden. Die Boten gaben ihm Bescheid. Da fertigte er sie kurz und bündig ab: Wenn die Athener dem König Dareios Erde und Wasser gäben, versprach er ihnen ein Bündnis. Täten sie dies nicht, forderte er sie auf, sich zu entfernen. Da sagten die Boten auf eigene Verantwortung, sie gäben beides, weil sie doch das Bündnis gerne abschlie-

---

27 Zu den innerthessalischen Konflikten siehe Blösel 2004, 108–113.
28 Hdt. 7, 6, 2. Dies scheint durch die Münzen aus Larisa bestätigt zu werden, die als erste Polis in Thessalien überhaupt noch vor dem Feldzug des Xerxes (zwischen 500 und 480 v. Chr.) Münzen ausgab und nach persischem Standard prägte: siehe Hermann 1922, 36 f.; Hermann 1925, 3–18; kritisch zu diesem Bezug Keaveney 1995, 35, Anm. 31; Blösel 2004, 108 f.
29 Zum persischen Makedonien in dieser Zeit: Zahrnt 1992, 237–279; Zahrnt 2021, 639–648; Vasilev 2015; Olbrycht 2010, 343–345.
30 Wie fest damit gerechnet wurde, zeigt Hdt. 7, 130. Zur Unterstützung der Aleuaden durch das makedonische Königshaus: Blösel 2004, 123.
31 Hdt. 7, 6, 2: *„Ferner holten ihn die Peisistratiden, die nach Susa gekommen waren und die gleiche Sprache führten wie die Aleuaden."* Möglicherweise gehörten zu dieser Gruppe auch die namentlich ungenannten Freunde der Tyrannenfamilie, die laut Arist. Athen. Pol. 22, 6 im Jahr 486 v. Chr. in Athen ostrakisiert wurden. Dazu Kelly 2003, 190; Seibert 1979, 36, 393.
32 Siehe dazu Waters 2016, 93–102.

1.2 Die griechischen Partner

ßen wollten. Als sie aber in ihre Heimat zurückkehrten, machte man ihnen deswegen schwere Vorwürfe."

In der Anekdote, in der Herodot die athenische Sicht wahrscheinlich für ein athenisches Publikum vertritt, wird deutlich, daß die Gesandten die Übergabe von Erde und Wasser offenbar eigenverantwortlich zusagten, aber nicht tatsächlich vollzogen (Hdt. 5, 73, 3: ἐπὶ σφέων αὐτῶν βαλόμενοι διδόναι).[33] Aus persischer Perspektive war dagegen wohl unerheblich, in welcher Weise diese Vereinbarung in Athen aufgenommen wurde, welche innerathenischen Meinungsverschiedenheiten, Sichtweisen und Kontroversen diskutiert wurden, sogar nach welchem Prozedere ein (griechischer) Vertrag rechtskräftig geschlossen wurde. Entscheidend war die Zusage als Erkennung der Autorität des Großkönigs (Hdt. 5, 73, 3: βουλόμενοι τὴν συμμαχίην ποιήσασθαι), wie dies auch bei der Anfrage an die griechischen Gemeinwesen vor den Feldzügen des Dareios I. und Xerxes I. erfolgte.[34] Von persischer Seite gab es deshalb keinen Grund, an der Tatsache zu zweifeln, dass die großkönigliche Autorität anerkannt wurde. Auch wenn in Athen von der Volksversammlung kein Vertrag mit Artaphernes oder dem Großkönig rechtskräftig beschlossen wurde,[35] spräche dies allerdings nicht gegen eine ganz andere Wahrnehmung von persischer Seite, die eine Anerkennung der großköniglichen Autorität als gegeben sah, auch wenn diese nicht dem griechischen Muster eines Vertrages entsprach. Eine persische Zuständigkeit scheint nach Hdt. 5, 96 jedoch weiterhin gegeben:

„Als aber Hippias aus Lakedaimon nach Asien zurückkehrte, setzte er alles gegen die Athener in Bewegung. Er verleumdete sie bei Artaphernes und tat das Möglichste, Athen in seine und des Dareios Gewalt zu bringen. Als die Athener von dem Treiben des Hippias erfuhren, schickten sie Boten nach Sardes, weil sie nicht zulassen wollten, dass die Perser den Verbannten aus Athen Glauben schenkten. Artaphernes aber forderte sie auf, Hippias wieder in die Stadt aufzunehmen, wenn ihnen ihr Leben lieb sei. Natürlich nahmen die Athener die überbrachten Vorschläge nicht an. Vielmehr waren sie durch die Ablehnung zu offenen Feindseligkeiten gegen Persien fest entschlossen."

Nach persischem Verständnis stand Athen demnach wohl unter der Weisungskompetenz des Großkönigs, und den Athenern war dies offenbar auch bewusst. Denn einerseits berichtet Herodot (5, 73, 3) zwar von „schweren Vorwürfen" der Athener gegenüber ihren Gesandten 507 v. Chr., aber nicht von einer expliziten Absage an Artaphernes bzw. den Großkönig; zum anderen wandten sie sich weiterhin in ihrer Angelegenheit gegen Hippias an die aus persischer Sicht zuständigen Stelle, Artaphernes in Sardes. In Athen scheint sich dabei der Widerstand eher gegen die Wiedereinsetzung des Hippias gerichtet zu haben als gegen das Verhältnis zum persischen Großkönig insgesamt. Auch wenn eine

---

33 Siehe dazu ausführlich Kramer 2004, 259 f.
34 Vgl. zur Anfrage nach der Bereitschaft, „Erde und Wasser zu geben", bei Dareios I.: Hdt. 6, 48, 2 (vgl. auch 4, 126); bei Xerxes I.: Hdt. 7, 32; dazu Klinkott 2016, 133–182.
35 Siehe Hdt. 5, 73, 3: „Als sie (die Boten, Erg. d. Verf.) in ihre Heimat zurückkehrten, machte man ihnen deswegen schwere Vorwürfe." Dazu Kramer 2004, 157–270.

Unterwerfung Athens im Sinne des griechischen Vertragsrechts und nach den Abläufen politischer Beschlussfassung nicht gegeben war, konnte der Großkönig, ganz anderen Bindungsakten folgend, das Verständnis vertreten, dass die Polis (wie ohnehin die ganze Erde – *būmi*) unter seiner Herrschaft stand.[36]

Hippias, der zweite Sohn des Peisistratos, war jedenfalls nach dem Sturz der Tyrannis aus Athen an den persischen Königshof geflohen und hatte bereits Datis und Artaphernes bei ihrem Feldzug gegen Eretria und Athen strategisch beraten.[37] Auch er erhoffte sich die Unterstützung für sein ‚Herrscherhaus', d. h. die Wiedereinsetzung als Tyrann durch den persischen Großkönig. Interessanterweise wird er bei der Beschlussfassung des Feldzuges nicht genannt, sondern nur „die, die von den Peisistratiden nach Susa gekommen waren" (Πεισιστρατιδέων οἱ ἀναβεβηκότες ἐς Σοῦσα), werden erwähnt. Außerdem gab es auch im kleisthenischen Athen immer noch eine Gruppe von Anhängern der Peisistratiden, die eine Restituierung ihrer Stellung verfolgten. Letztere hofften durch die Unterstützung des Xerxes darauf, von diesem wieder als Herren[38] der Stadt eingesetzt zu werden. Wie wichtig eine solche Verbindung für Xerxes bei einem Feldzug gegen Athen war, hatte ihm der Zug des Datis und Artaphernes gegen Eretria gezeigt: Die Stadt war letztendlich gefallen, weil in den inneren politischen Streitigkeiten der Polis eine Partei für ihre Interessen auf die Unterstützung der Perser gesetzt hatte. Zudem verfügte Xerxes durch die peisistratidische Gesandtschaft über ‚Spezialisten' für die strategische Planung des Feldzuges – bei Hdt. 7, 4 personalisiert in der Figur des Onomakritos –, die genau über die Verhältnisse in Griechenland informiert waren.[39] Dieser unterstützte durch seine Mantik nicht nur die Interessen der Peisistratiden, sondern betätigte sich auch als strategischer Berater.[40] Herodot evoziert damit bei seinen Lesern zweifellos den Eindruck, Xerxes habe seine Entscheidung zum Feldzug aufgrund der „Manipulation von Information, die aus dem Verschweigen und der einseitigen Darstellung der Fakten entsteht", getroffen.[41] Xerxes plante

---

36 Siehe Waters 2016, 93–102; vgl. auch Waters 2014a, 332; Zahrnt 1992, 244, 256 f.; zum universalen Herrschaftsanspruch: Rollinger 2017a, 1–30; Rollinger/Degen 2021, 187–224; Rollinger (in Vorb.); Ahn 1992, 196–198, 255–272; Schmitt 1977, 390–392. Zum griechischen Verständnis: Kramer 2004, 259 f.
37 Hdt. 6, 107 f.; Castritius 1972, 1–15; Cawkwell 2005, 89. Zu den Peisistratiden in Athen siehe Kaldma 2016, 371–378. Zum Traum des Hippias über den Ausgang der Schlacht von Marathon bei Herodot siehe Hollmann 2011, 88 f.
38 Zur Bedeutung von τύραννος als ‚Stadtherr' siehe Parker 1996, 165–186.
39 Zu den Sehern als ‚Spezialisten' im militärischen und politischen Kontext siehe Trampedach 2015, 480–497; Hollmann 2011, 121–131; Bowden 2003, 270–272. Zu Onomakritos als ‚orphischem Theologen' der Peisistratiden siehe Kolb 1977, 115. Zur athenischen Gesandtschaft vor dem Großkönig: Degen 2022, 66
40 Hdt. 7, 6, 4: „Er erläuterte den Feldzug."
41 So Löffler 2008, 171, ebenso für die Rolle der Aleuaden und Peisistratiden ebd., 172 f.; siehe auch Hollmann 2011, 216 f.; zur Manipulation des Onomakritos, der die mantische Kommunikation monopolisiert und kontrolliert: Trampedach 2015, 237–240; vgl. auch

1.2 Die griechischen Partner

seinen Feldzug wohl kaum auf der Grundlage von Orakeln und deren Auslegung, sondern indem er sich die präzisen politischen, topographischen und militärischen Kenntnisse der Griechen an seinem Hof nutzbar machte. In der Tat wurde damit zudem deutlich: Auch in Athen gab es eine politische Gruppe, die im eigenen Interesse dem Großkönig zuarbeitete. Nicht zuletzt erhielt Xerxes durch Onomakritos und die Peisistratidengesandtschaft, die nach Susa kam, detaillierten Einblick in die politischen, topographischen und militärischen Verhältnisse Griechenlands.

Das Bild von einem schwachen Großkönig, der sich quasi blind auf fremde Information und fremde Intelligenz stützt,[42] trifft also eigentlich nicht zu, denn neben der Gesandtschaft der Aleuaden und der peisistratidischen Fraktion fanden noch weit mehr griechische Kontaktaufnahmen statt, wie Herodot jedoch erst viel später berichtet. So hatte offensichtlich auch Argos eine Gesandtschaft zum Großkönig entsandt, die – nach griechischem Verständnis – Freundschaft mit Xerxes schloss und diesen um militärischen Beistand auf der Peloponnes gegen Lakedaimon bat.[43] Mit anderen Worten: Auch die Argiver luden Xerxes ausdrücklich ein, mit seinen Truppen nach Griechenland zu kommen.[44] Dementsprechend berichtet Herodot auch – allerdings erst in Hdt. 7, 150 –, dass Xerxes noch vor Beginn des Feldzuges einen Herold nach Argos geschickt habe, um die enge, auch mythische Verbindung zwischen Persern und Argivern zu betonen. Implizit wird dabei auch der Anspruch formuliert, dass Argos ein Teil des Perserreiches sei. Die propersische Haltung von Argos unterstreicht Herodot noch durch eine weitere Anekdote, in der er im Übrigen auch zum einzigen Mal Kallias und seine Vertragsverhandlungen erwähnt. Dort, in Hdt. 7, 151, antwortet Artaxerxes I. auf die Frage der Argiver, ob die Freundschaft, die sie mit Xerxes geschlossen hatten, noch von Bestand sei:[45] *„und König Artaxerxes habe gesagt, gewiß sei das noch gültig, und keiner Stadt fühle er sich enger verbunden als Argos."*

Nicht zuletzt hielt sich in derselben Zeit wohl eine lakedaimonische Gesandtschaft in Susa auf, die mit Sperthias, dem Sohn des Aneristos, und Bulis, dem Sohn des Nikolaos, Sühne für die persischen Gesandten erwirken wollte,

---

Hdt. 7, 6, 3 f. zur Orakelmanipulation des Onomakritos; Trampedach 2015, 237; Sanchez Mañas 2017, 174–178.

42 So Löffler 2008, 168.

43 Dieses Freundschaftsverhältnis aus der Zeit des Xerxes soll von den Argivern unter Artaxerxes I. erneuert worden sein, als sich zeitgleich die Gesandtschaft des Kallias in Susa aufhielt. Zur Wirksamkeit dieses Bündnisses in der Zeit des Xerxesfeldzuges siehe Hdt. 9, 12; Waters 2014a. Hdt. 7, 148–152 berichtet auch, dass die Argiver die ersten in Griechenland gewesen sein sollen, die von den Feldzugsplänen des Xerxes nach Griechenland gewusst hätten; siehe dazu Kelly 2003, 196.

44 Hdt. 7, 152. Zum „freundschaftlichen" Verhältnis von Argos zum Großkönig siehe Waters 2014a, 331–336.

45 Siehe dazu Luraghi 2001, 148. Interessant ist dazu auch Herodots Kommentierung in Hdt. 7, 152: *„So ist auch das, was die Argiver getan haben, nicht das Schlimmste von der Welt."*

die unter Dareios I. ermordet worden waren.[46] In den Gesprächen mit Hydarnes und dem Großkönig wurde Lakedaimon der Frevel verziehen und ausführlich über die Anerkennung der großköniglichen Autorität verhandelt.[47] Die lakedaimonischen Gesandten reisten daraufhin nach Sparta zurück, ohne dass der Leser zunächst Genaueres über die Entscheidung Spartas in seinem Verhältnis zum Großkönig erfährt. Doch Herodot theoretisiert unmittelbar im Anschluss (Hdt. 7, 139):

> „Entweder wäre ihnen das widerfahren (der Untergang der Lakedaimonier im alleinigen Kampf gegen die Perser; Erg. d. Verf.), oder aber sie wären schon vorher, wenn sie sahen, wie auch die anderen Hellenen zum Meder übergingen, zu einer Übereinkunft mit Xerxes gekommen."

Zweifellos ist in diesem Zusammenhang auch die Rolle des Demaratos von Bedeutung. Dieser war als König in Sparta abgesetzt worden, hatte danach zwar noch das Ephorat bekleidet, musste dann aber 492 v. Chr. über Elis und Zakynthos in das Achaimenidenreich zu Dareios I. fliehen.[48] Dort wurde Demaratos mit Landgütern in Mysien beschenkt und hielt sich im engsten Umfeld des Königs Dareios am Hof in Susa auf.[49] Dort soll er bei der Nachfolgeregelung des Dareios als Ratgeber entscheidend beigetragen haben, die Thronansprüche des Xerxes zu rechtfertigen (Hdt. 7, 3, 1 f.):

> „Bevor noch Dareios die Entscheidung getroffen hatte, traf gerade zur gleichen Zeit Demaratos, der Sohn des Ariston, in Susa ein. Er hatte die Herrschaft in Sparta verloren und war freiwillig aus Lakedaimon in die Verbannung gegangen. Als er von dem Zerwürfnis der Söhne des Dareios hörte, begab er sich, wie man erzählt, zu Xerxes und riet ihm, er solle außer den angeführten Gründen noch darauf verweisen: (...)"

Demaratos war – ähnlich wie die Peisistratiden – einer der griechischen Ratgeber im unmittelbaren Umfeld des Xerxes, die von Beginn an in die Vorbereitungen des Griechenlandfeldzuges eingebunden waren. Dementsprechend

---

46   Zum Gesandtenmord: Hdt. 7, 133; zur lakedaimonischen Gesandtschaft vor dem Griechenlandzug in Susa: Hdt. 7, 134–137.

47   Anerkennung der großköniglichen Autorität: Hdt. 7, 136, 1, Aufhebung der Schuld: Hdt. 7, 136, 2.

48   Zur Absetzung: Hdt. 6, 71 (vgl. Hdt. 6, 66); dazu sowie zum Ephorat des Demaratos ausführlich Meier 1999, 96–104, mit weiterführender Literatur zur Absetzung ebd., 96, Anm. 37; siehe auch Schumacher 1987, 233; Parke 1945, 106–112. Zur Flucht: Hdt. 6, 70; Meier 1999, 104; Hereward 1958, 238–249.

49   Zu den Landschenkungen, zu denen Pergamon, Teuthrania und Halisarna gehörten: Hdt. 6, 70; Thommen 1996, 94; Niese 1901, 2029 f.; vgl. in diesem Zusammenhauch Mülder 1913, 46 f. zur sog. ‚Demaratschrift' des Dikaios, dessen Existenz allerdings Jacoby 1913, 443 bezweifelt; siehe dagegen vorsichtiger Seibert 1979, 589, Anm. 159. Zum Aufenthalt in Susa vgl. Hdt. 7, 239; Hereward 1958, 239–249; Meier 1999, 96. Zur komplexen Struktur des achaimenidischen Königshofes: Llewellyn-Jones 2013, bes. 31–35; Jacobs/Rollinger 2010; bes. zum Hofzeremoniell: Brosius 2010a, 459–471; zum Umfeld des Großkönigs am Hof: Wiesehöfer 2010a, 509–530; zur griechischen Vorstellung vom großköniglichen Hof in der Zeit nach den Perserkriegen: Llewellyn-Jones 2017, 69–86.

1.2 Die griechischen Partner

frühzeitig waren die Lakedaimonier in die Pläne des Großkönigs eingeweiht[50] und reagierten auf diese (Hdt. 7, 239): *„Die Lakedaimonier erfuhren die Nachricht, dass der König gegen Hellas ziehen wollte, als erste, und so sandten sie gleich damals zum Orakel von Delphi."*

Die Reaktion Spartas ist umso aussagekräftiger, als Delphi während des Feldzuges wiederholt explizit vom Kampf gegen den Großkönig abgeraten hatte.[51] Für die Haltung Spartas und sein Verhältnis zum Großkönig während des Feldzugs nach Griechenland spielte zweifellos eine Rolle, dass Demaratos auch nach seiner Absetzung aus dem Königsamt und seinem Abgang ins Exil noch großen Rückhalt und Einfluss in der spartanischen Aristokratie besaß.[52] Vor allen Dingen wird aus Herodots Bericht von Anfang an deutlich, dass die Kriegspläne des Xerxes wohl nicht eine Eroberung ganz Griechenlands vorsahen, sondern nur als ‚Strafaktion' gegen Athen gedacht waren.

Herodot verweist ebenso eindeutig darauf, dass strategische Überlegungen für die Entscheidung des Xerxes eine wichtige Rolle spielten: Der Großkönig verfügte über ortskundige griechische Berater, die ein persönliches Interesse am Erfolg seines Feldzuges hatten. Ihre Stellung und ihre Zugehörigkeit zu einer lokalen politischen Fraktion gewährleisteten ihm in Thessalien, Athen, Argos und möglicherweise Lakedaimon zumindest partielle Loyalität und Rückhalt – eine Überlegung, deren Richtigkeit sich für Thessalien ja in der Tat bestätigen sollte. Die Bitte der Aleuaden um militärische Unterstützung in Thessalien und die Stärkung ihrer herrscherlichen Position dort implizierte aus persischer Sicht zweifelsfrei eine Anerkennung der großköniglichen Autorität und eine Unterwerfung unter diese, vergleichbar den Tyrannenherrschaften im westlichen Kleinasien.

Vor allen Dingen war aber durch diese Gesandtschaften mit ihren Bündnisangeboten sichergestellt, dass das persische Heer von Kleinasien bis Makedonien auf eigenem Reichsgebiet[53] und durch Thessalien bis an die boiotische

---

50 Dazu Cawkwell 2005, 91; zur List des Demaratos und seiner Nachricht an Sparta: Hdt. 7, 239; zur Vielseitigkeit der Demaratos-Figur bei Herodot: Boedeker 1987, 185–201.

51 Zu Delphi während des Griechenlandfeldzuges siehe: Trampedach 2019, 156–173; Klinkott 2015, 152 f.; Trampedach 2015, 248–251, 398, 468 f.; Blösel 2004, 94; vgl. auch Funke 2007, 21–34, bei dem Delphi keine Rolle spielt. Aussagekräftig für das Verhältnis von Delphi zu Sparta ist zweifellos, dass sich das Heiligtum bereits einmal unter dem spartanischen König Kleomenes für seine Orakelsprüche bestechen ließ: Hdt. 6, 66; 75 f.; Meier 1999, 105.

52 Dazu Meier 1999, 91–96, 101 f.

53 Zu Makedonien als Teil des Achaimenidenreiches siehe Zahrnt 2021, 639–648; Zahrnt 1993, 1765–1772; Zahrnt 1992, 238–244, 269–273. Makedonien nach der persischen Eroberung eher als ‚Klientelgebiet' des Achaimenidenreiches denn als Teil des eigentlichen Reichsgebietes zu sehen, könnte vor der Rolle Alexanders I. von Makedonien im Kampf gegen Xerxes zu stark einer griechisch-makedonischen oder herodoteischen Wahrnehmung folgen, die nicht gänzlich dem achaimenidischen Verständnis entsprach.

Grenze vorrücken konnte, ohne ernsthafte größere Kampfhandlungen oder Widerstände erwarten zu müssen. In Attika selbst würden die Anhänger der Peisistratiden den Vormarsch des persischen Heeres so weit wie möglich fördern. Mit anderen Worten: Für das Heer war der Anmarsch bis Mittelgriechenland nicht mit außerordentlichen Risiken verbunden. Ähnlich verhielt es sich bei der Flotte, die – von nautischen Schwierigkeiten abgesehen – ohne besondere Schwierigkeiten an der thrakischen,[54] makedonischen und thessalischen Küstenlinie entlangsegeln konnte, um schließlich im Golf von Magnesia einen geeigneten Ankerplatz vor dem Angriff auf Attika zu finden.[55] Selbst im Saronischen Golf, dem wichtigen maritimen Knotenpunkt für die Seewege über die Ägäis, entlang der griechischen Westküste sowie über den Diolkos und Korintischen Golf in das westliche Mittelmeer,[56] konnte die Flotte verhältnismäßig sicher operieren. An der argivischen Küste und mit dem perserfreundlichen Aigina, dem „Haupt der Inselgriechen/Nesioten", unter denen in den altpersischen Länderlisten wohl die *Yaunā tayai̯ drayahyā dārayanti* – „die Yauna (Ionier?), die im Meer wohnen" – zu verstehen sind,[57] waren ausreichend Ankerplätze und strategisch wichtige Stützpunkte geboten (ausführlich zu den vielfältigen Entwicklungen in Griechenland vor dem Feldzug s. u.).

Darüber hinaus kann Xerxes in der Darstellung Herodots auf ältere Ansprüche zurückgreifen, die Dareios I. bereits gegenüber einzelnen griechischen Gemeinwesen erworben hatte. Dieser hatte angeblich schon 492 v. Chr. durch Herolde diplomatische Beziehungen zu verschiedenen Gemeinwesen in Griechenland aufgenommen – wie Hdt. 6, 48, 2 sagt, um Erde und Wasser zu fordern.[58] Hdt. 6, 49, 1 konstatiert dazu: *„Und viele Bewohner des Festlandes gaben den nach Griechenland entsandten Herolden, was der Perser fordern ließ. Auch alle Inseln,*

Siehe dazu Zahrnt 2011, 768–775. Zur politischen Struktur Makedoniens: Zahrnt 1984, 325–368.

54 Siehe dazu Zahrnt 1997, 91–100; Zahrnt 1992, 269 f., 273; zum achaimenidischen Thrakien: Boteva-Boyanova 2021, 649–656. Zum Ausbau der Straße durch Xerxes in Thrakien: Hdt. 7, 115; Kelly 2003, 204.

55 Hdt. 7, 193 -196; ausführlich s. u.

56 Die spätere, nach-herodoteische Überlieferung berichtet zudem von einem Bündnis zwischen Xerxes und Karthago: Diod. 11, 1, 4; Ephor./Schol Pindar. Pyth. 1, 141b; Bengtson 1962, 28: Nr. 129; zu ahistorischen Konstruktion des Bündnisses: Meister 1970, 606–612. Auch wenn dieses möglicherweise auf Kontakte zwischen dem Achaimenidenreich und Karthago anspielt, wie sie Herodot auch im Kontext der sog. Sataspes-Expedition erwähnt, ist ein solcher Vertragsschluss freilich gänzlich unhistorisch: Siehe Wiesehöfer 2010, 23. Zur angeblichen Korrelation des Persereinfalls in Griechenland mit dem Angriff Karthagos auf Sizilien siehe Bichler 2000, 330–333.

57 DPe § 2 (Schmitt 2009a, 118); DSe § 2 (Schmitt 2009a, 125); XPh § 3 (Schmitt 2009a, 166). Vgl. auch Cawkwell 2005, 87. Zur Rolle Aiginas, v. a. vor dem Hintergrund des Aiginetischen Krieges: s. u.

58 Siehe dazu Klinkott 2016, 145 f., 148–150, 165–174 (zu Xerxes). Allein die diplomatische Kontaktaufnahme impliziert freilich noch nicht, dass der Feldzug (unter Dareios I. wie auch unter Xerxes I.) in seiner Ausrichtung gesamtgriechisch angelegt war.

1.2 Die griechischen Partner

die sie mit ihren Forderungen aufsuchten, taten es." An derartigen Kontakten und damit einer prinzipiellen Unterstützung der Perser hatte sich seitdem formal offensichtlich nichts geändert. Aus diesem Grund erklärt Hdt. 7, 32 auch ausdrücklich:[59]

> „Er (Xerxes, Erg. d. Verf.) *sandte aber zum zweiten Mal nach Erde und Wasser aus folgendem Grund: Von all denen, die dem Dareios früher auf seine Botschaft die Gaben verweigert hatten, erwartete er durchaus, sie würden sich jetzt aus Furcht bereit erklären. Um das ganz sicher festzustellen, schickte er jetzt seine Boten hin."*

Auch wenn anzunehmen ist, dass Herodot möglicherweise die Botensendung des Dareios aus der Zeit des Xerxes reprojiziert hat,[60] scheinen diese Anekdoten einen diplomatischen Austausch zwischen Griechenland und dem Großkönig zu reflektieren. Für die Vorbereitung des Feldzuges wurden diese Kontakte offenbar genutzt, um ein Bild von den Verhältnissen in Griechenland zu präzisieren, um Unterstützung anzufragen oder die Erklärung der Neutralität einzuholen.[61] Wie weit damit der Rückhalt für Xerxes in Griechenland reichte, erfährt der Leser erst in Hdt. 7, 132, als die Gesandtschaften zum Großkönig zurückkehrten:

> „Zu denen, die dies zugestanden (Erde und Wasser dem Großkönig zu schicken; Erg. d. Verf.), *gehörten folgende Griechenstämme: Die Thessaler, Doloper, Enianen, Perrhaiber, Lokrer, Magneten, Malier, Phthiotischen Achaier, Thebaner und die übrigen Boioter außer den Thespiern und Plataiern."*

Über die Motivation der griechischen Gemeinwesen zu diesem Schritt berichtet Herodot nichts. Sie mag wohl u. a. aus einer Mischung innergriechischer Konkurrenz, wirtschaftlicher Belastungen bei einem Krieg gegen den Großkönig und diplomatischen Taktierens resultiert sein.[62] Darüber hinaus waren die griechischen Gesandtschaften an den persischen Königshof möglicherweise auch eine Reaktion auf die persienfeindliche Politik Athens nach 490 v. Chr. Eine Ablehnung des offensiven athenischen Vorgehens könnte sich in einer perserfreundlichen Positionierung geäußert haben, mit der sich die griechischen Gemeinwesen von einer kriegerischen Eskalation zu distanzieren suchten.[63] Im Grunde stand damit aber fast ganz Mittelgriechenland, von der Grenze des persischen Makedonien bis in das Gebiet der pyläisch-delphischen Amphiktyonie und große Teile Boiotiens auf persischer Seite.[64] Dieser Umstand wird

---

59 Zu diesen Gesandtschaften als Teil der Feldzugsvorbereitung siehe auch Myres 1953, 219.
60 Siehe dazu Kraft 1964, 144–146.
61 Siehe dazu Kraft 1964, 149 f.
62 Zur wirtschaftlichen Belastung einer Polis allein durch ihre Belagerung: Ruffing 2016a, 29–45; zum ‚Kriegsprofit' in einem ökomischen Sinn: Pritchett 1991, 438–504.
63 Ausführlicher dazu s. u.
64 Vgl. auch als Reflex auf diese Methode der Perser, Kriege mit möglichst kalkulierbarem Risiko zu führen: Hdt. 7, 9β, 1 f.: τοὺς χρῆν ἐόντας ὁμογλώσσους κήρυξί τε διαχρεωμένους καὶ ἀγγέλοισι καταλαμβάνειν τὰς διαφοράς; zu dieser Wendung als „political code" in der Zeit Herodots: Munson 2001, 146. Siehe auch dazu die ‚perserfreundlichen' Ora-

zweifellos bei den Überlegungen zum Erfolg des Griechenlandunternehmens eine Rolle gespielt haben, auch wenn Herodot es nicht ausdrücklich im Zusammenhang mit der entscheidenden Ratsszene erwähnt hat. Dass Xerxes von diesen Verhältnissen als gegeben ausging, könnte Herodots Kommentar in Hdt. 7, 32 anzeigen, wonach der Großkönig seine Herolde v. a. zur Bestätigung der bestehenden Verhältnisse entsandte.[65] Über diese persischen Herolde berichtet Herodot kaum Genaueres, ihre Namen und soziale Zuordnung werden nirgendwo erwähnt. Offensichtlich besaßen sie jedoch keine weiterreichenden Verhandlungs- oder Vertragskompetenzen, sondern holten lediglich die Bestätigung der Unterstützung bei den einzelnen Gemeinwesen ein. Vermutlich gaben sie bei dieser Gelegenheit (und bei einer positiven Antwort) auch die Angaben für die Vorbereitungen bekannt, die für die logistische Versorgung des Großkönigs und seines Heeres auf dem Marsch benötigt wurden – so zumindest Hdt. 7, 119 (dazu s. u.). Ihre Kenntnisse von Griechenland, zumindest über die Regionen der geplanten Marschroute, waren dabei wohl so detailliert, dass sie entsprechend der wirtschaftlichen Verhältnisse die Produktion der Einzelgüter für die Versorgung konkret zuweisen konnten.[66]

Nimmt man diese Aspekte zusammen, wird deutlich: Für den Feldzug nach Griechenland, v. a. wenn er nur als Schlag gegen Athen geplant war, bestand ein verhältnismäßig geringes, überschaubares und kalkulierbares Risiko. Der Anmarsch des Heeres war bis Boiotien – und durch die verbündeten Boioterstädte teilweise sogar bis nahe an die Grenze Attikas – sicher und wurde durch Versorgungs- und Verpflegungsstationen minutiös vorbereitet. Umso weniger war gerechtfertigt, dafür ein derart großes Heer aus dem Gesamtaufgebot des Reiches aufzubieten. Zu den Dimensionen des Heeres stand in merkwürdigem Gegensatz, dass bis an die Grenze Boiotiens absehbar keine (schwerwiegenden) Kampfhandlungen stattfinden würden. Es drängt sich daher der Verdacht auf, dass der Feldzug weniger auf militärische Gegebenheiten ausgerichtet, als vielmehr die Inszenierung eines königlichen ‚Großprojekts' war,[67] welches mit seinem logistischen, technischen, organisatorischen und administrativen Aufwand die Autorität, Macht und Legitimität des Großkönigs demonstrieren sollte. Dieser Aspekt scheint sich auch bei Dion Chrysostomos in einem fiktiven Dialog

---

kelsprüche aus Delphi: Von fünf delphischen Orakelsprüchen vor Ausbruch des Krieges richten sich drei eindeutig gegen einen griechischen Widerstand, ein Spruch bleibt ambivalent, während der fünfte zum Tod des Leonidas zweifellos aus der Retrospektive nach den Kämpfen an den Thermopylen entstand. Siehe dazu Kelly 2003, 200 f.

65 Hdt. 7, 32: „*Um das ganz sicher festzustellen, schickte er jetzt seine Boten hin.*"
66 Vgl. zu den speziellen Kenntnissen von Herolden in Griechenland Mosley 1973, 4–9.
67 Zur großköniglichen Tradition derartiger Großprojekte: s. u. Außerdem Kramer 2017, 98–100; Rollinger 2006/07, 147–169.

mit Sokrates, nicht zufällig als Teil des griechischen Monarchiediskurses, treffend widerzuspiegeln. Dort heißt es:[68]

> „Du weißt doch ganz genau, Sokrates, dass von den Menschen unter der Sonne jener der stärkste ist und nicht einmal den Göttern an Macht nachsteht, der das unmöglich Scheinende möglich machen kann, der, wenn er will, zu Fuß über das Meer schreitet, über die Berge segelt und die Flüsse von Menschen leertrinken lässt. Oder hast du nicht gehört, dass der Perserkönig Xerxes das Land zum Meer machte, indem er das höchste Gebirge durchstach, damit den Athos vom Festland abtrennte und das Fußvolk über das Meer führte, auf einem Wagen fahrend wie Poseidon bei Homer? Und vielleicht schwammen ganz ähnlich auch bei ihm die Delphine und Meeresungeheuer unter der Schiffsbrücke her, als er darüberfuhr."

Dieses Bild, das bei Dion Chrysostomos in einem positiven Sinn für die Macht des Großkönigs gebraucht wird, findet sich bereits bei Herodot für den Zug des Xerxes, allerdings als ein Element, das die erdrückende Bedrohung und Last für Griechenland beschreiben soll.[69]

1.3 Parteiungen am Hof

Eine weitaus größere Gefahr bestand für Xerxes in dem langen Aufenthalt weit entfernt von seinen Residenzen, zu denen regelmäßiger Kontakt schwierig, zeitintensiv und logistisch aufwändig war. Entsprechend riskant war es, die direkte Kontrolle der Residenzen und damit auch verschiedener adeliger Fraktionen am Hof[70] aufzugeben bzw. in die Hände eines Stellvertreters zu legen. Auch wenn die Vorbereitung des Feldzuges laut Hdt. 7, 20 tatsächlich vier Jahre in Anspruch genommen hatte, war die Herrschaft des Xerxes als neuer Großkönig noch nicht lange gefestigt. Kaum zufällig berichtet Herodot von den Vorbereitungen für den Griechenlandfeldzug parallel zur Niederschlagung der ersten Aufstände nach dem Herrschaftsantritt. Verschiedene Parteien, die sich um andere, potentielle Thronfolger gebildet hatten, waren weiterhin am Hof präsent.[71]

Obwohl Herodot in seinem Narrativ die Kriegsentscheidung des Xerxes stringent auf die Rache für die Niederlagen des Dareios und die Frevel der

---

68 Dio Chrysost., Peri Basil. 2, 30 f. Vgl. In diesem Zusammenhang auch Hieron. Comm. In Dan. 3, 11, 2b, wo in Deutung zu Dan. 7, 5; 11, 2 Xerxes als der stärkste der Perserkönige und erfolgreicher Eroberer dargestellt wird. Dazu Djurslev 2019, 36 f.
69 Siehe Hdt. 7, 108 f.; ebenso Diod. 11, 5, 3.
70 Zum Adel am Hof siehe Klinkott 2008, 207–251, bes. 222–235.
71 Zu diesen Parteiungen siehe z. B. die Diskussion um die Nachfolge des Dareios in Hdt. 7, 2 f. Siehe dazu Llewellyn-Jones 2013, 33; Briant 2002, 520–522, 524. Zum Hof als Zentrum der Politik und Rangmanifestation: Wiesehöfer 2011a, 503 f.

Athener durch die Zerstörung des Heiligtums von Sardes[72] zurückführt, benennt er gleichzeitig auch ganz andere Gründe. Schon von früh an erfährt der Leser, dass es (mindestens) eine einflussreiche Gruppierung am Hof gab, die aus eigenem Interesse auf diesen Feldzug drängte. Sie wird repräsentiert durch die Figur des Mardonios, der auch in der Erzählung Herodots für die Vertreter des persischen Hochadels steht, deren Familien durch den Putsch des Dareios einen besonders privilegierten Status erhalten hatten und die sich unter diesem Großkönig als Ratgeber im Kronrat ausgezeichnet und verdient gemacht hatten.[73] Mardonios – und mit ihm die Anhänger seiner politischen Parteiung am Hof – hatten sich dafür eingesetzt, dass Xerxes als Thronfolger von Dareios festgelegt wurde und nach dessen Tod der Regierungswechsel ohne größere Schwierigkeit umgesetzt wurde. Herodot lässt diesen Hintergrund durchschimmern, wenn er erklärt (Hdt. 7, 5, 2): *„Mardonios aber (…) der an seinem Hofe weilte und auf ihn (Xerxes; Erg. d. Verf.) größten Einfluß von allen Persern besaß, hielt an folgendem Gedanken fest (…)"*. Laut Herodot ist es dieser einflussreiche Freund, Ratgeber und Stratege des Dareios, der noch vor dem Ägyptenfeldzug angeblich für ein Unternehmen nach Griechenland wirbt und dem Herodot die Rachegedanken zuschreibt.[74] Mardonios, und möglicherweise noch andere Anhänger seiner Hofpartei, fordern nun den Feldzug, weil sie eigene Interessen verfolgen. So kommentiert Hdt. 7, 6, 1: *„So sprach er* (Mardonios; Erg. d. Verf.),

---

72 Hdt. 7, 8, 2. Zum Narrativ bei Herodot siehe Marincola 1987, 131 f.; grundlegend Dewald 1987, 147–170.
73 Zu den Privilegien der sog. Sieben Perser siehe Hdt. 3, 83 f.; dazu DB § 68 f., Briant 1984, 114; Gschnitzer 1977, 9, 14–22. Zu den Namen bei Hdt. 3, 68–70: Otanes, Sohn des Pharnaspes; Aspathines; Gobryas; Intaphernes; Megabyzos; Hydarnes; Dareios. In DB § 68: Intaphernes, Sohn des Vahyasparuva; Otanes, Sohn des Θuxra; Gobryas, Sohn des Mardonios; Hydarnes, Sohn des Bagābigna; Megabyxos, Sohn des Dātavahya, Ardumaniš, Sohn des Vahuka; (+ Dareios, Sohn des Hystaspes: DB § 2). Zur Abweichung der Herodot-von der Behistun-Liste, bei der Ardumaniš (DB) durch Aspathines (Hdt.) ersetzt wird, siehe Gschnitzer 1977, 20.25; Balcer 1987, 114; Ktes. § 14 (FGrHist. 688 F 13) gibt eine stark abweichende Liste an, „in der z. T. offenbar die Söhne der Verschworenen von 522 an deren Stelle getreten sind" (Gschnitzer 1977, 20): Onophas, Idernes, Norondabates, Mardonios, Barisses, Ataphernes, Dareios, Sohn des Hystaspes, (+ Artasyras und Bagapates als Nachträge). Gschnitzer 1977, 20 folgert aus einer konstanten Beibehaltung dieser privilegierten Gruppe, deren Zugehörigkeit durch die Erstgeburt oder durch das Seniorat vererbt wurde: „Ktesias hätte dann eine Liste etwa aus der Zeit des Xerxes in der Hand gehabt." Zum Erbrecht dieser privilegierten Stellung siehe mit Gschnitzer 1977, 20 besonders in DB § 69: *„Du, wo immer, der du später König sein wirst, sorge gut für die Nachkommenschaft dieser Männer!"* (Schmitt 2009a, 87). Entscheidend ist hier, dass Mardonios offensichtlich zum Haus des Gobryas, Sohn des Mardonios (siehe explizit DB § 68: *Gaub(a)ruva nāma, Mṛduniyahyā puça, Pārsa*) und damit unter Xerxes zum Kreis der Sieben Perser gehörte. Zum Einfluß des Gobryas: Briant 1984, 106, 108. Zu Mardonios siehe Schmitt 2012a.
74 Hdt. 7, 5, 2.

1.3 Parteiungen am Hof

weil er ein ehrgeiziger Mann war und selbst gern Verwalter von Griechenland (τῆς Ἑλλάδος ὕπαρχος) *werden wollte."*

Herodot ist unmissverständlich: Xerxes selbst hatte keine Pläne für einen neuen Griechenlandzug. Es war Mardonios, der diesen forderte und der Xerxes offensichtlich mit der Androhung eines Prestigeverlustes für das Königshaus unter Druck setzte, weshalb er im eigenen Interesse immer wieder dieses Thema vor dem König zur Sprache brachte:[75] *„Mit der Zeit erreichte er sein Ziel und überredete Xerxes, dass er es so machte."* Nach Herodots Darstellung ließ sich Xerxes noch vor der Niederschlagung des ägyptischen Aufstandes zum Griechenlandfeldzug überreden. Xerxes' Entscheidung hatte demnach nichts mit einer Rache für die Niederlage von Marathon zu tun oder mit der Notwendigkeit, Athen für die Beteiligung am Ionischen Aufstand zu bestrafen. Ausschlaggebend waren anderen Faktoren:[76] Das massive Drängen eines der mächtigsten Männer am Hof, der Xerxes gerade erfolgreich zum neuen König gemacht hatte, sowie die Unterstützungsangebote verschiedener griechischer Vertreter. Letztere resultierten aus der politischen Lage in Hellas und im Ägäisraum, die zweifellos am persischen Hof beobachtet wurde und auf welche die großkönigliche Politik reagierte. Auch Aischylos sah Xerxes in derselben Sicht anfänglich nicht als die treibende Kraft für dieses Unternehmen, sondern vielmehr die Initiative der Ratgeber im Umfeld des Königs:[77]

> *„Der Verkehr mit schlechten Menschen hat dazu verleitet den*
> *Ungestümen Xerxes. ‚Deinen Kindern schaffst du', schwatzen sie,*
> *‚großen Reichtum mit dem Speer; doch er aus Feigheit spiele mit*
> *Seinem Speer daheim, vermehre seines Vaters Segen nicht!'*
> *Solcher Tadel drang von schlechten Männern oft ihm in das Ohr;*
> *Da beschloss er diesen Zug, die Heerfahrt gegen Griechenland."*

Erst nach der Niederwerfung des ägyptischen Aufstandes beruft Xerxes angeblich den königlichen Rat ein, um das Griechenlandunternehmen konkret zu besprechen.[78] In dieser entscheidenden Sitzung dominiert Mardonios (und mit ihm seine Anhänger) die Entscheidungsfindung, wie Herodot in der langen Rede des Mardonios ausdrückt, welcher der Großkönig letztendlich auch folgt.[79] Auch hier steht Mardonios für die Gruppe am Hof, die Xerxes zum König gemacht hatte, aber weiterhin auch ihre und des Dareios politische Ziele verfolgte. So erscheint in der Rede des Mardonios zum ersten Mal das Motiv des

---

75 Hdt. 7, 6, 1. Vgl. dazu ebenso Diod. 11, 1, 3 f.; 2, 2.
76 Zur Bedeutung für die griechische Wahrnehmung siehe dagegen Kelly 2003, 187.
77 Aisch. Pers. 753–758. Zur Verarbeitung von Aischylos durch Herodot siehe Bichler 2007a, 40 mit Anm. 52; Bichler 2020, 36 f.; Blösel 2004, 93, Anm. 181.
78 Hdt. 7, 8, 1. Zur Historizität einer solchen ‚Versammlung der (Meder und) Perser', die mit dem Großkönig derartige politische Entscheidungen besprach, siehe Briant 1984, 111–114. Zu einer entsprechenden Versammlung der Perser vor einem Heeresaufgebot des Königs unter Kyros II.: Hdt. 1, 125, 2; vgl. auch Hdt. 1, 206, 3; Briant 1984, 113.
79 Hdt. 7, 9,1–10,1.

Rachegedankens für die Übergriffe der Athener im Ionischen Aufstand und für die Niederlagen des Dareios, der Strafe für die Schmach an Datis und Artaphernes bei Marathon sowie der bereits eingeleiteten Feldzugsvorbereitungen des Dareios als Argumente für einen neuen Griechenlandzug.[80] Wie stark dabei der Großkönig in seiner Entscheidung unter dem Druck dieser Gruppe stand, scheint Herodot durch den Munde des Artabanos zu formulieren, wenn er ihn sagen lässt (Hdt. 7, 8, 2):[81] *„Entlasse jetzt unsere Versammlung! Ein andermal, wenn es dir gut scheint, lass uns nach reiflicher Überlegung bei dir selbst deinen Plan wissen!"*

In der Figur des Artabanos lässt Herodot nicht nur den unverzichtbaren ‚Warner' vor dem drohenden Unglück auftreten, er scheint mit seiner Rede im Kronrat, in der er sich dezidiert gegen die Position des Mardonios und des Großkönigs stellt, auch ein Vertreter einer kritischen Opposition innerhalb der königlichen Familie zu sein, wie sie im Streit um die Thronfolge bereits sichtbar geworden ist.[82]

Auch wenn Herodot nichts von einer weiteren Diskussion im Rat und der Meinungsäußerung anderer Ratsmitglieder berichtet, zielt die Empfehlung des Artabanos in Hdt. 7, 8, 2 doch darauf ab, Xerxes für eine reiflich überlegte und unabhängig gefällte Entscheidung vom offensichtlich dominanten (wohl Mardonios-freundlichen) Einfluss des Ratsgremiums zu befreien. Die Situation ist charakteristisch für die Ausdifferenzierung sozialer Stratifikation in Großreichen.[83] Besonders deutlich wird dies in einer zweiten Ansprache des Großkönigs an den Rat in Hdt. 7,13:

„(Xerxes) versammelte dieselben Perser, die er zuvor einberufen hatte und sprach zu ihnen wie folgt: ‚Ihr persischen Männer, habt Nachsicht, wenn mein Entschluss so rasch sich ändert. Denn

---

80 Hdt. 7, 8, β2: Vorbereitungen des Dareios; Hdt. 7, 8 β2–3: Rache; Hdt. 7, 8 β3: Frevel der Athener; Hdt. 7, 8 β3: Datis und Artaphernes; Hdt. 7, 11: Zerstörung von Sardes. Zum Rachemotiv als herodoteische Konstruktion siehe Bichler 2000, 318 f.; siehe auch Vasilev 2015, 162. Zu weiteren griechischen bzw. herodoteischen Konstruktionen in der Rede des Mardonios siehe Konijnendijk 2016, 1–12: zur angeblichen Kriegführung der Griechen.

81 Zum Einfluss solcher Perser, die als ‚Könige' im Namen einflussreicher Familien die persischen (Teil-)Stämme vertraten, siehe Briant 1984, 113 f.

82 Herodot verweist darauf, dass Artabanos schon unter Dareios zu dieser Opposition gehörte, wenn er ihn sagen lässt (Hdt. 7, 10, 2): „Ich habe schon deinem Vater, meinem Bruder, Dareios, abgeraten, gegen die Skythen zu ziehen, die nirgends auf der Welt eine Stadt bewohnen. Er aber hoffte, die Wanderskythen zu unterwerfen, und folgte meinem Rat nicht". Zur literarischen Figur des ungehörten Warners am Beispiel des Artabanos: Raaflaub 1987, 242–245. Zur ‚Motivkette' der persischen Warnredner Bichler 2007a 40. Hom. Il. 2, 84–86; 444–446.

83 So beschreibt Luhmann 2018, 676, das Verhältnis von Adel und König: „Oft kommt es unter diesen Bedingungen zur Rivalität im Adel selbst, zur Fraktionsbildung, zur Ermordung des Königs und zur Ausrottung ganzer Familien in einem zirkulären Verhältnis, in dem der Adel Einfluss auf die Regierungsgeschäfte sucht und der König die Kontrolle darüber behalten möchte, durch wen er sich beeinflussen lassen will."

1.3 Parteiungen am Hof

meine Geisteskraft ist noch nicht voll entfaltet, und dann lassen die, die mich drängen, so zu handeln, zu keiner Stunde von mir ab."'

Diese Form der Meinungsbildung beim Großkönig, die Herodot als Wankelmütigkeit darstellt, findet sich in einer programmatischen Königsinschrift, die Xerxes I. selbst anfertigen und in Persepolis aufstellen ließ, als ausgesprochen königliche Tugend (XPl § 5 f.):[84]

> „Was ein Mann über einen anderen (Mann) sagt, das überzeugt mich nicht, bis ich den Bericht (die Aussage) beider höre. Was ein Mann vollbringt oder herbeischafft (beiträgt) nach seinen Kräften, durch das werde ich zufriedengestellt, und es (ist) sehr mein Wunsch; und ich bin wohlerfreut und schenke reichlich den loyalen Männern. Solcher Art also (sind) mein Auffassungsvermögen und (meine) Entschlusskraft."

So sehr sich der Großkönig in dieser Repräsentationsinschrift als ein Herrscher darstellt, der eine abgewogene und selbständige Entscheidung trifft, thematisiert er doch auch, dass er für eine Beschlussfassung verschiedene Meinungen (in einem Rat?) hört und den „loyalen Männern"[85] besonderes Entgegenkommen schenkt. In Herodots Darstellung schließt sich Xerxes nicht zuletzt der Meinung des Mardonios und offensichtlich der Mehrheit im Rat an.[86]

Auch wenn die Ratsszene Herodots nur zwei verschiedene Meinungslager (die des Mardonios und des Artabanos) kennt, scheint sich in diesen stellvertretend auszudrücken, dass es durchaus verschiedene Parteiungen am Hof gab, diese recht unterschiedliche Meinungen zum Feldzugsplan vertraten und ihren Einfluss über die Mitglieder aus der privilegierten Gruppe der ‚Sieben Perser' und der königlichen Familie (auch als potentielle Thronfolger) geltend machten.[87] Xerxes umging das Risiko, ihnen in den Residenzen unkontrollierte

---

84 Übersetzung: Schmitt 2009, 173 f.
85 Da mit XPl eine Version von DNb vorliegt (ausführlich dazu s. u., Schmitt 2009a, 21), ist die Annahme berechtigt, dass mit *agriyānām martiyānām* – „den loyalen Männern" (DNb § 6; XPl § 6) konkret die Sieben Perser (und ihre Nachkommen) gemeint sein könnten, von denen DB § 68 sagt: *adakaį imaį martiyā hamataxšantā anušiyā manā* – „Gerade zu der Zeit setzten sich diese Männer als meine Gefolgsleute ein" (Schmitt 2009, 86). Zur besonderen Titulierung der Sieben Perser als Gefolgsleute (*anušiyā*): Gschnitzer 1977, 23. Demnach liegt in der spezifischen Bezeichnung für die Sieben Perser der qualitativ entscheidende Unterschied zwischen (altpers.) *anušiyā* und (altpers.) *bandaka* – „Vasall" (siehe DB § 25, 26, 29, 33, 38, 41, 45, 50, 71). Als solche werden auch Vasallen/Gefolgsleute bezeichnet, die nicht zur Gruppe der Verschwörer bzw. der Sieben Perser gehörten: DB § 26 (der Armenier Dādr̥ši), 29 (der Perser Vaumisa), 33 (der Meder Taxmaspāda), 38 (der Perser Dādr̥ši), 41 (der Perser R̥tavardiya), 45 (der Perser Vivāna).
86 Siehe dazu Hdt. 7, 10: „Als nun die anderen Perser schwiegen und nicht wagten, eine Meinung vorzutragen, die der hingestellten (die Rede des Mardonios; Erg. d. Verf.) widersprach, ergriff Artabanos, des Hystaspes Sohn, der Xerxes' Oheim war, worauf er auch baute, das Wort"; Hdt. 7, 18: „legte Xerxes, sobald es Tag geworden war, diesen den Persern dar, und Artabanos, der zuvor als einziger offen dagegen aufgetreten war, trat nun offen dafür ein."
87 Wichtig in diesem Zusammenhang ist der Einfluss und die Rolle der persischen Stammes- bzw. „Clan"-Chefs: Briant 1984, 111–116.

Handlungsfreiheit während des Feldzuges zu überlassen, indem er ihre wichtigsten Vertreter, die im Zweifelsfall auch seine politischen Gegner sein konnten, auf den Feldzug mitnahm. Wie groß diese Gruppe war, wird allein an den Angehörigen des Königshauses deutlich, die als Kommandanten im Heer und in der Flotte auf dem Feldzug eingesetzt waren:

Nr.	Name	Verwandtschaftsgrad	Beleg
1.	Otanes	Schwiegervater des Xerxes	Hdt. 7, 61, 2
2.	Tigranes	ein Achaimenide (kgl. Stamm)	Hdt. 7, 62, 1
3.	Anaphes	Sohn des Otanes (Nr. 1)	Hdt. 7, 62, 2
4.	Hystaspes	Sohn des Kyros u. der Atossa, (Onkel d. Xerxes)	Hdt. 7, 64, 2
5.	Arsamenes	Sohn des Dareios, (Bruder d. Xerxes)	Hdt. 7, 68
6.	Arsames	Sohn d. Dareios u. der Artystone, Tochter d. Kyros, (Bruder d. Xerxes)	Hdt. 7, 68, 2
7.	Gobryas	Sohn des Dareios u. der Artystone (Bruder d. Xerxes)	Hdt. 7, 72, 2
8.	Artochmes	Ein Schwiegersohn des Dareios	Hdt. 7, 73
9.	Artaphernes	Sohn d. Artaphernes, Groß-Neffe des Dareios	Hdt. 7, 74, 2 (s. VI 94)
10.	Ariomardos	Sohn des Dareios und der Parmys, Tochter des Kyrossohnes Smerdis, (Bruder d. Xerxes)	Hdt. 7, 78
11.	Smerdomenes	Sohn des Otanes, Vetter des Xerxes	Hdt. 7, 82
12.	Tritantaichmes	Sohn des Artabanos, Vetter des Xerxes	Hdt. 7, 82
13.	Masistes	Sohn des Dareios u. d. Atossa (maθista), (Bruder d. Xerxes)	Hdt. 7, 82
14.	Ariabignes	Sohn des Dareios u. d. Tochter des Gobryas (Bruder d. Xerxes)	Hdt. 7, 97
15.	Achaimenes	Sohn des Dareios, Voll-Bruder d. Xerxes	Hdt. 7, 97
	Außerdem		
16	Artachaies	Kanalbauer aus dem Haus der Achaimeniden	Hdt. 7, 117
17.	Abrokomes	Sohn d. Dareios u. der Phratagune	Hdt. 7, 224
18.	Hyperanthes	Sohn d. Dareios u. d. Phratagune	Hdt. 7, 224

1.3 Parteiungen am Hof

Pierre Briant hat darauf hingewiesen, dass derartige Vertreter aristokratischer Dynastien (‚Könige') der persischen Teilstämme nicht nur das Heeresaufgebot organisierten und befehligten, sondern den Großkönig wohl in einem alten, vor-teispidischen Sinn als *primus inter pares* verstanden haben könnten, der von ihnen zum Anführer einer Stammeskonföderation im Krieg bestellt worden war.[88] Die Verpflichtung dieser im Zweifelsfall kritischen Opposition zur Teilnahme am Feldzug und damit ihre Bindung an das unmittelbare Umfeld des Großkönigs verschaffte Xerxes zweierlei Vorteile: Zum einen nahm er ihnen die Möglichkeit zu Umsturzversuchen während der Abwesenheit des Großkönigs; zum anderen stellte er sie unter seine Beobachtung, bei der er den Rückhalt der königlichen Familienmitglieder und des persischen Adels erproben konnte. Hier konnte sich erweisen, wer auch weiterhin zum engsten Umfeld des neuen Großkönigs gehörte.

Nichtsdestoweniger sei im Rahmen der königlichen Entscheidungsfindung auch betont: Unabhängig vom vermeintlichen Rachemotiv ist es eine Tatsache, dass persische Eroberungen in Griechenland seit Dareios I. ein langfristig geplantes Ziel waren. Sie wurden durch die Expeditionsfahrt des Demokedes vorbereitet[89] und durch den Feldzug des Datis und Artaphernes zumindest in Bezug auf die griechischen Inseln und Eretria umgesetzt. Athens Politik, im Besonderen der Flottenbau und der Aiginetische Krieg, berührten zudem die maritimen Interessen des Achaimenidenreichs (s. u.) und erforderten – wie im Fall von Thasos – eine Reaktion.[90]

Xerxes nahm mit seinem Griechenlandfeldzug also die Pläne seines Vaters auf und führte diese auch im Sinne und als Zeichen einer politischen Kontinuität fort. Er selbst betont dies immer wieder in seinen Königsinschriften (XPf § 4):[91]

> „Als mein Vater Dareios sich an seinen Platz (im Jenseits) begeben hatte, nach dem Willen Ahuramazdās bin ich König geworden anstelle des Vaters. Als ich König geworden war, habe ich vieles, das überragend (ist) errichtet. Was von meinem Vater errichtet (worden ist), das habe ich unter meinen Schutz genommen, und anderes Werk habe ich hinzugefügt. Was ich nun geschaffen habe und was mein Vater geschaffen hat, das alles haben wir nach dem Willen Ahuramazdās geschaffen."

Auch hierbei bewegte sich Xerxes also im Rahmen einer gewissen politischen Tradition. So hatte auch Kambyses die Expansionspläne seines Vaters Kyros mit der Eroberung Ägyptens aufgenommen und fortgesetzt.[92]

---

88 Briant 1984, 111, 113, 115 f.
89 Siehe dazu Hdt. 3, 134,5–135,2; Klinkott 2021, 115; Briant 2002, 139. Zur genauen Kenntnis Griechenlands durch die Perser: Cawkwell 2005, 104.
90 Siehe dazu ausführlich Wallinga 2005, 7–31.
91 Übersetzung nach Schmitt 2009a, 162.
92 Hdt. 3, 2 f.; 39 (zum Bündnis des Amasis mit Polykrates von Samos); Briant 2002, 49–55; Ruzicka 2012, 3–13. Zu derartiger politischer Kontinuität als Programm in den großköniglichen Repräsentationsinschriften und deren Reflex bei Herodot: Fröhlich 2013, 145.

1.4 Die Rede des Xerxes im Rat der Perser

Die Sitzung „im Rat der vornehmsten Perser" (Hdt. 7, 8, 1: ἐπίκλητον Περσέων τῶν ἀρίστων), in welcher der finale und entscheidende Beschluss für den Feldzug nach Griechenland gefasst wird, eröffnet eine Rede, welche Herodot Xerxes in den Mund legt, um die großkönigliche Argumentation zu erläutern. Dies ist für den Auftakt des Unternehmens von besonderer Aussagekraft und Signalwirkung: Xerxes äußert sich nicht nur zum ersten Mal selbst dazu, sondern Herodot rekapituliert durch den Mund des Großkönigs die Gründe, die zwingend zu diesem Krieg als dem Höhepunkt der *Historien* trieben.[93] Die gesamte Episode der Beschlussfassung, und im Besonderen die sie eröffnende Xerxesrede, besitzen folglich eine Programmatik, die sich aus dem Gesamtwerk ergibt, denn: „Es fällt da kaum ein Satz, dessen Inhalt nicht in sehr enger Verbindung zu anderen Partien von Herodots Werk steht."[94] Daraus folgt aber auch, dass die Rede selbst einen programmatischen und richtungsweisenden Charakter für den Griechenlandfeldzug besitzt und Herodots Methodik bei dessen Beschreibung vorführt. Insgesamt besitzt die Xerxesrede drei große Argumentationsblöcke, die sich sukzessive in ihrer Intensität steigern.

Im ersten Teil (Hdt. 7, 8α, 1–2) rechtfertigt Xerxes den Beschluss zum Feldzug aus der gesetzlichen Tradition (νόμος) der Perser. Über Kyros, Kambyses und Dareios belegt er sie als Konstante der großköniglichen Politik (Hdt. 7, 8α, 2): „*Denn wie ich von den Älteren höre, haben wir noch nie stillgesessen, seit wir diese unsere Herrschaft übernommen haben von den Medern*". Die siegreiche, kontinuierliche Reichserweiterung ist demnach wesentlicher Bestandteil des persischen Großkönigtums.[95] Xerxes muss dieser Erwartungshaltung als rechtmäßiger, neuer Großkönig entsprechen.[96] Vor den Schwierigkeiten der Thronfolgeregelung und den verschiedenen politischen Lagern am Hof musste er sich über die formale Legitimation hinaus auch faktisch als rechtmäßiger und daher erfolgreicher Großkönig in der dynastischen Tradition erweisen. Dabei handelt es sich jedoch nicht nur um ein herodoteisches Erzählmotiv von den Persern als notorischen Aggressoren und Eroberern, sondern offensichtlich auch um einen

---

[93] Vgl. in diesem Zusammenhang auch Herodots Feststellung über Parteiungen am Hof und ihren Einfluss Hdt. 7, 3: „*Ich bin aber überzeugt, auch ohne diesen Rat wäre Xerxes König geworden, denn Atossa war allmächtig.*" Zu Atossa in der keilschriftlichen Überlieferung der Persepolis-Archive: Stolper 2018, 449–466; Henkelman 2010, 26–33; außerdem Sancisi-Weerdenburg 1983, 20–33.
[94] Bichler 2007a, 39.
[95] Siehe Müller 2019, 310; Harrison 2002, 559, vgl. ebd., 579; Flower 2006, 176 f.
[96] Hdt. 7, 2–4; dazu s. o.

1.4 Die Rede des Xerxes im Rat der Perser

Reflex[97] auf das achaimenidische Selbstverständnis, wie es die großköniglichen Repräsentationsinschriften formulieren (DNa § 3 f.):[98]

> „Nach dem Willen Ahuramazdās, dies (sind) die Länder, die ich in Besitz genommen habe außerhalb Persiens; ich habe über sie geherrscht; mir brachten sie Tribut; was ihnen von mir gesagt worden ist, das taten sie; das Gesetz das mein (von mir) (ist), - das hielt sie fest: (...) Wenn Du nun überlegen sollst: ‚Wie viele (sind) jene Länder, die Dareios, der König, in Besitz hatte?', (so) betrachte die Abbilder (Stützfiguren), die das Throngestell tragen; da wirst Du erkennen, da wird Dir bewusst werden: ‚Des persischen Mannes Lanze ist weit in die Ferne hinausgegangen'; da wird Dir bewusst werden: ‚Der persische Mann hat fernab von Persien den Feind zurückgeschlagen.'"

Herodot verweist in seiner Rede darauf, dass Xerxes als neuer Großkönig in besonderer Weise den Erwartungszwängen unterworfen war, die nach der achaimenidischen Herrschaftsideologie seines Vorgängers einen erfolgreichen und deshalb legitimen Großkönig definierten.[99]

Den zweiten Teil eröffnet Xerxes mit den Worten in Hdt. 7, 8α, 2: „und zugleich erlangen wir Vergeltung und Buße". Konkret erläutert Xerxes nun in Hdt. 7, 8β, 1 das Vorgehen auf seinem Feldzug in drei Hauptpunkten:

1. Den Brückenbau über den Hellespont.
2. Das Heer nach Europa gegen Hellas zu führen für die Rache an Athen.
3. Die Strafe für Athen mit der Eroberung und der Zerstörung der Stadt.

Die Eroberungspläne, die sich auf ganz Griechenland und Athen beziehen und zugleich Europa als einen politischen Gegenbegriff zu Asien verstehen,[100] münden in einer angeblichen ‚Rache'-Motivik, die Herodot aus der Vorgeschichte unter Dareios entwickelt hat. Der athenische Feldzug gegen Sardes und die Zerstörung der Heiligtümer dort im Ionischen Aufstand sowie die Niederlage des Datis und Artaphernes bei Marathon ergeben für Xerxes Handlungszwänge, die ebenso ‚traditionell' aus der narrativen Motivik Herodots erfolgen. Zum Dritten entwickelt sich jenseits der achaimenidischen und herodoteischen Handlungszwänge ein eigenmotiviertes Interesse des Großkönigs, dem Anspruch auf Weltherrschaft zu entsprechen, auch wenn der herodoteische Xerxes die Argumente und Sichtweise des Mardonios übernimmt.[101] Im hero-

---

97 Zur Herodots Kenntnis und Rezeption ‚(alt)orientalischer' Literatur sowie zur Methodik im Umgang damit ausführlich s. u.
98 Übersetzung: Schmitt 2009, 101–103.
99 Siehe Schwab 2017, 180–183. Siehe auch unter Berücksichtigung der babylonischen Einflüsse sowie zu den elamischen, babylonischen und altpersischen Versionen der Inschrift im Verhältnis: Degen 2018, 18–20; Degen 2020a, 220 f.
100 Zum Hellespont zwischen Asien und Europa: Bichler 2007b, 67–80; Bichler 2016a, 237–243.
101 Dem Leser ist sehr wohl noch bewusst, dass die Argumente für den Feldzug nicht ursprünglich von Xerxes stammen. Siehe Hdt. 7, 5, 1: „Dieser Xerxes nun war anfangs gar nicht geneigt, gegen Hellas zu ziehen"; vgl. Hdt. 7, 7. Es ist Mardonios, der mit den Feldzugsplänen auch das Rachemotiv bereits in Bezug auf ganz Hellas und Europa thematisiert:

doteischen Verständnis wird darin die Hybris des Xerxes deutlich, durch welche sich dieser sichtbar vom König zum Tyrannen verändert.[102] Der Weltherrschaftsanspruch rekurriert dabei erneut zum einen auf den herodoteischen Dualismus von Europa und Asien, zum anderen auf eine geradezu kosmische Dimension, wenn Xerxes sagt (Hdt. 7, 8γ, 1 f.):

> „Wenn wir dieses unterworfen haben, (…) werden wir die persische Erde an den Himmel des Zeus (= Ahuramazdā?) grenzen lassen. Denn dann wird auf kein Land die Sonne herunterblicken, das da grenzt an das unsere, sondern sie alle werde ich zusammen mit euch zu einem einzigen Land zusammentun, wenn ich durch ganz Europa gezogen bin".

Dieser universale Herrschaftsanspruch entspricht in auffallender Weise wieder der herrschaftsideologischen Vorstellung, wie sie in den achaimenidischen Königsinschriften zum Ausdruck[103] gebracht ist (DEa):[104]

> „Der große Gott (ist) Ahuramazdā, der diese Erde erschaffen hat, der jenen Himmel erschaffen hat, der den Menschen erschaffen hat, der das Glück erschaffen hat für den Menschen. Ich (bin) Dareios, der große König, König der Könige, König der Länder mit vielen Stämmen, König auf dieser großen Erde (altpers.: būmi) auch weithin, des Hystaspes Sohn, ein Achaimenide."

Die *būmi*-Formel tritt regelmäßig – in gewisser Variation – am Beginn der Inschriften des Dareios I. und Xerxes I. auf, in welchen die Legitimationsfaktoren der großköniglichen Herrschaft dargelegt werden.[105] Allerdings wird die Sonne in diesem Verständnis einer Herrschaft über die Welt (altpers.: būmi) und das Reich (altpers.: xšaça) nicht erwähnt. Vielmehr findet sich die Vorstellung von einer Königsherrschaft über ein Weltreich, das sich über alle Länder unter der Sonne erstreckt, in neuassyrischen Königsinschriften. Besonders repräsentativ ist etwa die Assurbanipal-Inschrift 3, I 39:[106] *„[Ich herrschte] vom Oberen Meer bis zum Unteren M[eer und] die Könige von der aufgehenden Sonne bis zur untergehenden Sonne brachten ihr[en reichhaltigen] Tribut zu mir."* Auch wenn sich das Motiv einer Reichsausdehnung ‚vom Oberen Meer bis zum Unteren Meer' im Kyros-Zylinder wiederfindet, der dabei wohl neuassyrische Traditionen im imperialen Konzept der Weltherrschaft aufgreift,[107] fehlt in diesem aber ebenfalls der Be-

---

Hdt. 7, 5; 6, 1: *„Und mit der Zeit brachte er (Mardonios; Erg. d. Verf.) es fertig und beredete Xerxes, das zu tun".*

102 Siehe dazu auch Bichler 2007a, 40 mit Wiederaufnahme dieses Elements in den Traumsequenzen des Xerxes.
103 Siehe dazu wie auch zu einer entsprechenden literarischen Verarbeitung in Xenophons Kyrupädie Degen 2020a, 222–228. Zur Imagination der (Welt-)Herrschaft in den Achaimenideninschriften: Wiesehöfer 2007, 34–39.
104 Übersetzung: Schmitt 2009, 96 f.
105 Ausführlich Ahn 1992, 258–271; Herrenschmidt 2014, 23–27.
106 Vgl. entsprechend Tiglath-pileser III 35, ii 18'; III 37, 12; III 39, 1; Sargon II 73, 3; Sennacherib 15, vii 14; 16, i 15; 17, i 11; 22, i 10; 23, i 9b; 24, i 9b; 27, ii 1'; 46, 2b; 136, i 10; 152, 1; 155, 24'; 230, 5b; Esarhaddon 1, ii 25; 2, i 1; 48, 44; 49, 1'; Ashurbanipal 4, I 31; 21, 24'; Šin-šarru-iškun 2, 7'.
107 Dazu Degen 2018, 11 f.; Degen 2020, 20–24.

1.4 Die Rede des Xerxes im Rat der Perser

zug auf die ‚Länder unter der Sonne'. Stattdessen formulieren die Königsinschriften der Achaimeniden einen universalen Herrschaftsanspruch, der im Gegensatz zu Hdt. 7, 8γ, 1 f. explizit keine Nachbarn bzw. kein Land, *„das da an das unsere grenzt"*, nennt.[108]

Die Übermittlung dieses spezifischen Motivs bleibt im Einzelnen zwar unklar; es ist aber offensichtlich, dass Herodot hier östliche Elemente aus großköniglichen und älteren mesopotamischen Repräsentationstexten aufgegriffen hat und mit den eigenen, literarischen Motiven verbindet.[109] Es geht dabei freilich weniger um eine Faktizität, aus der achaimenidischen Herrschaftsideologie historische Gründe für den Feldzug nach Griechenland zu entwickeln. Vielmehr schafft Herodot auf diese Weise zum einen den Eindruck von Authentizität für die Rede des Xerxes; zum anderen illustriert er damit die Systematik seiner Darstellungsweise für das folgende Unternehmen: Grundsätzlich behandelt er wie in diesem Argumentationsaufbau die achaimenidische und die griechische Wahrnehmung, wobei letzterer für sein Werk eine stärkere Betonung zukommt (hier wiedergegeben in der Steigerung vom ersten (achaimenidischen) Argumentationsteil zum zweiten (herodoteisch/griechischen) Teil. Letztlich werden beide literarisch zu einem Gesamtbild miteinander verbunden (hier der dritte Teil: griechische Hybris-Motivik im Tyrannendiskurs mit neuassyrischen und achaimenidischen Weltherrschaftsvorstellungen). Die Rede des Xerxes verdeutlicht, dass der Griechenlandfeldzug, wie ihn der Großkönig führen wird – und damit setzt sich dieser letztendlich auch in der Ratsversammlung durch –, grundsätzlich aus zwei Blickwinkeln zu verstehen ist: einem ‚achaimenidischen', der sich aus der Sicht des Großkönigs ergibt, sowie einem ‚griechischen', der aus Herodots Darstellung der griechischen Geschichte folgt. Dabei zeigt die Rede auch: Die Motivation aus der ‚achaimenidischen' Begründung folgt aus der Erwartung, die Autorität und Legitimation des Xerxes als Großkönig unter Beweis zu stellen.

---

108 Zum universalen Herrschaftsanspruch der Achaimeniden: Rollinger 2014a, 149–192; Bichler/Rollinger 2017, Teil A, 1–7; Rollinger/Degen 2021. Wiesehöfer 2007, 39 betont freilich, dass die Achaimenideninschriften allerdings nicht „den Anspruch auf Durchsetzung einer Weltherrschaft" formulieren.

109 Vgl. dazu Hdt. 7, 54 mit dem Gebet des Xerxes an die Sonne beim Übergang über den Hellespont: *„am folgenden (Tag) aber warteten sie die Sonne ab und wollten sie emporsteigen sehen und verbrannten Räucherwerk aller Art auf den Brücken und bestreuten den Weg mit Myrten. Und als die Sonne aufging, goss Xerxes aus goldener Schale Spenden ins Meer und betete zum Sonnengott, er möge ihm nichts dergleichen widerfahren lassen, was ihn aufhalten könnte in der Eroberung Europas, ehe er an dessen Ende stehe. Und nach dem Gebet warf er die Schale in den Hellespont und einen goldenen Mischkrug und ein Perserschwert, das bei ihnen Akinakes heißt."* Dazu Degen 2020, 22.

1.5 Die Träume des Xerxes

In Herodots Darstellung werden die Traumerscheinungen (Hdt. 7, 12–19) als elementarer Bestandteil der Beschlussfassung des Griechenlandfeldzugs dargestellt. Strenggenommen handelt es sich dabei um drei Traumbilder des Xerxes[110] und eine Traumerscheinung, die Artabanos als großköniglichen Substitut erlebt (Hdt. 7, 17 f.). Letzterer, der Traum des Artabanos, besitzt dabei eine besondere Bedeutung, da dieser Warner und Kritiker im Rat des Großkönigs in einem ungewöhnlichen Prozedere die Position des Xerxes stellvertretend einnimmt und als Substitutkönig letztlich zur Entscheidung für den Feldzug beiträgt.[111]

Die Geschichte um die Traumerscheinungen des Xerxes und die in diese eingebettete Substitutsanekdote widmen sich dem Konsens in der Diskussion über den Griechenlandfeldzug zwischen Großkönig und Artabanos, der schließlich als Stellvertreter des Königs in Susa eingesetzt wird (s. u.). Nachdem letzterer sich gemäß der Aufforderung des Xerxes die großköniglichen Insignien angelegt und dessen Platz eingenommen hat,[112] erscheint auch ihm dasselbe göttliche Traumorakel.[113] Artabanos ‚funktioniert' also als Stellvertreter des Großkönigs, denn es erfolgt eine göttliche Erscheinung. Darüber hinaus ist es derselbe Gott, der Xerxes erschienen ist; er spricht mit dem Substitut in derselben Weise (durch den Traum) und mit derselben Grundaussage (der Empfehlung für einen Griechenlandfeldzug). Mit einer Lichterscheinung, die von Herodot als Drohung des Gottes dargestellt wird, sich möglicherweise aber auf das (akkad.) *melammu*, „das Leuchten, die Lichterscheinung" des göttlichen Rechts der achaimenidischen Königsherrschaft (*farnah/*chvarnah*), bezieht,[114] endet die göttliche Erscheinung.[115] Mit anderen Worten: Der Stellvertreter bzw. Mitregent wird hier von dem gleichen Gott des Großkönigs akzeptiert, in gleicher

---

110 1. Traum: Hdt. 7, 12, siehe Krewet 2017, 461–470; 2. Traum: Hdt. 7, 14, siehe Krewet 2017 470–475; 3. Traum: Hdt. 7, 19, siehe Krewet 2017, 481–492.
111 Hdt. 7, 15–18. Krewet 2017, 441 versteht dies wohl als „Gedankengut und auch Fakten im persischen Denken". Zum möglichen griechischen Hintergrund des Artabanos-Traumes siehe Krewet 2017, 475–481. Zu Artabanos als Substitutkönig nach babylonischem Muster: Briant 2002, 525 f.
112 Siehe v. a. Hdt. 7, 15.
113 Hdt. 7, 17: „Er legte Xerxes' Kleidung an und setzte sich auf den Königsthron, und als er sich danach hinlegte und eingeschlafen war, kam zu Artabanos dasselbe Traumbild, das auch zu Xerxes kam".
114 Zu *melammu*: Pongratz-Leisten 2012, 4419.
115 Hdt. 7, 18, 1: „und Anstalten zu machen, mit glühenden Eisen ihm die Augen auszubrennen." Zur assyrischen Tradition des *melammu* als göttliche Lichterscheinung: Degen 2019, 86–94; zum konkreten Bezug zum *farnah/*chvarnah* bzw. dem göttlichen Recht des achaimenidischen Königtums: Degen 2019, 92.

1.5 Die Träume des Xerxes

Weise behandelt und von dem gleichen *melammu* als göttlichem Strahlen in der Rechtmäßigkeit der Königsherrschaft berührt.

Offensichtlich verarbeitet Herodots Anekdote Elemente des altbabylonischen und hethitischen *šar puḫi*-Rituals als Schadensabwehr mittels eines Ersatzkönigs vor dem Auszug des Großkönigs in den Krieg.[116] Es bestehen aber berechtigte Zweifel daran, dass Herodot dieses Ritual in seiner originalen Prägung tatsächlich kannte oder sich auf eine griechische Rezeption davon in achaimenidischer Zeit bezog.[117] Mit dem traditionellen, altbabylonischen Ritual stimmt lediglich überein, dass der Ersatzkönig die königlichen Insignien anlegt,[118] den Thron und das Bett des Königs besetzt,[119] in Verbindung mit Traumerscheinungen agiert[120] und dabei mit einem Aufschrei erschrickt.[121] Bereits das Element einer Abwesenheit des rechtmäßig amtierenden Königs in den Residenzen ist nur gewährleistet, wenn man diese auf den Griechenlandfeldzug des Xerxes beziehen möchte. Bei Herodot bleibt der Großkönig jedoch nach der Einsetzung des Artabanos in der Residenz und befragt ihn dort unmittelbar nach einer Nacht zu seinem Traum.[122]

Die Abweichung bzw. das Fehlen zentraler Wesenselemente ist deutlich zahlreicher:

- Herodot berichtet von keiner Eklipse, welche das *šar puḫi*-Ritual auslöst.[123]
- Bei der Einsetzung des Ersatzkönigs agiert keine Prophetin.[124]
- Der Ersatzkönig ist nicht von niederem Rang, sondern ein wichtiges Mitglied der königlichen Familie.[125]
- Der amtierende König legt nicht seine herrscherlichen Titel nieder.[126]
- Der König versteckt sich nicht außerhalb der Residenz.[127]

---

116 Ausführlich und grundlegend dazu Huber 2005, 339–397; zum traditionellen Ritual: ebd., 347–355. Siehe auch Shayegan 2012, 35–38. In auffallender Entsprechung erlebt auch Dareios III. vor dem Auszug mit seinem Heer nach Issos ebenfalls einen Traum, in welchem ihm das *melammu* erscheint, allerdings als prophetisches Omen für Alexander als Sieger: Curt. 3, 3, 2–4: die Träume Dareios' III. (*per somnum species*); Curt. 3, 3, 5 in der Ausdeutung: Die Erscheinung des leuchtenden makedonischen Lagers zeige den Glanz für Alexander (*fulgorem Alexandro*) als neuem König Asiens.
117 Siehe Huber 2005, 362; Shayegan 2006, 68; Shayegan 2012, 39.
118 Zur Übergabe der Insignien: Huber 2005, 347.
119 Zu Thron und Bett des Königs: Huber 2005, 347–350.
120 Zum Traumkontext: Huber 2005, 353.
121 Zum Aufschreien des Substituts: Huber 2005, 348 mit Anm. 26. Vgl. auch zum Aufschrei bei Gaumāta/Smerdis als Substitut des Kambyses Hdt. 3, 64; Shayegan 2012, 40.
122 Hdt. 7, 18. Nach dem Ritual verlässt der König eigentlich die Residenz und zieht sich in eine einfache Hütte zurück: Huber 2005, 349 f.
123 Zu den Eklipsen als Voraussetzung für das Ritual: Huber 2005, 343 f.
124 Zur zentralen Rolle der Prophetin: Huber 2005, 348.
125 Siehe dazu Huber 2005, 344–346, 361.
126 Zur Ansprache des Königs als „Bauer" während des Rituals: Huber 2005, 349.
127 Siehe Huber 2005, 349 f.

- Es wird keine Ersatzkönigin eingesetzt.[128]
- Der Ersatzkönig und die Ersatzkönigin werden nicht getötet und rituell bestattet.[129]
- Der Thron und die vom Substitut benutzten königlichen Möbel werden nicht verbrannt.[130]

Davon abgesehen berichtet Herodot nichts über die zahlreichen Details, die das Ritual ausmachen.[131] Vor diesem Hintergrund ist freilich festzuhalten, dass es für die achaimenidische Herrschaft keine Belege für die Anwendung und Durchführung des Rituals gibt.[132] Allein im 8. Regierungsjahr des Kyros finden sich einzelne Elemente: zur erwarteten Eklipse wurden in Uruk und Larsa die kupfernen Kesselpauken geschlagen.[133] Allerdings trat die Eklipse nicht ein, so dass wohl auch das folgende šar puḫi-Ritual nicht umgesetzt wurde.[134] Auch wenn die Rezeption einzelner Ritualelemente nachweisbar ist,[135] findet sich kein Beispiel für einen Großkönig in der über 200jährigen Geschichte des Achaimenidenreichs, der sich dem Ritual unterzogen hätte.[136] Es drängt sich damit die Annahme auf, dass die Großkönige das babylonische Ritual zwar nicht im eigentlichen, religiösen Inhalt und Zeremoniell fortführten, dieses aber für die eigene Herrschaftsideologie adaptierten und formal wie inhaltlich modifizierten.[137] Die Schadensabwehr des šar puḫi war besonders relevant, wenn der Großkönig die Residenzen verließ, um sich auf einen Feldzug in Gefahr zu begeben. Dem Kern des ursprünglichen Rituals *„lag jedoch der Gedanke zugrunde, das Schicksal zum eigenen Vorteil manipulieren zu können, um eine unge-*

---

128 Zur Einsetzung und dem ‚Eheleben' der Ersatzkönigin: Huber 2005, 349–351.
129 Die Tötung des Ersatzkönigs (und der Ersatzkönigin) ist eines der wichtigsten Elemente des Rituals und erfolgte zwingend: siehe Huber 2005, 340, 346, 352 f.
130 Siehe dazu Huber 2005, 352.
131 Zu diesen ausführlich Huber 2005, 257–355.
132 Siehe Huber 2005, 340, Anm. 4.
133 Ausführlich mit den Belegen Huber 2005, 353 f. mit Anm. 42.
134 Zur Initialisierung des Rituals stets *post eventum*: Huber 2005, 344.
135 So zeigt (ebenfalls Xerxes zugeschrieben) das Buch Esther bei der Hinrichtung des Mordechai ebenfalls einen Reflex des šar puḫi-Rituals: Huber 2005, 355 mit Anm. 50; Beck 1966, 27–31.
136 Erst unter Alexander finden sich wieder Nachrichten zur Durchführung des šar puḫi-Rituals, das bei den Alexanderhistorikern konkret im babylonischen Kontext und mit Verweis auf babylonische („chaldäische") Quellen wiedergegeben wird. Huber 2005, 368–380. Auch Shayegan 2006, 65–76 kann dies mit einem Substitutkönig unter Kambyses nur rekonstruieren.
137 Siehe dazu auch Shayegan 2006, 65–76, der allerdings nicht diskutiert, wie eine spezifisch iranische oder achaimenidische Adaption dieses Rituals zu verstehen wäre; vgl. etwa ebd., 69: „evident and self-explanatory to his Iranian and Mesopotamian audience", wonach das achaimenidische Ritual im iranischen und mesopotamischen Verständnis gleichermaßen eindeutig wäre.

1.5 Die Träume des Xerxes

wisse Zukunft berechenbar zu machen und zu meistern."[138] Erst recht ließ sich in dieser Situation ein Ersatzkönigtum mit der Ernennung eines stellvertretenden Mitregenten verbinden, denn das Ritual diente dazu, *„die Legitimität der Regierung des Ersatzkönigs von Seiten der Götter zu bekräftigen.*"[139] Allerdings handelte es sich nun nicht mehr um babylonische, sondern um persische Götter, konkret um Ahuramazdā als den (Schutz-)Gott der Herrscherdynastie. Folgende Adaptation im achaimenidischen Kontext wäre theoretisch durchaus denkbar: Der Großkönig konnte einen Stellvertreter ernennen, wenn er einen Feldzug über die Grenzen des Achaimenidenreiches hinaus führte, um im Voraus den Erfolg des Unternehmens kultisch berechenbar zu machen und drohenden Schaden bzw. die eigene Lebensgefahr auf seinen Stellvertreter abzulenken. Als ‚Gegenleistung' erhielt dieser die religiöse Legitimierung seiner Regierung, das Recht, die königlichen Insignien zu tragen sowie die offizielle Bestallung zum Mitregenten und Nachfolger. Nicht zuletzt erfolgt hierbei der rituelle Akt, durch welchen der Mitregent religiös beglaubigt und wirksam am *farnah/*chvarnah* des amtierenden Großkönigs zu partizipieren beginnt. Es entspricht dabei der alten, assyrischen Tradition, dass der rechtmäßige König auch während des *šar puḫi* die Regierungsgeschäfte in der Hand behielt.[140] Die Bestimmung einer Ersatzkönigin bleibt unklar, ist mit Blick auf die Masistes-Geschichte bei Herodot jedoch möglich.[141] Die Tötung des Substituts entfällt zwangsläufig, da die Einsetzung des Mitregenten mit der offiziellen Designation des Nachfolgers verbunden war.[142] Vor diesem Hintergrund ist es durchaus vorstellbar, dass sich der Traum des Artabanos in der achaimenidischen Adaption des *šar puḫi*-Rituals auf einen Akt bezieht, bei welchem der amtierende Großkönig seinen mitregierenden Stellvertreter für die Zeit des Feldzuges und die Abwesenheit des Königs bestimmte.[143] Stephanie West hat in der Verbindung der Artabanos- und Smerdis-Geschichten bei Herodot darauf hingewiesen, dass dieser königli-

---

138 Huber 2008, 339. Darüber hinaus konstatierte das Ritual die Sieghaftigkeit des Königs, denn „die Prophetin [hatte] also die Funktion der Proklamation dieses Sieges, konkret veranschaulicht durch den Akt der Übergabe des Iltis." (Huber 2005, 348).
139 Huber 2005, 348.
140 Pongratz-Leisten 1997, 99 f.
141 Dazu s. u.
142 Siehe dagegen die Einsetzung des Bardiya/Gaumāta/Smerdis als Substitutskönig durch Kambyses und dessen Tötung vor dem Feldzug des Großkönigs nach Ägypten: DB § 10; Shayegan 2012, 40 f.; zur Verarbeitung bei Herodot siehe West 2007, 408–415. Freilich wird – auch unter Berücksichtigung von Ktes. Frg. 13, 12 (Stronk 2010, 324 f.) – der getötete feindliche Königsbruder als Substitut durch den Mager ersetzt, der seinerseits als Substitut (vorerst) am Leben bleibt und der während der Abwesenheit des Kambyses als dessen Vertretung dem königlichen Hof vorsteht: Hdt. 3, 61, 1; 63, 2.4; 65, 5; dazu West 2007, 410 f. Vgl. dazu auch Aisch. Pers. 774–779; dazu West 2007, 415.
143 Vgl. unter diesem Gesichtspunkt auch Shayegan 2006, 65–76 zu Kambyses und sein Substitut. Siehe auch zu Elementen des *šar puḫi*-Rituals unter Dareios III.: Müller 2020, 141 f.

che Stellvertreter, der wohl nach einem *šar puḫi*-Ritual vom amtierenden Großkönig für die Zeit seiner Abwesenheit im Feld eingesetzt wurde, als (altpers.) **pati-xšayah-viθa* benannt wurde – ein Titel, den Hdt. 3, 63, 2; 65, 5 als ἐπίτροπος τῶν οἰκίων belegt und im Personennamen Patizeithes wiedergibt.[144]

Die drei Träume des Xerxes hingegen scheinen in Herodots Darstellung vorrangig das negative Charakterbild des Großkönigs und die fatale Entscheidung zum Feldzug in ihrer schicksalhaften Entwicklung vorzuführen, in der grundsätzlich „sich das dynastische Geschick und die Dimensionierung der persischen Herrschaft ankündigen".[145] Jenseits dieser literarischen, griechisch geprägten Kompositionsfunktion in der Beschlussfassungsepisode[146] darf die Frage nach einem historischen Hintergrund dieser Traumorakel gestellt werden.

Die Xerxes-Träume sind zweifellos ein zentrales Ereignis, in welchem quasi als Korrelat verschiedene Motivstränge und Erzählketten in Herodots *Historien* zusammenkommen.[147] Allerdings dient es dem herodoteischen Narrativ vorrangig dazu, die negativen, mithin tyrannischen Eigenschaften des Xerxes hervorzuheben[148] und ihn damit in ein Spannungs- und Konfliktverhältnis zu den Göttern zu setzen: Das unrechte Handeln des Großkönigs steht im Widerspruch zum Interesse der Götter an Gerechtigkeit und einer „Harmonie der Ordnung".[149] Dieser Konflikt berührt ein philosophisches Thema zum Wesen der griechischen Geschichtsschreibung, dem Antagonismus von Geschichte als Verkettung menschlicher Entscheidungsprozesse und als schicksalhaftes Resultat göttlichen Willens und Wirkens.[150] Herodot scheint dieses Kernthema der

---

144 West 2007, 411, ohne allerdings die Tötung des Bardiya/Smerdis mit dem *šar puḫi*-Ritual in Verbindung zu bringen. Zu Patizeithes siehe auch Wiesehöfer 1978, 49 f.
145 Bichler 2000, 322.
146 Siehe zu diesem Kontext ausführlich Bichler 2000, 321 f.; Krewet 2017, 442–446.
147 Krewet 2017, 448, siehe ebd., 451 sogar mit Reflexen auf die Motive der Kriegführung in der athenischen Politik. Speziell zur Einbindung der Traumorakel in das literarische Geflecht der Beschlussfassungsepisode: Krewet 2017, 450–461. Ebenso Wesselmann 2011, 174.
148 Zur Wankelmütigkeit: Krewet 2017, 465–466; Fröhlich 2013, 143 f.; zu Hochmut und frevelhaftem Handeln: Krewet 2017, 467–469; zur Selbstüberschätzung: Krewet 2017, 473 f.; zur Unbesonnenheit: Krewet 2017, 485; zum Unrecht: Krewet 2017, 490.
149 So Krewet 2017, 487, 490. Zur ‚Schuld' des Xerxes im Sinne Herodots: Bichler 2007a, 41. Neben dieser griechischen Motivebene spielt hier sicherlich auch ein Bezug zur achaimenidischen Herrschaftsideologie eine Rolle, in welcher der „richtige Platz" (DB § 14; XPh § 4: *gaθavā* – „auf dem gebührenden/zustehenden/richtigen Platz") und das gerechte/richtige Handeln bzw. die Wahrheit (altpers. *arta*) im Gegensatz zu Trug und Lüge (altpers. *drauga*) zentrale Schlüsselbegriffe waren (siehe DB § 63 f.); dazu Ahn 1992, 108–110, 293–296; Lincoln 2012, 20–40. Siehe in diesem Zusammenhang auch zu göttlichem Willen und Wundern im achaimenidischen Kontext: Lincoln 2012, 357–374.
150 Siehe dazu Krewet 2017, 467 f., allerdings ohne Bezug zu dieser geschichtsphilosophischen Diskussion; zur „notorischen Gräzität von Gedankenführung, Rede- und Handlungselementen": Bichler 2007a, 41; grundsätzlich: Bichler 2016b, 133–156; Meier 2004,

1.5 Die Träume des Xerxes

Historiographie an der Person des Xerxes und speziell hier in der Beschlussfassung zum Kriegszug zu erörtern.[151] Zugleich wird durch dieses Spannungsverhältnis von schicksalhaft-göttlichem Willen zu menschlicher Entscheidungsfreiheit und von Recht zu Unrecht auch der griechische Monarchie-Diskurs berührt:[152] Die Entscheidung und das Handeln des Xerxes vor dem Hintergrund zahlreicher Entsprechungen in den *Historien* enthalten bereits den Hinweis auf den Niedergang, da der Erfolg des tyrannischen Großkönigs letztlich durch den Neid der Götter zunichte gemacht wird.[153]

Als ein Grundelement aller Xerxes-Träume ist deutlich zu erkennen: Die göttliche Erscheinung akzeptiert Xerxes als Großkönig – sie unterscheidet sogar zwischen ihm und seinem Substitut –, kommuniziert mit ihm und erkennt damit die Rechtmäßigkeit seiner Herrschaft an. Die Traumerscheinungen sind damit – zumindest bei Herodot – nicht zuletzt eine göttliche Bestätigung für die legitime Autorität und Herrschaft des Xerxes als Großkönig.[154]

Nach der ersten Traumerscheinung verkündet Xerxes vor dem Rat der Perser, dass er seine Entscheidung revidiere und den Feldzug absage. Die wörtliche Rede des Xerxes ist an dieser Stelle besonders aussagekräftig, da sie in einem harten, programmatischen Widerspruch zu einer wörtlichen Aussage des Großkönigs in einer seiner Inschriften steht. Hdt. 7, 13, 2 lässt Xerxes sagen:

„Denn meine Geisteskraft ist noch nicht voll entfaltet, und dann lassen die, die mich drängen, so zu handeln, zu keiner Stunde von mir ab. Als ich Artabanos' Meinung hörte, brauste unversehens die Jugend bei mir auf, und so stieß ich gegen den älteren Mann wohl härtere Worte aus als schicklich".

37–39, 42 f.; Harrison 2003, 237–255; Meier 1987, 41–57. Siehe v. a. zu den ‚rationalen' Erklärungselementen des Artabanos: Latacz 1984, 26 f., 29 f. Besonders deutlich wird diese Problematik etwa auch in Hdt. 6, 98, 2; dazu Raaflaub 1987, 230–232. Zum achaimenidischen Kontext, der hierbei möglicherweise auch einen gewissen Anteil hat, siehe Lincoln 2012, 357–374. Zu Herodots Geschichtsverständnis im Vergleich zu Thukydides: Raaflaub 1987, 221–223.

151 Siehe zu diesem Aspekt Raaflaub 1987, 228 f.; Forsdyke 2006, 224–241; Harrison 2003, 237–255, bes. 240; Hunter 1982, 50–92; vgl. dazu auch Meier, 2005, 331.
152 Hierzu siehe Börm 2019 20–22; Trampedach 2006, 3–27.
153 Siehe Krewet 2017, 457 f. mit Bezügen zu Kroisos, Kyros und Kambyses; 491 f.; Schwab 2017, 184 f. Zum Hinweis auf die Niederlage durch die Träume des Xerxes: Huber 1965, 38; Boedeker 2002, 103. Zum Monarchie-Diskurs in diesem Kontext: Wesselmann 2011, 174; Raaflaub 1987, 224 f. Zur Hybris des Xerxes als Element einer ‚imperialen' Geographie bei Herodot: Clarke 2018, 293–306.
154 Siehe dazu Krewet 2017, 466 mit Anm. 1212. Allerdings versteht Krewet die Göttlichkeit der Traumerscheinung nur für das zweite und dritte Traumbild des Xerxes, nicht aber für das erste gegeben: Krewet 2017, 470 (1. Traumbild als nicht göttlich), 472 (Göttlichkeit des 2. Traumbildes, bes. nach Hdt. 7, 15, 1), 483 (Göttlichkeit des 3. Xerxes-Traums). Dabei verkennt Krewet allerdings, dass es sich beim zweiten Traumbild laut Hdt. 7, 14, 1 ausdrücklich um *dieselbe* Erscheinung wie beim ersten Traum gehandelt hat.

Xerxes formuliert in XPl § 2–3.6 gänzlich anders, aber auch vor einer kritischen Hofgesellschaft mit dem göttlichen Rückhalt seiner Herrschaft:

> „(§ 2) *Nach dem Willen Ahuramazdās bin ich solcherart, dass ich dem Recht(en) freund bin, dem Unrecht(en) (aber) nicht freund bin. Nicht (ist) mein Wunsch, dass der Schwache des Starken wegen unrecht (ungerecht) behandelt wird, (und) nicht (ist) dies mein Wunsch, dass der Starke des Schwachen wegen unrecht (ungerecht) behandelt wird. (§ 3) Was recht (ist), das ist mein Wunsch; dem Mann, der dem Trug anhängt bin ich nicht freund; ich bin nicht heißblütig. Was auch immer mir im Streit wird, halte ich gar sehr in (meinem) Denken zurück, meiner selbst bin ich gar sehr mächtig. (…; § 6) Solcherart also (sind) mein Auffassungsvermögen und (meine) Entschlusskraft.*"

Ostentativ skizziert die Xerxes-Rede bei Herodot das provokante Gegenbild zur Selbstdarstellung des Xerxes in seiner großköniglichen Repräsentation.[155] Susanne Fröhlich hat dazu treffend bemerkt: „Diese und andere Episoden lassen sich wie narrative Ausgestaltungen der von Xerxes in Persepolis formulierten Maximen lesen – vor deren Hintergrund sie allerdings eine andere Bedeutung erhalten."[156] Umso interessanter ist daher ihr Hinweis, dass auch der herodoteische Xerxes in der Beschlussfassung zum Krieg „sachlich argumentierend", selbstkritisch und abwägend und gerade nicht emotionsgeleitet gezeigt wird.[157]

Bei Herodot brechen die Perser in große Freude auf die Nachricht hin aus, Xerxes wolle nun doch keinen Feldzug gegen Griechenland führen.[158] Die Absage scheint das Wohlwollen und die Anerkennung des Königs bei den Persern auszulösen. Doch hat dieses Verhalten wohl weniger damit zu tun, dass Herodot hiermit eine Alternative aufzeigt, wie Xerxes ohne einen Feldzug das Ansehen als Großkönig bei den Persern gewinnen könnte.[159] Im Gegenteil: Gerade diese Entscheidung skizziert das eigentliche Problem. Die Absage des Feldzugs bedeutet für diese einflussreichen Adeligen am königlichen Hof, dass sie „*in Ruhe daheimbleiben*".[160] Vor allem darin bestand aber die Gefahr für eine dauerhaft gesicherte Anerkennung des Großkönigs, da er die Parteiungen, die maßgeblich in die Nachfolgeregelungen – auch mit eigenen, konkurrierenden Ansprüchen – involviert waren, nicht in ihrem politischen Rückhalt für ihn prüfen konnte (dazu s. o.). Es scheint, als ob die Freude der Perser bei Herodot

---

155 Siehe Trampedach 2013, 79 f. Zum Reflex derartiger Inschriften bei Herodot siehe z. B. Fröhlich 2013, 145.
156 Fröhlich 2013, 146.
157 Fröhlich 2013, 142; dazu auch Roettig 2010, 52. Im Gegensatz dazu siehe Baragwanath 2008, 246, die über das Rachemotiv eine dominant emotionale Entscheidungsfindung des Xerxes postuliert. In der Tat ist die Rache als Kriegsgrund zwar kein rational abgewogener Faktor, doch wird Xerxes selbst in der Beschlussfassungsepisode nicht stark emotionalisiert dargestellt, sondern als ein Herrscher, der verschiedene Meinungen hört, auf sie eingeht und nicht zuletzt Zweifel an der eigenen Entscheidung entwickelt. Siehe dazu auch Fröhlich 2013, 144.
158 Hdt. 7, 13, 3.
159 So deutet Krewet 2017, 470 die Reaktion der Perser im Rat.
160 So Xerxes in seiner Rede Hdt. 7, 13, 3.

1.5 Die Träume des Xerxes

ein weiterer Grund gewesen sei, der Xerxes erst recht zur Entscheidung für diesen Feldzug trieb.[161]

So sehr die Xerxes-Träume also ein Brennpunkt literarischer und narrativer Motivstränge in den *Historien* sind, scheinen sie möglicherweise auch, zumindest teilweise, ein Reflex auf Hintergründe mit historischem Gehalt zu sein. Nicht zuletzt spiegeln sie die Anerkennung der großköniglichen Legitimation vor den – durchaus kritischen – Interessen der persischen Aristokratie am Hof wider. Herodot scheint dabei in seiner Charakterisierung des Xerxes auf achaimenidische Darstellungen reagiert und diese ostentativ in seinem Narrativ umgedeutet zu haben.

Für die Interpretation der sog. Reichsträume des Xerxes soll beispielhaft auf einen Aspekt verwiesen werden, der möglicherweise einen Bezug zu historischen Gehalten erkennen lässt:

Dreimal erlebt Xerxes ein göttliches Traumbild, das trügerisch ist und letztendlich einen falschen, in das Verderben der Niederlagen führenden Rat erteilt.[162] Dabei ist das Traumbild selbst nicht der Gott.[163] Das Bild wie auch ein möglicher Gott als Initiator bleiben bei allen drei Traumbildern unspezifisch und namenlos. Erst recht ist auffällig, dass der Traum einen verderblichen Rat ausspricht und den König damit ausweglos in sein Unglück treibt.[164] In der Regel sprechen derartige Orakel eine Empfehlung aus, die zwar von den Menschen falsch verstanden wird, in der Sache aber das Richtige treffen. Das falsche Traumorakel (οὖλον ὄνειρον) ist für den griechischen Leser jedoch prominent mit Homers Episode in Il. 2, 6–75 verbunden:[165] Auch hier erscheint Agamemnon ein falsches Traumbild, das ihn zu einer Fehlentscheidung und Niederlage treibt.[166] Anders als bei Herodot erfährt man hier jedoch, dass Zeus als Gott der Initiator ist, der den Traum als Medium beauftragt, den falschen

---

161 Davon abgesehen dient die Reaktion der Perser jedoch auch dazu, die Unterwürfigkeit unter die Entscheidung des Tyrannen zu verdeutlichen. Von einer ausgewogenen Beratung ist hier nichts mehr zu erkennen, selbst Mardonios (und seine Anhänger im Rat), der vehement für den Feldzug warb, fügt sich ja wohl offensichtlich in die allgemeine Huldigung des Großkönigs. Namen werden hier jedenfalls keine mehr genannt, sondern die Mitglieder des Rates verschmelzen zur indifferenten Masse „der Perser". Zu diesem Phänomen siehe auch Ellis 2017, 45–59.
162 Siehe Bichler 2000, 321; Wesselmann 2011, 170.
163 Dazu ausführlich Immerwahr 1954, 34–37.
164 Krewet 2017, 493 f. zur falschen Entscheidung des Xerxes; Bichler 2000, 321 f. zu den Drohungen des Traumbildes. Zur Ausweglosigkeit in Xerxes' Entscheidung: Fröhlich 2013, 143.
165 Ich danke Jan Radicke für den Hinweis auf diese Stelle und die anregenden Gespräche dazu. Im Überblick zur philologischen Diskussion um diese Stelle Wesselmann 2011, 171 f., Anm. 431. Zur Kontextualisierung mit einem Überblick zur Behandlung der Stelle in der älteren Herodot-Forschung: Bichler 2007a, 41, Anm. 54. Krewet 2017, 472, 493 f. erkennt dieses Motiv jedoch nicht. Zur Analyse des Agamemnon-Traums: Latacz 1984, 32–35. Grundsätzlich zum engen Homerbezug bei Herodot siehe Bowie 2012, 271.
166 Siehe Hom. Il. 2, 110–114, 365 f.

Rat an Agamemnon zu übermitteln.[167] Im Kontext der Perserkriege hatte sich laut Herodot schon Dareios I. nach der Zerstörung von Sardes durch die Athener in einem Gebet an Zeus gewandt und ihn um Rache an Athen gebeten.[168] Auf diese Weise wird der Vorgänger des Xerxes, Dareios I., als der eigentliche Initiator vorgestellt. Bei Homer handelt es sich außerdem nur um *eine* Traumerscheinung (und nicht wie bei Herodot um drei verschiedene Träume),[169] doch wird diese dreimal in Folge ausführlich thematisiert: Zum ersten Mal wird der falsche Traum erläutert, als Zeus ihn als Auftrag formuliert;[170] zum zweiten Mal wird der Traum selbst beschrieben, als er Agamemnon erscheint;[171] und zum dritten Mal wird er wiedergegeben, als Agamemnon ihn schließlich der Ratsversammlung der Griechen berichtet.[172] Trotz einer *variatio* der Handlung entsprechen sich die Traumerscheinungen bei Herodot und Homer also in der Intensität des unausweichlich geäußerten, göttlichen Willens.[173] Die Parallelen der beiden ‚falschen Traumorakel' reichen jedoch noch weiter: Wie Xerxes bei Herodot fällt Agamemnon bei Homer die finale Entscheidung im Adelsrat;[174] die intensive Diskussion um die Entscheidung zum Kampf findet dann aber in einer weiteren Beratung im Rahmen der Heeresversammlung statt,[175] in welcher ein ungehörter ‚Warner' (bei Homer: Thersites; bei Herodot: Artabanos) auftritt;[176] nach der Beschlussfassung machen sich die Mitglieder des Rats auf den Weg, die Rüstung des Heeres zu veranlassen;[177] schließlich mündet diese in einer groß angelegten Truppen- und Flottenschau.[178] Die literarischen Bezüge von Herodots Rat- und Traumepisode zu Homers falschem Traum des Agamemnon sind offensichtlich. Herodot schafft speziell mit den drei Träumen des Xerxes eine epische Dimension für den Kampf zwischen Ost und West, auf deren griechische Komponente er literarisch durch das Motiv des οὖλον ὄνειρον ver-

---

167 Hom Il. 2, 4–16.
168 Hdt. 5, 105. Dazu Krewet 2017, 451. Zur Parallelisierung der Dareios- und Xerxeskriege besonders im Kontext der Beschlussfassung: Fröhlich 2013, 141 f.
169 Zu weiteren strukturellen Unterschieden Wesselmann 2011, 172.
170 Hom Il. 2, 8–15.
171 Hom Il. 2, 20–34.
172 Hom. Il. 2, 53–75.
173 Zu dieser variatio auch in anderen Aspekten der Traumerscheinungen: Wesselmann 2011, 172.
174 Zum Adelsrat: Hom. Il. 2, 51–81; zur Entscheidung: Hom. Il. 2, 381 f.
175 Hom. Il. 2, 93–440.
176 Zur Rede des Thersites: Hom. Il. 2, 212–244. Zum ungehörten Warner in der Historiographie und speziell bei Herodot: Raaflaub 1987, 242–245; 248.
177 Hom. Il. 2, 84–86; 444–446.
178 Bei Homer der sog. Schiffskatalog: Hom. Il. 2, 455–785; bei Herodot die sog. Heeresliste des Xerxes: Hdt. 7, 61–100. Möglicherweise gehen diese Bezüge in vielen Details noch deutlich weiter. So wäre z. B. die Verbindung des Platanen-Orakels in Hom. Il. 2, 306 mit dem Großkönig an der (goldenen) Platane in Lydien in Hdt. 7, 31 (dazu s. u.).

1.5 Die Träume des Xerxes

weist.[179] In dieser Dimension nimmt Herodots (Anti-)Monarchie-Diskurs eine zentrale Rolle ein, der thematisch nicht nur die Verfassungsdebatte mit der Beschlussfassungsepisode, sondern auch den persischen Großkönig und die athenische Politik verbindet.[180] Sowohl am Anfang, als auch am Ende wird der Griechenlandfeldzug durch οὖλον ὄνειρον-Episoden eingerahmt: zu Beginn auf persischer Seite durch Xerxes in der Kriegsberatung der Perser, und am Ende durch Themistokles in der Kampfberatung der Griechen bei Salamis.[181]

Der Bezug zwischen Herodots Darstellung des Xerxes im Perserrat zu Homers Beschreibung des Agamemnon im Achaierrat der Heeresversammlung vor Troia impliziert, wie Herodot die Entscheidung des persischen Großkönigs zu verstehen scheint (Hom. Il. 2, 204 f.):[182] *„Einer sei Herrscher, einer König, welchem der Sohn des verschlagenen Kronos Zepter und Satzungen gab, mit ihnen als König zu herrschen."*

Kaum zufällig ist es die Verfassungsdebatte, in der sich Herodot selbst in der Rede des Mardonios auf dieses Dictum bezieht (Hdt. 3, 82, 2): *„Denn Besseres kann man nicht finden als den einen Mann, der der Beste ist."*

Aus der Kenntnis der Heeresversammlung in der Ilias wird verständlich,[183] nach welchen Zielen Xerxes eigentlich den Griechenlandfeldzug anlegte. In auffallender Entsprechung formuliert Nestor – durchaus in Entsprechung zur Mardonios-Figur bei Herodot – den Rat an Agamemnon (Hom. Il. 2, 362–366):

„Ordne die Männer nach Stämmen und Sippen, o Agamemnon,
So dass Sippe den Sippen helfe und Stämme den Stämmen.

---

179 Diese Komponente wird für die Traumerscheinung des Xerxes besonders deutlich, als sie bei Herodot in engem Bezug zum Trug-Orakel des Themistokles bei Salamis steht: Hierzu Wesselmann 2011, 174. Siehe auch Baragwanath 2012, 287–312. Die gesamte Episode als griechische Schöpfung Herodots: Bichler 2007a, 42.

180 Siehe zum besonderen Verhältnis des Großkönigs als τύραννος zur (athenischen) πόλις τύραννος: Raaflaub 1987, 224. Zum anti-monarchischen Diskurs bei Herodot und in der klassischen Literatur siehe ausführlich Wiesehöfer 2015, 45–65; Börm 2019, 20–22. In der modellhaften Beschreibung von Deiokes und seiner Herrschaft in Agbatana siehe Bichler 2000, 236.

181 Ausführlich zu den beiden οὖλον ὄνειρον-Episoden: Wesselmann 2011, 167–174, die allerdings die konzeptionelle ‚Rahmung' des Griechenlandfeldzuges nicht weitergehend diskutiert. Zur Figur des Themistokles, mit welcher Herodot dem Athen des delisch-attischen Seebunds einen kritischen Spiegel vorhält: Blösel 2001, 178–197. Zudem sind diese Traumerscheinungen wohl werkimmanent in einer „Poietik der Orakel" zu sehen: dazu Gödde 2007, 41–50; Wesselmann 2011, 335–341,

182 Durch den Bezug zu Themistokles und das Trug-Orakel bei Salamis wird dieses Thema letztendlich vom persischen Großkönig auch auf den griechischen, speziell athenischen Kontext übertragen: siehe Wesselmann 2011, 174.

183 Derartige Bezüge sind in den *Historien* Herodots nicht einzigartig und können in ihrer intertextuellen Wirkung vorausgesetzt werden. Siehe treffend Wesselmann 2011, 174 zur „Verwendung von Folien aus dem troianischen Mythos gerade im Kontext des großen europäisch-asiatischen Konflikts der Perserkriege". Siehe auch Baragwanath 2012, 294–300.

Hast du dieses getan und gehorchen dir die Achaier,
Merkst du, wer von den Führern schlecht und wer von der Mannschaft,
Oder wer tapfer ist; denn sie kämpfen im eigenen Verbande."

Vor dem Hintergrund der Fraktionen von Adeligen und königlichen Familienmitgliedern am Hof, die kritisch oder oppositionell zu Xerxes als Großkönig standen, beschreibt der Ratschlag des Nestor einen Aspekt des Feldzugs, der in der Übertragung auch für die inner-persischen Verhältnisse unter Xerxes wichtig ist: Der Feldzug dient vor allem dazu, die politischen Verhältnisse am Hof und im Umfeld des Großkönigs zu prüfen, die Gefolgschaft neu zu ordnen und der königlichen Legitimation einen stabilen Rückhalt zu schaffen.

Dies legt die Problematik offen, die in der freudigen Reaktion des Perserrates enthalten ist, als Xerxes ihm nach dem ersten Traum in Aussicht stellt, zu Hause bleiben zu können (s. o.). Herodot verbindet damit nicht nur allgemein den griechischen Hintergrund mit dem östlichen durch die Einbettung des Artabanos-Traumes als Rückgriff auf die Elemente des altbabylonischen *šar puḫi*-Rituals; vielmehr bezieht er auf dieselbe Weise die griechischen Elemente der homerischen Vorlage, im Besonderen die Programmatik im Ratschlag des Nestor, auf die Person des Xerxes als möglichen Reflex innerpersischer Verhältnisse.[184]

Insgesamt werden zwei Aspekte an der Beschlussfassungsepisode Herodots deutlich: Zum einen zeigt sich die Wirksamkeit der großköniglichen Autorität, die in ihrer Rechtmäßigkeit nicht einmal mehr von den Göttern in Frage gestellt wird. Allein am Hof und speziell im Rat der Perser scheint es gelegentlich kritische Stimmen zu geben, die sich letztendlich aber Xerxes unterzuordnen haben. Zum zweiten spielt das Motiv einer Rache an den Athenern, das nach Herodot von Mardonios als Auslöser für die Feldzugsplanung eingebracht wurde,[185] bei der Beschlussfassung keine Rolle mehr. Vielmehr ist die abwägende Planung das zentrale Thema, bei welchem der Aspekt, wie der Rat der einflussreichsten Perser die legitime Autorität des Großkönigs anerkennt, im Mittelpunkt steht.

Zweifellos ist die Beschlussfassung eine Szene in Herodots *Historien*, die großen symbolischen Charakter besitzt und auf vielerlei Ebenen literarisch innerhalb des Werks wie auch darüber hinaus mit anderer Literatur vernetzt ist. Umso schwieriger ist es, ihre historische Bedeutung abzuschätzen. Wenn ihr überhaupt historische Informationen zur Beschlussfassung des Griechenlandfeldzuges zu entnehmen sind, dann wären als solche mit äußerster Vorsicht zu benennen:

— Der Großkönig scheint das Unternehmen im Beisein eines königlichen Rates besprochen zu haben. Es ist nicht eindeutig zu erkennen, ob und wie

---

184 Vgl. in diesem Zusammenhang neben den Homer-Bezügen zur Bedeutung orientalischer Elemente in der Traumepisode für die Gesamterzählung Herodots: Saïd 1981, 22–25.
185 Hdt. 7, 5; 7, 9α.

1.5 Die Träume des Xerxes

sehr Xerxes von der Entscheidung dieses Kronrates abhängig war. Tatsache ist zumindest, dass der Beschluss des Königs schließlich vor diesem Rat festgesetzt wird, dessen Mitglieder in der Folge die vorbereitende Organisation in Gang setzen (Hdt. 7, 19, 2).

– Die Beschlussfassung im Kronrat, in welchem mit Artabanos und Mardonios Angehörige aus den Familien der ‚Sieben Perser' vertreten sind,[186] ist bei Herodot insofern aussagekräftig, als sie – bei aller literarischer Stilisierung – wohl dennoch eine Konfrontation des Großkönigs mit kritischen Stimmen am Hof reflektiert. Zu sehr ist dem Leser noch bewusst, mit welchen Schwierigkeiten Xerxes bei der Thronbesteigung zu kämpfen hatte.[187] Die Reden des Mardonios und des Artabanos scheinen hier stellvertretend für Befürworter und Gegner des Feldzuges, mithin Anhänger und Kritiker des Xerxes, zu stehen. Die Entscheidung zum Krieg wird also vor dem Hintergrund des Widerstands bzw. der Zweifel an der Rechtmäßigkeit des Xerxes als Großkönig gefällt.

– Nicht zuletzt führt Herodot in den Traumsequenzen vor, wie er mit einer gewissen Systematik griechische und östliche (achaimenidische) Narrative bedient und damit gleichermaßen die griechische und die achaimenidische Wahrnehmung metahistorisch[188] berücksichtigt.

---

186 Siehe auch Hdt. 7, 8, 1.
187 Hdt. 7, 2–4. In Hdt. 7, 4 erklärt Dareios I. vor dem(selben?) Rat Xerxes zum Thronfolger.
188 Dazu ausführlich s. u.

2   Die Vorbereitungen zum Feldzug

2.1   *Kriegsvorbereitung und Athos-Kanal*

Von einem überraschenden Militärschlag gegen Griechenland kann beim Feldzug des Xerxes nicht die Rede sein. Hdt. 7, 20 erläutert knapp, aber deutlich den großen Aufwand der Kriegsrüstung von 484 bis 480 v. Chr.:

> „Und Xerxes betrieb also die Aushebung des Heeres, wobei er jeden Winkel Asiens durchkämmen lässt. Vier volle Jahre nämlich nach der Einnahme Ägyptens war er dabei, das Heer bereit zu stellen und die Ausrüstung für dieses Heer, im Verlauf des fünften aber zog er zu Felde mit einer gewaltigen Streitmacht."

Auch für den Bau der Kriegsflotte scheinen entsprechende Vorbereitungen stattgefunden zu haben, auch wenn Herodot selbst davon nichts berichtet. Diod. 11, 2, 1 f. erwähnt jedoch ein Flottenbauprogramm, welches v. a. den maritimen Herrschaftsraum der Achaimeniden von Nordafrika bis in den Schwarzmeerraum skizziert:[1]

> „Er begann mit dem Schiffsbau über das gesamte ihm untertänige Küstengebiet hin, in Ägypten, Phoinikien und Zypern, dazu in Kilikien, Pamphylien und Pisidien und ferner in Lykien, Karien, Mysien und der Troas, außerdem noch in den Städten am Hellespont, in Bithynien und am Pontos. Ebenso wie die Karthager verwandte er einen Zeitraum von drei Jahren auf seine Vorbereitungen und machte mehr als 1200 Kriegsschiffe bereit. Unterstützung fand Xerxes auch durch seinen Vater Dareios, der noch vor seinem Tode Vorkehrungen zur Aufstellung großer Streitkräfte getroffen hatte."

Doch nicht nur Ausbau, Rüstung und Formierung der Flotte, auch die Vorbereitungen für die Versorgung eines so großen Heeres auf dem Marsch waren eine logistische Meisterleistung.[2] Sie musste detailliert geplant, präzise umgesetzt und zuverlässig eingehalten werden. Herodot gibt auch hierzu einige Notizen, die den administrativen Aufwand im Hintergrund erahnen lassen (Hdt. 7, 25, 1-2):

> „(U)nterdes ließ er aber auch Taue für die Brücken vorbereiten, aus Byblos und aus Weißflachs, und das trug er den Phoinikern und Ägyptern auf, und ließ Proviantspeicher für das Heer anlegen, damit die Leute und auch das Zugvieh nicht Hunger litten auf dem Zug gegen Hellas; zuvor aber hatte er die günstigsten Plätze für die Depots ausmachen lassen, und dann mußten die Vorräte

---

1   Übersetzung: Veh 1998, 12. Zur Bedeutung der Meere im Herrschaftskonzept der Achaimeniden siehe Klinkott 2021, 111-136; Müller 2016, 219-231; Haubold 2012, 4-24. Zur Bedeutung der Flotte: Bichler 2020, 35-58; Ruffing (in Vorb.).

2   Vasilev 2015, 165 sieht zwar die Vorbereitung als „sign of the greatness of the enterprise", berücksichtigt aber nicht die logistischen und organisatorischen Leistungen, die dafür bereits innerhalb des Achaiemenidenreiches nötig waren. Siehe dazu Kramer 2017, 95-100; Kehne 2002, 29-47.

2.1 Kriegsvorbereitungen und Athos-Kanal

hierhin und dorthin geschafft werden, auf Frachtern und Fähren, aus allen Winkeln Asiens. Das meiste Korn brachten sie nun nach einer Stelle in Thrakien, Weißküste (Leuke Akte) genannt, einige waren aber auch nach Tyrodiza[3] im Gebiet von Perinthos, andere nach Doriskos, andere nach Eion am Strymon, andere nach Makedonien[4] beordert."

Herodots Bericht lässt keine Zweifel daran, dass sich schon vor dem eigentlichen ‚Angriff' zahlreiche Vertreter des Großkönigs in Nordgriechenland aufhielten, um den Feldzug vorzubereiten. Selbst die mittelgriechischen Gemeinwesen waren laut Hdt. 7, 119 davon betroffen:

„Das Beköstigen, lange vorher angesagt und von ihnen mit Ernst betrieben, ging nämlich in der Regel so vonstatten: Erstens verteilten in diesen Städten, kaum hatten sie den Befehl aus der Ankündigung durch die Herolde vernommen, die Bürger das Getreide und stellten alle Weizen- und Gerstenmehl her, über vielen Monate hin; weiter suchten sie das schönste Vieh aus, kauften es für teures Geld und fütterten es fett und mästeten Geflügel, laufendes und schwimmendes, in Käfigen und auf Teichen, um das Heer aufzunehmen; weiter fertigten sie goldene und silberne Becher und Mischkrüge und all das übrige, was man auf den Tisch stellt. Das war für den König selber und die mit ihm Speisenden vorbereitet, für das übrige Heer nur, was für die Beköstigung anbefohlen war."

Zu diesen aufwändigen Vorbereitungen gehörten auch die Baumaßnahmen des Athos-Kanals und der Strymon-Brücke, die eine zusätzliche, eigene Organisation erforderten.[5] Von Herodot wird der Bau des Kanals in einen ursächlichen Zusammenhang mit dem ersten Griechenland-Unternehmen der Perser gebracht, als der Stratege Mardonios im Auftrag Dareios' I. mit der Flotte an der Umsegelung des Athos-Berges auf der Chalkidike scheiterte und daher das Vorhaben abbrechen musste.[6] Der Bau des Kanals wirkt vor diesem Hintergrund – und in Herodots Charakterisierung des Xerxes[7] – einmal mehr als Strafakt an den Elementen und naturräumlichen Gegebenheiten. Daraus folgend erklärt Herodot das Unterfangen mit der μεγαλοφροσύνη – dem Geltungsdrang und Größenwahn des Xerxes – ohne einen konkreten Zweck für den Bau zu erwähnen.[8] Umso ausführlicher schildert er dessen technische Umsetzung: Im Zusammenhang mit dem Heeresaufgebot wurden von den verschiedenen Völkerschaften Delegationen zum Arbeitseinsatz abgeordnet.[9] Ihr Transport an den Arbeitsort wurde durch eigene Schiffskontingente bewerk-

---

3   Zur Lage und Identifikation von Tyrodiza siehe Vasilev 2015, 164 f.
4   Siehe dazu Macan 1908, I.3; VII.25; Schrader 1985, 198, Anm. 168; Tripodi 2007, 81 f.; Zahrnt 2011, 767; Vasilev 2015, 163. Zur Annahme weiterer Versorgungslager in Makedonien abgesehen von Therma siehe Kehne 2002, 36; Tuplin 1987, 183; Heinrichs/Müller 2008, 287, Anm. 24.
5   Hdt. 7, 22–24.
6   Hdt. 7, 22.
7   Krewet 2017, 495 f. zeigt diese Ebene ausführlich auf.
8   Hdt. 7, 24. So folgen auch Fröhlich 2013, 135–138; Krewet 2017, 495 ohne weitere Diskussion der Argumentation Herodots, ohne den weiteren, v. a. altorientalischen Hintergrund derartiger Großprojekte für die Deutung in Betracht zu ziehen.
9   Hdt. 7, 22: „die verschiedenen Völker des Heeresbanns".

stelligt.[10] Derartige Dienste machten neben der Truppenfolge eine Form des Tributs aus, der offensichtlich zur Pflicht der Heeresgefolgschaft gehörte.[11] Hinter der Einberufung und Zuteilung der Arbeitsgruppen stand wohl ein eigener administrativer Vorgang, auch wenn diese Einheiten zum Heeresaufgebot gehörten, das Xerxes im kappadokischen Kritalla für den Kriegszug sammelte.[12] Auch in Sardes hatte der Großkönig wohl Teile seiner Truppen zu den Bauarbeiten am Athos und am Hellespont entsandt.[13] Unter der Weisung der zuständigen Leiter, Bubares, Sohn des Megabyzos, und Artachaies, Sohn des Artaios,[14] wurde die Baustrecke des Kanals vermessen, in einzelnen Abschnitten abgesteckt, den jeweiligen Arbeitsgruppen offensichtlich in ihren ethnischen Verbänden zugeteilt, die in ihrer Bautätigkeit koordiniert wurden.[15] Allein die Logistik für den Bau mit der Versorgung der Arbeitskräfte, von der Herodot in Hdt. 7, 2, 3 nur sehr wenig berichtet, war entsprechend komplex: *„Es gibt dort auch ein Feld, da war ihr Markt und Handelsplatz; Korn bekamen sie reichlich, schon gemahlen, aus ganz Asien zugeführt."*

In bemerkenswerter Weise ist aufgrund der straff organisierten Gesamtplanung[16] der Kanal termingerecht zum Eintreffen des Großkönigs mit Heer und Flotte fertiggestellt (Hdt. 7, 37):[17]

---

10 Hdt. 7, 22: *„Nämlich in Elaious auf der Chersones lagen Trieren, und von hier wurden die verschiedenen Völker des Heerbanns jeweils hingebracht"*.
11 Zur Heeresfolge als eine Form des Tributs siehe Klinkott 2007, 274–276.
12 Siehe Hdt. 7, 26.
13 Siehe Diod. 11, 2, 4: *„Xerxes teilte sodann sein Heer und ließ eine hinreichende Zahl von Männern vorausgehen, um den Hellespont zu überbrücken und im Rücken der Chersones einen Kanal durch den Athos zu stechen."* Zum Zeitmanagement des Großkönigs: Kelly 2003, 196. Fraglich bleibt dabei jedoch, auf welcher Grundlage den Angaben Diodors, die für die Dauer der Bauarbeiten recht ungenau bleiben, Herodot gegenüber der Vorzug zu geben ist. Siehe Diod. 11, 2, 4. *„Die zur Ausführung der Anlagen abgestellten Truppenteile konnten dank der Vielzahl der arbeitenden Hände ihre Aufträge rasch erledigen."* Vielmehr scheint, dass Herodots ausführliche Beschreibung in Umfang und Inhalt stark verkürzt wurde.
14 Hdt. 7, 22.
15 Zur Vermessung: Hdt. 7, 22: *„in der Nähe der Stadt Sane zogen sie eine schnurgerade Linie"*; zur Einteilung der Abschnitte nach Völkerschaften: Hdt. 7, 22: *„Die Barbaren aber unterteilten die Strecke nach Völkerschaften"*; zur Koordination der Arbeit: Hdt. 7, 22: *„und als sich der Graben dann vertiefte, gruben nur die, die ganz unten standen, weitere aber reichten jeweils den Aushub den anderen, die auf Stufen darüber standen, diese nahmen ihn und gaben ihn wieder anderen, bis er zu den obersten kam; die trugen ihn weg und schütteten ihn aus"*. Selbst die Phoiniker mit einer anderen Arbeitstechnik erreichen schließlich den einheitlich geforderten Standard. Hdt. 7, 22: *„schließlich langte die Arbeit unten an und war gleich breit wie bei den anderen."*
16 Die straffe Planung und Umsetzung schlägt sich bei Herodot in einer Darstellung der ‚Knechtsdienste' nieder, wenn er in Hdt. 7, 22 berichtet: *„und sie gruben unter Geißelhieben, bis Ablösung kam."* Zur Bauzeit bei Hdt. 7, 22: *„etwa drei Jahre lang"*. Siehe auch Myres 1953, 219. Die logistische Leistung ist umso eindrucksvoller, wenn der Bau in deutlich kürzerer Zeit fertiggestellt wurde. Zur Kritik an Herodots Zeitangabe siehe Isserlin 1991, 90 f.; Isserlin et al. 2003, 381 f.; Kelly 2003, 195; zu den archäologischen Untersuchungen

2.1 Kriegsvorbereitungen und Athos-Kanal

> „Als nun die Arbeiten an den Brücken abgeschlossen waren und auch die beim Athos und die Meldung vorlag, dass sowohl die Molen um die Ausgänge des Kanals, die des Sogs bei Flut wegen aufgeschüttet wurden, um die Kanalmündungen nicht versanden zu lassen, wie der Durchstich selber völlig fertig seien, da brach nun das Heer nach dem Überwintern bei Beginn des Frühlings von Sardes auf und zog nach Abydos."

Besonders an den technischen Konstruktionsdetails der Kanalanlage wird deutlich, dass dieses Unternehmen nur aus griechischer Perspektive dem Größenwahn des Xerxes geschuldet war. Mehrfach ist bereits darauf hingewiesen worden, dass derartige Großprojekte, besonders in kriegerischen Kontexten, in der Tradition altorientalischer Herrscherrepräsentation stehen.[18] Es wird mit einem solchen Vorhaben das Funktionieren der großköniglichen Autorität im Amt demonstriert und praktiziert. In Vorbereitung, Organisation und Umsetzung richtet sich das gesamte Projekt daher zwar auch auf die Gegner aus, im Wesentlichen adressierte es aber das eigene, achaimenidische Umfeld. Vor allem nach der Niederschlagung der Aufstände in Ägypten und Babylonien demonstrierte Xerxes hiermit seine autoritäre Kompetenz als rechtmäßiger Herrscher und seine überlegene Potenz an materiellen, menschlichen und wirtschaftlichen Ressourcen. Herodot gibt dies durch Formulierung δύναμιν ἀποδείκνυσθαι, wieder, wenn er erläutert (Hdt. 7, 23 f.):[19]

> „Wenn ich mir die Sache so recht überlege, ließ Xerxes diesen Graben aus purem Geltungsbedürfnis ausbauen, um damit seine Macht (δύναμιν) zu zeigen und ein Denkmal zu hinterlassen."

Zusätzlich steht das Kanalprojekt in einer politischen Kontinuität zu dem seines Vorgängers Dareios I.,[20] der bereits in einer Königsinschrift verkündete (SZc § 3):[21]

> „(I)ch habe angeordnet, diesen Kanal zu graben von – Pirāva mit Namen (ist) ein Fluss, der in Ägypten fließt, – zu dem Meer, das von Parsa/Persis her kommt; danach wurde dieser Kanal gegraben, so wie ich (es) angeordnet hatte, und es fahren Schiffe von Ägypten durch diesen Kanal nach Parsa/Persis, so wie es mein Wunsch war."

Diese Inschrift wie auch die Nennung der Sabäer (Šb) auf der Stele von Tell-el Maskhuta illustrieren die Bedeutung des Roten Meeres als Kommunikations-

---

des Kanals: Isserlin et al. 1994, 277–284; Isserlin et al. 1996, 329–340; Isserlin et al. 2003, 369–385.

17 Zur Diskussion um das Datum der Fertigstellung und die kritische Bewertung in der Bedeutung für den Xerxes-Feldzug siehe Rookhuijzen 2020, 104; Wallinga 2005, 24 f. Es ist zweifelhaft, inwiefern der Dareikenhort am Athos-Kanal ein Argument für den Bau und die Fertigstellung des Kanalprojekts liefern kann. Zu diesem Fund Nicolet-Pierre 1992, 7–22.
18 Siehe Kramer 2017, 98–100; siehe auch Rollinger 2006/07, 147–169. Zum griechischen Verständnis siehe Clarke 2018, 214–216, 293–295.
19 Hdt. 7, 24: ὡς μὲν ἐμὲ συμβαλλόμενον εὑρίσκειν, μεγαλοφροσύνης εἵνεκεν αὐτὸ Ξέρξης ὀρύσσειν ἐκέλευε, ἐθέλων τε δύναμιν ἀποδείκνυσθαι καὶ μνημόσυνα λιπέσθαι.
20 Siehe auch Rookhuijzen 2020, 103.
21 Übersetzung: Schmitt 2009, 150.

raum.[22] In diesem Zusammenhang hat H. T. Wallinga bereits auf den maritimen Aspekt des gesamten Unternehmens im Rahmen der persischen Seefahrtpolitik hingewiesen.[23] Spätestens mit dem Aufbau einer eigenen persischen Reichsflotte unter Dareios I. war das Mittelmeer mit seinen Verkehrsrouten als ‚Herrschaftsraum' in das Interesse der Großkönige geraten.[24] Durch die Rolle von Samos im Ionischen Aufstand war die Kontrolle dieses Raumes für die großkönigliche Politik noch deutlicher geworden.[25] Neben die territoriale Gebietserweiterung trat damit eine Politik der maritimen Expansion.[26] Zeugnisse hierfür legen die Verbindung des Roten Meeres über die Nilarme mit dem Mittelmeer durch den Ausbau des Bubastis- bzw. Necho-Kanals unter Dareios I. ab, ebenso unter Dareios I. die Expeditionsfahrt des Demokedes von Kroton über die griechischen Inseln, an der Peloponnes vorbei bis zum süditalischen Tarent, und schließlich unter Xerxes I. die Fahrten des Sataspes über Karthago und durch die Meerenge von Gibraltar, mit dem Ziel einer Umsegelung Afrikas.[27] H. T. Wallinga hat auf die Rolle der Griechenlandfeldzüge für die maritime Politik der Großkönige aufmerksam gemacht.[28] Neben dem Aspekt, die Küstenlinien der Ägäis und die maritimen Routen zwischen Schwarzem Meer, Mittelmeer und Rotem Meer zu kontrollieren, tritt also eine Herrschaft über das griechische Festland von nachgeordnetem Interesse hinzu. Viel entscheidender für eine ‚Vorfeldsicherung' der westkleinasiatischen Küste durch die griechischen Inseln und für die Kontrolle der Ägäis war der Zugriff auf die wichtigen Hafenplätze (wie etwa Euboia oder Korinth) und großen Flottenstützpunkte (wie Athen) in Griechenland.

Der Athos-Kanal ist freilich weit mehr als nur eine prestigeträchtige Imitation des Kanalbaus unter Dareios I., sondern ein Infrastrukturprojekt, das zweifellos militärische und ökonomische Aspekte berücksichtigte. Wie die Anlage der Molen als Schutz vor Versandung anzeigen, war das Projekt auf langfristige Nutzung angelegt, die im Zusammenhang mit dem Netzwerk der achaimeni-

---

22 Posener 1936, 59; Wasmuth 2017, 146: DZeg 6b, Z. 10, 11, 13, 17; ausführlich: Klotz 2015, 267–280; siehe auch Tuplin 1991, 270–278; Potts 2014, 133–145; Rollinger (in Vorb.).
23 Wallinga 2005, 7–31.
24 Zweifellos ist der Beginn für den Auf- und Ausbau einer persischen Reichsflotte bereits unter Kambyses anzusetzen und reagiert u. a. auch auf die maritime Politik der Ägypter, der griechischen Inseln (siehe etwa Polykrates von Samos) sowie Athens und Spartas. Zu Ägypten und Samos und den griechischen Inseln: Wallinga 1991, 179–195; Kienast 2002, 1–6; zu Sparta und Athen: Sealey 1976, 17 f.
25 Zur Bedeutung von Samos: Balcer 1984, 105, 108, 245–247, 259–281; Carty 2015, bes. 197–220.
26 Ausführlich Klinkott 2021, 111–136; Haubold 2012, 4–23.
27 Zum Kanalbau des Dareios: Tuplin 1991, 237–283; Wasmuth 2017, 125–200; Mahlich 2020; zur Fahrt des Demokedes: Hdt. 3, 134–136; Briant 2002, 138 f.; Griffith 1988, 37–51; zu den Fahrten des Sataspes: Hdt. 4, 43. Zur Bedeutung des Meeres (mit weiterer Literatur zu den Kanalbauprojekten): Klinkott 2021, 116 f.; vgl. auch Isserlin et al. 1994, 280.
28 Wallinga 2005, 13–22, 29–31.

2.1 Kriegsvorbereitungen und Athos-Kanal

disch kontrollierten Seerouten stand. In seiner spezifischen Wertung wundert sich Herodot, indem er dem Unternehmen Sinnlosigkeit unterstellt (Hdt. 7, 24):

> „Wo es ihm doch freistand, die Schiffe ohne besondere Anstrengung über den Isthmos zu ziehen, ließ er einen Durchbruch fürs Meer machen von einer Breite, dass zwei rudernde Trieren zugleich/zusammen hindurchfahren konnten (ὡς δύο τριήρεας πλέειν ὁμοῦ ἐλαστρεομένας)."

An einem der schwierigsten Abschnitte an der thrakischen Küste[29] installierte Xerxes also eine Verbindung, in welcher der Schiffsverkehr in beide Richtungen gleichzeitig möglich war. Regelmäßig im Hochsommer, zur Zeit der Etesien, war eine Umsegelung der Chalkidike nur schwer möglich.[30] Der Akanthische Golf wurde mit dem Kanalbau zu einem riesigen, natürlichen Hafenbecken, von dem durch den Kanal eine sichere und schnelle Seeverbindung in den Singitischen Golf und nach Griechenland möglich war, während sich nach Westen die Route entlang der thrakischen Küste über Thasos zum Hellespont anschloss.[31] Dass der Akanthische Golf als riesiger Flottenhafen, der durch den Kanal eine zweite Zufahrt erhielt, tatsächlich als Schnittstelle zweier verschiedener maritimer Zonen verstanden wurde, macht auch Diod. 11, 5, 1 deutlich:[32]

> „Xerxes rückte indes nach Inspektion seiner Streitkräfte mit dem gesamten Heer weiter, und während er mit dem Fußvolk bis zur Stadt Akanthos marschierte, begleitete ihn entlang der Küste die gesamte Flotte; von der genannten Stelle aus benützten die Fahrzeuge den Weg, wo der Kanal hindurchgeführt war und gelangte in kurzer Zeit unbeschädigt ins andere Meer."

Die nordägäische Küstenroute konnte durch den Kanal mit den vorgelagerten Buchten der Chalkidike nun unabhängig von den starken Sommernordwinden genutzt werden, ohne auf eine Umsegelung des Athos am Kap Akrothoi angewiesen zu sein. Der nordägäische Raum war mit seinen maritimen Routen seit der persischen Eroberung Thrakiens und Makedoniens unter Dareios I.[33] im Fokus persischer Seekriegführung, nicht zuletzt wegen der großen Edelmetallvorkommen auf Thasos und in der thasischen Peraia.[34] Die thrakische Küste und Thasos waren wichtige strategische Positionen für die Kontrolle des Hellesponts bzw. für den Schiffsverkehr aus dem Schwarzen Meer in die Ägäis,

---

29 Siehe zum Untergang der persischen Flotte 492 v. Chr. unter Mardonios: Hdt. 6, 43–45; dazu Instinsky 1956, 477–494.
30 Siehe Schumacher 1987, 242, Anm. 98; Instinsky 1956, 492–494.
31 Siehe dazu Diod. 11, 2, 4, wo der Sicherheitsaspekt ausdrücklich betont wird.
32 Übersetzung nach Veh 1998, 16.
33 Siehe Briant 2002, 144–146; Zahrnt 1992, 237–279; Castritius 1972, 1–15.
34 Siehe Hdt. 6, 46: „Ihre Einkünfte kamen vom Festland und den Bergwerken dort. Aus den Goldbergwerken bei Skapte Hyle gingen ihnen jährlich gewöhnlich achtzig Talente ein, aus denen auf Thasos selber weniger, aber doch genug, dass in der Regel die Thasier von ihrer Ernte keine Abgaben zu zahlen hatten, ihnen aber vom Festland und den Minen Jahr für Jahr zweihundert Talente einkamen, und wenn es besonders gut ging, dreihundert." Zum Thasos-Konflikt insgesamt Hdt. 6, 46, 1–48, 1. Zum wirtschaftlichen Interesse der Perser am Pangaion-Gebirge: von Bredow 2015, 82.

nach Griechenland und Ionien.[35] Deshalb hatte die persische Flotte auch nach dem Ionischen Aufstand im zerstörten Milet überwintert, um im Folgejahr die der ionischen Küste vorgelagerten Inseln Chios, Lesbos und Tenedos zu besetzen.[36] Von dort hatte sie sich nach Norden gewandt und alles Land zur Linken des Hellespont erobert: die Chersones mit ihren Städten, Perinthos, Selymbria und Chalkedon.[37] Nach einem Vorstoß in die Propontis, bei welchem Prokonnesos und Artake besetzt wurden, war sie wieder zur thrakischen Chersones zurückgekehrt, um die Halbinsel vollständig in Besitz zu nehmen.[38] Noch 495 v. Chr. waren, nach Herodot, Gruppen von Skythen offenbar als Reaktion auf den Feldzug des Dareios I. in die Chersones und das Gebiet der Dolonker eingefallen.[39] Während dieser Wirren hatten die Peisistratiden den Kypseliden Miltiades, den Sohn des Kimon, entsandt, um die sensible Stelle mit der Zufahrt zum Schwarzen Meer unter seine Herrschaft zu stellen (s. u.).[40] Weil Miltiades, der sich als Tyrann auf der thrakischen Chersones festgesetzt hatte, wohl zu offensichtlich die Aufständischen in Ionien unterstützt hatte, musste er 493 v. Chr. vor der persischen Eroberung von der Chersones nach Imbros fliehen, um von dort nach einer Niederlage im Seegefecht nach Athen zurückzukehren.[41] Im selben Jahr operierte auch Histiaios von Milet in diesem Raum. Hdt. 6, 26 verdeutlicht dabei, wie die kleinasiatische Westküste – im Besonderen Ionien – über Thasos und den Hellespont mit den Handelsrouten im Schwarzen Meer verbunden wurde: *„Histiaios von Milet aber, der bei Byzantion lag und die Frachtschiffe der Ionier wegnahm, die aus dem Pontos (Euxeinos) ausfuhren, erhielt Meldung von den Ereignissen in Milet."*

Mit dem Mardonios-Zug 492 v. Chr. brachte der Großkönig die thrakische Küste und Thasos unter seine Kontrolle und sicherte damit auch die Seewege in das Schwarze Meer.[42] Kaum zufällig lag daher die Anlage des ersten persischen Versorgungslagers bei Leuke Akte auf der thrakischen Chersones, wo sich auch die erste Festung auf der Straße zum Pontos befand.[43] Es ist daher durchaus vorstellbar – wenn auch spekulativ –, dass mit den Getreidelieferungen aus dem Schwarzen Meer unter persischer Kontrolle u. a. die ungeheure Lebensmittelversorgung für das Heer auf dem Griechenlandfeldzug bereitgestellt

---

35 Siehe dazu auch Gabrielsen 2007, 287–324, bes. 290–297. Zu den maritimen Netzwerken in den Schwarzmeerraum aus griechischer Sicht: Malkin 2011, 5–8 mit Taf. 1.1 und 1.2; 48 f. Zu Thasos: s. u.
36 Hdt. 6, 31.
37 Hdt. 6, 33.
38 Hdt. 6, 33.
39 Hdt. 6, 40.
40 Hdt. 6, 39.
41 Hdt. 6, 34: Miltiades als Tyrann auf der Chersones bis zur persischen Eroberung; Hdt. 6, 41: Rückzug des Miltiades über Imbros nach Athen. Siehe auch Berve 1937, 37–65; dazu Bengston 1939, 28–50.
42 Hdt. 6, 43 f.
43 Siehe dazu Vasilev 2015, 164.

2.1 Kriegsvorbereitungen und Athos-Kanal

wurde.[44] Die sorgfältige Auswahl der Lagerplätze und Depots war auf den parallel angelegten Vormarsch von Heer und Flotte abgestimmt und sah regelmäßige, gemeinsame Lager- und Versorgungsstandorte vor.[45] Die logistische Vorbereitung für die Versorgung des Heeres war so umfassend, dass Xerxes auf dem Rückmarsch in Thessalien überwintern konnte und dort für sein Heer noch die entsprechende Ausstattung vorfand.[46] Dass diese Versorgung für den Hin- und Rückmarsch nicht ausschließlich aus dem Land selbst geleistet werden konnte, war voraussehbar. Die küstennahen Lagerplätze legen daher eine entsprechende Planung mit einer frühzeitigen Ausstattung über die nordägäischen und pontischen Seerouten nahe.

Allein die maritime Dominanz der persischen Trierenflotte in der Ägäis macht es unwahrscheinlich, dass Holzlieferungen aus Thrakien und Makedonien für den Bau der neuen, athenischen Flotte im Bauprogramm des Themistokles von persischer Seite geduldet wurden.[47] Vielmehr erklärt sich hieraus eine weitere militärische wie auch wirtschaftliche Dimension des Athos-Kanal-Projekts: Xerxes kontrollierte damit nicht nur die Holzvorkommen auf der Chalkidike und schnitt Athen von ihrer Nutzung für den Flottenbau ab, sondern er schuf einen weitgehend sicheren Transportweg, um die entsprechenden Ressourcen selbst abzubauen und ganzjährig nach Osten zu verschiffen.[48]

Wie bedeutend solche Seerouten nicht nur für die kleinasiatische Westküste, sondern auch für Griechenland waren, wird während des Xerxeszuges

---

44 Siehe dazu Polyain, strat. 7, 15, 3. Zur persischen Kontrolle der Handelswege und über den Export von Getreide in der Schwarzmeerregion: Moreno 2007, 153 f. (zum regionalen Einfluss der Perser), 161, 166 f.

45 Zu den Depots: Hdt. 7, 25. Ausführlich zu den gemeinsamen Heeresplätzen s. u.

46 Hdt. 8, 113. Ausführlich dazu s. u.

47 So auch Meiggs 1982, 123 f. Dagegen Blösel 2004, 82, der spekulativ die Holzlieferungen auf 487/6 v. Chr. vordatiert und eine zu späte Erkenntnis der Perser annimmt. Als Argument stützt er (ebd., 82) sich lediglich auf die athenische Proxenie des Makedonenkönigs Alexander I., aus der freilich kein direkter Bezug zu den Holzlieferungen im Schiffbauprogramm ersichtlich ist. Vgl. dazu ebd., 128, wo Blösel die – im Übrigen nur durch Herodot in 8, 136, 1 überlieferte – Proxenie Alexanders I. aus eben diesen angeblichen, makedonischen Holzlieferungen an Athen erklärt. Auch Müller 2016a, 129 geht von den makedonischen Holzlieferungen explizit für das Flottenbauprogramm des Themistokles aus, stützt sich dabei aber ebenfalls nur auf die Proxeniebelege für Alexander I. bei Herodot: Heinrichs/Müller 2008, 288, Anm. 32. Die Annahme, dass diese mit makedonischen Holzlieferungen zu verbinden sind, kann auch sie nicht durch einen Beleg stützen. Siehe dagegen: Meiggs 1982, 124, der überzeugend darauf hinweist, dass derartig umfangreiche Holzlieferungen in den persisch kontrollierten Regionen zweifellos im Achaimenidenreich zur Kenntnis genommen worden wären.

48 Siehe dazu Ruffing 2006, 30. Es greift sicherlich zu kurz, den Bau des Athos-Kanals ausschließlich auf das militärische Bedürfnis des Xerxes-Feldzuges zu reduzieren, um das gemeinsame Vorrücken von Heer und Flotte zu gewährleisten: so Blösel 2004, 115, Anm. 49.

sichtbar (Hdt. 7, 147):[49] „*Als er nämlich in Abydos weilte, sah Xerxes Schiffe mit Getreideladung aus dem Pontos (Euxeinos) durch den Hellespont fahren, mit Aigina und der Peloponnes als Bestimmungsorten.*" Vor dem Hintergrund, dass Aigina und Argos auf persischer Seite standen,[50] beleuchtet diese Beobachtung des Großkönigs die Funktionsweise der maritimen Routen: Getreidelieferungen aus dem Schwarzmeerraum, der wohl seit dem Skythenfeldzug unter achaimenidischer Kontrolle stand,[51] belieferten Ionien, die Inselgriechen mit Aigina sowie das festländische Griechenland, etwa Argos. Unter diesem Gesichtspunkt waren der Hellespont, die nördliche Ägäis und der Saronische Golf Knotenpunkte des maritimen Netzwerks, dessen sichere Nutzung der Athos-Kanal garantierte.[52]

2.2 Die politischen Verhältnisse in der Ägäis aus persischer Sicht

Seit Dareios I. waren der Ausbau und die Kontrolle der Überseerouten zentrale Themen der achaimenidischen Politik gewesen. H. T. Wallinga hat einen Aspekt der großköniglichen Interessen betont, der gerade für Dareios I. und Xerxes I. in Bezug auf Griechenland von besonderer Bedeutung gewesen ist: Seit dem großen Flottenbauprogramm Dareios' I. und dem Einsatz einer eigenen Reichsflotte treten neben der territorialen Expansion die maritimen Ziele in den Vor-

---

49 Siehe dazu auch Polyain. strat. 7, 15, 3: „*Xerxes hatte sich bei Abydos vor Anker gelegt; als vorbeifahrende griechische Getreideschiffe von den Barbaren abgefangen wurden, wollten die letzteren sie mitsamt der Mannschaft versenken. Xerxes dagegen fragte: ‚Wohin fahrt ihr?' Als sie antworteten: ‚Nach Griechenland', antwortete er: ‚Auch wir fahren gerade dorthin; das Getreide, das nach Griechenland gebracht werden soll, gehört ohnehin uns. Also geht!' Die Geretteten meldeten dies den Griechen und setzten sie dadurch in kein geringes Erschrecken.*" (Übersetzung: Brodersen 2017, 533)
50 Siehe Hdt. 6, 49, 1; 99, 1; dazu Cawkwell 2005, 87.
51 Siehe hierzu auch die Dareios-Inschrift von Phanagoreia DFa: Schmitt 2019, 34–43; Shavarebi 2019, 1–15; Tsetskhladze 2019, 113–151; Avram 2018/19, 169–198; zum achaimenidischen Palast von Qarajamirli am Ideal Tepe in Azerbaijan Babaev/Gagoshidze/Knauß 2010, 111–122; Babaev/Gagoshidze/Knauß 2007, 31–45; Knauß 2005, 204; Brosius 2010, 29–40; zum Skythenfeldzug: Rollinger/Degen 2021, 193–203, ebd., 201 f. zum kritisch-vorsichtigen Umgang mit der Phanagoria-Inschrift; Briant 2002, 141–143; zu den Schwarzmeerskythen bei Herodot: West 2004, 73–86; zum achaimenidischen Einfluß im Schwarzmeerraum siehe die verschiedenen Beiträge in Nieling/Rehm 2010; Summerer 2005, 231–252 (Herakleia Pontike); zu achaimenidischen Siegeln in Georgien: Dzhevakhishvili 2007, 117–128; zu Münzen aus Herakleia Pontike: Fischer Bossert 2020, 15–164.
52 Zur Getreidelieferung: Moreno 2007, 161 (vgl. ebd, 165 f.); zu den Seerouten: Arnaud 2020, 241–252. Zu derartigen ökonomischen Aspekten für die persische Mittelmeerpolitik siehe Hyland 2018, 18, 26.

2.2 Die politischen Verhältnisse in der Ägäis aus persischer Sicht

dergrund.[53] Dementsprechend hat schon Aischylos in den *Persern* die neue politische Ausrichtung des Großreichs unter Dareios und Xerxes von der territorialen zur maritimen Expansion betont (Aisch. Pers. 104-113):[54]

> *„Das von den Göttern verhängte Schicksal errang*
> *Den Sieg von alters her, es legte den Persern*
> *Die Pflicht auf, türmezertrümmernde Kriege*
> *Zu führen, Rosse zu tummeln im Kampf*
> *und Städte zu entvölkern.*
> *Doch nunmehr haben sie gelernt,*
> *das Heiligtum des Meeres zu schauen,*
> *der weithin befahrenen See,*
> *die unter dem scharfen Winde aufschäumt;*
> *sie vertrauen dünngeflochtenen Seilen*
> *und kunstvoll gezimmerten Schiffen,*
> *auf denen Völker dahinfahren."*

Kleinasien, Phoinikien und Ägypten waren dabei die Schlüsselregionen zwischen den großen Überlandrouten, den sogenannten Königsstraßen aus dem Osten, und den überseeischen Routen in das westliche Mittelmeer. Die phoinikischen Königsstädte waren solche Schaltstellen für die sog. Gewürzstraße aus Arabien; die ägyptische Küste mit Pelusion war ein entsprechender Umschlagplatz für die Güter aus Zentralafrika, und die westkleinasiatischen Städte waren Endpunkte der Überlandrouten aus Innerasien.[55] In diesem Kontext war auch die infrastrukturelle Erschließung Kleinasiens insgesamt ein Werk der Perser.[56] Die Hafenplätze auf der anderen Seite der Ägäis, im griechischen Mutterland, waren zum einen alte Anlaufstellen für den Kontakt, Austausch und Handel mit der westkleinasiatischen Küste, zum anderen seetechnisch wichtige Zwischenstationen für die weiteren Routen in das westliche Mittelmeer. Genau dies zeigt die Expeditionsfahrt des Demokedes, den Dareios I. vor seinem ersten Griechenlandfeldzug entsandt hatte, um die Bedingungen und Gewinne eines solchen Unternehmens erkunden zu lassen: Demokedes segelte über die griechischen Inseln an der Küste der südlichen Peloponnes vorbei bis zum süditalischen Tarent.[57] Nicht zuletzt bedeuteten alle diese Faktoren, dass die griechischen Städte, allen voran Athen als aufsteigende Seemacht, von handels- und militärstrategischer Bedeutung waren. Wie wichtig dies auch für Xerxes war, zeigt Hdt. 8, 106: Griechenland war zu einer Region geworden, die in einem neuen maritimen Konzept der Achaimeniden Schlüsselstellen der großen Überseerouten kontrollierte.[58]

---

53 Wallinga 2005, 13-20; Klinkott 2021, 111-136; Degen 2018, 1-43; Müller 2016, 219-231; Haubold 2012, 4-23.
54 Übersetzung Ebener 1989, 6 f.
55 Siehe dazu Beaujard 2019, 365-373.
56 Siehe dazu Wiesehöfer 2011, 135-147.
57 Hdt. 3, 136; Briant 2002, 139.
58 Siehe Arnaud 2020, 68 f.; 241-246; Beaujard 2019, 365-371; Klinkott 2021, 117, 124 f., 129.

Nach dem Ausbau des Bubastiskanals und der Erschließung der maritimen Indienroute wandte sich Dareios der Verbindung von der Ägäis zum Schwarzen Meer zu.[59] Zur selben Zeit rückte auch der Hellespont verstärkt in den Fokus athenischer Interessen: 515 v. Chr. entsandten die Peisistratiden Miltiades mit einer Triere zur thrakischen , um dort die Tyrannis zu übernehmen.[60] Als bereits im folgenden Jahr, 514 v. Chr., Dareios I. zu seinem Skythenfeldzug aufbrach, unterstützte ihn Miltiades mit eigenen Kontingenten.[61] Nach diesem Unternehmen scheint sich der Kampf um die Kontrolle der Hellespont-Passage und der nordöstlichen Ägäis weiter verschärft zu haben. Hdt. 5, 25 f. berichtet dazu für das Jahr 511 v. Chr.:

> *„Otanes aber ernannte er (Dareios I.; Erg. d. Verf.) zum Befehlshaber der Küstenvölker. (...) Dieser Otanes also, dem sein Platz angewiesen worden war auf diesem Stuhl, löste damals Megabazos als Befehlshaber ab und nahm Byzantion und Chalkedon, nahm Antandros, die Stadt in der Troas, nahm Lamponion, ließ sich von den Lesbiern Schiffe stellen und nahm Lemnos und Imbros, beide damals noch von den Pelasgern bewohnt."*

Otanes führte demnach einen Seekrieg, der v. a. die Seewege in der nördlichen Ägäis und in den Hellespont für die persische Herrschaft sicherte.[62] In Lemnos setzte er Lykaretos, den Bruder des Maiandrios von Samos, als Hyparchen zur Verwaltung ein.[63] Nach dem Tod des Lykaretos bemächtigte sich Miltiades der Insel.[64] Von persischer Seite wurde offensichtlich anerkannt, dass Lemnos nun unter der Kontrolle des Miltiades stand, da er in der Lage war, sich gegen den

---

59 Ausführlich dazu Rollinger 2013, 95–116. Zur neuen Dareios-Inschrift aus Phanagoreia: Avram 2019, 15–24; Schmitt 2019, 35–43; Tsetskhladze 2019, 113–151; zur Politik der Achaimeniden im Schwarzmeerraum: Avram 2018/19, 169–198; Tsetskhladze 2018, 467–490; Summerer 2005, 231–252; ausführlich s. u.
60 Hdt. 6, 39; Blösel 2004, 77; Funke 1999, 305; Welwei 1999, 26; Berve 1937, 37–40; in kritischer Auseinandersetzung dazu Bengtson 1939, 30–40. Zu den attischen Kolonien am Hellespont und der Herrschaft des Miltiades auf der Chersones: grundlegend Funke 1999, 304 f.; Bengtson, 1939, 7–46.
61 Siehe Hdt. 6, 41: Miltiades versuchte, die Ionier an der Schiffsbrücke gegen Dareios aufzuwiegeln; Funke 1999, 305 f. Siehe dagegen Balcer 1972, 110–132, der mit Herodot, Ktesias und Polyainos versucht, den Skythenfeldzug des Dareios I. in das Jahr 519 v. Chr. zu datieren (ibid., 131), obwohl auch der ‚Palombino Marble' (IG XIV 1295, Z. 24 f.), Ausgangspunkt der Diskussion bei Balcer 1972, das Jahr 513 v. Chr. angibt (siehe Balcer 1972, 110, 130 f.). Kritisch zur Verbindung mit den Angaben in der Behistun-Inschrift (vgl. Balcer 1972, 124 f.): Rollinger/Degen 2021, 193–213.
62 Siehe dagegen Berve 1937, 45 f., der das Otanes-Unternehmen allein unter territorialen Gesichtspunkten für die Herrschaft des südthrakischen Raums bewertet, Dareios dabei aber jegliches Engagement für die Umsetzung der Herrschaft abspricht. Von einer „Lethargie" der großköniglichen Politik zu sprechen (so Berve, 1937, 56), ist verfehlt. Dies widerlegt bereits Hdt. 5, 27, wonach das Otanes-Unternehmen eine großangelegte Strafaktion für diejenigen war, die den Großkönig auf dem Skythenfeldzug nicht oder ungenügend unterstützt hatten.
63 Hdt. 5, 27.
64 Hdt. 5, 27; 6, 136.

2.2 Die politischen Verhältnisse in der Ägäis aus persischer Sicht

Widerstand der Bevölkerung erfolgreich zu behaupten.[65] Miltiades sorgte zunächst für eine gewisse Stabilität in der Verwaltung der Insel. Zwischen dem Otanes-Feldzug 511 v. Chr. und der Flucht des Miltiades 493 v. Chr. ist kaum Konkretes über die politischen Verhältnisse in den athenischen Kolonien auf Lemnos und der thrakischen Chersones bekannt: Irgendwann in diesen 18 Jahren endete die Regierungszeit des Lykaretos, dem Miltiades in der Verwaltung von Lemnos folgte. Wann dies aber genau stattfand und wie sich dies zum Sturz der Peisistratiden verhielt, bleibt im Dunkeln.[66] Auch das Verhältnis zu den ionischen Städten ist für diese Zeit und den Ionischen Aufstand gänzlich unklar. Erst zum Ende des Ionischen Aufstandes versuchte Miltiades wohl, mit eigenen Trieren nach Imbros überzugreifen.[67] Mit Ausbruch des Ionischen Aufstandes schien Miltiades jedenfalls nicht mehr die nötige Sicherheit für die verwalteten Gebiete garantieren zu können.[68] 493 v. Chr. geriet er dann selbst in die Kampfhandlungen der persischen Flotte bei der Niederschlagung des Ionischen Aufstandes (s. u.).[69] Doch auch hier zeigt das Verhalten des Dareios gegenüber Metiochos, dem zufällig gefangenen Sohn des Miltiades, dass der Großkönig offensichtlich nicht dezidiert gegen den chersonitischen Tyrannen

---

65 Eroberung von Lemnos: Hdt. 6, 136–140; Belagerung von Myrina: Hdt. 6, 140. Aus persischer Sicht war offensichtlich unerheblich, ob Miltiades die Insel den Athenern übergab: siehe Hdt. 6, 136. Faktisch gehörte sie zum persischen Herrschaftsbereich und wurde von Miltiades verwaltet. Es ist daher eine unzutreffende Spekulation mit Berve 1937, 56 von einem „feindlichen Akt gegen den Perserkönig" auszugehen.

66 Siehe entsprechend vorsichtig auch Funke 1999, 306. Eine kurze Lebenszeit des Lykaretos bleibt reine Spekulation. Hdt. 5, 27 bemerkt lediglich, ohne zeitliche Einordnung: „Dieser Lykaretos starb während seiner Herrschaft in Lemnos." Kein Beleg stützt die Annahmen, Lykaretos habe nur kurz regiert, nach seinem Tod sei Lemnos eine gewisse Zeit ‚frei' gewesen und sei von Miltiades etwa zur selben Zeit erobert worden, als in Athen die Peisistratiden vertrieben wurden (siehe so dagegen Berve 1937, 46, 49). Dementsprechend bleibt auch unklar, ob Miltiades die Insel noch während der peisistratidischen Tyrannis an Athen übergab, oder bereits an die ‚demokratisch' geführte Polis. Zwar wird bei der Anklage des Miltiades von seinen Freunden und Verteidigern die Übergabe von Lemnos an Athen als positive Leistung hervorgehoben (Hdt. 6, 136); dennoch ist die forcierte Verbindung von Athen zu seinen Kolonien am Hellespont ein Merkmal der Tyrannis, während diese Beziehung zwischen 506 und 489 v. Chr. nicht weiter gepflegt wird. Selbst im Ionischen Aufstand entsenden die Athener ihr Flottenkontingent zur Unterstützung der demokratischen Parteiungen in den ionischen Poleis, nicht aber an die von Tyrannen geführten Städte am Hellespont: siehe Balcer 1984, 234–237; vgl. auch Bengtson 1939, 37, 40 f. Im Übergabeakt des Miltiades eine vorausschauende Absicherung für eine eventuelle Rückkehr nach Athen zu sehen (so Berve, 1937, 55), argumentiert aus einer Retrospektive, welche die politische Entwicklung von etwa zehn Jahren vorwegnimmt.

67 Hdt. 6, 41, wo das Unternehmen als Flucht des Miltiades beschrieben wird; Funke 1999, 306.

68 Dies zeigt sich etwa in Hdt. 6, 40. Miltiades verließ die Chersones, als wandernde Skythen dort einfielen, ohne sie zu bekämpfen.

69 Hdt. 6, 41.

vorzugehen plante.⁷⁰ Eine Unterstützung der ionischen Aufständischen, die Hdt. 6, 41 Miltiades bereits für den Skythenfeldzug zuschreiben will, lässt sich nicht nachweisen.⁷¹

Athen selbst verfolgte nach dem Sturz der Peisistratide jedenfalls keine weiteren Interessen auf der thrakischen Chersones und am Hellespont, zumal es sich seit 505 v. Chr. im Krieg mit Aigina befand.⁷² Athen hatte sich nach den inneren Unruhen beim Sturz der peisistratidischen Tyrannis und der Errichtung der neuen, kleisthenischen Ordnung gegen seine Nachbarn und Sparta zu wehren.⁷³ Es wandte sich daher für eine Unterstützung sogar an die Perser.⁷⁴ Beim Ausbruch des Ionischen Aufstandes hatte sich Athens Position freilich gestärkt und verändert. Auf das Hilfegesuch des Aristagoras von Milet hin entsandte die Polis gemeinsam mit Eretria ein eigenes Flottenkontingent,⁷⁵ das in Ionien einfiel und die Residenz des lydischen Satrapen in Sardes zerstörte.⁷⁶ Abgesehen von der Tatsache, dass Athen und Eretria damit das großkönigliche Recht verletzten und ohne konkreten Anlass einen Angriff auf das Perserreich begonnen hatten, rückte die Kontrolle der ägäischen Seewege für die Sicherung der westkleinasiatischen Küste verstärkt in das Augenmerk der persischen Politik.⁷⁷ Der Seeschlacht von Lade 494 v. Chr. und dem Ende des Ionischen Aufstandes folgte eine systematische Eroberung der griechischen Inseln. Nach der Bestrafung Milets in demselben Jahr rückte die persische Flotte gegen die griechischen Inseln vor und eroberte Chios, Lesbos und Tenedos.⁷⁸ Daraufhin richtet sie sich gegen den Hellespont. Miltiades wurde nach einer verlorenen Seeschlacht von der Chersones vertrieben und floh 493 v. Chr. über Imbros nach Athen.⁷⁹ Die persischen Flottenkontingente besetzen daraufhin die Cher-

---

70 Hdt. 6, 41.
71 Siehe so auch Funke 1999, 306.
72 Siehe Blösel 2004, 79, Anm. 99.
73 Siehe dazu Funke 2001, 6 f., 13; Welwei 1998, 165; Welwei 1999, 1.10; siehe auch Meier 1999, 92 zu den Ansprüchen Lakedaimons unter Kleomenes.
74 In diesen Kontext gehört der viel diskutierte Vertrag mit Artaphernes, dem Satrapen von Sardes, aus dem Jahr 504 v. Chr.: Hdt. 5, 73, 2 f.; ausführlich dazu Wiesehöfer 2007, 38; dagegen West 2011a, 10 und Kramer 2004, 257–270, welche die Existenz eines Vertrages bezweifeln; Welwei 1998, 166 weist mit Hdt. 5, 73 daraufhin, dass trotz des Skandals, den die vermeintliche Unterwerfung unter den Großkönig in Athen auslöste, keine Konsequenzen gegen die Initiatoren der Mission erfolgten.
75 Hdt. 5, 99, 1: Zwanzig Schiffe der Athener mit fünf Trieren aus Eretria.
76 Ausführlich zum Ionischen Aufstand Kienast 2002, 1–31; zum Zug gegen Sardes ebd., 21–24.
77 Zum grundlosen Angriff auf die Perser in deren eigenem Gebiet: Walter 1993, 269. Bereits 499 v. Chr. hatte Aristagoras mit dem lydischen Satrapen Artaphernes die Eroberung von Naxos zunächst erfolglos versucht: Hdt. 5, 30–34; siehe dazu Walter 1993, 261–263; Balcer 1984, 231 f.; Keaveney 1988, 76–81 versucht die innerpersischen Aspekte in den Vordergrund zu rücken.
78 Hdt. 6, 31.
79 Hdt. 6, 41; Funke 1999, 306.

2.2 Die politischen Verhältnisse in der Ägäis aus persischer Sicht

sones und die Städte *„auf der linken Seite des Hellespont"*, Perinthos, Selymbria, Byzantion und Kalchedon, stießen bis in die Propontis vor, um dort Prokonnesos und Artake zu besetzen.[80] Auch Histiaios, der ehemalige Tyrann von Milet, operierte währenddessen in diesem Raum, störte von Byzantion aus die Seewege nach Ionien und versuchte, das reiche Thasos in seine Hand zu bekommen. Vor der drohenden Belagerung der Stadt 494 v. Chr. bauten die Thasier die Stadtmauer und ihre Kriegsflotte mit dem neuesten Schiffstyp, den Trieren, aus.[81] Die Bedeutung der Stadt lag nun nicht mehr allein in seiner strategischen Stellung für die Kontrolle der Seewege aus dem Schwarzmeergebiet nach Makedonien und Ionien, sondern durch die Aufrüstung mit neuartigen Trieren auch in seinem wachsenden Einfluss auf die Seekriegsführung, welche sich seit der persischen Eroberung Thrakiens und Makedoniens unter Dareios I.[82] im Besonderen auf den nordägäischen Küstenraum mit den großen Edelmetallvorkommen auf Thasos und in der thasischen Peraia konzentrierte.[83] Aus diesem Grund wurde Thasos 493/2 v. Chr. von der Flotte des Mardonios eingenommen.[84] 491 v. Chr. hatte die Stadt auf Befehl des Dareios nicht nur die starke Befestigung zu schleifen, sondern auch die neue Triremen-Flotte an den Großkönig in Abdera zu übergeben.[85] Dareios besaß damit die strategische Hoheit über die Seekriegführung in der nördlichen Ägäis, am Hellespont bis in den Schwarzmeerraum sowie an den kleinasiatischen Küsten.[86] Mit dem Mardonios-Feldzug von 492 v. Chr. wurde offensichtlich versucht, über den nordägäischen Raum weiter nach Westen auszugreifen. Das Unternehmen des Datis und Artaphernes von 490 v. Chr. setzte dieses Ziel über eine andere Route um; es brachte die Kykladen und die Nesioten bis Eretria auf Euboia unter persische Kontrolle.[87] Zur selben Zeit traf der abgesetzte spartanische König Demaratos

---

80 Hdt. 6, 33.
81 Siehe Hdt. 6, 46. Zum Abbruch der Belagerung: Hdt. 6, 28. Zur Finanzierung durch die Staatseinkünfte aus den Bergwerken auf Thasos und der thasischen Peraia: Bengtson 1953/54, 485 f.
82 Siehe Briant 2002, 144–146; Zahrnt 1997, 91–97; Zahrnt 1992, 238–252.
83 Siehe Hdt. 6, 46: *„Ihre Einkünfte kamen vom Festland und den Bergwerken dort. Aus den Goldbergwerken bei Skapte Hyle gingen ihnen jährlich gewöhnlich achtzig Talente ein, aus denen auf Thasos selber weniger, aber doch genug, dass in der Regel die Thasier von ihrer Ernte keine Abgaben zu zahlen hatten, ihnen aber vom Festland und den Minen Jahr für Jahr zweihundert Talente einkamen, und wenn es besonders gut ging, dreihundert."*
84 Hdt. 6, 44. Dazu Zahrnt 1992, 237–279.
85 Hdt. 6, 46, 1; 48, 1: *„die Thasier aber schleiften auf Befehl des Königs ihre Mauer und brachten auch alle Schiffe nach Abdera"*. Ausführlich zur Behandlung von Thasos: Wallinga 2005, 16–20.
86 Siehe ausführlich Wallinga 2005, 16–20; zur Kontrolle der thrakisch-makedonischen Gebiete Kelly, 2003, 182.
87 Zum Zug des Datis und Artaphernes. Hdt: 6, 49, 1; 8, 45, 4; 66, 2; Welwei 1999, 39. Zur Zerstörung Eretrias sowie zur Deportation der Bevölkerung: Hdt. 6, 100, 1–102, 1; Matarese 2021, 75–92; van der Spek 2014, 258 f.; Wiesehöfer 2021, 872.

bei Dareios I. ein[88] und konnte dort über den erfolglosen Feldzug des Kleomenes gegen Argos 494 v. Chr. sowie die unsicheren Verhältnisse auf der Peloponnes berichten.[89]

490 v. Chr. begann auch der Konflikt zwischen Athen und Aigina, das sich als Vorstand des Nesiotenbundes bereits auf die Seite der Perser gestellt hatte, zu eskalieren.[90] Dareios I. führt diese „Inselgriechen" explizit in den Länderlisten der altpersischen Inschriften auf und zeigt damit, dass er sie als Teil seines Reiches verstand.[91] Umso mehr schien Miltiades 489 v. Chr. mit seinem Unternehmen gegen die westlichen Kykladen und Paros[92] aggressiv die ältere athenische Politik wiederaufzunehmen und über die grenznahen Räume in persisches Hoheitsgebiet vorzustoßen. Das Unternehmen blieb freilich erfolglos, v. a. weil Paros sich trotz einer Belagerung durch Miltiades weigerte, die von diesem geforderten Zahlungen an Athen zu entrichten.[93] Mit anderen Worten: Paros entschied sich dafür, weiterhin unter persischer Hoheit zu bleiben, und setzte damit wohl auch ein Zeichen für die übrigen Inselgriechen. Möglicherweise als Reaktion darauf verlangten die Aigineten nicht nur die von Sparta an Athen überstellten Geiseln zurück, sondern eröffneten eine neue Phase des Krieges, indem sie im März/April 488 v. Chr. das athenische Festschiff für die Poseidon-Feier am Kap Sunion kaperten.[94] Mithilfe von Bündnistruppen aus Argos gelang es sogar, einen athenischen Angriff auf die Insel zurückzuschlagen.[95] Der persische Einfluss auf die Seekriegführung im Saronischen Golf schien damit immer

---

88 Meier 1999, 96–104; Hereward 1958, 238–249.
89 Zum Argos-Feldzug des Kleomenes: Meier 1999, 102 zu Hdt. 6, 76–82; zur Opposition gegen Kleomenes in Sparta: Meier 1999, 94. Zur Vertreibung des Kleomenes und seinem Versuch, die Arkader gegen Sparta aufzuwiegeln: Hdt. 6, 74 f., Meier 1999, 105 mit Anm. 84.
90 Hdt. 6, 49, 1 f.: „Und viele Bewohner des Festlandes gaben den nach Griechenland entsandten Herolden, was die Perser fordern ließen. Auch alle Inseln, die sie mit ihrer Forderung aufsuchten, taten es. Unter den Inselbewohnern, die Dareios Erde und Wasser lieferten, befanden sich auch die Aigineten. Die Athener fielen deswegen sofort über sie her; denn sie meinten, Aigina habe dabei auf sie gezielt, um im Bund mit den Persern gegen sie zu Felde zu ziehen. Mit Freuden ergriffen sie also die Gelegenheit und begaben sich nach Sparta, um die Aigineten wegen Verrats an Griechenland zu verklagen." Siehe auch Hdt. 7, 144. Zur Anklage der Athener gegen die Aigineten wegen Medismos bei den Spartanern um 490 v. Chr. siehe auch Blösel 2004, 81.
91 Am deutlichsten DPe § 2, wo nacheinander genannt werden „die Ionier des Festlandes und (die) die im Meer (wohnen) und die Länder, die jenseits des Meeres (sind)"; siehe Schmitt 2000, 118; ähnlich wohl zu den ‚Ioniern, die im Meer wohnen': DSe § 4 und XPh § 4. Vgl. auch Cawkwell 2005, 87; Sancisi-Weerdenburg 2001, 323–340.
92 Link 2000, 40–53; Welwei 1999, 39; Bengtson 1939, 56 f.
93 Welwei 1999, 59 f.; Funke 1999, 309.
94 Siehe dazu Welwei 1999, 41; Kelly 2003, 192; zum Hintergrund der aiginetischen Geiseln: Kelly 2003, 183. Zur Stellung der aiginetischen Geiseln: Hdt. 6, 73; zur Rolle Spartas unter Kleomenes dabei: Meier 1999, 95; zum weiteren Konflikt nach dem Tod des Kleomenes: Hdt. 6, 85, 1; Meier 1999, 105.
95 Welwei 1999, 41; Figueira 1985, 68 f.; Figueira 1988, 56, 71; Podlecki 1976, 404, 406.

2.2 Die politischen Verhältnisse in der Ägäis aus persischer Sicht

sichtbarer zu werden, v. a. für den Fall, dass sich die übrigen Anrainerstaaten wie Megara, Epidauros, Troizen und Hermione als Verbündete Aigina anschlössen.[96] In Athen wurde Miltiades sogar für das Paros-Unternehmen durch Xanthippos, den Vater des Perikles, öffentlich angeklagt und verurteilt.[97] Für den Großkönig war dies ein eindeutiges Zeichen der politischen Abkehr Athens von weiteren militärischen Übergriffen in den persisch kontrollierten Ägäisraum. In Athen schien damit eine erste große Ostrakismos-Welle zu stehen, die sich gegen das Erstarken pro-persischer Kräfte in der Polis wandte. Hipparchos, ein Angehöriger der Peisistratiden und eponymer Archon des Jahres 496/5 v. Chr., wurde als „Anführer der Tyrannenfeinde" ostrakisiert, Kallias, der Sohn des Kratios, wurde auf den Ostraka als „Meder" und Anhänger der Perser tituliert und in persischer Tracht als Verräter stigmatisiert, und sogar Themistokles wurde wohl schon 486 v. Chr. zur Zielscheibe derartiger Vorwürfe.[98] Vor diesem Hintergrund und möglicherweise als politische Reaktion darauf forcierte Themistokles seit der Mitte der 80er Jahre sein Flottenbauprogramm.[99] Zeitgleich mit dem Baubeginn des Athos-Kanals leitete in Athen das Flottenbaugesetz von 483/2 v. Chr. eine maritime Neuausrichtung und Umrüstung Athens auf eine Trierenflotte ein, deren Bau durch die südattischen Silberminen von Laurion und Maroneia finanziert wurde.[100] Athen begann damit – ähnlich wie Thasos – die persische Dominanz der Trierenkriegsführung zu gefährden[101] und provozierte allein dadurch ein Einschreiten seitens des Großkönigs. Diese Entwicklung wurde noch durch die Verfassungsreform des Jahres 487/6 v. Chr. verschärft, welche das Strategenamt und damit die militärische Leistungsfä-

---

96 Blösel 2004, 81; Wallinga 1993, 155.
97 Hdt. 6, 136. Siehe Welwei 1999, 40. Zur Verurteilung und der Strafe des Miltiades: Funke 1999, 309; Bengtson 1939, 59–63.
98 Zur Stimmung in Athen: Welwei 1999, 42, 45. Zu Kallias: Welwei 1999, 45 f.; Thomsen 1972, 97. Zu Themistokles: Welwei 1999, 46 mit weiterführender Literatur; Welwei 1998, 168. Ebenso wurde auch Aristeides, der spätere Organisator des delisch-attischen Seebundes, 483/2 v. Chr. als „Bruder des Datis" bezeichnet. Dazu Blösel 2004, 88; Welwei 1999, 46, 357, Anm. 205. Zur Verbannung des Aristeides, Hipparchos, Megakles und Xanthippos wegen Medismos siehe Blösel 2004, 87; Welwei 1998, 167.
99 Zum Beginn des Flottenbauprogramm des Themistokles kurz vor dem Tod Dareios' I. stützt sich auf Thuk. 1, 14, 2 f. und Plut. Them. 4, 2 f. Siehe dazu Blösel 2004, 84; vgl. dagegen Cawkwell 2005, 90, der den Beginn auf 483/2 v. Chr. festsetzte. Ausführlich zum Flottenbauprogramm Blösel 2004, 74–91; Welwei 1999, 47–51.
100 Hdt. 7, 144, 1 f.; Plut. Them. 4. Siehe Welwei 1999, 48 f., 357 f.: Anm. 214; Kelly 2003, 193; Blösel 2004, 84 f., 89 f.; Cawkwell 2005, 90.
101 Athen besaß damit vor der persischen Invasion die größte Trierenflotte im griechischen Mutterland: Welwei 1999, 48. Zu entsprechenden Reaktionen auf das athenische Rüstungsprogramm in Aigina, Korinth und Kerkyra: Welwei 1999, 49. Ausführlich zur Überlegenheit der persischen Trierenflotte: Wallinga 2005, 12–15. Siehe auch Hdt. 7, 144, 3: „die Schiffe, die die Athener früher gebaut hatten, waren also bereits vorhanden, und man brauchte nur noch andere dazu zu bauen."

higkeit der Polis, v. a. im Einsatz der Marine, stärkte.[102] Ob diese polisinternen Vorgänge von der persischen Seite registriert wurden, bleibt unklar. Herodot jedenfalls trennt die Flottenrüstung Athens für den Aiginetischen Krieg von den Ursachen des Griechenlandfeldzugs des Xerxes. Damit aber werden zum einen die maritimen Interessen der Großkönige zugunsten angeblich traditioneller territorialer Expansionsbestrebungen, wie sie Herodot in der Ratsrede des Xerxes formuliert, unterschlagen; zum anderen entfällt damit der Aspekt, dass die aggressive Flottenpolitik Athens unter Themistokles ein Einschreiten der Perser langfristig provozierte.

Indessen waren Athen und Themistokles die Folgen einer derartigen Politik gegenüber Persien zweifellos bewusst. Diese waren nicht nur im Fall von Thasos zur Kenntnis genommen worden,[103] sondern Athen hatte mit der Medismos-Klage gegen Aigina 490 v. Chr. direkt auf die persische Politik reagiert. Athens Flottenrüstung und die Verschärfung der Kriegsführung könnten vor diesem Hintergrund durchaus als ein gezieltes Vorgehen gegen die Interessensphäre der Perser in der Ägäis verstanden werden. Der Überfall Aiginas auf das athenische Festschiff bot den geeigneten Anlass, unter einem Vorwand in einem scheinbar rein lokalen Konflikt gegen den persischen Herrschaftsbereich vorzugehen, zumindest aber bewusst eine persische Reaktion zu provozieren. Diesen Zusammenhang, der zugleich einen radikalen Umbruch in der Gewichtung der maritimen Ausrichtung Athens kennzeichnete und zweifellos auch im Osten registriert wurde, macht Thuk. 1, 14 deutlich:

> „Erst kurz vor den Perserkriegen und dem Tod des Dareios, der nach Kambyses König von Persien war, hatten die Tyrannen in Sizilien und Kerkyra Trieren in beträchtlicher Anzahl. Das waren die letzten nennenswerten Flotten, die vor dem Heereszug des Xerxes in Hellas bestanden. Denn in Aigina und Athen und vielleicht in einigen anderen Städten gab es wenig, und fast nur Fünfzigruderer; erst zuletzt überredete Themistokles die Athener, im Krieg gegen Aigina und zugleich in Erwartung der Barbaren, die Schiffe zu bauen, mit denen sie dann die Seeschlacht schlugen."

Nicht zuletzt scheinen alle Quellen, auch Herodot, den Aiginetischen Krieg als Anlass für den Griechenlandfeldzug des Xerxes zu sehen.[104] Ob vor diesem Hintergrund allerdings eine Passivität Athens gegenüber dem persischen Herrschaftsbereich nach 489 v. Chr. postuliert werden kann,[105] ist fraglich. Der Aiginetische Krieg seit 488 v. Chr. und die Politik des Themistokles seit 487 v. Chr. unterschieden sich aus einer achaimenidischen Sicht kaum vom Paros-Unternehmen des Miltiades, sondern könnten auch als konstante Fortsetzung einer aggressiven, anti-persischen Politik verstanden werden. Gerade bei einer

---

102 Ausführlich dazu siehe Welwei 1998, 168 f.
103 Siehe Wallinga 2005, 29.
104 Siehe auch Plut. Them. 4, 2. Zu Herodot: Im Besonderen Hdt. 7, 144, 2 mit der Bedeutung von λεγῶν in Bezug auf die Thukydides-Stelle siehe Blösel 2004, 79. Zum Verhältnis von Herodot zu Thukydides siehe Wecowski 2016, 17–33. Vgl. auch Nep. Them. 2, 1–4 zum unmittelbaren Zusammenhang der athenischen Seepolitik mit dem Xerxes-Feldzug.
105 Siehe Hdt. 7, 2–5.

2.2 Die politischen Verhältnisse in der Ägäis aus persischer Sicht

politischen Weitsicht des Themistokles[106] ist kaum anzunehmen, dass ihm das persische Verständnis und die politischen Verhältnisse des Achaimenidenreiches unbekannt gewesen wären. Im Gegenteil: Gerade diese Kenntnisse offenbarten die ausgesprochen günstigen Erfolgsaussichten. Mit dem Unternehmen des Datis und Artaphernes 490 v. Chr. hatten die Perser einen Teil ihrer Ziele erreicht: die Eroberung der griechischen Inseln und die Zerstörung Eretrias als ‚Strafmaßnahme', auch wenn sie bei Marathon an Athen vorerst gescheitert waren. Nicht einmal nach dem Paros-Unternehmen des Miltiades 489 v. Chr. war der Großkönig erneut militärisch gegen Athen vorgegangen. Während Athen 488/7 v. Chr. den Seekrieg gegen Aigina forcierte, brach 487 v. Chr. in Ägypten ein Aufstand aus, dem sich Dareios I. unmittelbar widmete (dazu s. o.). Im Folgejahr 486 v. Chr. verstarb jedoch der Großkönig und der Herrscherwechsel mit den entsprechenden Thronfolgeproblemen fesselte die politische Aufmerksamkeit der Achaimeniden in den Zentren des Reiches. In diesem Zusammenhang wandte sich auch der neue Großkönig Xerxes I. 485 v. Chr. zunächst der ägyptischen Erhebung zu. Fünf Jahre nach der Schlacht von Marathon stand das militärische maritime Vorgehen Athens offensichtlich nicht im Fokus der persischen Politik. Dies schien sich auch nicht zu ändern, als 484 v. Chr. in Babylonien der Aufstand des Bēl-Šimanni ausbrach.[107] Das Flottenbauprogramms des Themistokles 483 v. Chr. war in dieser Situation umso naheliegender, als mit den Bauarbeiten am Athos-Kanal dann auch eine Veränderung in der persischen Politik, mithin ein Feldzug des Großkönigs absehbar wurden.[108]

Der Aiginetische Krieg zeigte die politische Uneinigkeit der griechischen Gemeinwesen, während die Prozesse in Athen, also etwa die Scherbengerichte gegen perserfreundliche Personen, das politische Spektrum innerhalb der Polis reflektieren.[109] Die verschiedenen griechischen Gesandtschaften, die an den Hof des Großkönigs kamen, könnten in diesem Zusammenhang auch als eine Reaktion der übrigen griechischen Gemeinwesen auf das Vorgehen Athens verstanden werden, um sich deutlich von dessen feindlichen Übergriffen zu

---

106 Zu dieser, die auch bei Herodot impliziert ist, Blösel 2004, 79 f.
107 Dazu ausführlich und grundlegend Waerzeggers 2003/04, 150–173; im Überblick Klinkott 2019, 121–146.
108 Vgl. dazu Kelly 2003, 173–219. Es bleibt aber fraglich, ob der Zweck des Athos-Kanals für den Feldzug des Großkönigs gegen Athen von persischer Seite tatsächlich so auch propagiert wurde oder als Infrastrukturprojekt in einem ganz anderen Kontext stand. Dies gälte umso mehr, wenn der Bau des Kanals bereits unter Dareios I. begonnen wurde – zu dieser Problematik im Zusammenhang mit dem Dareiken-Hortfund am Kanal siehe unten. Herodot jedenfalls betont den unmittelbaren und einzigen Zusammenhang mit den Griechenlandplänen des Xerxes (dazu Blösel 2004, 82). Zu den persischen Maßnahmen als Reaktion auf die athenische Politik siehe Wallinga 1993, 160–162.
109 Siehe dazu ausführlich Kelly 2003, 189.

distanzieren:[110] Die Anrainerstaaten am Saronischen Golf hätten sich damit klar gegenüber dem Achaimenidenreich positioniert. Sieht man die griechischen Gesandtschaften am persischen Königshof im Zusammenhang mit der Flottenpolitik und der Kriegführung gegen Aigina, dann kommt in ihnen zum Ausdruck, dass den Griechen sehr wohl bewusst war, dass diese Vorgänge einen Angriff auf Persien bedeuteten.

Für den Großkönig war damit jedoch auch offenkundig, dass es (noch) keinen starken, anti-persischen Hellenenbund gab. Attische Kolonien am Hellespont waren unter den Peisistratiden zwar forciert gegründet und ihr Verhältnis zu Athen intensiviert worden, wie die Entsendung des Miltiades 515 v. Chr. zeigt.[111] Doch nach der persischen Eroberung der Chersones und der hellespontischen Städte 493 v. Chr. brach diese enge Verbindung der Tyrannenzeit ab. Weder Miltiades noch andere athenische Politiker versuchten zunächst nach 490/89 v. Chr., die früheren politischen Beziehungen zu den athenischen Kolonien am Hellespont wiederzubeleben. Vielmehr schien sich die athenische Politik vollständig aus der nördlichen Ägäis zurückgezogen zu haben, nicht zuletzt, weil diese Gebiete inzwischen fest unter persischer Kontrolle standen.

Umso bezeichnender war, dass die neuen athenischen Schiffe primär für den Krieg gegen Aigina eingesetzt wurden.[112] Plut. Them. 4 deutet an, dass zu dieser Zeit in Athen die Gefahr eines persischen Angriffs eher als gering eingeschätzt wurde:

> *„Er (Themistokles; Erg. d. Verf.) fing damit an, dass er mit einem Vorschlag vor die Volksversammlung trat, wie ihn sonst niemand gewagt hätte: Die Athener sollten die Einkünfte aus den Silberbergwerken im Laurion nicht wie bisher unter sich verteilen, sondern diese Mittel zum Bau von Trieren für den Krieg gegen Aigina verwenden. Dieser wurde eben zu jener Zeit in Griechenland mit größter Heftigkeit geführt, und die Aigineten beherrschen mit ihrer mächtigen Flotte das Meer. So fiel es Themistokles nicht schwer, die Athener für den Plan zu gewinnen. Er drohte ihnen nicht mit dem Schreckgespenst des Dareios und der Perser, denn diese waren weit weg, und die Furcht, sie könnten wiederkommen, saß gar nicht tief; vielmehr benutzte er im richtigen Augenblick den Hass und die Eifersucht seiner Mitbürger gegen die Aigineten, um seine Rüstungspläne durchzuführen. Aus den Geldern wurden hundert Trieren gebaut, die dann auch im Kampf gegen Xerxes zum Einsatz kamen. Von nun an führte Themistokles seine Vaterstadt Schritt für Schritt dem Meer zu. Er ließ sich dabei von der Überzeugung leiten, dass das Landheer nicht einmal den Grenznachbarn gewachsen sei,* während Athen mit einer Seemacht die Barbaren im Schach halten *und die Herrschaft der Griechen erringen könnte.“*

---

110 Außer Argos standen wohl Megara, Epidauros, Hermione und Troizen auf der Seite Aiginas, ebenso Sparta und Sikyon. Dazu Wallinga 1993, 155; Blösel 2004, 81.

111 Siehe dazu auch Bengtson 1939, 7–28 in Reaktion auf Berve 1937, 7–26.

112 Zur offiziellen Begründung des Flottenbauprogramms mit dem Einsatz im Aiginetischen Krieg: Hdt. 7, 144, 2; dazu Blösel 2004, 79, 81, 89: „Da der Themistokleische Flottenbauplan sicherlich zumindest primär, wenn nicht gar ausschließlich gegen Aigina gerichtet war, liegt die Annahme nahe, dass der Streit zwischen den beiden in diesem Punkt kulminierte." Siehe auch Kelly 2003, 175.

2.2 Die politischen Verhältnisse in der Ägäis aus persischer Sicht

Da die Interessen der athenischen Seekriegführung zwischen 483 und 481 v. Chr. im Wesentlichen auf den Saronischen Golf ausgerichtet waren,[113] konnten der Bau des Athos-Kanals sowie der Strymon- und Hellespont-Brücken ungestört vonstattengehen. Zweifellos wurden diese Baumaßnahmen in Athen zur Kenntnis genommen. Allerdings garantierten die innergriechischen Konflikte während der sensiblen Vorbereitungsphase des Griechenlandfeldzuges die Bindung der athenischen Flotten- und Truppenmittel im Saronischen Golf.[114] Tatsache bleibt: Erst im Herbst 481 v. Chr. konnte Athen den Aiginetischen Krieg beenden,[115] im darauffolgenden Frühjahr 480 v. Chr. begann Xerxes mit seinem Marsch nach Griechenland.

---

113 Möglicherweise ergibt sich daraus auch, dass der Saronische Golf und die Herstellung einer persische Flottendominanz dort das endgültige Ziel des Xerxes-Zuges markierten. Ausführlich dazu s. u.

114 Siehe Hdt. 7, 145: „*Als nun aber die Hellenen, die die bessere Gesinnung für Hellas hatten, an einem Ort zusammentraten und einander ihr Wort und Treuegelöbnis gaben, da kamen sie bei ihrer Beratung zu dem Beschluss, als erstes vor allen anderen Dingen die Feindschaften und die Fehden, die sie untereinander hatten, beizulegen. Es waren da mehrere solcher Fehden im Gange, die größte aber zwischen Athenern und Aigineten.*"

115 Siehe Blösel 2004, 90.

3 Die persische Sicht – ein Deutungsmodell

Es ist die karische Dynastin Artemisia, die im Feldherrenrat des Königs nach der Einnahme Athens empfiehlt, wie es nun mit dem Feldzug weitergehen sollte. In einer wörtlichen Rede scheint Herodot ihr die persische großkönigliche Sicht auf das Griechenlandunternehmen in den Mund zu legen (Hdt. 8, 102, 1–103, 1):[1]

> „So nach ihrem Rat gefragt, antwortete sie (Artemisia; Erg. d. Verf.): ‚Es ist schwierig, o König, auf deine Bitte nach Rat zu antworten und zu sagen, was das Beste ist. Aber bei der jetzigen Wendung der Ereignisse halte ich es für das Beste, dass du wieder zurückmarschierst,[2] und dass Mardonios, wie er es will und zu tun versprochen hat, wie er sagt, zurückgelassen wird mit denjenigen, die er benötigt. Denn wenn er all das unterwirft, was er zu unterwerfen anbietet und erfolgreich in dem Ziel ist, von dem er spricht, dann ist der Gewinn, o Herr, der deine, denn es werden deine Knechte sein, die ihn erwirkt haben. Wenn aber das Ergebnis das Gegenteil von Mardonios' Meinung ist, ist es kein großes Unglück, so lange du und dein Haushalt/Hof sicher sind. Denn wenn du und dein Haus sicher sind, werden die Griechen viele Male für ihr Leben kämpfen müssen. Denn für Mardonios, selbst wenn ihm Unglück zustößt, macht dies nichts aus, noch wird irgendein Sieg der Griechen ein wahrhaftiger Sieg sein, wenn sie nur deinen Knecht geschlagen haben. Was dich aber anbelangt, du marschierst nach Hause, nachdem Athen niedergebrannt wurde, was das ganze Ziel deines Unternehmens war.' Artemisias Rat gefiel Xerxes, denn es geschah, dass sie seine eigenen Gedanken aussprach."

Ein Reflex auf eine derartige großkönigliche Sicht findet sich auch bei Dion Chrysostomos belegt. Nachdem dieser aus der Sicht eines Meders erst das Griechenlandunternehmen des Dareios als Erfolg beschrieben hat,[3] fährt er für Xerxes mit einem Bericht fort, der durch die Betonung der politischen Kontinuität in diesem Punkt wiedergibt, wie der öffentliche Diskurs die persische Wahrnehmung wiedergab (Dio Chrysost. 11, 149):[4]

> „Danach sei Xerxes gegen Griechenland gezogen, habe die Lakedaimonier bei den Thermopylen geschlagen und ihren König Leonidas getötet, dann die Stadt der Athener erobert und zerstört und alle, die nicht geflohen waren, in die Knechtschaft geführt. Als er dies getan hatte, habe er den Griechen Tribute auferlegt und sei nach Asien zurückgekehrt."

---

1 So gesehen, ist der Rat der Artemisia nicht einfach nur „absurd" (Cawkwell 2005, 92), sondern steht im Kontext einer besonderen literarischen Verarbeitung des persischen, mithin offiziell achaimenidischen bzw. großköniglichen Verständnisses. Ausführlich dazu s. u.
2 Die Erwähnung des Rückmarsches ist nur aus einer ausschließlich griechischen Perspektive ein Indiz für eine retrospektive Darstellung *ex eventu*. Sollte ein geregelter Rückmarsch nach einem Sieg über Athen von Beginn an zur Planung des großköniglichen Unternehmens gehört haben, dann könnte Herorots Darstellung auch auf eine offizielle achaimenidische Version des Unternehmens rekurrieren.
3 Dio Chrysost. 11, 148.
4 Siehe dazu Briant 1996, 558 f.; Bichler 2016c, 215 f. Ausführlicher zum öffentlichen Diskurs am persischen Königshof s. u. zur Aufstellung der Inschrift XPl.

3 Die persische Sicht – ein Deutungsmodell

Diese für Griechen ungewöhnliche Perspektive, in welcher die persischen Niederlagen in Griechenland keine Rolle spielen, ist freilich gar nicht so selten. Auch Aischylos formuliert sie – allerdings nur für Dareios – in den *Persern* durch den Chor (854–900):

> „Wehe, ein großes, ein glückliches Leben
> Im Staat war uns beschieden,
> als noch der greise Herrscher, allem gewachsen,
> ein Held ohne Falsch, niemals besiegt,
> der göttergleiche Dareios,
> dem Lande gebot.
> Vor allem: Wir hatten ruhmreiche Feldzüge
> Aufzuweisen, und feste staatliche Satzungen
> Lenkten das Leben in allen Bereichen.
> Heimkehr vom Kriege brachte die Kämpfer
> Frei von Drangsalen, frei von Leiden
> Glücklich nach Hause.
> Wie viele Städte gewann er, ohne den Lauf des Halys zu kreuzen
> Ohne auch nur sein Heim zu verlassen!
> Jene, die am Strymonischen Meer, von Flüssen umspült,
> nahe den Flüssen von Thrakien liegen,
> und die, fern der See, auf dem Festland, von Türmen umgeben,
> sie auch gehorchten in ihm ihrem Herrn,
> auch die des Platzes am breiten Sunde der Helle sich rühmen,
> und die Bucht der Propontis
> und die Mündung des Schwarzen Meeres;
> und die Inseln am Meeresgestade, von Wogen umbrandet,
> unserer Heimat vorgelagert,
> Lesbos, das ölbaumtragende Samos,
> Chios und Paros, Naxos, Mykonos,
> das benachbarte Andros dazu,
> das an Tenos sich anschließt.
> Auch die mitten im Meer, zwischen den Küsten gelegenen
> Inseln beherrschte er, Lemnos, die Wohnstatt des Ikaros,
> Rhodos, Knidos, die Städte von Kypros,
> Paphos und Soloi und Salamis,
> dessen Mutterstadt
> schuld ist an unserem heutigen Jammer.
> Über die reichen, von vielen Hellenen bewohnten Gemeinden im
> Ionischen Land auch gebot er durch Klugheit.
> Rastlos half ihm die Stärke gewappneter Streiter
> Und der aus vielen Völkern gemischten Bundesgenossen."

Der Untergang der persischen Flotte bei der Umsegelung des Athos oder die Niederlage der Strategen Datis und Artaphernes bei Marathon kommen in dieser – auch bei Aischylos – persischen Wahrnehmung nicht vor. Allerdings entsprechen derartige Darstellungen den bereits mehrfach beobachteten Perspektivwechseln bei Herodot, in denen dieser regelmäßig ein ‚östliches' Verständnis in seine Erzählung integriert.

Es ist v. a. der Beginn des Feldzuges, der bei Herodot in besonderer Dichte von symbolträchtigen Handlungen geprägt ist, die offenbar einen derartigen, östlichen Hintergrund besitzen.[5] Dabei sind alle diese Szenen – unabhängig von der herodoteischen Deutung oder einer spezifisch griechischen Sichtweise und Intention[6] – auf den Großkönig als zentrale Institution ausgerichtet.

Das Feldzugsunternehmen nach Griechenland wird in den *Historien* durch die Vorbereitung und Planungen symbol- und aussagekräftig eingeleitet. Gerade erst hat Herodot über die Thronfolgestreitigkeiten und die Erhebungen gegen den neuen und jungen König Xerxes berichtet, als in der Rede des Xerxes vor dem persischen Adelsrat die wesentlichen Aspekte der großköniglichen Herrschaftslegitimation dargelegt werden:

- Die dynastische Verankerung des Großkönigtums.
- Der Besitz des Reiches.
- Die traditionelle Reichserweiterung durch Expansion.
- Die Bedeutung loyaler Gefolgsleute, hier in der Person des Mardonios, der mit seinem Rat die königliche Politik beeinflusst.

Hierbei macht Herodot dem Leser unmissverständlich klar, dass der Feldzug nach Griechenland im Wesentlichen dem herrschaftsideologischen Programm der achaimenidischen Großkönige folgt: Die kontinuierliche Reichserweiterung durch Expansion und die Darstellung des Großkönigs als siegreichen Kämpfer stehen in einer alten königlich-dynastischen Tradition.[7] Die Niederlagen des Vaters spielen dabei keine entscheidende Rolle[8] und gefährden auch nach Herodot nicht den Herrschaftsanspruch der Achaimeniden. Vielmehr werden die wesentlichen Elemente des großköniglichen Selbstverständnisses aufgenommen, wie etwa das Verständnis des gerechten Herrschers, der das Recht (altpers.: *arta*) unterstützt, um gegen Verleumdung und Lüge (altpers.: *drauga*) anzukämpfen.[9] Die Programmatik, wie sie Hdt. 7, 10η darstellt, wird von Xerxes selbst deutlich in einer seiner Inschriften aus Persepolis, XPl, formuliert, die aufgrund ihrer großköniglichen Programmtik von besonderem Aussagewert ist (ausführlich dazu s. u.).[10] Durchaus in Entsprechung zu den großköniglichen Inschriften nimmt in der Xerxes-Rede Herodots die Bezugnahme auf den (ei-

---

5 Siehe z. B. die Hinrichtung des Lyder Rollinger 2000, 66–70; zur Geißelung des Meeres: Rollinger 2013, 102–109. Ausführlich dazu s. u.
6 Zur politischen Intention des Feldzuges als Befreiungsschlag gegen die ‚Despotie' des Ostens siehe Börm 2019, 21 f.
7 Siehe Briant 2002, 225–232; Kramer 2017, 95, 98 f.; Wiesehöfer 1994, 59. Siehe dazu auch Rollinger 2022, 38.
8 Hierzu s. o. Hdt. 7, 5: „*Dieser Xerxes war nun anfangs gar nicht geneigt, gegen Hellas zu ziehen, gegen Ägypten aber trieb er*"; siehe dort auch: Mardonios treibt zum Krieg gegen Griechenland und schürt den Rachegedanken.
9 Zu *arta* und *drauga* siehe: DB § 63–64; Ahn 1992, 285–292; Wiesehöfer 2015, 51–53, 62; vgl. Lincoln 2012, 20–40.
10 Ausführlich zu den Bezügen siehe Schwab 2017, 185–188.

3 Die persische Sicht – ein Deutungsmodell

nen) Gott eine zentrale Funktion ein, weil dadurch die religiöse Legitimation des Großkönigtums für Xerxes grundsätzlich definiert wird.[11] Ebenso werden auch die dynastische und die territoriale Legitimation des Großkönigs in der Rede des Xerxes vor dem Kronrat formuliert und nehmen damit zweifelsfrei Elemente der achaimenidischen Repräsentationsinschriften auf.[12]

Ähnlich verhält es sich mit dem Motiv der Panik. Dass Herodot diese bereits in der Diskussion des Kronrates thematisiert,[13] verweist zusätzlich auf die königliche Charakterisierung, wie sie in XPl § 8 ausgeführt ist: Ausweis des rechtmäßigen Herrschers ist die Fähigkeit, die panische Angst bezwingen zu können.[14] Es ist symptomatisch, dass im Kronrat das Motiv der Panik durch die warnende Rede des Artabanos zunächst nur theoretisch angesprochen wird. Erst später, im Feld, beim Opfer des Xerxes in Troia sowie bei der Niederlage von Salamis, muss der Großkönig seine Qualität im praktischen Umgang mit der Panik unter Beweis stellen.[15]

Wie der Leser die folgende Beschreibung des Feldzuges nach Griechenland verstehen kann, führt Herodot exemplarisch an der Traumerscheinung des Xerxes vor. Die lange Einlassung zu den Traumbildern und ihrer Deutung demonstriert zwei unterschiedliche Perspektiven, die Herodot bereits im Prooemium seines Werkes als grundsätzliche herausgestellt hat:[16] Zum einen versteht der Perser Xerxes die göttlichen Zeichen auf persische Weise, mithin in einem achaimenidischen Kontext. Durch sein Erscheinen erklärt der Gott seine Gunst für den König, wie es die altpersischen Königsinschriften in geradezu stereotypem Stakkato betonen: Der Herrscher ist König und handelt als solcher

---

11 Siehe mit Bezug zu den altpersischen Königsinschriften: Schwab 2017, 175–180; zur religiösen Legitimation der achaimenidischen Großkönige siehe grundsätzlich: Ahn 1992, 20–52.
12 Siehe Schwab 2017, 169–171 (zur dynastischen Legitimation), 172–175 (zur territorialen Legitimation); zu beiden Aspekten als Kernelemente der achaimenidischen Herrschaftslegitimation in den königlichen Inschriften siehe Ahn 1992, 3–77; Schmitt 1977.
13 Hdt. 7, 10ε.
14 Hdt. 7, 10ε: „*etwa dann, wenn der Gott an der Größe Anstoß nahm und unter sie einen Schrecken/eine Panik warf*". Siehe Schwab 2017, 184 f. Der Neid des Gottes steht für das persische Verständnis nicht im Mittelpunkt, sondern scheint eher wieder ein Signal für den griechischen Leser zu sein, welches auf die Hybris des tyrannischen Monarchen verweist.
15 Siehe dazu unten. Man könnte die beiden Situationen wieder als Elemente im ‚persischen' und ‚griechischen' Narrativ deuten: Die Panik bei Troia wird im Sinn von XPl § 8 vom König bezwungen, die Panik in der Schlacht von Salamis ist ‚gottgewollt' und daher unabwendbar. Zur Panik in ihrem Bezug zum Gott Pan siehe Tsitsiridis 2013, 146 f. mit weiterführender Literatur. Zur Erscheinung des Pan vor der Schlacht bei Marathon: Hdt. 6, 105, 1–3. Vgl. dazu auch bei der Panik vor der Schlacht von Gaugamela: Rollinger/Ruffing 2012, 101–115; Rollinger 2016, 213–242; Klinkott 2019a, 513–530.
16 Hdt. 1, 1, 0: „*auf dass, was von Menschen geschehe, nicht mit der Zeit verblasse, noch Taten, groß und des Staunens wert, vorgewiesen von Hellenen wie von Barbaren, ihres Ruhmes verlustig gehe*". Siehe dazu auch Erbse 1956, 209–222.

durch die Gunst Ahuramazdās (altpers.: *vašnā Auramazdahā*).[17] Die Erscheinung des Gottes, welche die Pläne des Xerxes unterstützt, definiert auch in der Darstellung Herodots die großkönigliche Autorität, wie sie im altpersischen Verständnis durch das *farnah-/*chvarnah-* ausgedrückt wird.[18]

Zum anderen liegt der Akzent der mantischen Anekdote für den griechischen Leser auf der Tatsache, dass die göttliche Erscheinung wieder verschwindet und damit ihre Gunst letztendlich Xerxes entzieht.[19] In einer griechischen Lesart ist dies bereits ein eindeutiges Indiz dafür, dass der Feldzug nicht zu einem Erfolg führen kann.

Der erste Aspekt – man könnte ihn als eine ‚persische Lesart' bezeichnen – belegt den Rückhalt und die Anerkennung der Götter für Xerxes in seiner Funktion und Position als Großkönig. Der zweite Aspekt – mithin das griechische Verständnis der Episode – fokussiert auf die Tatsache, dass die anfänglichen Erfolge des Xerxes für sein Unternehmen letztendlich bedeutungslos und hinfällig sind.

Die Häufigkeit und Regelmäßigkeit, mit welcher derartige persische Perspektiven in der griechischen Überlieferung – und besonders bei Herodot – zu finden sind, lässt darauf schließen, dass dies weder zufällig geschieht noch sich nur ‚irgendwie' assoziativ auf allgemein ‚Orientalisches' bezieht. Stattdessen drängt sich die Vermutung auf, darin gleichsam eine Systematik zu sehen, welche eine spezifisch östliche, mithin persische Darstellungsform widerspiegelt und der für die *Historien* grundlegenden Intention Herodots entspricht, alles „*zu berichten, was berichtet wird*" (Hdt. 7, 152).

So fällt auf, dass in der ‚persischen' Lesart Xerxes von Beginn an ostentativ im Legitimationskontext der achaimenidischen Repräsentationsinschriften vorgestellt wird. Wie zentral dies mit der Einsetzung, der Krönung und Anerkennung des Xerxes als neuem Großkönig verbunden ist, zeigt die Behandlung des Substitutkönigs durch Artabanos bei Herodot,[20] bei welcher Xerxes in Hdt. 7, 15 betont: „*Du könntest meinen ganzen Ornat nehmen und anlegen und dich dann auf meinen Thron setzen und hernach auf meinem Lager schlafen.*"

Der Verdacht erhärtet sich durch die Tatsache, dass der wohl politischste Text der achaimenidischen Königsinschriften am Grab Dareios' I. in Naqsh-i Rustam (DNb) von Xerxes in zweifacher Abschrift in Persepolis aufgestellt

---

17 Z. B. DB § 5–9; 13 f.; 18 f.; 25–31; 33; 35 f.; 38; 41 f.; 45 f.; 50 f.; 56; 58 f.; 62; 70; 72; 75. Besonders zur Unterstützung der Götter für den Großkönig: DB § 63. So auch in XPl § 2; 10.
18 Siehe Wiesehöfer 2003, 173–187.
19 Verschwinden des Gottes im ersten Traum des Xerxes: Hdt. 7, 13. Im zweiten Traum des Xerxes spricht der Gott sogar deutlich seine Warnung aus und kündet den Niedergang des Xerxes an: Hdt. 7, 14. Verschwinden der Erscheinung im dritten Traum: Hdt. 7, 19; dazu Bichler 2007a, 43 f.
20 Die gesamten Substituterzählung: Hdt. 7, 15–18. Zum Substitutkönig im Ritual der Krönung des achaimenidischen Großkönigs: Huber 2005, 229–397; zum Krönungszeremoniell: Binder 2010, 473–497, bes. 483–486.

3 Die persische Sicht – ein Deutungsmodell

wurde.[21] Die Programmatik des politischen Textes wurde also von Xerxes bewusst rezipiert und demonstrativ im Umfeld seiner Residenz propagiert.[22] Im Besonderen ist DNb in einer aramäischen Version auf einem Papyrus aus Oberägypten bekannt, wo die letzten Abschnitte der Inschrift in den 11. Abschnitt der (aramäischen) Behistun (DB)-Abschrift interpoliert sind.[23] Sprachliche und narrative Elemente aus DNb scheinen sogar noch im 4. Jahrhundert v. Chr. in die biblischen Bücher der Chroniken eingegangen zu sein.[24]

Nicht zuletzt stellte sich Xerxes mit der mehrfachen, programmatischen Verbreitung des Textes an einem so bedeutenden Platz wie der Residenz in Persepolis unübersehbar in die politische Nachfolge seines Vaters Dareios I., der ihn als zukünftigen jungen Herrscher am Ende des Textes direkt anzusprechen scheint (DNb § 11):[25]

> „Junger Mann! Mache (dir selbst) gar sehr bewusst, welcher Art du bist, welcher Art deine Fähigkeiten (sind), welcher Art dein Verhalten (ist). Nicht erscheine dir das am besten, was deinen Ohren (= dir in die Ohren) gesagt wird; höre auch das, was darüber hinaus (sonst) gesagt wird. Junger Mann! Nicht erscheine dir das gut, was der xxxx macht; was der Schwache macht, auch auf das schaue! Junger Mann! Stelle dich nicht xxxx entgegen xxxx, ferner werde nicht vor Glück einer ohne überschäumende Rückschlagkraft!"

Der besondere Stellenwert des Textes – ideologisch für das achaimenidische Verständnis von Großkönigtum und praktisch für die Herrscherrepräsentation des Xerxes an seinen Residenzen in Persien – erfordert es, zunächst die methodischen Prämissen für das Verhältnis achaimenidischer Königsinschriften zu Herodots *Historien* darzulegen. In einem weiteren Schritt ist dann die Inschrift XPl in Gänze vorzustellen und im Detail zu analysieren, um inhaltliche Bezüge zu Herodot herausstellen zu können.

---

21 Siehe dazu Schmitt 2009, 21, 170 f.; Kuhrt 2007, 505, Anm. 1.
22 Siehe zu den Reflexen der großköniglichen Programmatik im alttestamentlichen Kontext: Mitchell 2015, 363–380. Vor diesem Hintergrund – der Vervielfältigung und mehrfachen Aufstellung des Textes im Palastbereich von Persepolis – zielt m. E. eindeutig auf eine ‚öffentliche' Rezeption des Textes, zumindest im Rahmen eines erweiterten Hofes (Llewellyn-Jones 2013, 53 f.), ab. Kaum überzeugend ist in diesem Zusammenhang die spekulative Behauptung von Jacobs 2017, 151, „dass sie (die Inschriften und Reliefs der Achaimeniden; Erg. d. Verf.) mehr für die Nachfolger auf dem Thron und für die Götter gedacht sind als für die Untertanen." Siehe dagegen zu den Residenzen als Ausdruck der großköniglichen maiestas, mithin als „physical manifestation of the outer court", Llewellyn-Jones 2013, 48–56, Zitat: 54.
23 TAD C2.1; dazu Mitchell 2015, 363 f.
24 Siehe ausführlich Mitchell 2015, 363–380; speziell zur Wiederverwendung von Textteilen und königlichen Idealmotiven in den Chroniken: ebd., 363 f.; zur Datierung der Chroniken: ebd., 363. Zum Hintergrund möglicher persischer Quellen bei Herodot siehe Flower 2006, 277, 279.
25 Übersetzung: Schmitt 2009, 110 f.

3.1 Eine methodische Annäherung an Herodots Umgang mit ‚östlichen' Texten

Inzwischen ist an den Beispielen der Verfassungsdebatte und dem Pferdeorakel, der Ratsszene und den Träumen des Xerxes wie auch bei den Vorbereitungen für den Griechenlandfeldzug deutlich geworden: In Herodots *Historien* erfolgt die Verarbeitung von östlichem, teils altorientalischem Material in einer solchen Regelmäßigkeit und Dichte, dass sie nicht mehr als zufällig oder beliebig zu verstehen ist. Die *Historien* sind in allen ihren Teilen auf den sprachlichen wie auch kompositorischen Ebenen bis in die Details sorgfältig konzipiert. Es liegt daher die Annahme nahe, dass auch die Verarbeitung östlicher Informationen und ‚orientalisch' geprägter Motive gezielt nach spezifischen Gesichtspunkten erfolgte.

Hierbei drängt sich die Frage auf, wie Herodot an derartige herrschaftslegitimatorische Vorstellungen der Achaimeniden, wie sie in den Königsinschriften bereits angesprochen wurden, gelangt sein könnte bzw. ihre Artikulation in spezifischen Motiven für sein eigenes Narrativ umsetzte. Dabei scheint gesichert zu sein, dass er die großköniglichen Inschriften wie DNa, DNb und XPl weder im Altpersischen noch in einer anderen Keilschriftfassung selbst lesen konnte.[26] Auch kann hier nicht die schwierige Frage nach den einzelnen Gliedern seiner Informationskette beantwortet werden. Neben der rein mündlichen Überlieferung fehlt beinahe der gesamte Bereich der aramäischen ‚Literatur', die besonders für die Verwaltung und offizielle Kommunikation im Westen des Achaimenidenreichs zentrale Bedeutung besaß.[27] Konkrete Quellen Herodots für das östliche Material zu benennen, ist bislang kaum zu leisten. Dementsprechend ist es auch nicht möglich, die Vorlage und Informationsquelle für Herodots Wissen über die großkönigliche Herrschaftsideologie prä-

---

26 Zur Lesefähigkeit altpersischer Keilschrift: Schmitt 2011, 313–341; zu babylonischen Texten im Original: Haubold 2013, 75, 89: „Starting with the issue of knowledge and transmission, it must be conceded that Herodotus is unlikely to have read any of the Mesopotamian royal inscriptions."

27 Zu dieser Problematik: Haubold 2013, 118. Zur *oral tradition* bei Herodot: Luraghi 2001, 138–160, bes. 142; Murray 1987, 93–115; zum Aramäischen: Lemaire 1991, 199–206; zu den aramäischen Inschriften im kilikischen Meydançıkkalı: Lemaire 1991, 205 f.; zu den aramäischen Inschriften im kappadokischen Arebsun/Nevşehir: Dusinberre 2013, 235–237; zum aramäischen Text auf der Trilingue von Xanthos: Kottsieper 2001, 198 f.; dazu Funke 2008, 608–612; Briant 1998, 309–319. Konkret für die Königsinschriften lassen sich am Beispiel von DNb die sprachlich Bearbeitungen erahnen: Während die altpersische Inschrift auch in einer akkadischen Version vorliegt, ist ihr Schlußabschnitt in der aramäischen Übersetzung in die Behistun-Inschrift (DB) integriert worden. Siehe dazu Schmitt 2009, 11. Vor diesem Hintergrund ist nur bedingt aussagekräftig, dass die Xerxes-Version der Inschrift XPl ‚nur' in einer altpersischen Fassung vorliegt: Schmitt 2009, 21.

3.1 Herodots Umgang mit ‚östlichen' Texten

zise zu bestimmen.[28] Allerdings wird seit Langem betont, dass Herodot offensichtlich durch verschiedene Vermittler Zugang zu Nachrichten aus dem Achaimenidenreich besaß.[29] So konstatiert Rüdiger Schmitt:[30]

> „So wenig wir auch über Herodots Informanten wissen, so muss es in Kleinasien doch vor allem in der regionalen Verwaltung, im Handel usw. sehr wohl Leute gegeben haben, die Griechisch (und Aramäisch) konnten, wenn sie nicht gar gebürtige Griechen waren, und denen Herodot Namen, Wörter und sonstige Informationen verdanken dürfte".

Dass Herodot damit auch Kenntnis von den offiziellen königlichen Narrativen in der Selbstdarstellung der Achaimeniden besaß, zeigt sich wohl an seinem „Spiel mit den griechischen Wiedergaben der Königsnamen", im Besonderen des Dareios.[31] Seine Namenserklärung (Hdt. 6, 98, 3) scheint sich mit der möglichen Kenntnis der altpersischen Namensbedeutung (*Dāraya-vauš* – „das Gute festhaltend") v. a. treffend in den Schlussworten des Dareios in der sog. Verfassungsdebatte Hdt. 3, 82, 5 niederzuschlagen.[32] Dort formuliert Dareios sein politisches Programm einer „gut bewahrten" (ἔχοντας εὖ) ‚Staatsverfassung' und spielt damit zweifelsohne auf eine verfassungsrechtliche Dimension an, wie sie auch in der großköniglichen Inschrift DNb artikuliert ist. Grundsätzlich greift dies die Forderung Heleen Sancisi-Weerdenburgs auf, nicht „to check the Greek information against Iranian evidence that is so often deficient, but by an analysis of the literary and intellectual mould into which these data were inserted."[33] Herodots unterschiedlich intensive und erkennbare Kenntnis der offiziellen, großköniglichen Repräsentation in den *Historien* kann in ihrer literarischen Verarbeitung im eigenen, griechischen Narrativ als ‚Antwort' auf die östliche Darstellung verstanden werden.

Johannes Haubold hat dazu am Beispiel der mesopotamischen, speziell babylonischen Literatur gezeigt, dass nicht nur babylonische Narrative die griechische Sicht beeinflusst haben, sondern beide Traditionen in einem Prozess wechselseitiger Konversation standen, der über sprachliche und kulturelle Grenzen hinausging und sich deutlich auch bei Herodot niederschlägt.[34] Für

---

28   Siehe Rollinger 2018, 147 f.; Haubold 2013, 89: „We have no way of tracing connections, through (e. g.) Herodotus' interlocutors.", sowie ebd., 97.
29   Siehe so auch Trampedach 2013, 73 speziell zu XPl.
30   Schmitt 2011, 336.
31   Schmitt 2011, 336; vgl. auch Lewis 1985, 104 in der Ablehnung, „that there was a political and linguistic iron curtain between Greeks and Persians"; dazu auch Vickers 1990, 253–262. Besonders zu Dareios I. siehe Briant 1984, 112.
32   Siehe Schmitt 2011, 334, 336.
33   Sancisi-Weerdenburg 1987, 131.
34   Haubold 2013, 78, 79: „criss-crossing conversations about imperial history" sowie ebd., 94: „a conversation across cultural and linguistic boundaries – and it is this conversation that shapes also Herodotus' account". Ebenso Wiesehöfer 2017, 211–220, bes. 212: „It is the expression of an ongoing and deep dialogue between the people of the ‚Oriental' and the Greek worlds." Siehe auch Oppen 2022, 423–446. Zu den Wegen dieses Austauschs zu

Herodot zielt dies weniger auf die Trennung von faktischen und fiktiven Elementen als vielmehr auf die unterschiedlichen Wahrnehmungen imperialer Herrschaft ab.[35] Am Beispiel von Nabonids Babylon-Stele zeigt Haubold nicht nur, wie Herrscherrepräsentation und Weltherrschaftsvorstellung bis Kyros II. in der babylonischen Literatur rezipiert wurden, sondern sich in ihren Narrativen auch bei Herodot wiederfinden.[36] Dementsprechend findet sich bei Herodot auch die babylonische Geschichte in ihrem Anspruch als Teil der Weltgeschichte.[37] Auch bei Ktesias begegnen derartige babylonische Herrschaftsnarrative in einem ähnlichen Transmissionsprozess, freilich in modifizierter Form.[38] Unter Xerxes variiert dieses Thema schließlich, indem Babylon die imperiale Geschichte beherrscht, ohne selbst noch militärische Macht ausüben zu können.[39]

Haubolds Modell der wechselseitigen Konversation ist freilich nicht zwingend auf eine ausschließlich griechisch-babylonische Wechselwirkung ausgerichtet, auch wenn sich an ihr die literarische Funktionsweise für beide Seiten besonders gut nachverfolgen lässt. Es gilt in entsprechender Weise auch im Verhältnis zu Persien, das zu Babylon und Griechenland in einer Dreiecksbeziehung stand, denn der literarische Konversationsprozess war nicht bi-, sondern multilateral wirksam. Stephanie West charakterisiert diesen Verarbeitungsprozess als eine literarische Kondensation bei Herodot.[40] Allerdings findet dabei zu wenig Berücksichtigung, dass die Aufnahme achaimenidischer oder babylonischer Motive bei Herodot selbst ein bewusster und intendierter Reflex auf östliche Narrative darstellt. Die übergreifende literarische Konversation in einem persisch-babylonisch-griechischen Verhältnis verdeutlicht Haubold am Beispiel der Eroberung Babylons durch Kyros II.: Den literarischen Niederschlag im babylonischen Kontext auf eine königliche persische Initiative hin illustrieren die Nabonid-Texte wie auch der Kyros-Zylinder,[41] während Herodot und Ktesias das Ereignis in einer Art Spiegelbild zur babylonischen Literatur

---

Land, auf den Flüssen und über das Meer von Mesopotamien nach Kleinasien siehe Briant 1987, 67–82; Sancisi-Weerdenburg 1994, 39–55.

35 Haubold 2013, 80, 117; vgl. auch Tuplin 2004, 241 f.
36 Haubold 2013, 81–89.
37 Haubold 2013, 90.
38 Haubold 2013, 91; vgl. auch 122–124.
39 Haubold 2013, 92–96.
40 West 2011, 269: „His ‚Histories' represent a distillation of material assembled over a long period, and by the time his work reached the form in which it has come down to us he might himself have been at a loss to identify the source of particular items, unsure on occasion whether he had himself witnessed what he describes or was indepted to another's report."
41 Ausführlich dazu Schaudig 2001; Pongratz-Leisten 2018, 92–105; zur Wirkung der politischen „Propaganda" im Kyros-Zylinder und in den griechischen Quellen: Beckmann 2018, 150–169; zum Kyros-Zylinder in der mesopotamischen Literaturtradition: Schaudig 2018, 67–91.

3.1 Herodots Umgang mit ‚östlichen' Texten

entwerfen.[42] Über den literarischen Reflex, der in einer Spiegelbildfunktion als ‚Gegenwelt' für Herodot ohnehin symptomatisch ist, eröffnen sich die verschiedenen Perspektiven auf die großen gemeinsamen, z. B. imperialen Narrative. Die wechselseitige persisch-babylonisch-griechische ‚Literatur-Konversation' ist damit zugleich von verschiedenen gegenseitigen Perspektiven geprägt.[43] Die persische Seite nahm dabei nicht nur aktiv babylonische Narrative in ihre (v. a. epigraphische) Darstellungsform auf, sondern wirkte mit den öffentlichen, v. a. großköniglichen achaimenidischen Texten ihrerseits auch auf die zeitgenössische babylonische Literatur.[44] Speziell für Xerxes als neuem Großkönig im Achaimenidenreich bestand die Notwendigkeit, überzeugende Narrative für seinen universalen Herrschaftsanspruch zu schaffen und zu etablieren.[45] An der sog. Daiva-Inschrift Xerxes' I. (XPh) wird dies in exemplarischer Form deutlich: Eine Besonderheit des Textes liegt in der Tatsache, dass er als einziger die Herrschaft über die Griechen zu beiden Seiten der Ägäis mit der exzeptionellen Sonderstellung der festländischen Griechen als ‚Yauna jenseits des Meeres' auch in der akkadischen Version thematisiert.[46] Dabei nimmt diese großkönigliche Inschrift nicht nur das literarische Motiv des babylonischen ‚Eroberers des (Welt-)Meeres' auf,[47] sondern propagiert Xerxes auch insgesamt als erfolgreichen Herrscher. Mit den ‚Griechenkriegen' Sargons II. waren die Meereroberung und der Kampf bzw. die Beherrschung der Griechen zu einem Thema des Weltherrschaftsanspruchs geworden. Xerxes nahm dieses Narrativ bewusst auf, denn sein Feldzug gegen Griechenland wurde in dieser Tradition zu einem symbolischen Akt, der den imperialen Charakter seiner Herrschaft dokumentierte. Xerxes etablierte sich damit im babylonischen Narrativ als ein ‚neuer Sargon'.[48] Mit seiner Sargon-*imitatio* griff Xerxes also auf ein Legitimationsmodell zurück, das in der babylonischen Literatur des 1. Jahrtausends v. Chr. große Beliebtheit genoss: Sargon von Akkad, der Begründer des akkadischen Weltreichs im 3. Jahrtausend v. Chr. war zu einem mythologisierten Vorbild eines Weltherrschers geworden.[49] Durch ihn wurden, etwa in der neuassyrischen ‚Geographie des Sargon', normative Vorstellungen des Herrschaftsraums in Verbindung mit anderen mythischen Erzählungen wie dem Gilgameš-Epos etabliert.[50] Die Überschreitung des Weltmeeres (*marratu*) als Herausforderung des eigenen Lebens und die erfolgreiche Rückkehr wurden

---

42 Haubold 2013, 95 f.
43 Siehe besonders mit Bezug auf herodoteische Narrative: Haubold 2013, 98.
44 Siehe Haubold 2013, 109–111.
45 Haubold 2013, 102.
46 Haubold 2013, 111–113.
47 Haubold 2013, 108–110 zur babylonischen Tradition in der persischen Epigraphik.
48 Dazu ausführlich Haubold 2013, 102.
49 Haubold 2013, 103.
50 Haubold 2013, 104–106; Rollinger 2020, 383–393.

dabei zu Legitimationsakten, die *per se* die großkönigliche Qualität ‚bewiesen'.[51] Mit dem (mehrfachen) Übergang über das Meer, dem Krieg gegen die Griechen und der sicheren Rückkehr folgte Xerxes einem alten mesopotamischen Repräsentationsmodell, das auch Dareios I. schon in seinen Inschriften inszeniert hatte.[52]

Xerxes fügte damit also seine offizielle Herrscherrepräsentation nicht nur in eine achaimendische Tradition, sondern auch in den literarischen Diskurs Babylons ein und wirkte – bis nach Griechenland – über diesen hinaus.[53] Dies entsprach durchaus der großköniglichen Programmatik, denn Xerxes wie auch sein Vater Dareios I. verkündeten ihren Herrschaftsanspruch ausdrücklich über „*die Länder aller/vieler Zungen*".[54] Sie postulierten damit ihre Herrschaft über die Sprache(n) als Mittel der imperialen Kontrolle,[55] um das offizielle (Herrschafts-)Narrativ zu bestimmen.[56] Niklas Luhmann versteht daher ein (Groß-)Reich als einen „Sinnhorizont von Kommunikationen, und zwar von Kommunikationen bürokratischer Eliten, die von der Einzigartigkeit ihres Reiches ausgehen und Raumgrenzen, wenn überhaupt, als vorübergehende Einschränkungen ihres faktischen Einflussbereichs hinnehmen."[57] Für derartige (Groß-)Reiche und ihre Expansion als Produkt der „Ausdehnung von Kommunikationsmöglichkeiten" konstatiert er:[58] „Verfügbarkeit über Schrift war unerlässlich, um wenigstens in der Zentrale den Überblick zu behalten und um die von ihr ausgehende Kommunikation zu festigen." Luhmanns Schluss daraus scheint auch den Sinn der großköniglichen Inschriften, im Besonderen DNb/XPl, zu treffen: „So entsteht mit Hilfe schriftlicher Fixierung maßgebender Texte eine unbeirrbare semantische Stabilität."[59] Vor diesem Hintergrund stellt Haubold für den Zug des Xerxes zu Recht fest: „There must also have been more specifically Iranian ways of interpreting his campaign."[60]

Die literarische Wirkung derartiger achaimenidischer Narrative zeigt etwa auch das erste Orakel der delphischen Pythia an die Athener, welches als ‚Verarbeitung' achaimenidischer Herrschaftsideologie in mesopotamischer Tradi-

---

51 Haubold 2013, 103 f.: „Crossing the sea was no longer merely a matter of unchecked outward expansion but exemplified the heightened humanity that only great kings could claim for themselves."
52 Haubold 2013, 106, 110.
53 Haubold 2013, 111 f.
54 Siehe (bab.) DPa: „König der Länder der Gesamtheit aller Zungen" (Weissbach 1911, 80 f.); vgl. (bab.) DPg § 1 f. (Weissbach 1911, 85).
55 Siehe Haubold 2013, 117 mit Verweis auch auf Timoth. Pers. 145–150 zum Widerspruch von Ἀσίας φωνή und Ἰάονα γλῶσσα.
56 Vgl. in diesem Zusammenhang auch Ashcroft/Griffiths/Tiffin 2002, 7: „one of the main features of imperial oppression is control over language".
57 Luhmann 2018, 670 f.
58 Zitate: Luhmann 2018, 670, 671.
59 Luhmann 2018, 673.
60 Haubold 2013, 112.

3.1 Herodots Umgang mit ‚östlichen' Texten

tion bei Herodot verstanden werden kann. Der Orakelspruch in Hdt. 7, 140 liest sich wie eine Version typisch östlicher großköniglich-achaimenidischer Selbstdarstellung einer unwiderstehlichen und allumfassenden Großmacht:[61]

> „Arme! Was sitzt ihr noch hier? Wohl an, bis ans Ende der Erde / Flieht aus dem Haus, aus der rundlichen Stadt hochragenden Felsen! / Nicht entgeht der Leib, nicht das Haupt dem grausen Verderben, / Nicht bleiben unten die Füße, die Hände nicht, nichts in der Mitte / unverletzt; denn alles gilt nichts. Niederstürzt es zur Erde / Feuer und Ares' Wut, der auf syrischem Wagen einherfährt; / Doch die eine nicht nur, viele andere Burgen zerstört er, / viele Tempel der Götter gibt er der verheerenden Flamme. / Jetzt schon stehen triefend von Schweiß die unsterblichen Götter, / zitternd und bebend vor Furcht, von den obersten Zinnen der Tempel, / rinnt dunkles Blut zum Zeichen des Zwanges des kommenden Unglücks. / Fort aus dem Heiligtum hier! Und wappnet den Sinn gegen Unheil!"

Am Beispiel Esarhaddons, des assyrischen Königs einer solchen östlichen Großmacht, illustriert Haubold, wie Herodots Darstellung von der Schlacht bei Salamis zu einer ‚Antwort' auf das babylonische Thema des siegreichen Weltmeere-Eroberers werden konnte.[62] Die Funktionsweise einer solchen Lesart als methodischem Rekurs auf eine offizielle, d. h. königliche Darstellung im östlichen Literaturhorizont wird besonders anhand der meta-historischen Diegese nachvollziehbar. Jonas Grethlein hat die Funktion und Wirkung dieser Methode bei Herodot – ausgehend von den Szenen im Kronrat des Xerxes und anhand der Rede des Artabanos – ausführlich demonstriert.[63] Demnach lassen sich das Geschichtsverständnis und die Tätigkeit des Historikers dadurch erschließen, wie seine handelnden Figuren selbst Geschichte wahrnehmen, verstehen und wiedergeben.[64] Er konstatiert: „Vor dem Hintergrund der Kenntnisse der Rezipienten und vor dem Hintergrund von Herodots Erzählung betrachtet, demonstriert die persische Ratsszene die Relevanz von solidem historischem Wissen."[65] Allerdings bleibt unverständlich, warum Grethlein diese Erkenntnis allein auf ein griechisches Verständnis und eine konsequent griechische Perspektive beschränkt, zumal er selbst in den Historien das Nebeneinander von griechischer und persischer Sichtweise konstatiert.[66] Es gibt keinen Grund, die „Relevanz von solidem historischen Wissen" Herodots nicht gleichermaßen auf Kenntnisse über östliches Informations- und Quellenmaterial zu beziehen. In

---

61 Übersetzung: Feix 2006, 975. Ausführlich Haubold 2013, 122 f. Siehe dagegen zu einem ausschließlich griechischen, speziell athenischen Deutungsansatz: Blösel 2004, 91–106.
62 Haubold 2013, 112 f.; ausführlich zur griechischen Reaktion bei Aischylos ebd., 114–116.
63 Grethlein 2011, 103–122. Siehe auch Luraghi 2006, 76–91; Ruffing (in Vorb.). Grundlegend zur Metahistorie Hayden White 1973.
64 Grethlein 2011, 104: „Die Akte der Erinnerung auf der Handlungsebene können die Tätigkeit des Historikers entweder spiegeln oder aber mit ihr kontrastieren und bieten uns damit einen indirekten Kommentar zu den Historien."
65 Grethlein 2011, 108.
66 Grethlein 2011, 111: „Ebenso wie Herodot barbarische Bräuche im hermeneutischen Rahmen der griechischen Kultur versteht, sieht hier Xerxes eine griechische Institution im persischen Horizont."

der Systematik des meta-historischen Ansatzes ließe sich daher postulieren, dass Herodot historische Informationen aus altorientalischem und persischem bzw. achaimenidischem Kontext ebenso durch das ‚Sprachrohr' seiner Protagonisten in Rede und Handlung umsetzen und darstellen lässt. In der Tat verfolgt Grethlein diesen Ansatz in dem Kapitel „Der Blick des Xerxes", allerdings im Verständnis einer griechischen bzw. herodoteischen Geschichtsschreibung, wie es auch in den *Historien* den Worten und Taten des Xerxes zugrunde gelegt wird.[67] Einem persischen (!) Hintergrund im „Blick des Xerxes" trägt er freilich keine Rechnung. Dabei betont er selbst, dass „die Griechen-Perser-Dichotomie, die sich auf der intradiegetischen Ebene entfaltet, diegetisch weitergeführt wird".[68] Das bedeutet: Der Gegensatz griechischer und persischer Motive und Themen, der auchin den jeweiligen griechischen oder persischen Darstellungsebenen aufgebaut wird, schlägt sich auch in der Gesamtanlage der Erzählung nieder. Eben dies hat Haubold in seinem Modell der literarischen Konversation durch die Funktionsweise einer Wechselwirkung in der Bezugnahme auf babylonische (und über diese auch achaimenidische) Narrative in der griechischen Literatur demonstriert.

Gerade der diegetische Ansatz in der Wechselwirkung der persisch-griechischen Dichotomie impliziert die Einbindung der anderen, hier persischen Seite, wenn man die Definition von Gérard Genette ernst nimmt: „Die Diegese" ist „eher ein ganzes Universum als eine Verknüpfung von Handlungen. Sie ist mithin nicht die Geschichte, sondern das Universum, in dem sie spielt."[69]

---

[67] Grethlein 2011, 113–118. So faszinierend dieser Ansatz auch ist, scheint er in manchen Punkten vielleicht zu sehr aus einem graekozentrischen Geschichtsverständnis konstruiert. Die Truppenschau von Abydos und die „Regatta" bei Troia zeigen zwar eine detaillierte Registrierung der Truppen, wie sie Herodot für sein Geschichtswerk auch verwendet (siehe Grethlein 2011, 114–116). Auf der anderen Seite stehen solche Praktiken jedoch in einer alten mesopotamischen Tradition (siehe Ponchia 2022). Diese Register- und Katalogtradition steht innerhalb der altorientalischen ‚Literatur' freilich in einem gänzlich anderen, eben nicht historiographischen Kontext. Die Einbettung solcher Nachrichten in einen altorientalischen Zusammenhang ist zweifellos für die literarische Komposition Herodots ebenso wichtig wie eine Einbettung in einen metahistorischen Kontext der griechischen Literatur.

[68] Grethlein 2011, 118.

[69] Genette 1998, 201 f. Aus diesem Grund überzeugt m. E. auch nicht Grethleins Vorschlag, Xerxes selbst als Autor von Geschichtsschreibung zu sehen. Folgt man konsequent der griechisch-persischen Dichotomie, dann wäre einer griechischen Geschichtsschreibung Herodots nicht eine – ebenso griechisch gedachte – Geschichtsschreibung der Perser gegenüber zu stellen. Vielmehr zeigen die Truppenschauen von Abydos und Doriskos, dass Xerxes zwar registriert und dokumentiert, aber eben gerade nicht als Autor eine retrospektiv strukturierende historiographische Kompetenz besitzt: deutlich in Hdt. 7, 46, 2; vgl. dazu Grethlein 2011, 116; zu Xerxes als geschichtsschreibendem Autor Grethlein 2011, 110–118, bes. 112. Vielmehr ist Xerxes innerhalb des erzählerischen Universums eben auch in seiner persischen Welt, ihren Traditionen und Vorstellungen ‚gefangen'. Gerade deswegen kann er – im Gegensatz zu den Griechen – eben nicht literarisch Histo-

3.1 Herodots Umgang mit ‚östlichen' Texten

Haubold und Grethlein haben für die *Historien* überzeugend gezeigt, dass weder eine umfassende Zweiteilung in einen griechischen und einen persischen Aspekt, noch die Diegese als Grundansatz zu leugnen sind und wie Herodot innerhalb dieser Prinzipien Meta-Historie umsetzt. In der Traumerzählung und der Ratsszene verdeutlicht Herodot dem Leser besonders gut, dass auch die gesamte folgende Behandlung des Griechenlandfeldzuges in zwei Ebene zerfällt – eine griechische und eine persische. Die Träume des Xerxes reflektieren dabei nicht nur mit ihren Bezügen zu Homer und Aischylos die Rezeption der griechischen Literatur, sondern greifen zugleich das babylonisch-persische Narrativ der Weltreichesukzession auf. Der göttliche Wille im Traum des Großkönigs verbindet als literarisches Motiv Xerxes I. mit der Übernahme der Mederherrschaft durch Kyros II., wie es der babylonische Elḫulḫul-Zylinder schildert.[70] Diese literarisch komplex komponierte Vorschau veranschaulicht Herodots Methode, die Beschreibung des Feldzuges anhand ähnlich symbolischer Einzelereignisse nicht nur ‚griechisch', sondern ebenso aus einer ‚persischen' Perspektive zu verstehen, welche die Etablierung und Legitimierung des Xerxes als neuen Großkönig thematisiert. Bei der großen Dichte regelmäßiger Orientbezüge und gemäß Haubolds Modell einer literarischen Konversation bedeutet dies, dass Herodot sich dieser Bezüge bewusst ist und gezielt den Perspektivwechsel vornimmt, um die persische Sicht in seine Darstellung zu integrieren.

Insgesamt ist damit evident: Auch wenn die Überlieferungslinien der achaimenidischen Herrschaftsideologie von den großköniglichen Repräsentationsinschriften zu Herodot immer noch nicht in ihren einzelnen Schritten nachzuverfolgen sind, steht dieser doch in einer ebenso alten wie lebendigen Tradition wechselseitiger, literarischer Konversation, die maßgeblich von der babylonischen Literatur beeinflusst war. Die verschiedenen Reflexionsebenen dieses wechselseitigen Austausches berücksichtigen in unterschiedlicher Intention und Form auch die jeweils gegenseitigen Perspektiven. Diese werden in der meta-historischen Diegese fassbar, die sich nicht nur auf einen innergriechischen Horizont, sondern auch auf die persischen, genauer: achaimenidischen Narrative bezieht. Letztere sind zu bestimmen, da die Großkönige ihre offizielle, königliche Selbstdarstellung nicht nur in den altpersischen Repräsentationsinschriften formulierten, sondern auch über die Verbreitung mehrsprachiger Versionen für den babylonischen Literaturkontext das dominante Herrschaftsnarrativ im Achaimenidenreich vorgaben.

Freilich bleibt die Frage nach den Kriterien einer Systematik, anhand derer sich die Verwendung eines östlichen Hintergrunds im Text der *Historien* erken-

---

riographie betreiben, sondern dokumentiert das königliche Unternehmen. Erst Herodot – und auch darin artikuliert sich die Dichotomie – macht aus den Listen, Registern und Repräsentationstexten historiographische Literatur.

70 Ausführlich dazu Haubold 2013, 86 f. Zur literarischen Verbindung der Kyros-Geschichte auch mit Xerxes siehe Brosius 2018, 176 f.

nen lässt, v. a. wie ein Bericht über Realia von gestalterischen Eingriffen Herodots als Literat zu unterscheiden ist. Die Schwierigkeit, die verschiedenen Deutungsebenen und -methoden mit ihren unterschiedlich intensiven Reflexen auf östliche Narrative zu definieren, liegt im Wesentlichen in zwei Faktoren begründet: Zum einen finden sich die östlichen, spezifisch achaimenidischen oder babylonischen Narrative bei Herodot oft in einem nachgeordneten Zugang. Seine Priorität liegt auf der eigenen, der griechischen Perspektive und Verständnisebene, selbst wenn diese bisweilen ihrerseits eine Reaktion auf östliche (etwa babylonische) Literaturmotive darstellt. Nicht zuletzt sind die *Historien* insgesamt mit ihrem Ziel, die Ursachen und den Verlauf für den Krieg zwischen Griechen und Persern zu beschreiben, eine griechische ‚Antwort' und Verarbeitung einer aus dem Achaimenidenreich motivierten Thematik (dem Kriegszug des Großkönigs nach Griechenland). Deshalb nimmt Herodot zum zweiten Themen, Motive und Narrative aus dem Osten auf und integriert sie in seine (griechische) Darstellungs- und Deutungsebene. Die Kontrastierung in der literarischen Auseinandersetzung erfolgt dabei in unterschiedlicher Intensität – mal als klar definierte, oft auch wertende Beschreibung östlicher Gebräuche, Sitten etc., mal als motivische Verarbeitung in der Handlung (siehe etwa das rituelle Waffenwaschen, *šar puḫi*-Ritual etc.) nicht-griechischer, meist persischer Protagonisten, oder mal durch die narrative Integration in den Handlungsverlauf, die ein mehrdeutiges Verständnis zulässt und damit oft eine wertende Positionierung des Autors ausdrückt (siehe etwa Zeitkritik, Tyrannis- bzw. Demokratiediskurs etc.).[71] Für die impliziten Darstellungs- und Deutungsebenen verwendet Herodot jedoch keine regelmäßigen sprachlichen Kennzeichen (‚Marker').[72] Stattdessen wird der Bezug zu einem östlichen Bedeutungskontext oftmals durch den Inhalt oder das erzählerische Motiv verständlich. Mit anderen Worten: Erst wenn ein ‚narrativer Schlüssel' vorliegt, kann die entsprechende Deutungsebene dekodiert werden.[73] Robert Rollinger hat deshalb zu den östlichen Elementen in den *Historien* treffend konstatiert:

> „Gemeinsam ergeben sie jenes durchaus stimmige Bild, das sich vor dem Hintergrund altorientalischen Quellenmaterials lesen lässt und das eigentlich erst dadurch eine sinnvolle Deutung erfährt. Diese Deutung erschließt sich keineswegs auf den ersten Blick. Vielmehr sind die großköniglichen Handlungen in völlig neue Sinnzusammenhänge eingebettet, die Teil in sich stimmiger Episoden sind."[74]

Die Schwierigkeit liegt daher darin, dass der Bezug zu den östlichen, mithin achaimenidischen Narrativen, nicht quasi ‚mechanisch' zu erschließen ist,

---

71 Siehe Wiesehöfer 2013, 276.
72 Zu solchen ‚literarischen Markern' bei Herodots Angaben von Truppenstärken: Ruffing 2006, 1; Ruffing 2013, 201–219.
73 Vgl. auch Cawkwell 2005, 100: „The truth may well be in Herodotus but one needs some criterion for discerning truth from fancy and fiction."
74 Rollinger 2013, 107.

3.1 Herodots Umgang mit ‚östlichen' Texten

sondern oft mit ebensolchen griechischen Narrativen und Literaturbezügen verbunden (mit der Wahrnehmung der klassischen griechischen Geschichte: ‚überlagert') ist. Auf diese Weise sind die *Historien* vielfach nicht nur auf einer griechischen *oder* achaimenidischen *oder* babylonischen Literaturebene zu lesen, sondern in ihrer gleichzeitigen Kombination. Ausdrücklich geht es hierbei nicht um eine Wertigkeit dieser Ebenen. Die vielfältige Auseinandersetzung mit griechischen Literaturelementen bleibt essentiell und tiefgreifend. Es wird damit aber auch evident, dass es in den *Historien* nicht nur eine griechische und eine allgemein ‚östliche' Erzählebene gibt, sondern letztere mit Blick auf die verschiedenen Literaturkontexte im Osten weiter zu differenzieren ist. Königliche achaimenidische Narrative stehen hierbei neben babylonischen und assyrischen, levantinischen oder anatolischen, wobei auch diese verschiedenen Ebenen durch die literarische Rezeption und Adaption der großköniglichen Repräsentation miteinander verschmolzen sind. Für Herodots literarische Rezeption bedeutet dies, dass die Bezugnahme auf Motive einer älteren mesopotamischen Literaturtradition im Kontext des Achaimenidenreiches stand und in diesem bereits einer ‚reichsinternen' Rezeption unterzogen war. Das achaimenidische Narrativ der ‚offiziellen' großköniglichen Selbstdarstellung transportiert seinerseits eine Mischung älterer, lokaler Literaturelemente – assyrischer, babylonischer, persischer, möglicherweise auch ägyptischer[75] etc. Herodot steht damit im Kontext babylonischer und griechischer Literaturkonversation und unterliegt dabei den Rezeptions- und Deutungsmodi des Achaimenidenreichs auf den verschiedenen Ebenen lokaler und überregionaler, königlicher, offizieller und indigener Traditionen.

Damit werden zwei Aspekte als wesentliche deutlich: Zum einen wird die Behandlung des Xerxes und seines Griechenlandfeldzuges zu einem perspektivischen Kaleidoskop, das den verschiedenen Literaturtraditionen, ihren Narrativen und den jeweiligen spezifischen Intentionen unterliegt. Sogenannte ‚Realia' sind im Werk Herodots nur schwer von ‚Fiktionalem' oder der Mischung beider Elemente zu trennen.[76] Das bedeutet: Herodots *Historien* können nicht verwendet werden, um kritisch historische Begebenheiten zu bestätigen. Beispiele wie Xerxes an der Goldenen Platane in Lydien, das Menschenopfer am Strymon oder gar die Pythios-Anekdote zeigen,[77] dass die Historizität der Ereignisse oder lediglich der historische Anteil in der jeweiligen Anekdote kaum zu bestimmen sind. Herodots Bericht ist keine ‚Dokumentation' des Xerxes-Feldzuges, sondern Literatur höchster Komplexität, gerade weil sie aktiv den östlichen Literaturkontext in seiner eigenen Vielschichtigkeit aufnimmt, ver-

---

75 Siehe dazu Haubold 2013, 77.
76 Siehe dazu auch Bichler 2007d, 80–82.
77 Goldene Platane: Hdt. 7, 31; Strymonopfer: Hdt. 7, 113 f.; Pythios-Anekdote: Hdt. 7, 38 f.; ausführlich dazu s. u.

arbeitet und spiegelt. Er ist in seiner Gesamtheit ohne den östlichen Kontext nicht vollständig zu verstehen.

Zum anderen entzieht sich damit der ‚historische Xerxes' immer stärker einem verlässlichen Zugriff. Neben einem ‚achaimenidischen (dem großköniglichen Selbstbild geschuldeten) Xerxes' stehen die lokalen Wahrnehmungen dieses Herrschers aus dem Achaimenidenreich sowie ein ‚griechischer Xerxes'. Selbst dieser zerfällt in lokal-griechische Facetten, die ihrerseits je nach politischer Ausrichtung sehr unterschiedliche persophile oder persophobe Ansichten skizziert haben dürften.[78] Allein in der athenischen ‚Xerxes-Wahrnehmung' kontrastieren unterschiedliche aristokratisch/‚hoplitische' und demokratisch/ ‚thetische' Erinnerungskulturen.[79] Auch wenn diese Versionen in der Überlieferung kaum noch als eigenständige Entwürfe zu fassen sind, waren sie Herodot jedoch zugänglich und er positionierte sich mit seinem Werk zu ihnen. Umso bedeutsamer ist, dass wir für die Geschichte des Xerxes in Griechenland fast ausschließlich und im Wesentlichen auf die *Historien* Herodots angewiesen sind. Demgegenüber steht allerdings die Frage nach der Zuverlässigkeit und dem Grad an Historizität literarischer Feldzugsberichte.[80] Deshalb wird die folgende Untersuchung keine Rekonstruktion des Xerxeszuges nach Herodot zum Ziel haben, sondern soll das Bewusstsein für eine andere Perspektive schärfen, auf deren Grundlage eine Neubewertung des Unternehmens zu diskutieren ist.

3.2 Die Xerxes-Inschrift aus Persepolis XPl

Wenn Herodot mit der Verarbeitung östlichen Materials bei der Darstellung des Xerxeszuges auf ein achaimenidisches Verständnis bzw. ein offizielles, mithin königliches Narrativ reagierte bzw. dieses reflektierte, so ist dieses auch in den östlichen, speziell achaimenidischen Quellen nachzuweisen. Auch wenn über ein Geschichtsverständnis der Perser aufgrund fehlender historiographi-

---

78   Siehe hierzu etwa das negative Themistokles-Bild des Stesimbrotos von Thasos bei Plut. Them. 24, 3–7; dazu Tsakmakis 1995, 131–135; vgl. ebd., 141 f.; Meister 1978, 281–284. Vgl. auch zu Perser- und Griechenfreunden in Thessalien: Blösel 2004, 108, 111 f.

79   Siehe dazu auch für die Schlacht von Marathon: Gehrke 2009, 92. Vgl. auch die unterschiedlichen Beschreibungen zum Einsatz griechischer Truppen und ihrer Aktionen auf Psyttaleia bei Aischylos und Herodot gemäß der jeweiligen, erzählerischen Ausrichtung auf Aristeides und Themistokles: Fornara 1966, 51–53.

80   Zu diesem Problem ausführlich siehe Fink/Luggin 2020, 1–8 im Zusammenhang mit dem Feldzug des Xerxes in Griechenland siehe in diesem Band besonders Ruffing 2020, 81–98. Konkret zu diesem Problem bei der Passage der persischen Flotte durch den Athos-Kanal s. u.

3.2 Die Xerxes-Inschrift aus Persepolis XPl

scher Texte kaum etwas bekannt ist,[81] ist das Selbstverständnis der achaimenidischen Großkönige anhand ihrer Repräsentationsinschriften gut fassbar. So sehr legitimatorische und herrschaftsideologische Aspekte in allen achaimenidischen Königsinschriften einen wichtigen Bestandteil bilden, so sticht doch die Inschrift DNb am Grab des Dareios I. als besonders zentraler Text hervor. Er zeigt durch seine mehrfache Vervielfältigung durch Xerxes, seine redaktionelle Überarbeitung (siehe v. a. bei den Schlussparagraphen) sowie durch seine Aufstellung in Persepolis, dass an ihm tatsächlich eine innerpersische Rezeption, mithin ein höfischer Diskurs,[82] stattgefunden hat. Auch inhaltlich ist der Text zentral, da er sich ganzheitlich und grundsätzlich mit dem Konzept großköniglicher Legitimation und Qualifikation beschäftigt. Die einzelnen Aspekte des Textes ‚korrespondieren' dabei mit entsprechenden Motiven und Themen in anderen großköniglichen Repräsentationsinschriften des Dareios I. und Xerxes I. Wenn überhaupt, dann kann diese Inschrift in der Version des Xerxes (XPl) den Schlüssel für eine achaimenidische Herrschaftsprogrammatik bieten, in welcher die großkönigliche Legitimation in der offiziellen Selbstdarstellung kommuniziert wurde. Die detaillierte inhaltliche Analyse der Inschrift bietet daher die Grundlage, um ein achaimenidisches Narrativ fassbar zu machen und es in seinem Niederschlag bei Herodot zu verfolgen.

3.2.1 Der Text

XPl §§	Altpersischer Text (Schmitt 2009, 171-176)		Übersetzung (Schmitt 2009, 171-176)
§ 1	A baga vazr̥ka A.uramazdā,	A	Der große Gott (ist) Ahuramazdā,
	B haya adā ima frašam, taya vainatai̯,	B	der dieses Wundervolle erschaffen hat, das zu sehen ist,
	C haya adā šiyātim martiyahyā,	C	der das Glück erschaffen hat für den Menschen,
	D haya xratum utā aruvastam	D	der Geisteskraft und Tüchtigkeit
	E upari Xšayar̥šām xšāyaθiyam niyasaya.	E	auf Xerxes, den König, herniedergelassen hat.
§ 2	A θāti Xšayar̥šā xšāyaθiya:	A	Es kündet Xerxes, der König:
	B vašnā A.uramazdahā	B	Nach dem Willen Ahuramazdās
	C adam avākaram ahmi,	C	bin ich solcherart,
	D taya rāstam dau̯štā ahmi,	D	daß ich dem Recht(en) freund bin,
	E miθa nai̯ dau̯štā ahmi,	E	dem Unrecht(en) (aber) nicht freund bin.

---

81 Siehe Briant 2002, 5–7; Jacobs 2014, 341–352.
82 Zum Achaimenidenhof siehe Jacobs/Rollinger 2010.

	F	*naimā kāma,*	F	Nicht (ist) mein Wunsch,
	G	*taya skauθiš tunuvantahyā rādī miθa kariyaiš,*	G	daß der Schwache des Starken wegen unrecht (ungerecht) behandelt wird,
	H	*naimā ava kāma,*	H	(und) nicht (ist) dies mein Wunsch,
	I	*taya tunuvā skauθaiš rādī miθa kariyaiš*	I	daß der Starke des Schwachen wegen unrecht (ungerecht) behandelt wird.
§ 3	A	*taya rāstam, ava mām kāma;*	A	Was recht (ist), das (ist) mein Wunsch;
	B	*martiyam draujanam nai dauštā ahmi;*	B	dem Mann, der dem Trug anhängt, bin ich nicht freund;
	C	*nai mana.uvīš ahmi;*	C	ich bin nicht heißblütig.
	D	*yacimai pr̥tāyā bavati,*	D	Was auch immer mir im Streit wird,
	E	*dr̥šam dārayāmi manahyā;*	E	halte ich gar sehr in (meinem) Denken zurück;
	F	*uvaipašiyahyā dr̥šam xšayamna ahmi.*	F	meiner selbst bin ich gar sehr mächtig.
§ 4	A	*martiya haya hantaxšatai, -*	A	Der Mann, der kooperiert, –
	B	*anu hankr̥tahyā avaθādim paribarāmi;*	B	gemäß der Zusammenarbeit – (so) umsorge ich ihn;
	C	*haya vināθayati, -*	C	der (aber) Schaden anrichtet, –
	D	*anudim vinastahyā pr̥sāmi;*	D	gemäß dem (angerichteten) Schaden – so bestrafe ich ihn.
	E	*naimā kāma,*	E	Nicht (ist) mein Wunsch,
	F	*taya martiya vināθayaiš,*	F	daß ein Mann Schaden anrichte;
	G	*naipatimā ava kāma:*	G	erst recht (ist) dies nicht mein Wunsch:
	H	*yadi vināθayaiš,*	H	Wenn er Schaden anrichten sollte,
	I	*nai fraθiyaiš.*	I	werde er nicht bestraft.
§ 5	A	*martiya taya upari martiyam θāti,*	A	Was ein Mann über einen (anderen) Mann sagt,
	B	*ava mām nai vr̥navatai,*	B	das überzeugt mich nicht,
	C	*yātā ubānām handugām āxšnumi.*	C	bis ich den Bericht (die Aussage) beider höre.
§ 6	A	*martiya taya kunauti*	A	Was ein Mann vollbringt
	B	*yadivā ābarati anu taumā,*	B	oder herbeischafft (beiträgt) nach seinen Kräften,
	C	*avanāšai xšnuta bavāmi*	C	durch das werde ich zufriedengestellt,
	D	*utā mām vasai kāma;*	D	und es (ist) sehr mein Wunsch;

3.2 Die Xerxes-Inschrift aus Persepolis XPl

	E	*utā uθanduš ahmi*	E und ich bin wohlerfreut
	F	*utā vasai̯ dadāmi agriyānām martiyānām;*	F und schenke reichlich den loyalen Männern.
	G	*avākaramcimai̯ ušiyā utā framānā.*	G Solcherart also (sind) mein Auffassungsvermögen und (meine) Entschlußkraft.
§ 7	A	*yaθāmai̯ taya kr̥tam*	A Wenn du, was von mir getan (worden ist),
	B	*vai̯nāhi yadivā āxšnavāhai̯*	B siehst oder hörst,
	C	*utā viθiyā utā spāya(n)tiyāyā, -*	C sowohl am Hofe wie auch im Felde,
	D	*ai̯tamai̯ aruvastam*	D das (ist) meine Tüchtigkeit
	E	*upari manascā ušīcā.*	E über das Denken und Auffassungsvermögen hinaus.
§ 8	A	*imapatimai̯ aruvastam*	A Das (ist) ferner meine Tüchtigkeit,
	B	*tayamai tanūš tāvayati,*	B daß mein Körper kraftvoll ist
	C	*hamaranakara ahmi ušhamaranakara;*	C (und) daß ich als Schlachtenkämpfer ein guter Schlachtenkämpfer bin.
	D	*hakarammai̯ ušiyā gāθavā hištanti,*	D Mit einemmal stellt sich mein Auffassungsvermögen an seinen Platz,
	E	*yaci vai̯nāmi hamiçiyam,*	E sei es daß ich einen Feind (vor mir) sehe
	F	*yaci nai̯ vai̯nāmi;*	F oder nicht sehe.
	G	*utā ušībiyā utā framānāyā*	G Sowohl durch Auffassungsvermögen wie auch durch Entschlußkraft
	H	*adakai̯ fraθara maniyai̯ afuvāyā,*	H fühle ich mich gerade dann panischer Angst überlegen,
	I	*yadi vai̯nāmi hamiçiyam*	I wenn ich einen Feind (vor mir) sehe,
	J	*yaθā yadi nai̯ vai̯nāmi.*	J wie wenn ich keinen (vor mir) sehe.
§ 9	A	*yā.umai̯niš ahmi*	A Von überschäumender Rückschlagkraft bin ich
	B	*utā dastai̯biyā utā pādai̯biyā;*	B sowohl mit (beiden) Händen wie auch mit (beiden) Füßen;
	C	*asabāra uvasabāra ahmi;*	C als Reiter bin ich ein guter Reiter;
	D	*θanuvaniya uθanuvaniya ahmi*	D als Bogenschütze bin ich ein guter Bogenschütze,
	E	*utā pastiš utā asabāra;*	E sowohl zu Fuß wie auch zu Pferd;
	F	*r̥štika uvr̥štika ahmi*	F als Lanzenkämpfer bin ich ein guter Lanzenkämpfer,
	G	*utā pastiš utā asabāra.*	G sowohl zu Fuß wie auch zu Pferd.

§ 10	A	*imā ūnarā,*	A	Dies (sind) die Fähigkeiten,
	B	*tayā A.uramazdā upari mām niyasaya,*	B	die Ahuramazda auf mich herniedergelassen hat,
	C	*utādiš atāvayam bartanai̯;*	C	und ich war imstande sie zu tragen.
	D	*vašnā A.uramazdahā, -*	D	Nach dem Willen Ahuramazdās, –
	E	*tayamai̯ kr̥tam,*	E	was von mir getan (worden ist),
	F	*imābiš ūnarābiš akunavam,*	F	habe ich dank dieser Fähigkeiten getan,
	G	*tayā mām A.uramazdā upari niyasaya*	G	die Ahuramazda auf mich herniedergelassen hat.
§ 11	A	*mām A.uramazdā pātu*	A	Mich soll Ahuramazda schützen
	B	*utā tayamai̯ kr̥tam*	B	und, was von mir geschaffen (worden ist).

3.2.2 Stilanalyse und Kommentierung[83]

Bei der Inschrift XPl handelt es sich um einen Text, der wohl ursprünglich am Grab Dareios' I. veröffentlicht wurde (DNb) und dann in verschiedenen Versionen reichsweit Verbreitung fand.[84] Der Text ist ein ‚achaimenidisches Herrschaftsmanifest', welches die Eigenschaften und Handlungsvorgaben für einen legitimen Großkönig in der Nachfolge des ersten Achaimeniden definiert.[85] Seine Attraktivität bestand wohl nicht nur in einer grundsätzlich und allgemein formulierten Programmatik, sondern auch in seiner kunstvollen stilistischen Komposition. Anhand dieser wird deutlich, wie die jeweils unterschiedlichen Aspekte thematisiert, differenziert und aufeinander bezogen werden. Mit Blick auf eine mündliche Auseinandersetzung mit Texten der achaimenidischen Königsinschriften gewinnen die Stilelemente eine besondere Bedeutung für den formalistischen Charakter der einzelnen Sentenzen und Paragraphen.[86]

Insgesamt lässt sich der Text von XPl in eine ‚Präambel' (§ 1), einen ersten Hauptteil (A: §§ 2–6), einen zweiten Hauptteil (B: §§ 7–9), ein Fazit (§ 10) und

---

83 Für diesen Abschnitt danke ich besonders der rechtsgeschichtlichen Expertise sowie den hilfreichen und anregenden Kommentaren von Daniel H. Kiechl (Innsbruck).
84 Siehe zu den Versionen Schmitt 2009, 11, 105, 170 f. Eine Version auf glasierten Ziegeln in Susa: DSad (Schmitt 2009, 147 f.).
85 Siehe dazu im Besonderen die beiden – nur in DNb enthaltenen – Schlussparagraphen DNb §§ 11 f., die sich direkt an den abstrakten Nachfolger wenden.
86 Zu mündlichen Vorläufern, Versionen und Traditionsversionen achaimenidischer Königsinschriften siehe ausführlich Shayegan 2012, 84–103; Wiesehöfer 2018, 99–111. Zur Bedeutung der Formelhaftigkeit dabei: ebd., 76–84. Zur griechischen Rezeption dieser oralen Tradition siehe Hdt. 1, 95; Xen. Kyr. 1, 2, 1; mit Vorsicht dazu Shayegan 2012, 103. Vgl. auch Luraghi 2001, 155 f., 159.

3.2 Die Xerxes-Inschrift aus Persepolis XPl

eine abschließende Wunschformel (§ 11) gliedern.[87] Dabei folgt der Text zwei wesentlichen Grundaspekten: zum einen der Darstellung einer theoretischen Idee, zum anderen der ihrer praktischen Umsetzung.

§ 1A–E Die Präambel

Stilanalyse: Der Text beginnt nicht mit der üblichen einleitenden Klimax, die das ‚Legitimationsformular' des Großkönigs enthält, nicht zuletzt, weil dieser Text ursprünglich in unmittelbarem Zusammenhang mit DNa zu lesen war, der diese Einleitung besitzt. Die erste Zeile in XPl (§ 1A = DNb § 1A) entspricht dabei wörtlich der ersten Zeile in DNa (DNa § 1A), ebenso wie die Zeile C in XPl § 1/ DNb § 1 der Zeile E in DNa § 1: „Der große Gott Ahuramazdā (...), der das Glück erschaffen hat für den Menschen". Von dem Einleitungssatz, der den Gott als *agens* definiert, hängen drei Relativsätze zu einer Klimax gestaffelt[88] ab. Folglich beginnen die Zeilen B, C und D mit dem Relativpronomen (altpers.) *haya*, die Zeilen C und B sogar gleichlautend (altpers.) *haya adā* – „der erschaffen hat".[89] Das Stakkato dieser Anapher[90] wird in der vierten Zeile E durchbrochen, indem sie den König (nicht: Großkönig!) Xerxes als Objekt der Handlung nennt und mit als neuem handelnden Subjekt den folgenden § 2 einleitet.

Kommentar: Das Thema des gesamten Textes wird in den Zeilen D und E genannt: die „Geisteskraft und Tüchtigkeit" (altpers.: *xraθum utā aruvastam*) als Eigenschaften, die den legitimen König definieren.[91] Durch die Zeilen A–C wird dabei deutlich, dass diese Qualitäten von dem Gott Ahuramazdā offensichtlich mit dem Schöpfungsakt (Zeilen B und C) und speziell mit der Übertragung des Königtums übergeben worden sind.

Teil A

Der erste Hauptabschnitt widmet sich ausführlich dem Aspekt der „Geisteskraft" in fünf verschiedenen Komponenten.

§ 2A–3B „Der König der Gerechtigkeit"

Stilanalyse: Der Paragraph beginnt in den ersten beiden Zeilen (A und B) mit der standardisierten Formel „Es kündet Xerxes, der König: Durch die Gunst Ahuramazdās (...)". Es folgt die Beschreibung einer königlichen Qualität in einem Gegensatzpaar, das an erster Stelle als positive Eigenschaft (altpers.) *rāsta* –

---

87 Alle Pragraphenzählungen hier und im Folgenden zu dieser Inschrift folgen Schmitt 2009, 171–176.
88 Schmitt 2016, 70 f.
89 Hier fällt die Abweichung von DNb § 1C und D auf, wo es heißt: *haya adadā*.
90 Zu dieser Stelle Schmitt 2016, 19 f.
91 Siehe hierzu auch stilistisch das ‚Gesetz der wachsenden Glieder': Schmitt 2016, 59.

„das Recht" nennt (Zeile D). In parallelistischer Konstruktion einer Epipher in Antithese[92] folgt dieser in Zeile E der Gegensatz (altpers.) *miθa,* was R. Schmitt in inhaltlicher Analogie und in einer sprachlich indirekten, rekonstruierten Ableitung vom avestischen *miθō* als „Unrecht" übersetzt.[93] Ab Zeile F folgt eine weitere Komponente, die aus dem ersten Abschnitt der Zeilen C–E folgt und diese erläutert. Der König ist hierbei das handelnde Subjekt, das seinen Willen in einem negativen Bekenntnis in Zeilen F und H in parallelistischer Antithese betont: (altpers.) *naimā (ava) kāma* – „nicht ist es mein Wunsch".[94] Es folgt in Zeilen G und I wieder ein Gegensatzpaar,[95] das im Satzbau parallel konstruiert ist (*taya (...) rādī miθa kariyaiš* – „dass (...) unrecht/ungerecht behandelt werde"), in der Aussage (Subjekt-Objekt-Konstellation) jedoch chiastisch angelegt ist (§ 2G: *skauθiš tunuvantahyā* – „der Schwache des Starken wegen"; § 2I: *tunuvā skauθaiš* – „der Starke des Schwachen wegen"). Stilistisch auffällig in den Zeilen F–G ist die mit einer Anapher zu einer Symploke verbundene Epipher.[96] Der Bezug zur Susa-Inschrift DSe § 5 ist nicht zu übersehen. Dort wurde dieser Grundsatz bereits formuliert, um das Verhältnis der Länder im Reich zueinander zu beschreiben: (DSe § 5J–N) „das Gesetz (*dātam*), das meines (von mir) ist, – vor dem haben sie Furcht, so dass (der), der der Stärkere (ist), den Schwächeren nicht schlägt, (und) nicht zunichte macht".[97]

In § 3A wird der Begriff (altpers.) *rāsta* – „Recht" aus § 2D erneut aufgenommen, stilistisch durch eine Prolepsis hervorgehoben[98] und dem Negativbegriff (altpers.) *drauja* – „Trug/Lüge" (§ 3B) entgegengestellt, der sich direkt auf *martiya* – den „Mann" bezieht.[99] Der Bezug zur Behistun-Inschrift, speziell zu den Beischriften der sog. Lügenkönige,[100] ist hier besonders deutlich. Altpers. *martiya* – „der Mann" am Zeilenanfang von § 3B stellt damit eine stilistische Verbindung zu den §§ 4–6 her, welche in den jeweils ersten Zeilen (4A, 5A, 6A) ebenfalls mit der Epanadiplose/Anapher (altpers.) *martiya* beginnen.

Kommentar: Das Thema „König der Gerechtigkeit", das auch aus neu-assyrischen Königsinschriften, dem alttestamentlichen Kontext oder der perserzeitlichen Stele des phoinikischen Königs Yehawmilk in Gubal/Byblos gut bekannt ist,[101] wird in zwei Komponenten geteilt: Im ersten Teil (Zeilen A–E) wird das

---

92 Siehe Schmitt 2016, 26 (zur Antithese), 49 (zur Epipher), 73–76 (zum Parallelismus).
93 Siehe Schmitt 2009, 106 mit Anmerkung E1, 172.
94 Zum Stilmittel der ‚Aussage plus negierter Gegenaussage' hier: Schmitt 2016, 35 f.
95 Schmitt 2016, 27, 74.
96 Schmitt 2016, 50, 100.
97 Übersetzung Schmitt 2009, 126.
98 Schmitt 2016, 92
99 Hier stellt sich durchaus die Frage, ob die Paragrapheneinteilung nach Schmitt 2009, 172 tatsächlich eine zutreffende inhaltliche Gliederung wiedergibt.
100 DBb; DBc; DBd; DBe; DBf; DBg; DBh; DBi; DBj; DBk.
101 Siehe Llewellyn-Jones 2013, 26 f. Zur Stele des Yehawmilk im Musée de Louvre/Paris (Inv.-Nr.: AO 22368): Bordreuil 2007, 48, 314; http://www.achemenet.com/en/item/?/

3.2 Die Xerxes-Inschrift aus Persepolis XPl

Ideal vorgestellt, das im göttlichen Sinn (*vašnā A.uramazdahā*) den König als Vertreter des Rechts bzw. der Bekämpfung des Gegenteils (hier: „Unrecht") versteht. Der gesamte Abschnitt ist positiv als aktives Handeln des Königs formuliert. Der zweite Abschnitt der Zeilen F-I erbringt die Beweisführung durch die Umsetzung des Ideals in die Praxis. Dieser Teil hebt sich stilistisch als Litotes deutlich vom ersten Abschnitt ab, da er insgesamt als negatives Bekenntnis („nicht ist mein Wunsch") in parallelistischer Wiederholung formuliert ist. Abschließend fassen die Zeilen § 3A-B diesen Aspekt insgesamt zusammen, indem sie in der Steigerung den König im Spannungsfeld der transzendenten Begriffe *arta*/Wahrheit und *drauga*/Lüge definieren.[102] Der Abschluss des Themas ‚König der Gerechtigkeit' wird in der (parallelen) Gegenüberstellung von positivem und negativem Bekenntnis pointiert (§ 3A-B: *ava mām kāma (…) nai̯ dau̯šta āhmi*). Was Unrecht ist, wird hier auch negiert dargestellt, da der König ablehnt, was nicht sein soll. Stilistisch drückt sich dies in der pleonastischen Auffälligkeit aus, dass Negatives auch negativ formuliert wird. Insgesamt behandelt dieser Paragraph das juristische Grundprinzip, dass der (Groß-)König eine ordnende Funktion für das Recht besitzt. Grundsätzlich wird durch diese rechtliche Ordnung das gesellschaftliche Gleichgewicht garantiert, das den Schwächeren auch vor der erdrückenden Überlegenheit eines rein physisch oder materiell, gesellschaftlich oder politisch ‚Stärkeren' schützt.[103] Die Garantie dieser gesellschaftsrechtlichen Grundordnung sichert nicht zuletzt auch die Monarchie und damit die Position des Großkönigs.[104]

Ein entscheidender Aspekt des Abschnitts ist die zutreffende Angemessenheit im Urteil. Juristisch handelt es sich um eine Art ‚allgemeines Abwägungsprinzip', nach welchem die Angemessenheit die Verhältnismäßigkeit bestimmt, die durch die Geisteskraft des Großkönigs festgesetzt wird. §§ 2A-3B präsentieren dieses rechtliche und politische Grundprinzip auf einer allgemeinen theoretischen Ebene, die in den folgenden Paragraphen in gradueller Abstufung immer weiter konkretisiert wird. Die Prüfung der Verhältnismäßigkeit wird in den folgenden §§ 3 und 4 anhand der einzelnen Kategorien behandelt (s. u.). Mit § 5 korrespondiert dieser Abschnitt §§ 2A-3B, indem die Ausgewogenheit im Urteil spezifisch ausgeführt wird (s. u.). § 3A-B stellt für diesen Aufbau einen Übergang von der allgemein theoretischen zur konkret praktischen Ebene her, indem als erste konkretisierende Kategorie die Legitimität bzw. der legitime Zweck besprochen wird, anhand dessen sich das Verhältnismäßigkeitsprin-

---

achaemenid-museum/object-categories/monuments/3019841 [Zugriff: 03.08.2022]; Nunn 2018, 389–391.
102 Siehe dazu ausführlich Ahn 1992, 285–292; DB § 63–64.
103 Ob der altpersische Begriff alle diese Aspekte konkret beinhaltet, ist unklar. Im vorliegenden Zusammenhang scheint die Allgemeinheit, mit welcher der Begriff verwendet wird, auf das juristische Grundprinzip abzuzielen.
104 Siehe zu diesem Thema auch in der griechischen Sophistik: Plat. Gorg. 483D; vgl. Kiechle 1963, 306–312 zu Thukydides, im Besonderen Thuk. 1, 76; 5, 111, 4.

zip prüfen lässt. Die folgende konkretisierende Auflistung wird allerdings nur in einen verständlichen Sinn gebracht durch ihre jeweilige hintergründige Ausrichtung auf die großkönigliche Gewalt und Herrschaft. Insgesamt bezeugt dieser Abschnitt im Zusammenspiel mit den folgenden Paragraphen indirekt ein klares Bewusstsein von den Risiken und Gefahren einer rechtlich nicht oder ungenügend geregelten Gesellschaftsform, welche im schlimmsten Fall auch das soziale und politische Gesamtgefüge zum Einsturz bringen könnte.

§ 3C–F   Die Selbstbeherrschung

Stilanalyse: In demonstrativer Entgegenstellung und in sprachlichem Anschluss zu Zeile B (*naį daušta āhmi*) beginnt Zeile C: *naį mana.uvīš ahmi* – „nicht bin ich heißblütig".[105] Unterstrichen wird dies zusätzliche durch die Symploke der Zeilen B und C.[106] Alle folgenden Zeilen C–F sind als positives Bekenntnis zu den geistigen Fähigkeiten des Königs formuliert.

Kommentar: Auch wenn der Abschnitt der Zeilen § 3C–F sprachlich eng mit dem Vorhergehenden zusammenhängt, behandelt er einen neuen Aspekt in den Fähigkeiten des Königs, der freilich die Ausgewogenheit des richtigen Urteils, wie es in § 2F–I behandelt wird, essentiell beeinflusst. Rechtlich geht es hier um die Kategorie der geeigneten Maßnahme, mit der sich die Verhältnismäßigkeit prüfen und anwenden lässt.

Der Abschnitt gipfelt in der Bemerkung der Zeile F: „meiner selbst bin ich gar sehr mächtig". Es geht um die physische Selbstbeherrschung und psychische Selbstkontrolle, die als negatives Bekenntnis auf Emotionalität des Königs bezogen ist (C: „nicht bin ich heißblütig"). In dieser Komponente und in der Deutlichkeit des Ausdrucks ist der Text einzigartig und unterscheidet sich grundlegend von assyrischen und babylonischen Beispielen. Inhaltlich zeigt sich hier der Großkönig als die entscheidende Instanz, welche einen gewissen ‚objektiven' Maßstab vertritt und bei rechtlichen, auch ‚verfassungsrechtlichen' Prinzipien zur Anwendung bringt.[107]

§ 4A–I   Fürsorge und Strafe

Stilanalyse: Zeile A gibt als neuen Bezugspunkt der Handlung den Mann (*martiya*) vor, auf den sich die relativen Satzanschlüsse der Zeilen A (*haya hantaxšataį* – „der kooperiert") und C (*haya vināθayati* – „der Schaden anrichtet") in Antithese beziehen.[108] Beide Konstruktionen sind parallelistisch ange-

---

105 Zum Stilmittel der negierten Gegenaussage in Bezug zu einer Aussage: Schmitt 2016, 35 f.
106 Siehe dazu Schmitt 2016, 49.
107 Zur Affektbeherrschung als Bestandteil des großköniglichen Rollenverständnisses vgl. Trampedach 2013, 79.
108 Zu relativen Satzanschlüssen als Stilmittel: Schmitt 2016, 20; zur Antithese hier: ebd., 27.

3.2 Die Xerxes-Inschrift aus Persepolis XPl

legt[109] und positiv im Aktiv als Handlungen des Königs gekennzeichnet. Zweifellos verweist dieser Paragraphenanfang stilistisch auf den vorherigen Paragraphen (§ 3B). In deutlich negativer Kontrastierung[110] hebt sich davon der zweite Abschnitt § 3E–I ab, der mit der einleitenden Litotes *naima kāma* einen bewusst formelhaften Bezug zu § 2F und § 2H herstellt. Sowohl der erste als auch der zweite Abschnitt des § 3 sind auf diese Weise stilistisch mit den jeweils ersten und zweiten Teilen des vorherigen § 2 verbunden und verdeutlichen damit auch den engen inhaltlichen Bezug. Der gesamte § 4 (A–I) ist durch die Epiploke von *vināθ-/vināst-* (C: *vināθayati* – D: *vināstahyā* – F: *vināθayaiš* – H: *vināθayaiš*) stilistisch als eine inhaltlich in sich geschlossene Einheit gekennzeichnet.[111] In dieser wird der Wunsch des Großkönigs zusätzlich durch die negative Hypotaxe hervorgehoben.[112]

Kommentar: Der Zeilenanfang in A (*martiya*) scheint in einem Rückgriff auf § 3B eine gewisse inhaltliche Klammer zu bilden, die sich unter einem neuen Aspekt zunächst der Gegenposition zuwendet: § 3B: *martiyam draujanam* – „der Mann, der dem Trug anhängt"; § 4A: *martiya haya hantaxšatai* – „der Mann, der kooperiert". Wieder scheinen dabei die Zeilen A–D das abstrakte Ideal und E–I dessen Umsetzung in der Praxis des Königs zu behandeln. Im juristischen Gesamtkontext des Verhältnismäßigkeitsprinzips, wie es in § 2 vorgestellt wird (auch in der sprachlichen Bezugnahme ist das deutlich), behandelt der erste Abschnitt, § 4A–D, die Angemessenheit der Maßnahme, mit der sich die Verhältnismäßigkeit prüfen und bestimmen lässt. Diese wird letztendlich durch die königliche Garantie der ‚Objektivität' gewährleistet. Der Großkönig demonstriert hierbei eine doppelte Positionierung in positiver und negativer Formulierung und in damit verstärkter Wirkung gegen das Unrecht. § 4F–I widmet sich schließlich der letzten Kategorie in der Prüfung von Verhältnismäßigkeit, der Erforderlichkeit der Maßnahme. Inhaltlich erläutert der erste Abschnitt, A–D, dass Kooperation im angemessenen Verhältnis mit königlicher Fürsorge, Schaden aber, ebenso angemessen, mit königlicher Strafe bedacht wird. In diesem Aspekt verweist der Abschnitt offensichtlich auf die Behistun-Inschrift des Dareios, welche die Kooperation des Volkes in allen Ländern (DB § 70L–M) betont. Der folgende ‚Praxisteil' in DNb/XPl § 4 setzt jedoch noch zusätzliche Akzente: Die Zeilen E–F betonen v. a. die Verhinderung von Schaden, während G–I die zwingende Konsequenz der Straffolge durch den König hervorheben. Der König erläutert dabei den Strafzweck, indem als Recht definiert wird, dass Unrecht grundsätzlich zu bestrafen ist. In besonders interessanterweise lässt dieser Paragraph damit erkennen, dass eine absolute Vorstellung von Gerechtigkeit, mithin einer metaphysischen Rechtsordnung vorliegt, welche Unrecht defi-

---

109 Schmitt 2016, 74.
110 Vgl. Schmitt 2016, 35 f.
111 Schmitt 2016 54.
112 Schmitt 2016, 67.

niert und dessen Sanktionierung als Grundprinzip feststellt. Ein derart metaphysisches Rechtsverständnis ist essentiell für das Gleichgewicht der Rechtsordnung, für welche im Folgenden durch die Diskussion des Strafzwecks die Verhältnismäßigkeit konkretisiert wird.

§ 5A–C   *„Audiatur et altera pars"*

Stilanalyse: Die Epanadiplose/Anapher und das Polyptoton von *martiya* in der ersten Zeile (§ 5A),[113] die dem Interrogativpronomen (altpers.) *taya* vorangestellt ist, unterstreicht nicht nur die Zugehörigkeit zu den §§ 4 und 6, sondern betont mit dieser Anastrophe die chiastische Geminatio *martiya taya upari martiyam* in einer einfachen Topikalisierung.[114] Funktional scheint § 5 einen sprachlichen Wendepunkt im Rechtskomplex zur Behandlung der Untertanen (*martiya*) darzustellen: Während § 5B noch ein negatives Faktum konstatiert, gipfelt die Aussage in der positiv formulierten Beschlussfassung des Königs. Der folgende § 6 ist ausschließlich positiv formuliert.[115]

Kommentar: Thema des Abschnittes ist die richtige Ausgewogenheit des Urteils, das nicht nur als Entsprechung zum Verhältnismäßigkeitsprinzip in § 2 zu verstehen ist, sondern als ein prozessrechtliches Grundprinzip des königlichen Verfahrens und als Maßstab für eine möglichst ‚objektive' Beurteilung. Letztendlich ist diese wie die Überprüfung, Abwägung und Festsetzung der Verhältnismäßigkeit juristisch an die Autorität des Großkönigs als Souverän gebunden. Konkret setzt die Wendung § 3A („Was ein Mann über einen (anderen) Mann sagt, (...)") den möglichen Straftatbestand der Verleumdung oder Falschaussage voraus, da nur diese einer Regelung bedarf. Die Berücksichtigung der jeweils anderen Seite besitzt aber in Bezug auf die Länder des Reiches noch eine besondere Note, welche ihre lokale Autonomie garantiert. Der Paragraph reflektiert damit den altpersischen Begriff *dāta,* der hier gar nicht ausdrücklich genannt wird, aber in DNa § 3H–K die Herrschaft definiert: „was ihnen (laut § 3C die Länder; Erg. d. Verf.) von mir gesagt worden ist, das taten sie; das Gesetz, das mein (von mir) (ist), das hielt sie (fest)". Entsprechend verweist dieser Paragraph in DNb auch auf DSe § 3J–K, § 5J–K oder die Xerxes-Version XPl auf XPh § 3J–K. Der Abchnitt in DNb bzw. XPl § 5A–C beschreibt – vor dem Hintergrund von DNa § 3 – das Prinzip der ausgewogenen königlichen Einzelfallgerechtigkeit, als welche das achaimenidische *dāta* zu verstehen ist.[116]

---

113 Zur Anapher hier: Schmitt 2016, 19; zum Polyptoton: ebd., 86.
114 Zum Chiasmus in den altpersischen Inschriften Schmitt 2016, 39–42. Zur Topikalisierung an dieser Stelle: ebd., 97.
115 Zu Aussage und negativer Gegenaussage: Schmitt 2016, 35 f.
116 Siehe grundlegend dazu Wiesehöfer 1995, 36–46; vgl. dagegen zur These der sog. Reichsautorisation Frei/Koch 1996.

§ 6 Leistung und Lohn

Stilanalyse: Zeile 6A beginnt mit derselben anaphorischen Anastrophe wie § 5A (*martiya taya*). Mit Blick auf die vorangegangenen Litotes fällt die ausdrücklich positive Formulierung des königlichen Willens geradezu als eine Hyperbel auf, die als Kontrapunkt betont wird. Der königliche Wille wird dabei mit einem Polysyndeton[117] in dreifacher Staffelung verstärkt (§ 6C–F: *utā ... utā ... utā* in der Staffelung „zufriedengestellt" – „Wunsch" – „wohlerfreut"). Den semantischen Abschluss des thematischen Aspekts bildet das Hoimoioteleuton in der markanten Endstellung der Zeile 6F (altpers.) *agriyānām martiyānām*.

Kommentar: Die ersten Zeilen (§ 6A–B) formulieren die positive und vom König erwartete Leistung (*martiya taya kanauti* – „Was ein Mann vollbringt"). Sie thematisiert damit die Akzeptanz des Großkönigs durch die entsprechende (loyale) Leistung, welche in der Angemessenheit durch die Zufriedenstellung des Großkönig (§ 6C–E) als richtig bestätigt wird. Die Zeilen C–E behandeln Erfüllung und Wirkung, die bei entsprechender Leistung garantiert werden. Ihr folgt die Bestätigung in Form einer reziproken Gegengabe durch den Großkönig im Sinne einer Schenkung (§ 6F: *dadāmi* > (altpers.) **dāšna-* – „Geschenk").[118] Die Betonung liegt dabei auf der Loyalität der Untertanen (§ 6F: *agriyānām martiyānām*). Zweifellos spielt diese Formulierung auf die Behistun-Inschrift an, in der es ausdrücklich heißt (DB § 8C–F): „der Mann, der loyal war, den habe ich gut behandelt; der treulos war, den habe ich streng bestraft".[119] Die Loyalität gegenüber dem König und mit ihr das rechtskonforme Verhalten der Untertanen wird damit als intendiertes Ziel eingefordert und schließt als resümierende Konsequenz den ersten Hauptabschnitt ab, wie § 6G explizit konstatiert: „Solcherart also (sind) mein Auffassungsvermögen und meine Entschlusskraft".

Teil B

§ 7 Die Wahrnehmung von Tüchtigkeit als Beweisführung

Stilanalyse: § 7 beendet die *martiya*-Anapher der vorhergehenden Paragraphen. Die inhaltliche Bedeutung des Abschnitts wird durch die Gegenüberstellung von Hof und Feld mit dem Polysyndeton *utā ... utā* – „sowohl ... als auch" in 7C – betont eingeführt durch die Prolepsis *yaθāmaị taya kṛtam, vaịnāhi* in 7A–B – wie auch durch die a-Alliteration in 7D (*aịtamaị aruvastam* – „dies ist meine Tüch-

---

117 Siehe Schmitt 2016, 88 f.
118 Zur Bedeutung königlicher Geschenke siehe Klinkott 2007, 267–269; Wiesehöfer 2001, 607 f. Siehe auch den Bezug zu DB § 68–69, wo die Gefolgsleute des Dareios beim Putsch gegen Smerdis in ihrer Loyalität hervorgehoben und mit besonderen, königlichen Privilegien versehen werden. Dazu siehe auch Gschnitzer 1977, 14–22.
119 Übersetzung Schmitt 2009, 40.

tigkeit/Tapferkeit") hervorgehoben.[120] In 7E wird der kontrastierende Begriff *xratu* (siehe § 1D) durch die zwei Komponenten (altpers.) *manah* –"Denken" und (altpers.) *ušiyā* – "Auffassungsgabe" umschrieben.

Kommentar: Der Paragraph bildet die Überleitung von der "Geisteskraft" zur "Tüchtigkeit". Zeile 7E formuliert daher explizit, dass nun die königlichen Qualitäten "über das Denken und Auffassungsvermögen hinaus" behandelt werden. Demnach wird hier das Verhältnis der beiden Grundkategorien Geisteskraft (altpers.: *xratu*) und Tüchtigkeit/Tapferkeit (altpers. *aruvasta*) zueinander definiert. Letzteres erfolgt zwar auf der Grundlage der geistigen Befähigung, ist aber eine königliche Qualität, die nicht in (altpers.) *xratu* enthalten ist, sondern eine eigene Größe bildet. Bei der Geisteskraft handelt es sich um einen Tatbestand, der durch die Wahrnehmung (§ 7B: "siehst oder hörst") bestätigt wird und das Ergebnis aus Teil A beschreibt (§ 7A: "was von mir getan (worden ist)"). Besonders interessant ist, dass hier mit Zeile 7C in der Mitte des Paragraphen wie auch der gesamten Inschrift – zumindest in der ursprünglichen, ungekürzten Fassung von DNb – die Adressaten direkt angesprochen werden: Der Paragraph richtet sich an alle "sowohl am Hofe wie auch im Felde". Gemeint ist zweifellos das großkönigliche Umfeld, mithin sein Hof, in den Residenzen wie auch auf den Feldzügen.

§ 8   Die Qualifikationen der Tapferkeit

Stilanalyse: Die betonte Endstellung von *aruvasta* in Zeile 8A nimmt den Bezug zum vorherigen § 7D auf und leitet über zur dreifachen t-Alliteration in Zeile 8B sowie zur Anastrophe mit dem Homoioteleuton *hamaranakara (ami) ušhamaranakara* in Zeile 8C.[121] Letzteres wird zusätzlich durch *ami* zu einem Hyperbaton getrennt.[122] Die folgenden Zeilen gliedern sich in zwei Einheiten, die jeweils aus einem Einleitungssatz bestehen (8D, 8G–H), der von der Konjunktion *yaci ... yaci* (8E–F) bzw. *yadi ... yadi* (8I–J) – "sei es, dass ..., sei es, dass ..." in leichter Variation[123] eingeleitet wird. Sichtbar unterbrochen wird diese parallele Konstruktion durch den Einleitungssatz der zweiten Einheit (8G) mit der Formulierung *utā ... utā*. Die Zeilen 8E–J bilden damit einen großen Block korrespondierender Konjunktionen in der polysyndetischen Variatio (*yaci ... yaci/ utā ... utā/yadi ... yadi*).[124] Die wörtliche Entsprechung von 8E–F und 8I–J, die nur in der Schreibung der Konjunktion leicht abweicht, verstärkt die Intensität des rhythmisch-formelhaften Charakters, der auch in der Wiederholung von *ušiyā*

---

120 Zur Prolepsis: Schmitt 2016, 94; zur Alliteration: ebd., 16. Hinzu kommt hier auch das 'Gesetz der wachsenden Glieder': siehe ebd., 59.
121 Zur Allitertaion: Schmitt 2016, 16; zur Anastrophe: ebd., 25; zum Homoioteleuton: ebd., 97f.
122 Schmitt 2016, 62.
123 Siehe § 8J im Zeilenanfang: *yaθā yadi*.
124 Zur Variatio: Schmitt 2016, 104–106; zum Polysyndeton: ebd., 89.

3.2 Die Xerxes-Inschrift aus Persepolis XPl

in 8D und 8G Ausdruck findet und durch die Ellipse in 8I-J stilistisch betont wird.[125] Beide Zeilenblöcke (8E-F und 8I-J) rahmen die zentrale Information in 8G *utā ušībiya utā framānāya*, die durch das ‚Gesetz der wachsenden Glieder' zusätzlich markiert ist.[126]

Kommentar: Der gesamte Paragraph zerfällt in drei Teile: Der erste Abschnitt 8A-C nimmt als ideales, abstraktes Grundkonzept das neue Thema, die Tüchtigkeit/Tapferkeit (8A), auf und definiert sie als physische Stärke (8B)[127] sowie Einsatz im Kampf (8C). Der zweite Abschnitt, 8D-F, erläutert den Einsatz der Geistesgaben in ihrem Nutzen für die Tüchtigkeit/Tapferkeit (8D). Die Beweisführung erfolgt durch die praktische Umsetzung in der Begegnung mit dem Feind. In Bezug zur Behistun-Inschrift des Dareios scheint das altpers. *hamiçiya* jedoch nicht nur allgemein den ‚Feind' zu bezeichnen,[128] sondern die spezifische Bedeutungskomponente von Verrat/Abtrünnigkeit/Rebellion zu besitzen.[129] Damit impliziert der Begriff eine innenpolitische Dimension, die insofern von Bedeutung ist, als sich die Inschrift insgesamt explizit an den „Hof" (§ 7C), d. h. auch für den Aspekt der Tüchtigkeit/Tapferkeit nach Innen an das Umfeld des Königs richtet. Zu diesem gehörten v. a. die hochrangigen Vertreter anderer persischer Adelsdynastien, vor denen sich der Großkönig als Anführer des von ihnen als ‚Königen' geführten Heeres der persischen Stammeskonföderation zu beweisen hatte.[130] Der dritte Abschnitt 8G-J behandelt in Entsprechung zum vorangegangenen eine weitere Komponente des Nutzens der Geistesgaben für die Tüchtigkeit/Tapferkeit: Diesmal wird er allerdings vorgeführt in der praktischen und erfolgreichen Überwindung der Panik (8H), die ebenfalls im Kampf und bei der Konfrontation mit Feinden bzw. Rebellen aufkommt. Besonders hier ist der Aspekt der Rebellion bedeutsam, da mit diesem die Infragestellung der großköniglichen Autorität und Legitimation verbunden ist. Es handelt sich dabei um ein altes assyrisches Motiv der (groß-)königlichen Stärke.[131] Der rechtmäßige König verfügt über die notwendigen Fähigkeiten, und nur ihm gelingt daher die erfolgreiche Überwindung der Panik – sowohl bei sich selbst (siehe hierfür die Selbstkontrolle des Königs: DNb/XPl § 3) als auch bei seinen Truppen vor der Schlacht.[132] Nur der recht-

---

125 Zur Ellipse hier: Schmitt 2016, 44.
126 Siehe Schmitt 2016, 59.
127 Siehe zur physischen Stärke als königlicher Herrscherqualität Llewellyn-Jones 2015, 211-248.
128 So Schmitt 2009, 175 in seiner Übersetzung.
129 DB § 16G; neben vielfachen Erwähnungen in der Inschrift siehe in besonderer Dichte DB § 52K, P, U, Z, AE, AJ, AO, AT, AY, § 54C etc. (Schmitt 2009, 75-78). Siehe zur Bedeutung Brandenstein/Mayrhofer 1964, 124. In der Übersetzung mit „Rebell" an dieser Stelle siehe Kuhrt 2007, 504 f.
130 So Briant 1984, 115 f. Vgl. dazu besonders für Dareios III.: Diod. 17, 6, 1; Iust. 10, 3, 3-5.
131 Ausführlich dazu Degen 2020a, 212-214.
132 Siehe Rollinger/Ruffing 2012, 106, 108; Rollinger 2016, bes. 234 f.; Degen 2020a, 212.

mäßige (Groß-)König ist damit in der Lage, das Chaos zu meistern und die richtige, (göttliche) Ordnung wiederherzustellen. Nach der Niederschlagung von Aufständen in den Ländern des Reiches konstatiert der Großkönig daher: „und ich habe es (wieder) an den richtigen (rechten) Platz gestellt".[133] DSe § 5H–I präzisiert dazu als Maxime, „dass einer den anderen überhaupt nicht (mehr) schlägt, (sondern) jeder an seinem Platz ist".[134] Wie dieser thematische Komplex der Jurisdiktion und göttlichen Legitimation des Großkönigs vor dem Gegensatzpaar von *drauga* – „Lüge/Trug" und *arta* – „Recht" zu verstehen ist, erläutern DB §§ 54–55 ausführlich, welche in der Maxime gipfeln: „Mein Land soll gefestigt (stabil) sein!" (DB § 55G). Nicht zuletzt korrespondiert die Überwindung der Panik in DNb (§ 8) mit der zugehörigen Dareios-Inschrift DNa (§ 4H) und in der Version des Xerxes (XPl) mit der Daiva-Inschrift desselben Königs (XPh § 4I). Die Überwindung der Panik ist also nicht nur ein Beweis für die Legitimität und Autorität des Herrschers, sondern auch eine unmittelbare Voraussetzung für dessen Sieghaftigkeit, wie sie der folgende Abschnitt behandelt.

§ 9   Der siegreiche König als ‚guter Kämpfer'

Stilanalyse: Während die Zeilen 9A, C, D und F mit (altpers.) *ahmi* ein Homoioteleuton bilden,[135] sind die jeweiligen Sinneinheiten durch die parallelistische Polysyndeta (altpers.) *utā pastiš utā asabāra* voneinander abgetrennt (9E und G).[136] Allein 9B unterscheidet sich durch die polysyndetische Antimetabole *utā dastaibiyā utā pādaibiyā*.[137] Diese Zeile wird zusätzlich durch die emphatische Hervorhebung des Merismus einschließlich einer Epipher stilistisch betont.[138] Insgesamt entsteht eine Rhythmisierung, welche die Ganzheitlichkeit des Gesagten unterstreicht. Die Bedeutung der jeweiligen Kernaussagen werden zusätzlich zu den *ahmi*-Epiphern jeweils durch eine Anastrophe im Parallelismus membrorum intensiviert (9C: *asabāra uvasabāra*; 9D: θ*anuvaniya* uθ*anuvaniya*; 9F: *ṛštika uvṛštika*).[139] Sie werden außerdem durch polysyndetische Merismen in 9B, E und G gerahmt, welche das Trikolon der Aufzählung verstärken.[140]

---

133 Siehe DNa § 4H; XPl § 4I.
134 Übersetzung Schmitt 2009, 126.
135 Schmitt 2016, 98.
136 Schmitt 2016, 22. Zum ‚Gesetz der wachsenden Glieder' hier: ebd., 59.
137 Zu Antimetabole: Schmitt 2016, 25; zur Anapher des Polysyndetons: ebd., 22.
138 Zum Merismus hier: Schmitt 2016, 72; zur Epipher: ebd., 47–50.
139 Zur Anastrophe hier: Schmitt 2016, 25; zum Parallelismus membrorum hier: ebd., 40, 75 f. – im Gegensatz zu wechselndem Chiasmus und Parallelismus an dieser Stelle in DNb § 9C–G (= Z. 41–45).
140 Zum Merismus hier: Schmitt 2016, 72; zum Polysyndeton hier: ebd., 89; zum Trikolon an dieser Stelle: ebd., 103.

3.2 Die Xerxes-Inschrift aus Persepolis XPl

Kommentar: Die geistigen Fähigkeiten, wie sie in § 8 in der konkreten Anwendung besprochen werden, ermöglichen es dem Herrscher, die großköniglichen Ideale des ‚guten Kriegers/Kämpfers' zu realisieren. Dementsprechend greift 9A die abstrakte Größe der Körperkraft aus 8B auf und definiert sie in der zielgerichteten und effektiven Anwendung im Kampf als „(Rück)Schlagkraft". Hinzu kommen die Ideale der kämpferischen Fähigkeiten als guter Reiter (9C), Bogenschütze (9D) und Lanzenkämpfer (9F). Der Umgang mit den königlichen Waffen[141] ist umfänglich perfektioniert, „sowohl mit (beiden) Händen wie auch mit (beiden) Füßen" (9B, E, G).

DNb als Vorlage der Xerxes-Inschrift (XPl) thematisiert damit die permanente Sieghaftigkeit des Großkönigs und stellt dadurch Bezüge zu anderen, ähnlich programmatischen Dareios-Inschriften her: In erster Linie ist hier natürlich der Bezug zu DNa zu nennen, wo in § 4R–V ausdrücklich der Erfolg des Großkönigs erläutert wird: „da wird dir bewusst werden: ‚Des persischen Mannes Lanze ist weit in die Ferne hinausgegangen', da wird dir bewusst werden: ‚Der persische Mann hat fernab von Persien den Feind zurückgeschlagen'." Diese Eroberungsleistung artikuliert sich auch in den „Ländern, die ich in Besitz genommen habe", wie sie DSe § 3D und DPe § 2C–D nennen.[142]

Das Ideal des Königs als ‚guter Kämpfer/Krieger' wird damit als eine Tatsache konstatiert, die aus den zuvor genannten Fähigkeiten (vgl. § 10A: *ŭnarā*) resultiert. Nicht zuletzt kann der Großkönig durch diese Qualität seine Position als König über die anderen persischen Stammesvertreter (‚Könige') und Anführer des persischen Heeres rechtfertigen.[143] Zugleich beinhaltet es aber auch eine Maxime für alle Nachfolger und für die Definition von achaimenidischem Großkönigtum insgesamt.[144] Dieser programmatische Vorbildcharakter wird im folgenden Paragraphen (§ 10) abschließend formuliert.

§ 10   Beweis der Legitimation

Stilanalyse: Die ersten Zeilen A–B von § 10 greifen die Einleitung in § 1E in einer Art Ringkomposition wieder auf.[145] Die beiden Hauptabschnitte zu den Fähigkeiten (10A–D) und Taten (10E–G) werden in der aufeinander aufbauenden Entsprechung sprachlich durch die (mit geringer Variation) wörtliche Wiederholung *tayā A.uramazdā upari mām niyasaya* (10B und G) hervorgehoben. Dieser

---

141 Siehe die Beischriften an den Figuren des Dareios-Grabes: DNc: Gobryas als Lanzenträger des Königs Dareios; DNd: Der Gewandträger Aspathines hält den Bogenkasten des Königs Dareios.
142 Siehe in modifizierter Form für Ägypten: DSab § 2F; DZc § 3C.
143 Siehe DB § 3: „*Es kündet Dareios, der König: Deswegen werden wir Achaimeniden genannt; von alters her sind wir adelig; von alters her waren unser Geschlecht Könige.*" (vgl. dazu DB § 10). Explizit zu XPl in diesem Kontext: Briant 1984, 115 f.
144 Vgl. dazu auch Wiesehöfer 2015, 48 f. zum Aspekt des idealen Königs als ‚guter Hirte', der durch seine kämpferischen Qualitäten die Herrschaft und das Reich schützt.
145 Zur Ringkomposition: Schmitt 2016, 99 f.

Reim, durch das Polyptoton von Ahuramazdā intensiviert,[146] umschließt die Fähigkeit des Königs in 9C und deren Umsetzung durch die Gunst des Gottes mit dem Hysteron Proteron in 9E–F.[147]

Kommentar: Der Paragraph greift thematisch die Präambel in § 1 wieder auf und schließt den Kreis der Argumentation. Während § 1 zunächst das Faktum konstatiert, dass vom Gott Ahuramazdā Geisteskraft und Tüchtigkeit (§ 1D) dem Herrscher als König übertragen wurden, greift § 10A–B dieses noch einmal auf, bestätigt den Besitz dieser Fähigkeiten (10B) wie auch den König als deren Träger (10C). Dann werden nicht nur die Taten des Königs aus diesen Fähigkeiten (altpers.: *ŭnarā*) begründet, sondern es wird ihr Besitz auch durch den Erfolg der Taten bewiesen (10D–G). Der gesamte Paragraph zerfällt demnach in zwei Hauptabschnitte: erstens in den über den Besitz und die Trägerschaft der geistigen und körperlichen Fähigkeiten, § 10A–D, und zweitens in den über die daraus resultierenden Handlungen und Taten, § 10E–G. Die Bedeutung des § 10 liegt dementsprechend in der Beweiskraft, dass die Rechtmäßigkeit des Königs mittels seiner Handlungen in den ihm vom Gott Ahuramazdā übertragenen Qualitäten belegt wird. Auf diese Weise liefert § 10 den finalen, alles umfassenden Legitimationsbeweis des achaimenidischen Großkönigs.

§ 11   Dynastische Perpetuierung

Stilanalyse: Typisch für die Epiphrase ist die betonte Anfangsstellung des Pronomens *mām* vor der Nennung des Gottes Ahuramazdā.[148] Ähnlich auffällig ist der Schluss von § 11B („und was von mir geschaffen worden ist"), der reimartig die zentrale Aussage von § 10 in Zeile E wiederaufnimmt.[149] Die Taten des Herrschers und ihr Bestand in Endstellung setzen den finalen Akzent der gesamten Inschrift, indem sie die Rede des Xerxes (Beginn in § 2A) abschließen und wieder auf diesen fokussieren.

Kommentar: Die abschließenden Paragraphen von DNb (§ 11 und 12) und XPl (§ 11) unterscheiden sich grundlegend. DNb wendet sich in diesen Schlussparagraphen dezidiert in die Zukunft und spricht den bzw. die künftigen Nachfolger direkt an (DNb § 11A und § 12A: *marīkā* – „junger Mann" + Imperativ). Auf diese Weise erhält der gesamte Text den Charakter eines grundlegenden, herrscherlichen Manifests für das achaimenidische Großkönigtum insgesamt und geht damit über die persönlichen Leistungen, Fähigkeiten und Taten des Einzelnen – hier Dareios I. – hinaus. Der Text wendet sich damit an den Nachfolger, in diesem konkreten Fall wäre dies Xerxes I., entbindet die Legitimationsprinzipien aber zugleich von einer personalisierten Individualität. In der Xerxes-Version

---

146 Schmitt 2016, 86–88, 97–99.
147 Zum Hysteron Proteron: Schmitt 2016, 68–70.
148 Siehe Schmitt 2016, 52, 64.
149 Zum Reim: Schmitt 2016, 97–99.

3.2 Die Xerxes-Inschrift aus Persepolis XPl

XPl finden sich diese Abschnitte (DNb § 11 und 12) nicht. Dementsprechend bleibt der personalisierte Akzent stärker bestehen und verändert dadurch auch dessen Funktion. Der Text scheint weniger als ein grundlegendes Manifest verstanden werden zu wollen, sondern vielmehr als Begründung und Beweis der großköniglichen Legitimität, speziell der des Xerxes. Dementsprechend wendet er sich am Ende auch nicht abstrakt an die künftigen Nachfolger, sondern bezieht sich direkt auf Xerxes. Der dominante Ich-Bezug in beiden Zeilen des Paragraphen erhält durch die Schutzformel dennoch einen Charakter, der die dynastische Verstetigung dieser Herrschaft einschließt.

Die Prominenz des Textes in der großköniglichen Residenz wie auch für das Selbstverständnis des Xerxes steht offensichtlich in enger Verbindung mit dem Herrscherwechsel nach dem Tod Dareios' I., der Anerkennung und Etablierung seines Nachfolgers als neuen Großkönigs wie auch des achaimenidischen Herrschaftsanspruchs insgesamt. Mit Blick auf die Aufstände gegen Xerxes und die Unruhen in den verschiedenen politischen Lagern am königlichen Hof[150] scheint die Rechtfertigung und Festigung der Herrschaft durch Xerxes ein zentrales Thema im Umfeld des persischen Hofes gewesen zu sein. Dass dieses durchaus Auswirkungen auf den Griechenlandfeldzug gehabt haben dürfte, wird etwa an der großen Menge königlicher Verwandter, die am Feldzug teilnehmen mussten, sichtbar (s. o.). Es drängt sich aus der Verbindung dieses Befundes mit der Dareios-/Xerxes-Inschrift, welche diese Gruppe explizit zu adressieren scheint,[151] der Eindruck auf, dass der Griechenlandfeldzug des Xerxes insgesamt als eine programmatisch inszenierte Umsetzung dieser neuen, großköniglich-achaimenidischen Legitimierung zu verstehen ist.[152] Gemäß dem meta-historischen Ansatz in der Diegese hätte Herodot dann sein Narrativ zum Verlauf des Griechenlandfeldzuges gleichermaßen mit einer griechischen und persischen ‚Lesart' ausgestattet, die beide in ihrer spezifischen Einbettung in den *Historien* als literarisches Konstrukt zu verstehen sind. Eine ähnliche narrative Rezeption lässt sich auch im biblischen Kontext der Chroniken feststellen.[153] Zumindest ließe sich daraus erklären, warum die tatsächlichen militärischen Erfolge bzw. Misserfolge der Perser in Griechenland für die Großkönige kaum im Vordergrund des Interesses standen und daher weder positiv in den achaimenidischen Königsinschriften noch negativ oder dynastiekritisch in irgendwelchen anderen östlichen Texten Niederschlag gefunden haben.[154]

---

150 Dazu s. o. Vgl. auch Wiesehöfer 2011a, 502 f.
151 Siehe DNb/XPl § 7A-C: „*Wenn du, was von mir getan (worden ist), siehst oder hörst, sowohl am Hof wie auch im Felde*".
152 Zu ähnlichen Vorgängen, in denen Herodot altorientalische Motive adaptiert und in seine Darstellung transformiert siehe Rollinger 2018, 125–148.
153 Mitchell 2015, 363–365.
154 Siehe Waters 2014, 131. Zur Tatsache, dass es in den großköniglichen Repräsentationsinschriften keinen Reflex der Niederlagen in Griechenland gibt, siehe: Briant 2002, 5–7,

Wie bereits festgestellt wurde, bindet Herodot auffallend oft Wissen persischer und/oder mesopotamischer Tradition in seine Darstellung ein. Die Regelmäßigkeit und Dichte derartiger östlicher Elemente, die für Xerxes fast immer in Bezug zur großköniglichen Legitimierung stehen, scheinen nicht ‚zufällig' eingestreut, sondern selbst einem eigenen ‚Narrativ' zu folgen. Wie die Einzelbeispiele, so scheint auch ihre Gesamtgestaltung in den *Historien* einer eigenen ‚östlichen Legitimationspoietik' zu folgen, die sich für Xerxes ebenfalls auf eine östliche Vorlage, mithin eine achaimenidische Programmatik, stützt. Diese liegt einzigartig ausführlich und präzise im königlichen ‚Manifest' der Dareios-Inschrift DNb vor. Ihre Vervielfältigung und gezielte Verarbeitung am Hof durch die Aufstellung mehrerer Abschriften in Persepolis belegen die intensive und aktive Thematisierung durch Xerxes. Mit XPl scheint ein offizieller, achaimenidischer Diskurs am königlichen Hof greifbar zu werden, der die beweiskräftige Erfüllung der inschriftlich formulierten Programmatik in ihrer Inszenierung sieht. Aus dieser wird – quasi rückwirkend – die praktische und sichtbare Bestätigung der großköniglichen Legitimation abgeleitet. Die systematische Bezugnahme darauf durch den Zugriff der meta-historischen Diegese zeigt die Kenntnis Herodots von diesem offiziell-großköniglichen Diskurs und seine Verarbeitung in den *Historien*.

Herodot benennt diese Arbeitsweise selbst: „Ich aber bin gehalten zu berichten, was berichtet wird, alles zu glauben, bin ich aber nicht gehalten; und dies Wort soll gelten für meine ganze Darstellung."[155] Demnach lässt sich der Feldzug in Griechenland vor dem herrschaftsideologischen Programm der Xerxes-Inschrift XPl als Repräsentation großköniglicher Herrscherinszenierung ‚lesen'.[156] In einem derartigen Deutungsansatz stünde der Xerxes-Feldzug v. a. in einem achaimenidischen Legitimationsdiskurs, dessen programmatische Inszenierung in der Praxis realisiert und dem „Hof im Felde" vor Augen geführt wurde. Damit entwickelte er im königlichen Verständnis eine Beweiskraft, welche die Rechtmäßigkeit der Herrschaft für Xerxes unzweifel- und dauerhaft festsetzte.

---

541 f. Zum Griechenlandfeldzug des Xerxes, der auch aus griechischer Perspektive v. a. unter propagandistischen Aspekten zu sehen ist: Waters 2014, 131.
155 Hdt. 7, 152; siehe dazu Bowie 2012, 286.
156 So gilt für das persische wie für das griechische Narrativ bei Herodot die Feststellung von Bowie 2012, 286: „He records the stories that men tell, but we see here how stories are not innocent tradition, but weapons in the selective creation of an identity, the claiming of a privilege, or the justification of an act."

4   Der Griechenlandfeldzug als achaimenidisches Programm

Wie bereits besprochen, begann das Feldzugsunternehmen des Xerxes mit der Umsetzung der vorbereitenden Großprojekte, welche der Großkönig durch die logistische, finanzielle, technische Kompetenz seiner Herrschaft sowie seine Verfügungsgewalt über menschliche und materielle Ressourcen ermöglichte.[1] Es ist bereits deutlich geworden: Derartige Großprojekte, wie der Athoskanal, die Überbrückung des Hellesponts, das riesige Gesamtaufgebot des Vielvölkerheeres oder die geplante Flutung Thessaliens stehen in einer alten mesopotamischen Tradition königlicher Selbstdarstellung.[2] Sie sind Leistungen des (Groß-)Königs, die nur kraft seiner herrscherlichen Qualität und Autorität umzusetzen sind, und dementsprechend sind sie Zeugnisse seiner legitimen Herrschaft.[3] Die Faszination, die von diesen Großprojekten ausging, können wir trotz aller Hybris-Vorwürfe bei Herodot noch gut fassen. Ohne diese negative Konnotation beschreibt sie auch Ktesias als herausragende Leistungen großer Herrscher.[4]

Auch wenn Herodot auf die Sammlung des Heeresaufgebotes aus dem gesamten Reich im kappadokischen Kritalla[5] nicht im Einzelnen eingeht, war diese zweifellos ebenfalls ein solcher Großakt, der die Macht und Autorität des Königs, mithin den königlichen ‚Besitz des Reiches' eindrucksvoll visualisierte.[6] Hier stieß der Großkönig zu seinem Heer,[7] übernahm den Oberbefehl und setzte den Marsch nach Sardes in Gang.[8] Derweil sammelten sich die Flottenkontingente in Kyme und Phokaia und erwarteten die Ankunft des Großkönigs.[9]

In Sardes richtete Xerxes sein Heerlager ein, um die Fertigstellung der Hellespontbrücken abzuwarten. Erst spät erfährt der Leser, dass der Großkönig

---

1   So besonders deutlich am Kanalbau (Hdt. 7, 22–25): ausführlich s. o.
2   Dazu s. o.; Kramer 2017, 95–100; siehe auch Rollinger 2006/07, 147–169.
3   Siehe dazu auch Krewet 2017, 495 f. Seine Darstellung und Bewertung fasst allerdings zu kurz, da er die Bedeutung derartiger königlicher Großprojekte im Kontext östlicher Herrscherlegitimation gänzlich ausklammert.
4   Ktes. § 1b, 5 (= Diod. 2, 5, 5; Stronk 2010, 211). Zur Bewunderung für die technische Leistung noch im römischen Prinzipat siehe Suet. Cal. 19, 2. Auch Dio Chrysost., An die Alexandriner 88 hebt dieses Großbauprojekt positiv hervor, trotz sonst negativer Wertung des Xerxes-Heeres.
5   Siehe Hdt. 7, 26. Zum Gesamtaufgebot und der Aushebung des Heeres in ganz Asien: Hdt. 7, 19–21.
6   Zum Besitz des Reiches (altpers.: xšaça): Schmitt 1977, 384–395.
7   Laut Diod. 11, 2, 3 kam Xerxes wohl mit einem Teil der Truppen aus Susa, wo er vermutlich die Kontingente der östlichen Satrapien gesammelt hatte.
8   Hdt. 7, 26. Zur Marschroute des Heeres durch Kleinasien siehe Rookhuijzen 2020, 61–81; Müller 1994, 17–38.
9   Siehe Diod. 11, 2, 3.

auch seinen gesamten Hof dorthin mitgenommen hatte und für die Dauer des Feldzuges dort beließ.[10] Selbst nach der Rückkehr des Großkönigs aus Griechenland blieb Xerxes noch ein Jahr in der lydischen Königsstadt, bevor er mit seinem Hof wieder nach Susa (bzw. Ekbatana) zurückkehrte.[11] Mit anderen Worten: Von 480 bis 478 v. Chr. hatte Xerxes den gesamten Königshof nach Westen verlagert und damit Sardes zu einer großköniglichen Residenzstadt gemacht. Zweifellos war einer der Gründe dafür, die Kommunikationswege zwischen Xerxes in seinem Heerlager in Griechenland und seinem Hof möglichst kurz zu halten. Darüber hinaus ist dies wohl das erste Beispiel für eine derartige Verlagerung des königlichen Hofes während eines Feldzuges, an dem der Großkönig persönlich teilnahm.[12] Für vergleichbare Feldzüge nach Ägypten, Indien oder gegen die Saken unter Kambyses und Dareios I. ist eine entsprechende Maßnahme zumindest nicht bekannt. Nicht zuletzt könnte sich in dem ungewöhnlichen Vorgang auch die noch verhältnismäßig instabile Stellung des Xerxes als neuer Großkönig widerspiegeln.

Erst viel später berichtet Herodot, dass auch athenische Spione nach Sardes kamen, um die militärische Stärke des Feindes auszukundschaften.[13] Als die Späher entdeckt und gefangen wurden, ließ Xerxes ihnen sein Heer vorführen und schickte sie in die Heimat zurück. Der Großkönig demonstrierte hiermit seine richterliche Entscheidungsgewalt über Leben und Tod.[14] Zugleich hatte diese Entscheidung wohl einen militärischen Effekt: Etwa zur selben Zeit hatte sich der erste Widerstand der Hellenen mit einer Truppe von 10.000 Hopliten zuzüglich der thessalischen Reiterei beim Tempe-Pass am Peneios zwischen Olymp und Ossa-Gebirge unter dem Kommando von Enainetos und Themistokles formiert.[15] Auf Anraten des makedonischen Königs Alexandros I., Sohn des Amyntas,[16] möglicherweise aber auch unter dem Einfluss der Berichte, welche die Späher vom Heer des Xerxes in Sardes überbrachten,[17] gaben die Griechen diese Position auf und zogen sich nach Mittelgriechenland zurück.

In der alten lydischen Königsresidenz statuierte Xerxes noch ein Exempel vor dem versammelten Heer, das den Umgang mit illoyalen Gefolgsleuten und

---

10 Ausführlich Hdt. 9, 108.
11 Siehe Hdt. 9, 108; Diod. 11, 36, 7.
12 Zur Mobilität des großköniglichen Hofes siehe Llewellyn-Jones 2013, 74–94; Wiesehöfer 2009, 17 f.
13 Hdt. 7, 145.; vgl. dazu Polyain. strat. 7, 15, 2; Cawkwell 2005, 90.
14 Hdt. 7, 146 f.
15 Siehe Hdt. 7, 173, 1 f.; vgl. Diod. 11, 2, 5, der neben Themistokles Synetos nennt. Wiesehöfer 2010, 22; Kelly 2003, 202. Zum Zeitpunkt des Abzugs der Hellenen: Hdt. 7, 174; Blösel 2004, 113. Speusipp gibt nach Damastes von Sigeion, abweichend zu Herodot, Herakleion als Ort für den hellenischen Widerstand an: Bickermann/Sykutris 1928, 8, § 3 (= FGrHist. 5 F 4); zur Diskussion Blösel 2004, 116–120, dessen Bevorzugung der Nachricht bei Speusipp vor Herodot hypothetisch bleibt.
16 Siehe zu diesen Umständen: Hdt. 7, 173; Kelly 2003, 202; Vasilev 2015, 188–190.
17 So zumindest nach Ephoros/Diod. 11, 2, 5. Siehe dazu auch Blösel 2004, 121.

4 Der Griechenlandfeldzug als achaimenidisches Programm

den Großkönig als obersten Richter zeigte. Der Lyder Pythios, der als Sohn des Atys möglicherweise ein Angehöriger des alten lydischen Königshauses war, unterstützte Xerxes zwar mit seinen unermässlichen Reichtümern,[18] erbat aber die Freistellung seines ältesten Sohnes von der Heeresfolge.[19] Pythios versuchte damit also, seinen Erben aus der Gefolgschaftspflicht herauszulösen und letztlich mit dem Großkönig über die Umsetzung seiner Ansprüche zu verhandeln.[20]

Der Umstand, dass Pythios seine Reichtümer Xerxes zur Verfügung stellte und das Heer des Königs in Sardes bewirtete, hatte mit der Gefolgschaftspflicht nichts zu tun, denn der Großkönig verstand diese als (altpers.) *bāji-*, also als Anteil der Königsversorgung, der ihm ohnehin zustand und von allen Untertanen je nach Vermögen und bei Bedarf geleistet wurde.[21] Hdt. 1, 192, 1 erklärt dies ausdrücklich, auch mit Blick auf die Versorgung des persischen Heeres durch die jeweiligen Städte auf dem Marsch nach Griechenland: *„Alles Land, das der König beherrscht, ist ihm zur eigenen Versorgung und der seines Heeres mit Lebensmitteln zugeteilt, neben dem Phoros."*

In der Antwortrede des Xerxes formuliert Herodot die Erwartung des Großkönigs, dass Pythios und seine Familie ihn als Gefolgsleute zu unterstützen hätten, wobei das griechische δοῦλος das altpersischen *bandaka* wiederzugeben scheint (Hdt. 7, 39): *„Du schlechter Mensch (...), der du mein Knecht bist, der mich begleiten sollte"*. Die Verweigerung des Königsanteils im Anspruch auf die Gefolgschaft des Sohnes bzw. die Ansicht, darüber mit dem König verhandeln zu können, wurde als Loyalitätsbruch und Zweifel an der uneingeschränkten Autorität des Großkönigs verstanden. Genau dieser Aspekt wird grundlegend und explizit in XPl § 6 erläutert:[22]

> *„Was ein Mann vollbringt, oder herbeischafft (beiträgt) nach seinen Kräften, durch das werde ich zufrieden gestellt, und es (ist) sehr mein Wunsch; und ich bin wohlerfreut, und schenke reichlich den loyalen Männern. Solcherart also (sind) mein Auffassungsvermögen und (meine) Entschlusskraft."*

Die negative Komponente dazu, die in diesem Paragraphen impliziert ist, wird in der Behistun-Inschrift DB § 8 ausgesprochen:[23]

---

18 Die Reichtümer des Pythios: Hdt. 7, 27–29. Zur Identifikation des Pythios siehe Lewis 1998, 185–191; Thomas 2012, 241. So auch Rung 2015, 20 mit Anm. 35; Thomas 2012, 241 weist explizit darauf hin, dass die Verbindung zur lydischen Königsfamilie der Mermnaden dennoch spekulativ bleibt.
19 Zur Bitte des Pythios, seinen ältesten Sohn von der Teilnahme am Feldzug auszunehmen: Hdt. 7, 38.
20 Hdt. 7, 27 f.
21 Siehe Klinkott 2007, 276–280. Zu (altpers.) bāji- als „Anteil des Königs" siehe ausführlich und grundlegend Herrenschmidt 1989, 107–120; Sancisi-Weerdenburg 1998, 23–34. Der altpersische Titel *bājikara- ist aus dem elamischen Lehnwort ba-zi-qa-ra abzuleiten, dessen echtes elamisches Synonym matira lautet. Die persoelamische Hybridform ist als ba-zi-iš.hu-u-ti-ra belegt: Siehe Herrenschmidt 1989, 110 f.; Klinkott 2016, 166–172.
22 Übersetzung Schmitt 2009, 107 f.
23 Übersetzung Schmitt 2009, 40.

„*In diesen Ländern – der Mann, der loyal war, den habe ich gut behandelt; der treulos war, den habe ich streng bestraft. Nach dem Willen Ahuramazdās haben diese Länder mein Gesetz befolgt; wie ihnen von mir gesagt wurde, so pflegten sie zu tun.*"

In der Rede des Xerxes thematisiert Herodot zugleich menschliche Charaktereigenschaften, mit denen er zwar die königliche Rhetorik, wie sie in XPl zu finden ist, aufgreift, für Xerxes aber in das radikale Gegenteil wendet (Hdt. 7, 39): „*Beim Menschen wohnt das Gefühl in den Ohren: Bekommt er Gutes zu hören, erfüllt es seinen Körper mit Freude, hört er aber das Gegenteil, siedet er auf.*" Die Emotionalisierung im Urteil ist exakt die Verfehlung, gegen die sich XPl § 3 f. wendet:

„*Was recht (ist), das (ist) mein Wunsch; Dem Mann, der dem Trug anhängt, bin ich nicht freund; ich bin nicht heißblütig. Was auch immer mir im Streit wird, halte ich gar sehr in (meinem) Denken zurück; meiner selbst bin ich gar sehr mächtig. Der Mann, der kooperiert, – Gemäß der Zusammenarbeit – (so) umsorge ich ihn, der (aber) Schaden anrichtet, – gemäß dem (angerichteten) Schaden – (so) bestrafe ich ihn.*"

Hier wird der Großkönig als eine Instanz vorgestellt, die eine gewisse ‚Objektivität' nach dem allgemeinen Abwägungsprinzip garantiert, Ausgewogenheit und Angemessenheit nach dem Verhältnismäßigkeitsprinzip bestimmt und daraus den Strafzweck ableitet.

Herodots Verweis auf das „Gefühl über die Ohren" scheint einen Paragraphen aus der ursprünglichen Fassung der Inschrift am Grab Dareios' I. aufzunehmen, der zwar in XPl nicht enthalten ist, offensichtlich aber in einer aramäischen Fassung existierte. Dort heißt es (DNb § 11):[24] „*Nicht erscheine dir am besten, was deinen Ohren (= dir in die Ohren) gesagt wird; höre auch das, was darüber hinaus (sonst) gesagt wird.*" Herodot scheint sich auf diese Weise bewusst auf die rechtliche Dimension des achaimenidischen Großkönigtums zu beziehen, um in dessen ostentativer Umkehrung Xerxes als schlechten Herrscher zu charakterisieren. Zugleich kennzeichnet er aber auch die Pythios-Geschichte als ein Ereignis, bei dem sich Xerxes vor der persischen Aristokratie und dem gesamten Heer als Großkönig gemäß der in DNb und XPl propagierten Königsideologie inszeniert. Dies wird umso deutlicher, als Herodot mit der Pythios-Episode illustriert, wie Xerxes vor den vielen Befehlshabern aus der königlichen Familie und der persischen Aristokratie den Umgang mit den alten Eliten demonstrierte. Die Ausrichtung auf diese Adressatengruppe wird besonders an der Strafe für Pythios ersichtlich: Xerxes ließ dessen Sohn töten, zerteilen und sein Heer zwischen den beiden Hälften des Leichnams hindurchmarschieren.[25] Was bei Herodot als Beispiel despotischer Grausamkeit erscheint,[26] erweist sich im Grunde jedoch als ein altorientalisches Reinigungsritual der Truppen. Robert

---

24 Übersetzung: Schmitt 2009a, 110 f.
25 Hdt. 7, 39.
26 Zur Einordnung in den griechischen Diskurs des Xerxes als tyrannisch-grausamen Despoten: Thomas 2012, 235–237.

4 Der Griechenlandfeldzug als achaimenidisches Programm

Rollinger konnte zeigen, dass Herodot in der Pythios-Anekdote zweifellos Elemente verarbeitet, die mit dem hethitischen ‚Durchschreitungszauber' in Verbindung stehen.[27] Es bestehen Parallelen zu diesem alten Reinigungsritual, ohne dass deutlich wird, von welchem Frevel oder welcher Niederlage eine solche Reinigung des Heeres abhängig gewesen sein soll.[28] Auch wenn die Anekdote von Herodot mit griechischer Prägung in seine Erzählung eingebettet wurde, ist daraus jedoch nicht die Historizität des Rituals auf dem Xerxeszug zu bezweifeln.[29] Über diesen engeren, rituellen Kontext hinaus verweist Rosalind Thomas auf eine scheinbar ungleichgewichtige Reziprozität in der Freigebigkeit der Leistungen zwischen Pythios und Xerxes. Dabei oszilliert diese zwischen der Erwartung des Pythios auf eine Freistellung seines Sohnes und der Bestrafung durch den Großkönig für die Verweigerung der Gefolgschaft.[30] Angesichts der Anwesenheit zahlreicher persischer Aristokraten und königlicher Familienangehöriger im Heer des Xerxes besitzt eine solche Infragestellung der Gefolgschaftspflicht freilich ein gefährliches politisches Potential.[31] In diesem Zusammenhang ist die Kombination der Themen Loyalität, Leistung und Schaden in Verbindung mit großköniglicher Reziprozität und Strafe ein Aspekt, der programmatisch auch in XPl § 4 behandelt wird:[32] „*Der Mann, der kooperiert, – gemäß der Zusammenarbeit – (so) umsorge ich ihn; der (aber) Schaden anrichtet, – gemäß dem (angerichteten) Schaden – so bestrafe ich ihn.*"

Im juristischen Kontext demonstriert Xerxes damit die Anwendung der Rechtsprinzipien, die in ihrer konstitutionellen Dimension auf die Autorität des Großkönigs abzielen sowie auf seine judikative Kompetenz bei Kapitalverbrechen (dazu s. o. im Kommentar zu XPl § 4). Dass Xerxes dabei zugleich besonderes Gewicht auf die eigene Religion legt und durch kultische Akte die göttliche Legitimation als Herrscher untermauert, entspricht der grundlegenden Notwendigkeit, seine eigenen großköniglichen Position mit dem dynastischen (achaimenidischen) Herrschaftsanspruch weiterhin zu festigen. So ist neben den Bezügen auf die griechische Literatur etwa auch Herodots Anekdote von der prächtigen Platane, die Xerxes bei Kallatebos mit Gold ausschmücken und

---

27 Rollinger 2000, 66–70; Kienast 1996, 292 f. Ohne diesen Hintergrund bleibt die Pythios-Anekdote zu großen Teilen nur ein weiteres Beispiel für die despotische Grausamkeit des Xerxes: siehe so Krewet 2017, 498–500. Der eigentliche Sinn der Anekdote bleibt bei diesem Zugang jedoch unerschlossen. Zur Problematik der komplexen Hintergründe für das Verständnis Herodots siehe Thomas 2012, 235–244, bes. 237.
28 Ausführlich auch mit den Unterschieden zum hethitischen Reinigungsritual Thomas 2012, 236–240. Zum Zusammenhang mit der Sonnenfinsternis siehe Thomas 2012, 241; Briant 2002, 243.
29 Siehe Thomas 2012, 243: „A Greek colouring is not necessarily as sign of Greek invention."
30 Thomas 2012, 244.
31 Zur königlichen Konkurrenz der Befehlshaber im Heer: Briant 1984, 113, 117.
32 Übersetzung: Schmitt 2009, 172 f.

von eigens abgestellten Wächtern pflegen und beschützen ließ, offensichtlich in der zoroastrischen Verehrung des Ameša Spenta Ameretāt zu deuten.[33]

Während Xerxes in Sardes residierte, ergaben sich noch weitere Akte der Herrscherinszenierung: Der Großkönig entsandte Herolde nach Hellas, die von den Griechen die Übergabe von Wasser und Erde einforderten.[34] Xerxes verlangte also ein Zeichen der griechischen Gemeinden, mit dem sie seine Autorität anerkannten, ihm die Durchzugsrechte durch ihr Land gewährten, das Heer versorgten und im Zweifelsfall durch eigene Kontingente unterstützten.[35] Auf diese Weise wurden die griechischen Gemeinden als Gefolgschaft des Großkönigs gekennzeichnet und von den Feinden abgehoben. Die Darstellung in Hdt. 7, 32 ist in ihrer Kürze aufschlussreich:

> *„Nach seiner Ankunft in Sardes sandte er erst einmal Herolde nach Hellas, die Erde und Wasser fordern und ansagen sollten, das Mahl für den König bereitzustellen. Nur nach Athen sandte er nicht und auch nach Lakedaimon nicht, Erde zu fordern, sonst aber überall hin."*

Dass keine Boten nach Athen abgingen, scheint verständlich, da die Polis das Ziel des gesamten Unternehmens darstellte. In der gemeinsamen Nennung mit den Lakedaimoniern in Hdt. 7, 133 wird explizit auf die Gesandtenmorde unter Dareios I. verwiesen:[36]

> *„Nach Athen und Sparta hatte Xerxes aber keine Boten mit der Forderung um Erde gesandt; er tat es aus folgendem Grund nicht: Als Dareios früher zu diesem Zweck zu ihnen geschickt hatte, hatten die einen von ihnen die fordernden Boten in eine Schlucht gestürzt, die anderen sie in einen Brunnen geworfen und aufgefordert, daraus dem König Erde und Wasser zu bringen. Deshalb schickte Xerxes jetzt nicht wieder Boten mit dieser Forderung. Was den Athenern für diese Behandlung jener Herolde Unwillkommenes geschehen ist, kann ich nicht sagen, außer dass ihnen Land und Stadt verwüstet wurden."*

Durchaus zweifelhaft aber ist, ob Sparta jenseits dieser herodoteischen Motivik überhaupt als Feind des Großkönigs galt.[37] Zum einen richtete sich nach Herodot der Feldzug namentlich vorrangig ausschließlich gegen Athen.[38] Der Helle-

---

33   Hdt. 7, 31. Dazu Boyce 1982, 165. Zur geographischen Diskussion und dem Motiv bei Herodot siehe Rookhuijzen 2020, 51–56. Vgl. dazu aber auch den griechischen Bezug zum Platanen-Orakel in Hom. Il. 2, 306. Zur Wirkung eines solchen Aktes: Dusinberre 2013, 53.
34   Zur Entsendung der Herolde, außer nach Lakedaimon und Athen: Hdt. 7, 32; dazu Klinkott 2016, 148–150; Waters 2014a, 331–333.
35   Zur Übergabe von Wasser und Erde siehe Klinkott 2016, 133–182, bes. 166–168; Kuhrt 1988, 87–99; vgl. auch Waters 2014a, 331–333.
36   Zu den Gesandtenmorden: Hdt. 7, 133 (in Bezug auf Hdt. 6, 48, 2–49, 1); ausführlich zu dieser Anekdote und ihrer konstruierten Konzeption Klinkott 2016, 148 f.
37   Allein die Anwesenheit des Demaratos am großköniglichen Hof ist kein Indiz dafür, dass auch Sparta als Ziel des Feldzuges zu bestimmen wäre. Vielmehr war der exilierte Spartanerkönig jenseits seiner Kenntnisse in Griechenland eine wichtige, mögliche Verbindung zu den Lakedaimoniern.
38   Siehe Hdt. 7, 138: Der Feldzug geht dem Namen nach gegen Athen, doch war er angeblich auf ganz Hellas abgesehen. Vgl. dazu auch Hdt. 7, 139 über die Auswegslosigkeit Spartas durch die Kriegführung der der persischen Flotte.

4 Der Griechenlandfeldzug als achaimenidisches Programm

nenbund hatte sich zu diesem Zeitpunkt noch nicht endgültig formiert und seine spartanische Führung unter Pausanias und Leotychidas stand noch nicht fest.[39] Es ist daher durchaus möglich, dass ein Vorstoß auf die Peloponnes von Xerxes gar nicht geplant war und deshalb dort auch nicht eine Versorgung des Königs organisiert werden muss.[40] Vielmehr berichtet Herodot in anderem Zusammenhang und sehr viel später, dass die Lakedaimonier noch vor dem Griechenlandfeldzug eine Gesandtschaft zu Xerxes nach Susa entsandt hatten, an der Sperthias, den Sohn des Aneristos, und Bulis, den Sohn des Nikolaos, teilnahmen und den vermeintlichen Gesandtenmord sühnen sollten.[41] Die beiden wurden von Hydarnes, dem Strategen/Karanos über die Völker am Meer, in Kleinasien gastlich aufgenommen und verhandelten mit ihm angeblich über ein freundschaftliches Bündnis.[42] Von Demaratos, der sich zur dieser Zeit ebenfalls am Hof des Großkönigs aufhielt, erfahren wir nichts in diesem Zusammenhang von Herodot: Weder berichtet er, ob die lakedaimonischen Gesandten mit dem exilierten Spartanerkönig bei dieser Gelegenheit zusammentrafen, ob dieser an den Gesprächen mit dem Großkönig beteiligt war noch ob durch ihn Einfluss auf das persisch-spartanische Verhältnis genommen wurde. Als Ergebnis hält Herodot jedoch fest: Xerxes hob für die Lakedaimonier die Schuld auf und schickte die Gesandten nach Sparta zurück.[43] Wenn auch diese Entscheidung des Xerxes als ein Akt der Rechtsprechung zu verstehen ist, kann Sparta damit nicht mehr als Feind des Großkönigs gesehen werden, gegen den sich der Griechenlandfeldzug als Strafmaßnahme für den Gesandtenmord richtete. Es erscheint möglich, dass die Verhandlungen zwischen Sparta und Xerxes vor dem Feldzug zu einer Übereinkunft mit Lakedaimon geführt hatten, die eine

---

39   Zur Gründung des Hellenenbundes 481 v. Chr.: Cawkwell 2005, 90. Selbst die spartanische Hegemonie des Hellenenbundes musste nicht zwingend ein Grund dafür sein, den Feldzug auch konkret gegen Sparta zu führen. Vielmehr konnten die spartanischen Oberbefehlshaber bei einer zweigleisigen Politik Spartas auch als Ansatzpunkt für persische Einflussnahme verstanden und genutzt werden: zu den Bestechungsvorwürfen gegen Pausanias und Leotychidas s. u.
40   Allein aus der Tatsache, dass Demaratos den Großkönig offensichtlich auf dem Feldzug in Griechenland begleitete, ist noch nicht Sparta als Kriegsziel zu erschließen. Demaratos gehörte zu den Philoi des Großkönigs, gehörte also zum engen Kreis am Hof des Königs und beriet diesen mit seiner guten Kenntnis Griechenlands.
41   Hdt. 7, 134.
42   Hdt. 7, 135 mit dem Angebot an die Lakedaimonier, Freunde des Königs zu werden. Zum Titel des Hydarnes siehe Klinkott 2005, 320–330.
43   Hdt. 7, 136 f. Es bleibt zu diskutieren, was dies bei einer möglichen Beteiligung des Demaratos für das spartanisch-persische Verhältnis und die Hegemonie Spartas im Hellenenbund bedeutete. Dabei ist nicht zu fragen, wie sich die Spartaner als (deutlich späterer) Hegemon des Bundes, der 481 gegründet wurde (Cawkwell 2005, 90), auf ein solches, perserfreundliches Verhältnis überhaupt einlassen konnten; vielmehr wäre doch zu klären, wie Sparta vor dem Hintergrund eines solchen Verhältnisses zum Großkönig, das offensichtlich seit 485/4 v. Chr. bestand, überhaupt erst später zum Hegemon des Hellenenbundes bestimmt werden konnte.

erneute Entsendung persischer Herolde überflüssig machte.[44] Vor diesem Hintergrund könnten auch die Strafmaßnahmen zu erklären sein, die Xerxes an Leonidas wie an einem Rebellen nach dem Sieg an den Thermopylen vollzog (s. u.).

4.1 Der Übergang über den Hellespont

Während des Aufenthalts in Sardes soll Xerxes auch vom Schaden an der Hellespontbrücke erfahren haben, worauf er angeblich die Brückenbauer köpfen und das Meer geißeln ließ.[45] Auch wenn die Historizität dieser Strafmaßnahmen zweifelhaft ist – es ist ja wenig hilfreich, vor dem nötigen Wiederaufbau die Ingenieure für ein derart aufwändiges Bauwerk hinrichten zu lassen –, so erscheint Xerxes hier wieder einmal in einer richtenden/richterlichen Rolle, welche der Großkönig aber angeblich emotional, ohne Selbstkontrolle und ohne angemessen abgewogene Verhältnismäßigkeit erfüllt. Herodot widerspricht hier dem großköniglichen Handlungsprinzip in XPl § 3C–F:[46] *„Ich bin nicht heißblütig, was auch immer mir im Streit wird, halte ich gar sehr in (meinem) Denken zurück; meiner selbst bin ich gar sehr mächtig."*

Herodot charakterisiert Xerxes also als einen Großkönig, welcher die Funktion einer rechtsetzenden Orientierungsinstanz, die eine gewisse ‚Objektivität' im Maß der Angemessenheit und Ausgewogenheit garantiert, verfehlt. Die Tragweite dieses Versagens wird jedoch erst vor der ‚verfassungsrechtlichen Bedeutung' der implizierten Grundprinzipien für die achaimenidische Monarchie in ihrer Gänze verständlich.

Die sog. Geißelung des Meeres in Hdt. 7, 35, die von Herodot als ein Akt königlicher Hybris gegenüber den Göttern gedeutet wird,[47] steht in enger Verbindung mit den Opfern des Großkönigs am Hellespont in Hdt. 7, 54. Herodot berichtet dort:[48] *„Nach dem warf er die Schale in den Hellespont und einen goldenen Mischkrug und ein Perserschwert, das bei ihnen Akinakes heißt."* (S. Abb. 1 und 4.) Robert Rollinger hat gezeigt, dass beide Vorgänge, die Geißelung und das Versenken des Schwertes, als Akte des rituellen Waffenwaschens im Alten Orient zu verstehen sind, mit denen der (Groß-)König auch das Meer symbolisch erobert.[49] Im Besonderen hat dabei das geographische Verständnis des Mittel-

---

44 Auch Hdt. 7, 139 scheint eine Absprache zwischen den Lakedaimoniern und Xerxes anzunehmen.
45 Hdt. 7, 35.
46 Übersetzung: Schmitt 2009, 172.
47 Siehe dazu Clarke 2018, 214–216, 293–295; Rocchi 1980, 100–105.
48 Zu einem solchen goldenen Akinakes siehe Spier 2022, 93: Nr. 9 mit Abb. 9A-b.
49 Siehe Rollinger 2013, 103–109.

4.1 Der Übergang über den Hellespont

Abb. 1: Goldschale des Xerxes (Foto: E. Thiem, LOTOS-Film, Kaufbeuren).[50]

meeres in den vorderorientalischen Quellen auch das achaimenidische Konzept geprägt.[51] Diese assyrische und babylonische Tradition ist etwa in der akkadischen Version der Dareios-Inschrift DPg unverkennbar gespiegelt. Laut der Inschrift regierte Dareios die Länder dies- und jenseits der *marratu*, dessen Determinativ konkret eine umschlossene Einheit, hier das Mittelmeer, bezeichnet.[52] Xerxes stellte sich mit der rituellen Waffenwaschung also in eine alte babylonische (und assyrische) Tradition, mit welcher der König siegreich und rechtmäßig die Erde in seinen Besitz nahm.[53] Letztlich ist Herodots Bericht ein Paradebeispiel für das „interplay between imperial discourse and local response" im Austausch einer wechselseitigen, literarischen Konversation östlicher, d. h. achaimenidischer und babylonisch geprägter, und westlicher, v. a. griechischer Narrative.[54]

---

50 Zur Goldschale des Xerxes mit trilinguer Inschrift aus Ekbatana siehe Seipel 2001, 193, Abb. 8. Dazu auch Koch 1992, 180 f. mit Abb. 131. Zu einem entsprechenden Silberkrug aus Hamadan mit der Inschrift XH: „*Dieser Silberkrug wurde gemacht im Haus des Xerxes, des Königs.*" Siehe Schmitt 1999, 324 f. mit Pl. 2.
51 Siehe Rollinger 2013a, 95–126; Rollinger (in Vorb., a). Vgl auch DPg (bab.), § 5–12; Degen 2018, 13.
52 Degen 2018, 13 f.; Haubold 2012.
53 Lang/Rollinger 2010, 207–264.
54 Siehe Haubold 2013, 116 f.

Der gesamte Zug von der königlichen Residenz in Sardes an den Hellespont lässt sich durch die beiden Rituale (Geißelung des Meeres und Akinakes-Opfer am Hellespont) unter das Thema der ‚Inbesitznahme des Meeres' stellen. Xerxes inszeniert sich auf diese Weise als universaler Herrscher in alter babylonischer Tradition. Aus diesem Grund ist die Referenzgröße für diese rituelle Aktion, das Meer, ebenfalls in babylonischem Sinn zu verstehen: als *marratu* – der sog. Weltenstrom, der die Erde umgibt. Dass dieser Akt mit zoroastrischen Elementen verbunden wurde, in welchen das Opfer der Schale und des goldenen Mischgefäßes auf Ahuramazdā, Mithra oder Varuna zu beziehen wären,[55] ist nicht nur naheliegend, sondern bestätigt zusätzlich den östlichen Informationsgehalt der *Historien*, möglicherweise in einer spezifisch achaimenidischen Adaptation der babylonischen Vorstellungen.

Xerxes nahm also am Hellespont die *marratu* in seinen Besitz, überquerte diese dann persönlich,[56] und unterstellte das Land jenseits davon ebenfalls seiner Herrschaft. Xerxes ging damit in seinem Herrschaftsanspruch über die bekannte Welt hinaus. Aus babylonischer Sicht war dies weit mehr als ein Zug über die Grenze einer mesopotamischen Oikumene, denn anders als im babylonischen Weltbild bestand in jener die theoretische Vorstellung, dass es Land jenseits der Oikumene gibt. Zum zweiten Mal beschreibt Herodot damit eine Grenzüberschreitung des Xerxes, die in einer weiteren Motivkette der *Historien* steht.[57] Der König führt am Hellespont vor, dass er über die bestehende ‚babylonische Welt' hinausgeht[58] und damit die *marratu* als Bestandteil seines Reiches mittig verrückt. Nicht zuletzt verändert Xerxes so auch das mesopotamische Weltbild und definiert es neu.[59]

So erklärt auch Xerxes in der Königsinschrift XPh explizit seine Herrschaft über die Länder dies- und jenseits der *marratu*, doch – anders als in DPg – ohne das zugehörige Determinativ der geschlossenen Einheit.[60] Das Meer wird damit nun zu einem offenen Raum, über den sich die Herrschaft des Xerxes erstreckt

---

55 Boyce 1982, 166 f. Zu einem möglichen zoroastrischen Gehalt bei der Geißelung des Meeres, bei dem Salzwasser als ‚böses' und Süßwasser als ‚gutes' Element gedeutet werden: Boyce 1982, 166.
56 Zur Überquerung des Hellesponts: Hdt. 7, 55, 57–60. Siehe dazu auch auf der Tabula Capitolina, dem sog. *Palombino Marble*, IG XIV 1295 (= CIG IV 6855d), Z. 26 f.; dazu Balcer 1972, 109 mit einer Zusammenstellung der weiteren (nach-herodoteischen) Quellen; zur Inschrift: Henzen 1854, 161–178.
57 Zum ersten Mal hatte Xerxes laut Hdt. 7, 30 die Grenze zwischen Phrygien und Lydien überschritten, die Kroisos durch eine Inschriftenstele markiert hatte. Dazu und zu diesem Motiv: Rookhuijzen 2020, 48–50; Rollinger 2013.
58 Siehe Degen 2018, 13; Rollinger (in Vorb.).
59 Siehe Klinkott 2021.
60 Siehe XPh § 18 f. (bab.), Degen 2018, 14.

4.1 Der Übergang über den Hellespont

und welcher eine verbindende Funktion zwischen den Ländern, jedoch in einem durchaus ‚globalen' Sinn, erhält.[61]

In einem meta-historischen Zugriff wird dabei deutlich, dass diese neue Vorstellung von der Welt und der *marratu*, wie sie sich in DPg und XPh niederschlägt, auch in den griechischen Diskurs zur achaimenidischen Königsideologie einer universalen Herrschaft Eingang gefunden hat. Die visionären Worte des Xerxes in Hdt. 7, 8γ werden bei der Überquerung des Hellesponts in einer weiteren Rede des Xerxes wieder aufgenommen[62] und als Programm formuliert (Hdt. 7, 50):

> „Du hast doch die Sache der Perser vor Augen, zu welcher Machtfülle sie es gebracht hat. Wenn nun jene, die vor mir Könige waren (vgl. DB § 4[63]), so gedacht hätten wie du oder nicht selber so gedacht, aber andere bei sich gehabt hätten, die solche Ratgeber waren wie du, dann hättest du nie zu sehen bekommen, dass es bis zu der heutigen Größe vorwärts ging. Doch sie haben auf das Risiko gesetzt und es bis auf den heutigen Stand vorangebracht. Denn große Dinge wollen durch große Gefahren errungen werden. Wir also tun wie sie, und dann ziehen wir in der schönsten Zeit des Jahres dahin und werden wieder heimkehren als Herren von ganz Europa, ohne irgendwo Hunger begegnet zu sein noch sonst etwas Unangenehmes erfahren zu haben."

Neben dem Weltherrschaftsanspruch propagiert Xerxes die politische Kontinuität des dynastischen Großkönigtums in seinen Inschriften immer wieder, besonders deutlich in Persepolis (XPf § 4G–T):[64]

> „Als mein Vater sich zu seinem Platz (im Jenseits) begeben hatte, nach dem Willen Ahuramazdās, bin ich König geworden anstelle des Vaters. Als ich König geworden war, habe ich vieles, das überragend (ist), errichtet. Was von meinem Vater errichtet (worden ist), das habe ich unter meinen Schutz genommen und anderes Werk habe ich hinzugefügt."

Selbst die Übertragung des Königtums durch den Gott Ahuramazdā[65] scheint bei Herodot durch, wenn er nach dem Übergang über den Hellespont einem unbekannten Beobachter die Worte in den Mund legt (Hdt. 7, 56): „*O Zeus, warum musst du denn die Gestalt eines Persers annehmen und dir den Namen Xerxes zulegen statt Zeus, um Hellas zu verheeren, und führst die ganze Menscheit mit dir?*" Gerade mit Blick auf die großen Gefahren und das bewusste Risiko ist bezeichnend, dass Xerxes hier am Übergang über den Hellespont bzw. *marratu* sein Szepter zur Stellvertretung an Artabanos übergab und ihn in die Residenz nach Susa – also nicht Sardes, wo sich der übrige Hof befand – entsandte.[66]

---

61 Vergleiche zum älteren, assyrischen und babylonischen Verständnis des Mittelmeeres als Raum: Rollinger 2014, 93–161; Klinkott 2021.
62 Dazu Rollinger/Degen 2021, 208.
63 DB § 4: „Es kündet Dareios, der König: Acht gibt es in/aus meinem Geschlecht, die früher/vor mir Könige waren; ich (bin) der neunte; neun sind wir nach wie vor Könige." (Übersetzung: Schmitt 2009, 28).
64 Übersetzung nach Schmitt 2009, 162. Vgl. entsprechend XPa § 3 f.; XPc § 3; XVa § 3.
65 Für Xerxes: XEa § 1; XPa § 1 f.; XPb § 1 f.; XPc § 1 f.; XPd § 1 f.; XPf § 1 f.; XPh § 1 f.; XPl § 1; XVa § 1 f.
66 Siehe Hdt. 7, 53, 1.

Vor diesem Hintergrund verwundert es nicht, dass der feierliche Zug des Großkönigs bei der Überquerung des Meeres ganz in assyrischer Tradition von hippomantischen Zeichen begleitet war, z. B. indem eine Stute einen Hasen gebar.[67] Hier wird auch darauf verwiesen, dass ein erstes ‚Pferdeorakel' (ein Maultier gebar ein Maultier mit doppelten Geschlechtsteilen) schon in Sardes erfolgt war und möglicherweise in Zusammenhang mit dem Einzug des Großkönigs in die Stadt erfolgte.[68]

Die Verbindung der assyrischen und (mit Blick auf die Weltvorstellungen der *mappa mundi*) babylonischen Königsideologie mit dem persischen Großkönigtum ist dabei kein Phänomen, das durch die Darstellung Herodots erst zustande kam, vielmehr findet sie sich, wie am *marratu*-Thema deutlich wird, auch in den achaimenidischen Repräsentationsinschriften. Xerxes griff damit also gezielt ein Konzept auf, das schon von Dareios I. angelegt worden war und das den Reichshorizont über das babylonische Weltbild hinaus vergrößerte. So formuliert DSe § 4:[69] „*die Griechen, die im/am Meer (sind), die Saken jenseits des Meeres, Thrakien, die Griechen jenseits des Meeres, (...)*".

Neben weiteren Orakeln, wie einer Sonnenfinsternis,[70] verdeutlicht vor allem der Aufenthalt in Ilion, wie das gesamte Großereignis stilistisch nicht nur in eine babylonische, sondern explizit in die achaimenidische Königsideologie eingebunden war.[71] So ereigneten sich bereits beim Anmarsch auf Ilion anscheinend negative Omina: Am Ida-Gebirge wurde das Heer des Xerxes von einem Gewitter überrascht, bei dem der Blitz angeblich einen Teil des Heeres zerstört haben soll (Hdt. 7, 42, 2). Danach kam der Zug an den Skamander-Fluss, der so weit ausgetrocknet war, dass er Soldaten und Tiere angeblich nicht mit Wasser versorgen konnte (Hdt. 7, 43, 1). Vor dem Hintergrund östlicher, v. a. assyrischer und achaimenidischer Herrscherlegitimation wird der göttliche Rückhalt für die legitimen Qualitäten des (Groß-)Königs, das *farnah/*chvarna*, durch das *melammu* – die göttliche Lichterscheinung ausgedrückt.[72] Rechtmäßigkeit und herrscherliche Kompetenzen des Großkönigs werden auf diese

---

67 Zum Pferdeorakel zu Beginn der Fahrt des Großkönigs über die Hellespontbrücke: Hdt. 7, 57.
68 Zu babylonischen Pferdeorakel im achaimenidischen Kontext siehe Rollinger 2017, 13–42, bes., 28–36; Briant 1984, 112. Es ist wohl kein Zufall, dass Herodot in den Historien die Königsherrschaft sowohl Dareios' I. als auch Xerxes' I. mit einem solchen Pferdeorakel beginnen lässt.
69 Dazu Klinkott 2021; Degen 2018, 9–15; Haubold 2013, 108–111; Haubold 2012, 7–17; Sancisi-Weerdenburg 2001, 323–346. Siehe auch Rollinger (in Vorb.).
70 Hdt. 7, 35.
71 Gleichzeitig illustriert diese Anekdote, wie Herodot den Xerxesfeldzug in eine ‚Landschaft' der griechischen Mythologie einschreibt: Clarke 2018, 154 f. Dementsprechend interessant ist es, wie Herodot den Troja-Mythos mit dem Ost-West-Konflikt und als ‚Schuld der Griechen' begründet: siehe Hdt. 1, 3 f.
72 Ausführlich siehe Degen 2020a, 210 f.; sowie Degen 2019, 81–107 zum *melammu* bei Xenophon.

4.1 Der Übergang über den Hellespont

Weise, am Ida-Gebirge offensichtlich durch den Blitz, vonseiten der Götter bestätigt, ohne dass diese bei Herodot konkret benannt sind.

In ähnlicher Weise verhält es sich mit dem ausgetrocknete Skamander am Fuße der Burg von Ilion. Erst durch die Ereignisse in Makedonien und Thessalien sowie auf dem Rückmarsch des persischen Heeres (s. u.) wird die dramatische Bedeutung des Vorzeichens in Herodots Erzählung bewusst, wobei wohl weniger ein homerischer Bezug impliziert ist. In der *Ilias* ist der Skamander vor allem als mächtiger Strom charakterisiert, von dessen Fluten die Gefahr ausgeht.[73] Allerdings kann Herodots Fluss-Omen in einem östlichen Bedeutungskontext verstanden werden, wie ihn etwa die assyrische Omina-Serie *Šumma ālu ina mēlê* – „Wenn eine Stadt auf der Höhe liegt." – bietet.[74] Vor allem die Tafeln 61–63 dieser Serie berichten über Flussomina bei derartigen Gipfelsiedlungen.[75] Besonders Tafel 61 listet auch Ereignisse bei niedrigem Wasserstand auf, wo es etwa heißt:[76]

> Zeile 168: „If, in fallow land where the river does not contain water, a water hole opens spontaneously and an observer sees it and drinks the water, that place will lie waste but will be settled in later days; barley heaps will be piled up in it."
> Zeile 179: „If in ditto a water hole opens and oil is seen— uprising of an enemy against the land."

Schließlich berichtet Hdt. 7, 43 von den kultischen Handlungen am Burgberg von Ilion:[77]

> „(A)ls Xerxes also an diesen Fluss (den Skarmander; Erg. d. Verf.) kam, ging er hin nach Priamos' Burg, denn es verlangte ihn, sie zu sehen. Er besichtigte alles und ließ es sich bis ins Einzelne berichten, und dann opferte er der Athena von Ilion tausend Rinder, und die Mager brachten den toten Helden Weihgüsse dar. Als sie dies vollführt hatten, brach nachts Panik über das Lager herein. Mit Tagesanbruch aber marschierte man weiter".

Das Opfer des Großkönigs an Athena ist wichtig, da es ein grundsätzliches, nicht negativ geprägtes Verhältnis des Großkönigs zu den fremden Kulten wiedergibt.[78] Darüber hinaus spiegelt sich in diesem Bezug zur fremden Stadt-

---

[73] Siehe bes. den Kampf Achills im und gegen den Skamander: Hom. Il. 21, 284–385.
[74] Dazu Maul 2003, 59–62, zur Überlieferung bis in seleukidisch-parthische Zeit: ebd., 61.
[75] Siehe Freedman 2017, 141–162.
[76] Freedman 2017, 150 f.; vgl. auch ebd., 147: Zeilen 99 und 107.
[77] Opfer in Ilion und Panik des Heeres dort: Hdt. 7, 43. Zum Besuch und Opferritual in Ilion siehe Borgeaud 2010, 340–342. Zur persischen Besetzung des Heiligtums auf dem Burgberg von Pergamon siehe Funke 2008, 21–34; Rookhuijzen 2020, 67–78.
[78] Damit soll keineswegs ausgedrückt werden, dass Xerxes tatsächlich an griechische Götter glaubte. Es zeigt aber, dass eine Zerstörung der Kulte, etwa auch durch die Deportation der Götterbilder, nicht in die Grundhaltung des Großkönigs gegenüber den Lokalkulten passte; siehe Wiesehöfer 2017, 211–218; Wiesehöfer 1994, 88. Zum Besuch des Xerxes in Ilion als Zeichen an die westkleinasiatischen Griechen im persischen Heer: Georges 1994, 60–63. Zum Respekt des Großkönigs gegenüber griechischen Kulten und Heiligtümern in Ilion/Troia, Sepias und dem achäischen Alos siehe Bowie 2012, 278; grundlegend Briant 2002, 547–549.

göttin möglicherweise ein traditionelles Element großköniglicher Religionspolitik im Kontext der militärischen Expansion.[79] Herodot schildert bei diesem Besuch von Ilion (Hdt. 7, 43) außerdem recht unspektakulär, wie das Heer der Perser angeblich eine Panik erfasste. Ohne dass Herodot dies weiter ausführt, gelang es Xerxes, seine Truppen unter Kontrolle zu halten und die Panik zu überwinden, denn am kommenden Tag verfolgte der Heereszug unverändert sein Ziel. Auch wenn die Historizität einer solchen Heerespanik Spekulation bleibt, ist der ideologische Bezug zu XPl auffällig. Dort wird als Qualität des rechtmäßigen Herrschers die Fähigkeit hervorgehoben, Panik aus eigener – eben der königlichen – Kraft überwinden zu können (XPl § 8): „*Sowohl durch Auffassungsvermögen wie auch durch Entschlusskraft fühle ich mich gerade dann panischer Angst überlegen, wenn ich einen Feind (vor mir) sehe, wie wenn ich keinen (vor mir) sehe.*"

Die Überwindung der Panik ist der ‚Beweis' für die geistige Befähigung des Königs, Tapferkeit/Tüchtigkeit bei der Niederschlagung innerer und äußerer Feinde (s. o.) an den Tag zu legen. Ebenfalls in assyrischer Tradition zeigt sich die Stärke des (Groß-)Königs, anhand der Selbstkontrolle (XPl § 3) die Panik bei sich selbst und den eigenen Truppen in den Griff zu bekommen. Nur der rechtmäßige König verfügt über diese Fähigkeiten, kann mit ihnen das Chaos überwinden und siegreich die Ordnung wiederherstellen. In diesem Zusammenhang ist die Überwindung der Panik ein wichtiges Legitimationselement, das nur bei einem Kriegszug, und im Besonderen bei der erfolgreichen Niederschlagung einer Erhebung, sichtbar wird.

Es ist kein Zufall, dass Herodot den Großkönig kurz darauf über das Glück der Menschen räsonieren lässt[80] und damit erneut ein Thema der Inschrift XPl aufgreift. In einem Dialog zwischen Xerxes und Artabanos antwortet Letzterer mit Blick auf die Vergänglichkeit menschlichen Glücks als ‚Warner' vor der menschlichen Hybris in Hdt. 7, 46:[81] „*Denn in dem so kurzen Leben ist keinem, da er ein Mensch ist, solches Glück beschieden, keinem von diesen hier, und sonst keinem*". Auch hier ist der Reflex auf die herrscherlichen Qualitäten kaum zu übersehen, welche unter göttlichem Schutz stehen (XPl § 1):

„Der große Gott (ist) Ahuramazdā, der dieses Wunderbare erschaffen hat, das zu sehen ist, der das Glück erschaffen hat für den Menschen, der Geisteskraft und Tüchtigkeit auf Xerxes, den König herniedergelassen hat."

In der Zusammenschau der Textstellen ist zu erkennen, wie Herodot den griechischen Diskurs achaimenidischer Herrschaftsideologie wiedergibt, der die

---

79 Siehe Ponchia 2022, 173.
80 Hdt. 7, 45–47.
81 Zu diesem Gespräch, allerdings aus einer rein griechischen Perspektive und vor dem Hintergrund einer rein griechischen ‚Lesart', siehe Krewet 2017, 500–508. Krewet stellt keine Verbindung zum ideologischen Kontext der achaimenidischen Königsinschriften her.

4.1 Der Übergang über den Hellespont

religiöse Legitimation des Großkönigs als rechtmäßigen Herrschers für Xerxes freilich in Frage stellt.[82]

Herodot eröffnet auch hier für die griechische Rezeption den Spannungsbogen des Xerxeszuges, indem er den Übergang über den Hellespont am Tempel des Protesilaos in Elaious starten lässt. Der Beginn des Xerxeszugs wird auf diese Weise mit dem homerischen Zug der Griechen gegen Troia und dem Protesilaos-Sprung verbunden und soll nicht zuletzt hier auch seinen Abschluss finden: Eben diesen Tempel in Elaious sollte Artayktes schänden, weshalb er dort von Xanthippos, dem Vater des Perikles, 478 v. Chr. gekreuzigt wurde. Herodots Kritik am zeitgenössischen Athen ist an dieser Stelle unübersehbar.[83]

Die Intensität der Symbolik wird jedoch auch auf der Ebene des persischen/achaimenidischen Narrativs noch gesteigert: Vor der Überquerung auf der ‚asiatischen Seite', während der Brückenpassage und nach dem Übergang auf die ‚europäische Seite' werden die berühmten weißen nisäischen Pferde des Großkönigs in besonderen Rituale hervorgehoben. Es ist im herodoteischen Narrativ kein Zufall, dass auch Kyros II. bei seinem Marsch gegen Babylon die weißen Pferde mit sich geführt haben soll.[84]

Ihre erste Beschreibung auf dem Griechenlandfeldzug findet sich beim geschilderten Defilee des Heeres, das zwischen den beiden Hälften des hingerichteten Pythios-Sohn in Hdt. 7, 39 hindurchmarschierte. Sie steht also beim Auszug des Großkönigs aus seiner Residenz in Sardes und damit am Beginn des Abschnitts, in dessen Mittelpunkt die Überquerung des Meeres steht.[85] An prominenter Stelle, im Zentrum des Zuges, befindet sich der Großkönig mit seinem Hof, zu dem die Teile des Vielvölkerheeres keine direkte Verbindung besaßen:[86]

> „An der Spitze marschierten die Lastträger und Zugtiere, dann kam der Heerhaufen, alle Völker bunt durcheinander, und nicht gesondert. Da wo die Hälfte überschritten war, gab es einen Zwischenraum, und diese Leute hatten keine Verbindung zum König. Hier kamen nun an der Spitze tausend Reiter, aus allen Persern ausgelesen, dann tausend Lanzenträger, auch sie aus allen ausgesuchten Leuten; die hatten die Lanzenspitzen zum Boden gekehrt; dann heilige Pferde, Nesaier genannt, zehn an der Zahl, aufs prächtigste geschmückt. (...) Hinter diesen war ein Wagen, der Zeus heilig ist, eingeordnet, den acht weiße Pferde zogen, und hinter den Pferden folgte der Lenker zu Fuß und hielt die Zügel; denn kein Mensch besteigt diesen Sitz. Dahinter nun kam Xerxes selbst auf einem Wagen mit einem Gespann von Nesaier-Pferden; neben ihm stand der Lenker, der hieß Patiramphes, des Persers Otanes Sohn."

---

82 Zur religiösen Legitimation: Ahn 1992, 3–45. Zu ähnlichen griechischen Diskursen über die achaimenidische Königsideologie siehe Rollinger/Degen 2021.
83 Siehe Bowie 2012, 273. Zur Zeitkritik siehe ebd., 274: „Athens is to be the next Persia"; ausführlich auch Ruffing 2021, 354–361, bes. 358 f.; Ruffing 2020, 86–93; Kramer 2017, 102 f.
84 Hdt. 1, 189; dazu Boyce 1982, 166.
85 Siehe Hdt. 7, 41.
86 Siehe Hdt. 7, 40.

Ähnlich ist die Präsentation beim Übergang über die Hellespontbrücke, bei der die Position des Großkönigs streng symmetrisch festgelegt ist: Zuerst kommen die Reiter der persischen Adeligen und die Eliteeinheiten der Lanzenträger, dann der Großkönig, wieder gefolgt von Lanzenträgern und Reitern, bis wieder das übrige Heer folgt.[87] Den Mittelpunkt und das kultische Zentrum bildet der Großkönig selbst zusammen mit der symbolischen Repräsentation des Gottes Ahuramazdā (Hdt. 7, 55): „Und dann (kamen) die heiligen Pferde und der heilige Wagen und dann Xerxes selbst und die Lanzenträger und die tausend Reiter, nach denen dann das übrige Heer."

Schließlich berichtet Herodot ein drittes Mal für Xerxes von den Pferden, als der Großkönig nach der Truppenschau von Doriskos durch Thrakien nach Westen marschiert und an den Strymon kommt. Vor der Flussüberquerung vollziehen die Mager wieder einen großen Kultakt, bei dem die Pferde geopfert werden (Hdt. 7, 113 f.):[88]

> „An ihm (dem Strymon, Erg. d. Verf.) schlachteten die Mager die weißen Pferde als Opfer, um den Strom gnädig zu stimmen. Nachdem sie mit diesen Zauberriten den Fluss beschworen hatten und außerdem viele anderen, gingen sie bei Neun-Wege (Ennea Hodoi) im Land der Edoner über die Brücken, denn sie fanden den Strom überbrückt. Und als sie erfuhren, dass dieser Platz Neun-Wege hieß, gruben sie dort neun Knaben und neun Mädchen, Kinder von Einheimischen, lebend in die Erde ein. Dieses lebendig Begraben ist persischer Brauch."

Das Opfer der weißen nisäischen Pferde ist in seinem eigentlichen, achaimenidischen Sinn an dieser Stelle nicht zu fassen. M. Boyce möchte es mit einem zoroastrischen Hintergrund verbinden, in welchem jene als Symbol für die Wassergottheit gesehen werden.[89] Tatsache ist aber, dass es Herodot in unmittelbarem Zusammenhang mit der Überquerung des Hellesponts als Opfer des Königs an den Gott (Ahuramazdā) verstanden sehen will.

---

87 Hdt. 7, 55.
88 Siehe Kienast 1996, 299–309. In diesem Zusammenhang wird die einseitige Herangehensweise von Krewet 2017 deutlich, der sich mit den Magern und ihren Kulthandlungen, v. a. wo sie auch auf griechische Gottheiten Bezug zu nehmen scheinen, nicht auseinandersetzt. Siehe dagegen Boyce 1982, 165. Für das grausame Opfer der neun Knaben und Mädchen scheint es freilich keine nachweisbare Parallele im ‚orientalischen' bzw. einem persischen oder mesopotamischen Umfeld zu geben; siehe dazu Boyce 1982, 167. Zur Deutung als ‚unzoroastrisch', die vielmehr als ein herodoteischer Reflex auf griechische Opferungen von Persern zu verstehen ist: Boyce 1982, 168 mit Verweis auf Plut. Them. 13; Hdt. 9, 119. Das Opfer am Strymon besitzt eindeutig keinen ‚altorientalischen' Hintergrund, erst recht nicht Inhalte der Mager-Kulte: Degen (in Vorb.). Zumindest scheint dieses Opfer beim Übergang über den Strymon auch nicht in der sich steigernden Erzählkette der persischen Gewässerfrevel bei Herodot zu stehen, siehe Wesselmann 2011, 55–63. Zur Bedeutung derartige Handlungen in der Meta-Historie Herodots siehe Grethlein 2011, 107 zum Überschreiten geographischer Grenzen. Zur Lokalisierung und Deutung im griechischen Kontext: Rookhuijzen 2020, 95–101.
89 Boyce 1982, 167.

4.1 Der Übergang über den Hellespont

Gregor Ahn hat deutlich gemacht, dass die Anekdote Herodots keineswegs einer eigenen literarischen Konstruktion entspringt, sondern sich konkret auf den leeren Wagen des Ahuramazdā bezieht.[90] Er betont: „Das Mitführen des leeren Wagens des obersten Gottes und Kriegsherrn Ahuramazdā bedeutet somit die symbolische Versicherung des Sieges und eine psychologisch wohl beträchtliche Stärkung des Selbstvertrauen des Heeres."[91] Wieder einmal greift Herodot also auf achaimenidische Symbolik[92] zurück, welche den Großkönig in seiner Autorität und Rechtmäßigkeit bestätigt.

Die großen Heeresschauen, in denen sich die Völker des ganzen Reiches in ihrer Gefolgschaftspflicht zeigen, rahmen zudem das Ereignis der Hellespontüberquerung und stehen damit neben ihrer logistischen und militärischen Funktion in Bezug zu den Kultakten: Zu Beginn des Zuges inspiziert Xerxes in Abydos von einer Tribüne aus sein Heer und die Flotte,[93] um auf ‚europäischer' Seite in Doriskos eine zweite Truppenschau zu veranstalten und zu dokumentieren, dass das riesige Heer ohne Verluste über das Meer – im Sinne des Weltenstroms *marratu* – geführt worden ist.[94] Hdt. 7, 100 bemerkt dazu:

> „Xerxes aber verlangte es, als das Heer gezählt und eingeteilt war, hindurchzufahren und sie alle persönlich zu mustern. Und das tat er dann auch und fuhr auf einem Wagen von Volk zu Volk und fragte jeweils nach dem Namen, und die Schreiber schrieben es auf, bis er endlich von einem Ende zum anderen gekommen war, bei Reitern und Fußtruppen. Als er damit fertig war, wurden die Schiffe ins Meer gezogen, und dann stieg Xerxes vom Wagen auf ein sidonisches Schiff um, nahm unter einem goldenen Zeltdach Platz und fuhr am Bug der Schiffe vorbei und befragte jede Besatzung auf die gleiche Weise, wie beim Fußvolk und ließ es aufschreiben. Dann ließen die Seekommandanten die Schiffe etwa vier Plethren vom Ufer absetzen und vor Anker legen, alle in einer Linie, den Bug zum Land hin, die Seesoldaten auf den Decks gewappnet wie zum Kampf. Und er fuhr zwischen Schiffen und Küste entlang und musterte sie."

Mit der Aufstellung und Registratur der Truppen visualisiert der Großkönig seine Kompetenz, die Länder seines Reiches auf ‚ihrem richtigen Platz' zu halten, wie es in den altpersischen Inschriften heißt (DNa § 3–4):[95]

---

90 Ahn 1992, 216 f. Siehe auch Kienast 1996, bes. 288 f., 291, 309; Tripodi 1986, 246–250.
91 Ahn 1992, 217.
92 Boyce 1982, 165 f. deutet den leeren Wagen des Ahuramazdā weniger als ein achaimenidisches denn vielmehr speziell zoroastrisches Element. Siehe auch Piras 2011, 111–133 zu den avestischen Bezügen bei der Hellespontüberquerung. Zum leeren Wagen des Ahuramazdā siehe auch beim Auszug des Heeres unter Dareios III. vor der Schlacht von Issos: Curt. 3, 3, 11 als *currum (...) Iovi sacratum*.
93 Truppenschau von Abydos: Hdt. 7, 44; Kelly 2003, 203. Siehe dazu auch Krewet 2017, 500, der an dieser Stelle allerdings unterschlägt, dass die Truppenschau von Abydos für eine regelmäßige Folge solcher Truppeninspektionen auf dem gesamten Feldzug repräsentativ ist. Zur Präsentation des Großkönigs bei Doriskos: Wiesehöfer 2021, 258.
94 Truppenschau im thrakischen Doriskos: Hdt. 7, 60–99; Kelly 2003, 205. Zur Marschroute von Abydos nach Doriskos siehe Vasilev 2015, 165–167.
95 Zur rechtlichen Dimension dieses Aspekts, über welche die Verbindung zum achaimenidischen Manifest hergestellt wird, im Besonderen XPl § 2, siehe auch DSe § 5: „Es kündet Dareios, der König: Vieles, das schlecht gemacht war, das habe ich (zu) gut(em) gemacht; die Län-

„Das Gesetz, das mein (von mir) ist, – das hielt sie (fest): Medien, Elam, Parthien (... es folgt die Länderliste ...) Ich bin König. Nach dem Willen Ahuramazdās habe ich sie (wieder) an den (rechten) Platz gesetzt; was ich ihnen sagte, das taten sie, wie es mein Wunsch war."

Auch Xerxes selbst betont in programmatischer Abstraktion (XPh § 4):[96]

„Als ich König geworden war, – es ist da unter diesen Ländern, die oben niedergeschrieben (aufgezählt) (worden sind), (eines, das) in Aufruhr war. Dar(aufhin) hat Ahuramazdā mir Beistand gebracht; nach dem Willen Ahuramazdās habe ich dieses Land geschlagen und es (wieder) an den (rechten) Platz gesetzt."

Die Heeresschauen und die Registratur der Völker machen die Gefolgschaft des ganzen Reiches sichtbar, durch welche eindrücklich die Anerkennung der großköniglichen Autorität zum Ausdruck kommt. Dass diese sich auch auf die Völker jenseits des Meeres bezog, zeigt die Tatsache, dass von nun an alle Gemeinwesen auf dem Marsch zur Truppenfolge verpflichtet wurden.[97] Darüber hinaus stand die Truppenzählung offensichtlich auch in einer Tradition teispidisch-achaimenidischer Informationspolitik. Der unglaublich hohen Zahl an Truppen, die Herodot für das Heer des Xerxes angibt, entspricht die kaum vorstellbare, schier unübersehbare Masse, für die Kyros' II. in seiner Selbstdarstellung im sog. Kyros-Zylinder zur Einnahme Babylons (Z. 16) das Bild findet:[98]

„seine zahlreichen Truppen, deren Zahl wie (die Menge des) Flusswassers nicht bestimmt werden kann, gingen dabei mit ihren Waffen gegürtet zu seiner Seite einher."

Möglicherweise im Sinn einer literarischen ‚Konversation' ist aber auch der Unterschied zwischen Herodot und dem Kyros-Zylinder klar erkennbar: Die Nennung der Zahl bei Herodot, mithin die Zählbarkeit des Xerxes-Heeres, setzt der Nicht-Zählbarkeit der Kyros-Truppen einen anderen Duktus entgegen. Nichtsdestoweniger scheint Xerxes mit dem Verfahren seiner Truppenzählung maßgebende Standards gesetzt zu haben, denn Curtius Rufus berichtet noch für Dareios III. vor der Schlacht von Issos (Curt. 3, 2, 2–4):

„Nachdem er (Dareios III.; Erg. d. Verf.) also bei Babylon sein Lager aufgeschlagen hatte, stellte er seine gesamten Streitkräfte zur Schau, damit man den Krieg umso mutiger angehe, und begann nach dem Vorbild des Xerxes (Xerxis exemplo) mit Hilfe einer Umwallung, die eine Menge von

---

der waren in Aufruhr; einer hat den anderen geschlagen; ich habe es so gemacht (zustande gebracht) nach dem Willen Ahuramazdās, dass einer den anderen überhaupt nicht (mehr) schlägt, (sondern) jeder an seinem Platz ist; (...)".

96 Übersetzung: Schmitt 2009, 166 f. Zu dieser Inschrift: Rollinger 2022a, 87–88.
97 Hdt. 7, 108; 110; 122 f.
98 Zu Herodots Zahlen: Hdt. 7, 59 f.; 89; vgl. dagegen eine modifizierte Truppenliste bei Diod. 11, 3, 7–9. Für einen Überblick über die Diskussion zur Truppengröße siehe siehe Kelly 2003, 198 mit Anm. 74; zum Kyros-Zylinder: siehe ebd., 199 f. Inwiefern diese Angaben jedoch neben der herrscherlichen Repräsentation auch Teil einer zielgerichteten ‚Propaganda' waren, ist für Xerxes nicht nachzuweisen. Siehe dazu Kelly 2003, 200: „Definitive proof is not at hand". Zum Begriff der Propaganda in Abgrenzung zur ‚Repräsentation' siehe Weber/Zimmermann 2000, 15–33. Übersetzung des Kyros-Zylinders: Schaudig 2001, 555.

10.000 Bewaffneten fasste, eine Truppenzählung (*numerum copiarum*) durch. Von Sonnenaufgang bis zur Nacht zogen die Scharen, wie sie eingeschrieben waren, in die Umwallung. Daraus entlassen, lagerten sie auf den Feldern Mesopotamiens, eine beinahe unzählbare Masse (*propemodum innumerabilis turba*) zu Pferd und zu Fuß, dem Anschein nach noch größer, als sie der Zahl nach (*pro numero*) war."

4.2 Die königliche ‚Jagd der griechischen Löwen': Der Marsch nach Athen

Der Planung des Feldzugs entsprechend waren derartige Ereignisse in regelmäßigen Abständen geplant. Ein solches war zweifellos auch mit der Passage der Flotte durch den Athos-Kanal in den Singitischen Golf gegeben. Hdt. 7, 122 berichtet davon nur kurz. Doch der Großkönig war mit dem Heer anwesend, denn er war zur benachbarten Stadt Akanthos an der östlichen Einfahrt des Kanals gezogen und hatte auf dem Weg dorthin alle Einwohner zur Truppenstellung verpflichtet.[99] Für den Aufenthalt in Akanthos berichtet Herodot lediglich von den Geschenken des Königs an die Stadt, die er mit einer Gastfreundschaft (ξεινία) auszeichnete,[100] sowie von der Bestattung des Artachaies, des Leiters des Kanalbaus und Mitglieds der königlichen Familie, in einem Tumulus im Stil homerischer Heroenepik.[101] Es könnte ein indirekter Hinweis auf den Aufenthalt des Großkönigs bei der Flottenpassage des Kanals sein, dass Hdt. 7, 119 f. ausführlich über die Belastung der umliegenden Städte bei der Versorgung des Heerlagers berichtet. Das Ereignis selbst wird gänzlich übergangen. Hdt. 7, 121 fährt einzig mit der Weisung des Großkönigs an die Nauarchen für den nächsten Treffpunkt in Therma fort. Dabei hatten sich in Akanthos zum dritten Mal Heer und Flotte getroffen und mit der Einweihung des Kanals ein besonderes Erfolgserlebnis inszeniert; damit wird die Kanalpassage unter den Augen des Großkönigs den Charakter einer Flottenschau besessen haben.

Die Ereignisse um den Athos-Kanal illustrieren grundsätzlich die Schwierigkeiten, die bei der Einschätzung der Historizität von Feldzugberichten auftreten.[102] Zum einen zeigt das Beispiel, dass Herodot keineswegs zuverlässig den Ablauf des Feldzugs beschreibt. Seine Schilderung übergeht die Passage der persischen Flotte durch den Kanal sowie die Anwesenheit des Großkönigs und seines Heeres dabei. Der Bau des Kanals durch den Großkönig als Teil des Feldzuges wird damit in den *Historien* beinahe zum Selbstzweck. Allein auf der

---

99 Hdt. 7, 115; vgl. Diod. 11, 5, 1. Zur Überquerung des Strymon: Rookhuijzen 2020, 95–101.
100 Hdt. 7, 116.
101 Hdt. 7, 117 f.; dazu Rookhuijzen 2020, 105–107.
102 Für Überlegungen zu grundsätzlichen Schwierigkeiten: Bichler 2016, 43–66; am Beispiel der Schlacht von Gaugamela siehe Bichler 2020a, 157–190.

Grundlage Herodots wäre kaum zu klären, ob der Bau des Kanals und die Durchfahrt der Flotte überhaupt so stattgefunden haben oder ob Herodot in seiner literarischen Verarbeitung den Mustern östlicher Traditionen oder griechischer Wahrnehmungen eines achaimenidischen Herrschers folgte, die er zudem in sein Tyrannenbild einbettete.[103] Der archäologische Befund des Kanals widerlegt den Verdacht eines ausschließlich literarischen Konstrukts, ohne freilich den genauen Kontext des Baus und seiner Rolle beim Xerxesfeldzug präzise erklären zu können.[104] Ein Hortfund von 300 Dareiken am Kanal könnte jedoch Indizien liefern, die für einen Baubeginn schon unter Dareios I. sprechen.[105]

Tatsache ist, dass Heeresschauen wie in Abydos und Doriskos ein „visual spectacle of the king's might and power" waren, welches die Verhältnisse am großköniglichen Hof und im Perserreich widerspiegelte und zugleich auf die Griechen als Gegner zielte.[106]

Bei Herodot folgt auf dieses repräsentative Ereignis eine weitere Anekdote, welche die literarische Qualität seines Berichts unterstreicht und die historische überdenken lässt. In Makedonien, an der Grenze der achaimenidischen Herrschaft, traf das Heer des Xerxes wieder mit der Flotte zusammen, die an der Mündung des Axios bei der Stadt Therma ankerte.[107] Auf dem Marsch durch Mygdonia nach Therma fielen jedoch Berglöwen das persische Heerlager an, rissen einige Kamele, verschonten aber die übrigen Zugtiere und Menschen.[108] Abgesehen von einigen Erklärungen zum Vorkommen der Löwen in der Region

---

103 Zu den östlichen Traditionen vgl. etwa zum Bau des sog. Necho- oder Bubastiskanals durch Dareios I., der sich mit DZc in den großköniglichen Repräsentationsinschriften niedergeschlagen hat. Ausführlich dazu Tuplin 1991, 237–283; zur Verbindung zum Athos-Kanal des Xerxes: Rookhuijzen 2020, 103. Zu möglichen verschiedenen Wahrnehmungen in Griechenland: Rookhuijzen 2020, 104 f.

104 Ausführlich zum archäologischen Befund: Isserlin 1991, 83–91; Isserlin et al. 1994, 277–284; Isserlin et al. 1996, 329–340; neu mit weiterführender Literatur: Rookhuijzen 2020, 102–104. Zu Zweifeln an der Relevanz des Kanals für das Xerxes-Unternehmen siehe Wallinga 2005, 24 f.

105 Zu diesem Fund mit einer Frühdatierung unter Dareios I. siehe Nicolet-Pierre 1992, 7–22. Es bleibt aber zweifelhaft, inwiefern der Dareikenhort für den Bau und die Fertigstellung des Kanals aussagekräftig ist. Zur Diskussion um das Datum der Fertigstellung und die kritische Bewertung in der Bedeutung für den Xerxes-Feldzug siehe Rookhuijzen 2020, 104; Wallinga 2005, 24 f. Zur auffälligen Koinzidenz, die zwischen dem Baubeginn des Kanals und dem Flottenbauprogramms des Themistokles bei Herodot besteht, siehe Wallinga 2005, 25.

106 Zitat: Kelly 2003, 203. Siehe dazu auch Diod. 11, 2, 4: „Mit solchen Maßnahmen machte Xerxes nicht nur den Durchzug für seine Streitkräfte sicherer und kürzer, sondern hoffte auch, durch die Größe seiner Werke (τῷ μεγέθει τῶν ἔργων) den Griechen vorweg Schrecken einzujagen."

107 Hdt. 7, 123. Zur Rekonstruktion der Marschroute von Doriskos nach Therma: Tuplin 2003, 385–409; Vasilev 2015, 168–188; Rookhuijzen 2020, 107–110.

108 Hdt. 7, 125.

4.2 Königliche ‚Jagd der griechischen Löwen': Marsch nach Athen

zwischen Axios- und Nestos-Fluss[109] lässt Herodot die Anekdote in eine Frage münden, ohne ihre Antwort weiter zu besprechen (Hdt. 7, 125):

> „Und ich frage mich, was wohl der Grund gewesen sein mag, der die Löwen veranlaßte, alle anderen zu verschonen und allein die Kamele anzufallen, wo sie die Tiere früher nie gesehen und sich an ihnen versucht hatten."

Im griechischen Narrativ scheint die Frage Herodots zunächst die göttliche Vorsehung oder den Widerstand der Natur gegen die fremden Invasoren anzudeuten. In einer persischen ‚Lesart' gehört der Angriff der Löwen freilich in das bedeutungsschwere Thema der königlichen Jagd. Der Kampf mit dem Löwen, wie ihn u. a. die persischen Siegel vielfach und besonders prominent das Siegel Dareios' I. abbilden,[110] war nicht nur ein Privileg des Großkönigs,[111] sondern auch Ausdruck seiner Herrschaft insgesamt. Es ist wohl kein Zufall, dass im sog. Hundert-Säulen-Saal von Persepolis, dessen Bau Xerxes I. beginnen ließ, ebenfalls der Großkönig im Kampf mit dem Löwen in riesigen Torwangenreliefs abgebildet ist.[112] In der achaimenidischen Herrschaftsideologie ist der Großkönig nicht nur ein ‚starker Kämpfer' oder ‚guter Gärtner', sondern stets auch ein ‚guter Jäger'.[113] Auch dies greift auf eine ältere assyrische und babylonische Königsmotivik zurück.[114] Wie wirksam dieses Motiv auch in der griechischen Literatur verankert war, lässt eine Nachricht aus Plutarchs Alexander-Biographie erkennen (Plut. Alex. 40):

> „Daher setzte er (Alexander; Erg. d. Verf.) sich umso mehr persönlich ein und stürzte sich auf Feldzügen und Jagden in die größten Anstrengungen und Gefahren, so dass ein spartanischer Gesandter, der Zeuge war, wie er einen großen Löwen erlegte, ausrief: ‚Vortrefflicher Alexander, hast du mit dem Löwen um die Königswürde gestritten!' Eine Darstellung dieser Jagd hat Krateros nach Delphi gestiftet, und zwar ließ er bronzene Bilder des Löwen, der Hunde, des Königs, wie er mit

---

109 Hdt. 7, 126.
110 Siehe z. B. in Boardman 2003, 176, Abb. 4.19; 191, Abb. 5.9: Siegel des Dareios I. (BM 89132: https://www.britishmuseum.org/collection/object/W_1835-0630-1 [Zugriff: 03.08.2022]). Zu anderen Siegeldarstellungen des Königs im Kampf mit dem Löwen siehe z. B. PFS*390; PFS *2099. Zum alten mesopotamischen Kontext der königlichen Löwenjagd: Ulanowski 2015, 258–262. Zur königlichen Löwenjagd in Ägypten und die Beziehung ihrer Darstellung zum Vorderen Orient: Wreszinski 1932.
111 Siehe Xen. Kyr. 4, 6, 4, wo die unrechtmäßige Tötung vor dem König als Eklat thematisiert wird.
112 Zum Großkönig im Kampf mit einem Löwen in den Reliefs aus Persepolis: Boardman 2003, 175, Abb. 4.18 (Hundert-Säulen-Saal); Koch 1992, 139–143. Dazu sowie zur Umsetzung dieser Szenen auf glasierten Ziegeln im Palast von Susa: Daucé 2018, 138 f. Zu den vielfältigen Bedeutungsmöglichkeiten des Löwen im königlichen Kontext siehe Root 1979, 236, Anm. 14.
113 Siehe Wiesehöfer 1994, 59, 112 f. Zum Fehlen von Jagd- und Gartenszenen im Bildprogramm der Residenzen in Susa und Persepolis trotz der assyrischen Einflüsse siehe Briant 2002, 209. Zum Großkönig als „gutem Jäger" siehe Briant 2002, 230–232; zum Ideal als „guter Gärtner": ebd., 232–234; Briant 2017, 271–285. Zu den persischen Paradeisoi: Wiesehöfer 2021b, 79–93.
114 Siehe Ulanowski 2015, 265 f.

dem Löwen im Kampf ist, und von sich selbst, wie er zur Hilfe eilt, fertigen, gearbeitet teils von Lysippos, teils von Leochares."

Herodot beschreibt ausdrücklich keine Jagd des Xerxes auf die makedonischen Berglöwen. Ohnehin ist die Historizität des Ereignisses nur schwer nachzuweisen. Allerdings verwendet Herodot die Anekdote, um sie in ihrem Symbolgehalt gegen Xerxes zu wenden. In der Erzählung sind es die Löwen, die vermeintlich Jagd auf den König machen und diesen in seinem Lager attackieren, ohne dass die Reaktion darauf erläutert wird.[115] Wenn überhaupt eine Löwenjagd in diesem Gebiet stattgefunden hat, dann nutzte der Großkönig diese Gelegenheit wohl, um sich im Sinn der achaimenidischen Herrscherideologie mit und vor seinem Hof im Grenzbereich seines Reiches zu inszenieren. Hiermit konnte er sich als guter Kämpfer zeigen, ohne selbst in einen kriegerischen Kampfeinsatz involviert zu sein. Das Risiko, dass der König im Kampf fiel und das Reich ohne legitimen Herrscher zurückließ, war unverhältnismäßig hoch. Mit der Jagd konnte sich der Großkönig allerdings auf einem Feldzug persönlich im Kampf beweisen. Der Kampf mit den Löwen im Gebiet von Therma könnte umso mehr als Parabel für die Qualität des Großkönigs als eines ‚guten Schlachtenkämpfers' im Sinne von XPl § 8 verstanden werden, als in diesem Gebiet ursprünglich auch der erste Widerstand der Hellenen, mithin die erste Schlacht zwischen Griechen und Persern geplant war.[116] Nun sind es bislang nur die Löwen, die sich als einzige im Kampf Xerxes in den Weg stellten.[117] In der Tat scheint damit auch ein Motiv aus der mesopotamischen Literatur aufgegriffen zu sein, bei dem gegenüber dem König als Jäger die Feinde als Tiere dargestellt wurden „classifying them as quasi-demonic beings".[118]

Doch die ‚Löwen-Anekdote' hat auch bei Herodot einen konkreten Bezug zum Kampf: Als die persische Flotte in Therma auslief, waren zehn Schnellsegler nach Skiathos vorausgefahren, hatten dort überraschend die hellenische Vorhut geschlagen und ein troizenisches Schiff gekapert. Herodot berichtet dazu (Hdt. 7, 180):

„Darauf lasen sie (die Perser, Erg. d. Verf.) den Stattlichsten aus seiner Kampfbesatzung aus, schleppten ihn zum Bug des Schiffes und opferten ihn; damit machten sie ihn zu einem günstigen Vorzeichen für sich, da er der erste Hellene war, den sie gefangen genommen hatten, und obendrein ein besonders schöner Mann. Dieser Geopferte trug aber den Namen Leon, Löwe, und vielleicht hatte er sein Schicksal auch irgendwie diesem Namen zu verdanken."

Bei Herodot findet also doch eine königliche ‚Löwenjagd' statt, allerdings gekleidet in den Kampf der Flotte und die Gefangennahme des ersten feindlichen

---

115 Siehe Hdt. 7, 127, wo Herodot lediglich mit dem Eintreffen des Großkönigs in Therma fortfährt.
116 Siehe Hdt. 7, 173.
117 Siehe zum Löwen als Feind im mesopotamischen und griechischen Kontext Ulanowski 2015, 256–258.
118 Siehe Ponchia 2022, 166 f. (Zitat: 167); 172.

4.2 Königliche ‚Jagd der griechischen Löwen': Marsch nach Athen

Griechen. Der Überfall der makedonischen Berglöwen ist dabei eine stilistische Vorwegnahme des Themas, in welcher Herodot die parallelistische Struktur des gesamten Feldzuges zu Land und zu Wasser spiegelt. Die Tatsache, dass in diesem Fall die Löwen den Großkönig angreifen, anstatt dass dieser die Tiere jagt, könnte ein Hinweis auf eine symbolische Umkehr in der weiteren Erzählung sein: Der Löwe steht nicht mehr als Symbol für den Feind,[119] sondern es sind die Feinde mit Löwen-Namen, die den König zum ‚guten Jäger' machen. Der Kampf mit den Löwen zu Lande und der Kampf mit Leon zur See ist in beiden Fälle nicht nur erfolgreich für den Großkönig, sondern illustriert auch eindrücklich die direkte Verbindung des königlichen Ideals vom ‚guten Jäger' mit dem Kampf im Krieg und der Vorstellung des Großkönigs als eines „guten Schlachtenkämpfers", wie ihn das achaimenidische Manifest in XPl § 8 beschreibt.[120] M. Boyce hat in diesem Zusammenhang darauf verwiesen, dass die Opferung des Leon wohl kaum mit einer ‚persischen Sitte' in Verbindung zu bringen ist, sondern vielmehr als ein Reflex auf die griechischen Opfer von Persern für Dionysos Karnivoros zu Beginn der sog. Perserkriege zu verstehen sei.[121] A. M. Bowie hat zudem die Leon-Anekdote auf der griechischen Deutungsebene mit Protesilaos verbunden und damit in einen homerischen Motivkontext gestellt. Für Xerxes kommt er damit zu dem Ergebnis: „the death of a ‚lion' at the very start is a good omen for the Persians".[122] Bowie verbindet also die Leon-Anekdote bereits mit einer ‚Löwenjagd', ohne diese freilich in einem östlichen (persischen) Kontext zu sehen. Dabei wird dieses Motiv von Herodot noch durch die Berichte über Leonidas und Leontiades intensiviert und weiterentwickelt (ausführlich: s. u.).

Wie sehr der Aufenthalt in Therma von Xerxes genutzt wurde, um sich vor seinem Heer und v. a. vor den adeligen und königlichen Kommandeuren in seiner großköniglichen Macht zu präsentieren, zeigen auch die Planungen eines neuen Großprojektes: der Umleitung des Peneios-Flusses und der Flutung ganz Thessaliens.[123] In Herodots Narrativ ist dieser Plan nicht nur ein erneuter Ausweis der Hybris des Xerxes, sondern entspricht auch dem Motiv, dass die Großkönige versuchen, die natürlichen Bedingungen durch die Transformation

---

119 Siehe Ulanowski 2015, 256–258.
120 Siehe zum Löwenjagd-Motiv im Kontext sowohl der altorientalischen Herrscherrepräsentation als auch bei Homer: Ulanowski 2015, 255–284, siehe bes. 267–269.
121 Boyce 1982, 168; zum Opfer an Dionysos Karnivoros: Plut. Them 13; vgl. dazu auch die Opferung des Oibazos durch die thrakischen Apsinthioi am Ende der sog. Perserkriege. Hdt. 9, 119. Zur persischen Sitte der Menschenopfer am Strymon siehe Hdt. 7, 113 f.; ausführlich dazu s. o.
122 Bowie 2012, 273 f. (Zitat: ebd., 274).
123 Hdt. 7, 128–130. Siehe dazu Kramer 2017, 98–100 sowie zur Organisation derartiger traditionell königlicher Großprojekte Rollinger 2006/07, 147–169.

von Land in Wasser (und *vice versa*) zu beeinflussen.[124] In der Tat gehörten derartig aufwändige Wasserbauprojekte nicht nur zur technischen Strategie der achaimenidischen Kriegführung,[125] sondern demonstrierten auch traditionell die königliche Kompetenz und Macht im Krieg.[126]

Als Xerxes an der makedonisch-thessalischen Grenze eintraf, kamen dorthin, nach Pierien, auch die Herolde, die der Großkönig zu den griechischen Gemeinwesen geschickt hatte, und überbrachten die Bestätigung ihrer Gefolgschaft.[127] Herodot listet sie alle ausführlich auf; zu ihnen gehörten: die Thessaler, Doloper, Ainianen, Perrhaiber, Lokrer, Magneten, Malier, Phthiotischen Achaier, Thebaner sowie die übrigen Boioter außer den Thespiern und Plataiern.[128] Plut. Them. 7, der hier möglicherweise Ephoros/Diod. 11, 2, 6 folgt, fasst dazu treffend die Bedeutung eines Moments zusammen, „*als sich durch den Übertritt Thessaliens zum Großkönig alles Land bis nach Boiotien hin auf die Seite der Perser schlug*". In demselben Sinn betont Hdt. 7, 138 sogar noch einmal explizit: „*und die Mehrzahl der Gemeinwesen war nicht gewillt, den Krieg anzupacken, sondern hielt es beflissentlich mit dem Meder.*"

Es hatten sich also fast alle mittelgriechischen Gemeinwesen auf die persische Seite gestellt,[129] so dass von Thessalien bis an die Grenze Attikas kaum mehr mit ernsthaftem Widerstand zu rechnen war. Selbst die thessalische Grenze war nicht mehr – wie ursprünglich geplant – gesichert, sodass das persische Heer durch das Gebiet der Perrhaiber über den Petra-Pass bei Tempe und nahe der Stadt Gonnos ungehindert in die thessalischen Ebenen vorrücken konnte.[130] Die anfängliche Spaltung der Thessaler in eine pro-persische Frak-

---

124 Siehe Clarke 2018, 198, 119 für Xerxes, 200: „the conceptual closeness of the two reverse processes of turning land into water and water into land, toying with and manipulating the natural divisions"; 212: Dareios als „transformer of water into land".
125 Vgl. etwa Xen. Anab. 2, 3, 10.13; dazu Kuhrt 2007, 745: Nr. 9.
126 Zur Veränderung von Flussläufen als Ausweis königlicher Stärke in der Kriegführung vgl. etwa bei der Eroberung Babylon durch Sanherib die Umleitung des Euphrat: van de Mieroop 2004, 1 f. Ebenso Kyros II. beim Marsch auf Babylon mit der Aufteilung des Gyndes-Flusses in 360 Kanäle: Hdt. 1, 189–190, 1.
127 Hdt. 7, 131. Zur Übergabe von Erde und Wasser siehe Klinkott 2016, 133–182.
128 Hdt. 7, 132, 1; vgl. dazu auch die Liste bei Diod. 11, 3, 2, wo die Aufzählung Herodots in zwei Listen geteilt ist als einer Gruppe, die schon vor der Thessalien-Expeditionen der Hellenen übergetreten ist, und einer zweiten, die erst nach dem Scheitern des griechischen Unternehmens folgt. Dazu Blösel 2004, 113. Auch die perserfeindliche Haltung der Plataier ist mit Vorsicht zu behandeln, wenn Hdt. 8, 44, 1 berichtet: „*Als die Griechen auf ihrem Rückzug von Artemision nach Chalkis kamen, gingen die Plataier auf dem Gebiet jenseits der boiotischen Küste an Land und machten sich daran, ihre Angehörigen in Sicherheit zu bringen.*"
129 Siehe auch Diod. 11, 3, 2.6. Siehe auch Brunt 1953/54, 136 f.
130 Hdt. 7, 173 mit dem Plan eines ersten Verteidigungsriegels der Hellenen, der wohl nach dem Bericht der athenischen Späher aufgegeben wurde. Zur Gonnos-Route siehe auch Hdt. 7, 129, 1; ausführlich Pritchett 1961, 371–375. Zum Übergang über den Pass siehe ausführlich Vasilev 2015, 190–194; Rookhuijzen 2020, 110–118.

4.2 Königliche ‚Jagd der griechischen Löwen': Marsch nach Athen 131

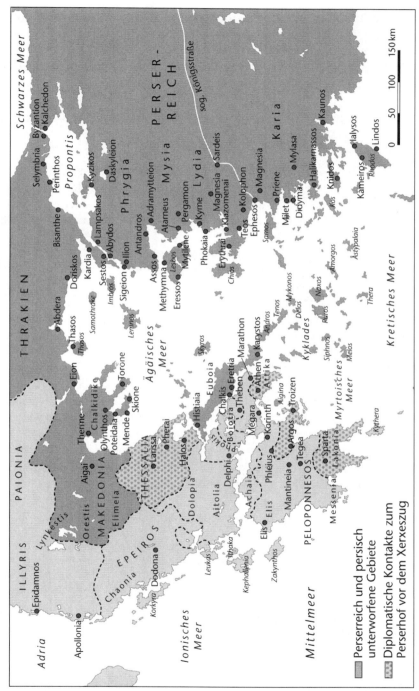

Abb. 2: Griechische Gemeinwesen, die vor Beginn des Xerxes-Feldzuges diplomatische Beziehungen zum Großkönig unterhielten (Karte: Peter Palm).

tion unter den Aleuaden und eine anti-persische[131] war inzwischen hinfällig geworden. Die Thessaler waren vollständig auf die persische Seite getreten und garantierten einen ungehinderten Marsch durch ihr Gebiet.[132]

Dabei fällt bei Hdt. 8, 31 die ‚Bestandsaufnahme' der pro-persischen Gemeinwesen in Griechenland noch viel verheerender aus:

> „Vom dorischen Land erstreckt sich ein schmaler Strich, höchstens 30 Stadien breit, zwischen dem Land Malis und Phokis; diese Landschaft hieß in alter Zeit Dryopis und ist die Heimat der Dorer in der Peloponnes. Dieses dorische Land plünderten die Barbaren bei ihrem Einfall nicht, denn es war persisch gesinnt, und die Thessaler sahen es auch nicht gerne."

Die Doris ist dabei wohl keine Ausnahme gewesen, sondern fast alle Mitglieder der pyläisch-delphischen Amphiktyonie hatten sich auf die Seite des Großkönigs gestellt, wie Hdt. 8, 30, 1 andeutet: „*Die Phoker waren nämlich das einzige Volk der Gegend, das nicht medisch wurde, nach meiner Vermutung nur aus Hass gegen die Thessaler.*"

Herodot berichtet ebenfalls ausführlich, dass die Argiver wohl schon vor dem Beginn des Feldzuges Kontakt zu Xerxes aufgenommen und angeblich Freundschaft mit diesem geschlossen hatten.[133] Offensichtlich ist ihre Gesandtschaft im Zusammenhang mit dem Aiginetischen Krieg Athens zu sehen, in welchem die argivischen Städte Hermione, Epidauros, Troizen und Megara auf Seiten Aiginas standen (s. o.). Ähnlich wie die thessalischen Städte hatten sie ihn um militärischen Beistand gegen die Lakedaimonier gebeten.[134] Doch auch diese scheinen bereits vor Beginn des Griechenlandfeldzuges Absprachen mit dem Großkönig getroffen zu haben, die in einem Ernstfall, der jedoch nicht eintrat, wirksam werden sollten.[135] Damit standen auch die entscheidenden Küstenregionen der westlichen Peloponnes in der Gefolgschaft des Großkönigs, zumal die Nesioten ohnehin unter persischer Kontrolle standen.[136] Als Hdt. 7, 139 über einen möglichen Widerstand der Lakedaimonier gegen die Perser reflektiert,[137] deutet er an, dass auch alle peloponnesischen Bundesgenossen der Lakedaimonier bereit waren, die persische Autorität zu akzeptieren.

---

131 Hdt. 7, 172. Ausführlich zu den beiden Gruppierungen Blösel 2004, 111 f.
132 Hdt. 7, 174.
133 Hdt. 7, 149.151. Interessant ist in diesem Zusammenhang der Verweis in Diod. 11, 3, 4 f., dass die Argiver wohl ebenfalls versuchten, sich im panhellenischen Bund (mit einem Oberkommando) zu beteiligen, zumindest aber zur Neutralität verpflichtet werden sollten. Zu dieser Forderung der Argiver und ihren Kontakten zum Großkönig: Hdt. 7, 148; dazu Bowie 2012, 280; Waters 2014a.
134 Hdt. 7, 152.
135 Siehe Hdt. 7, 134–137.
136 Zur Gefolgschaft der Nesioten, angeblich bis auf Naxos: Hdt. 8, 46. Zu den „Yauna des/im Meer(es)" in den altpersischen Länderlisten: Rollinger 2006, 202–206; zum östlichen Hintergrund vgl. auch Lang/Rollinger 2010, bes. 236–253.
137 Hdt. 7, 139: „*Wenn auch die Peloponnesier noch so viele Brustwehren von Mauern über den Isthmos gezogen hätten, dann wären die Lakedaimonier doch von ihren Bundesgenossen, zwar nicht gerne, aber gezwungen im Stich gelassen worden, da die Flotte der Barbaren eine Stadt nach*

4.2 Königliche ‚Jagd der griechischen Löwen': Marsch nach Athen 133

Dabei wurde die Anerkennung der großköniglichen Autorität jeden Tag durch das Einrichten des königlichen Heerlagers neu inszeniert.[138] Die lokalen griechischen Gemeinwesen hatten dafür die Versorgung und Ausstattung als einen ‚Anteil des Köngs' (altpers. *bāji-*) zu stellen, der diesem von Rechts wegen zustand.[139] Dies ist im Übrigen auch der Grund, warum der Großkönig stets die wertvolle Ausstattung seines Lagers mitnahm.[140] Von griechischer Seite wurde *bāji-* als eine Versorgungsleistung verstanden, die neben dem regulären Tribut in Einzelfällen zu erbringen war, wie Hdt. 1, 192, 1 präzise erklärt:[141] *„Alles Land, das der Großkönig beherrscht, ist ihm zur eigenen Versorgung und der seines Heeres mit Lebensmitteln zugeteilt, neben dem Phoros."* Diese Leistungen, die lange im Voraus geplant und vorbereitet worden waren (s. o.), beschreibt Hdt. 7, 119 genau:

> *„Das Beköstigen, lange vorher angesagt und von ihnen mit Ernst betrieben, ging nämlich in der Regel so vonstatten: Erstens verteilten in diesen Städten, kaum hatten sie den Befehl aus der Ankündigung durch die Herolde vernommen, die Bürger das Getreide und stellten alle Weizen- und Gerstenmehl her, über viele Monate hin; weiter suchten sie das schönste Vieh aus, kauften es für teures Geld und fütterten es fett und mästeten Geflügel, laufendes und schwimmendes, in Käfigen und auf Teichen, um das Heer aufzunehmen; weiter fertigten sie goldene und silberne Becher und Mischkrüge und all das übrige, was man auf den Tisch stellt. Das war für den König selber und die mit ihm Speisenden vorbereitet, für das übrige Heer nur, was für die Beköstigung anbefohlen war. Wenn dann das Heer eintraf, war schon ein Zelt aufgeschlagen und stand bereit, in welchem Xerxes Rast machte; das übrige Heer blieb unter freiem Himmel. Wenn die Stunde des Mahls kam, hatten die einen, denen die Bewirtung oblag, ihre Plage, die anderen aber aßen sich satt und verbrachten dort die Nacht, am folgenden Tag aber bauten sie das Zelt ab, nahmen alles Gerät an sich und zogen davon, und ließen nichts da, sondern alles mitgehen."*

Die Menge und Zusammensetzung der Zutaten lässt sich aus einer Nachricht in Polyains *Strategemata* erahnen. Er berichtet, dass Alexander in Persepolis eine Messingsäule gefunden habe, auf welcher die Zutaten des täglichen Königsmahls für Mittag und Abend notiert waren. Polyain. strat. 4, 3, 32 listet dann ausführlich die Zutaten mit ihren (persischen) Mengenangaben auf, einschließlich des Futters und Wassers für die Tiere.[142] Vor diesem Hintergrund lässt ein Fragment des Herakleides Zweifel aufkommen, ob die Belastungen der griechischen Gemeinwesen als tatsächlich so schwer einzuschätzen sind:[143]

---

der anderen eingenommen hätte. Alleingelassen aber hätten sie selbst nach tapferen Taten ruhmvoll den Tod gefunden. Entweder wäre es ihnen so ergangen, oder vielleicht hätten sie sich auch mit Xerxes verständigt, wenn sie vorher gesehen hätten, dass auch die anderen Griechen persisch gesinnt waren." (Übers. Feix 2006, 973)

138 Zur Rast und Versorgung des Großkönigs nur einmal am Tag: Hdt. 7, 120; zum zoroastrischen Hintergrund dieser Mahlzeit. Boyce 1982, 168.
139 Klinkott 2007, 276–280.
140 Siehe Hdt. 7, 119.
141 Siehe dazu Klinkott 2007, 276 f.
142 Dazu Lewis 1987, 79–87.
143 Polyain. strat. 4, 3, 32. Übersetzung: Wiesehöfer 1994, 68. Zur Ausstattung des Königsmahls grundlegend siehe Wiesehöfer 1994, 68–70. Zu Herakleides: Lenfant 2009, 255–314.

> *„Und so – sagt Herakleides – scheinen dem, der von dem vielberufenen Königsmahl hört, die Aufwendungen sehr groß, aber blickt man näher hin, so sieht man, dass alles wirtschaftlich, ja sparsam eingerichtet ist. Das gilt ebenso auch für die anderen Perser in den höchsten Stellungen. Für den König werden 1000 Tiere täglich geschlachtet, Pferde, Kamele, Rinder, Esel, Rehe und die verschiedensten kleineren Tiere. Viele Vögel werden verzehrt, arabische Strauße – das sind große Vögel –, Gänse und Hähne. Und jedem Gast des Königs werden bescheidene Portionen vorgesetzt. Jeder kann aber mitnehmen, was er beim Essen übriggelassen hat. Der größte Teil dieses Fleisches und der anderen Lebensmittel wird jedoch in den Hof hinausgebracht, für die Leibgarde und die Leichtbewaffneten, die der König unterhält."*

Bei Herodot werden über die Menge, Zusammensetzung und Verteilung der einzelnen Zutaten keine Angaben gemacht. Vielmehr wird die Bereitstellung als existenzielle Belastung und ‚Knechtsdienst' der persischen Despotie verstanden.[144] So erfährt man im Einzelnen auch nicht, wie jeden Tag neu durch jeweils andere Gemeinwesen die reiche Ausstattung und Verpflegung angeliefert und dem König mit seinem Heer übergeben wurde.[145] Wer kontrollierte etwa die langfristig angeforderten Lieferungen, wer registrierte wo wie viele der Güter eintrafen, in welcher Weise sie zugeordnet und für die Versorgung der Truppen weiterverteilt wurden? Oder wie wurde die rechtzeitige Bereitstellung in den jeweiligen Marschabschnitten organisiert? Tatsache ist aber, dass diese Gaben regelmäßig von den Anwohnern der jeweiligen Gegend übergeben wurden und die Versorgung des Königs zuverlässig funktionierte.[146] Allein dadurch wurde die Rechtmäßigkeit und Wirksamkeit der großköniglichen Herrschaft in diesen Regionen ostentativ demonstriert. Dementsprechend antwortete der Großkönig den ‚Gabenbringern' auch teilweise durch Gegengaben, wie das Beispiel von Akanthos zeigt, wo Xerxes die Bürger der Stadt mit einem privilegierten Status und einem medischen Gewand beschenkte.[147]

Unerwähnt bleibt in diesem Kontext, dass von persischer Seite offensichtlich vorgesehen war, die goldenen und silbernen Gerätschaften, welche die Gemeinwesen zur Verfügung gestellt hatten, (zumindest teilweise) wieder an diese zurückzuerstatten. Als sich vor der Schlacht von Plataiai die beiden persischen Befehlshaber Mardonios, der Sohn des Gobryas, und Artabazos, Sohn des Pharnakes, beides Angehörige aus den Familien der Sieben Perser,[148] beraten, legt Hdt. 9, 41 letzterem als Vorschlag in den Mund:

---

144 Zur Sicht der Griechen auf das Königsmahl siehe auch Wiesehöfer 1994, 70.
145 Diese Versorgung erfolgte jedoch nur einmal pro Tag: siehe Hdt. 7, 120.
146 Dass die langfristige Planung dieser Versorgung üblicherweise zur Vorbereitung eines großköniglichen Feldzuges gehörte zeigt Hdt. 7, 119, 1 wie auch unter Kambyses Hdt. 3, 25, 1: Beginn des Aithiopen-Feldzugs.
147 Hdt. 7, 116; dazu Kelly 2003, 207, der die Schenkung auch als ‚propagandistisches' Signal an die übrigen Griechen versteht. Zur Gegengabe in derartigen Fällen vgl. auch die Schilderung bei Ael. 1, 31 mit Briant 1994, 62 f. Zum Kontext in Bezug zu den Aelian-Stellen siehe auch Klinkott 2016, 169–172.
148 Zu den Familien der Sieben Perser: Gschnitzer 1977.

4.2 Königliche ‚Jagd der griechischen Löwen': Marsch nach Athen

> „Sie hätten doch genug Gold, gemünztes und ungemünztes, und auch viel Silber und Trinkgefäße in Fülle. Davon sollten sie nehmen, ohne im geringsten zu sparen, und es ringsum an die Hellenen senden und unter den Hellenen besonders an die führenden Leute in den Städten, und bald würden sie ihre Freiheit preisgeben."

Wie Herodot die Lieferung der Tafelausstattung für die Königsversorgung als eine fast existenzielle Belastung der Griechenstädte darstellt, so deutet er die Rückgabe dieses Tafelgeschirrs als einen Akt der Bestechung.[149] Es ist aber auch aus Herodots Bericht nicht ersichtlich, ob dieses Vorgehen nicht vielleicht ohnehin den regulären Umgang mit solchen Versorgungsgütern widerspiegelt. Zumindest werden die Gold- und Silbergerätschaften bei Herodot ausdrücklich nicht als Beute deklariert.

Nach dem Löwen-Ereignis bei Therma findet sich im folgenden Marschabschnitt in Thessalien ein weiteres Beispiel dafür, wie sich Xerxes im Sinne der großköniglichen Ideale inszeniert. Hdt. 7, 196 berichtet:

> „In Thessalien hatte er ein Pferderennen abgehalten, mit seinen eigenen Pferden und um zugleich auch die thessalische Reiterei auf die Probe zu stellen, da er erfahren hatte, sie sei die beste unter denen der Hellenen. Dabei blieben aber die hellenischen Pferde weit zurück."

Xerxes selbst betont in XPl § 9 selbst, wie sehr die Qualität als „guter Reiter" ein physisches Merkmal ist, das die ideale Befähigung des rechtmäßigen Großkönigs kennzeichnet.[150] Auch wenn wir nichts darüber erfahren, ob Xerxes sich selbst zu Pferde als „guter Reiter" inszenierte, illustrieren die ‚hippischen Agone' in Thessalien bei Herodot die Sieghaftigkeit und Überlegenheit der persischen Reiter, wie sie eine Dareios-Inschrift aus Susa als ein Kriterium für die Definition des Achaimenidenreiches und die Legitimation des Großkönigs formuliert (DSf § 3):[151]

> „Es kündet Dareios, der König: Ahuramzdā, der der größte unter den Göttern (ist), - er hat mich erschaffen, er hat mich (zum) König gemacht, er hat mir dieses Reich verliehen, das groß (ist), das mit guten Pferden (und) guten Mannen (ist)."

Unabhängig von der Historizität der Veranstaltung derartiger Wettkämpfe durch die Perser illustriert Herodots Anekdote eine praktische Umsetzung der großköniglichen Herrschaftslegitimation, mit welcher Xerxes den Beweis der herrscherlichen Rechtmäßigkeit inszeniert.

Der nächste Treffpunkt von Heer und Flotte erfolgte am Golf von Magnesia. Herodot berichtet zumindest, dass Xerxes mit seinem Heer, zu dem nun auch

---

149 Zu Herodots zeitkritischen Reflex auf den Peloponnesischen Krieg hierbei: Ruffing 2020, 92 f.
150 XPl § 9: „Als Reiter bin ich ein guter Reiter." Zur Vollkommenheit des Großkönigs: Ahn 1992, 251–254. Zur physischen Stärke als Qualität des Großkönigs: Llewellyn-Jones 2015, 211–248.
151 Übersetzung Schmitt 2009, 128.

die griechischen Kontingente gestoßen waren, bis nach Sepias marschierte.[152] Die Flotte landete derweil in Magnesia an der Küste zwischen Kasthanaie und Kap Sepias.[153] Nachdem allerdings ein großer Sturm angeblich zahlreiche Schiffe zerstört hatte,[154] verlagerte die Flotte ihren Standort und segelte in den geschützten Golf von Magnesia, um bei Alphetai anzulegen.[155] Von hier aus starteten angeblich 200 persische Schiffe, welche über Skiathos die Insel Euboia umfahren sollten.[156] Danach lieferte sich ein Teil der persischen Flotte das erste Seegefecht mit den hellenischen Kontingenten bei Kap Artemision, die allerdings weder geschlagen noch vertrieben werden konnten.[157] Noch vor dem ersten Seegefecht hatte am Treffpunkt wieder eine große Musterung der Truppen, der Flotte in Alphetai und des Heeres in Sepias, stattgefunden.[158] Herodot fügt deshalb eine zweite ‚Heeresliste' ein, in welcher die *„Seemacht aus Asien"* beschrieben und die Größe des Heeres neu berechnet wird (Hdt. 7, 184):[159] *„Bis zu dieser Gegend und bis zu den Thermopylen war dem Heer noch nichts Schlimmes widerfahren, und seine Stärke, wie sie sich mir beim Rechnen ergibt, war da noch die folgende: (...)"*.

Ein besonderer Höhepunkt in der Inszenierung der großköniglichen Herrschaft war es, die Gefolgschaft der Griechen zu visualisieren. Zum einen geschah dies über die Heereskontingente, welche die griechischen Gemeinwesen dem Heer des Xerxes beisteuerten. Das stete Eintreffen dieser Kontingente und ihre Eingliederung in den Heeresverband unter dem Kommando des Großkönigs führte dessen herrscherliche Autorität jeweils neu vor Augen. Herodot schildert im Zug seiner zweiten ‚Heeresliste' ausführlich, dass nun Thraker, die Bewohner der thrakischen Küste und die Hellenen aus Thrakien, Paionen, Eordaier, Bottiaier, die Bewohner der Chalkidike, die Bryger, Pierier, Makedo-

---

152 Hdt. 7, 186: „damit wären es fünfhundertachtundzwanzig mal zehntausend und dreitausend und zweihundertzwanzig Mann, die Xerxes, der Sohn des Dareios, auf dem Zug mit sich führte, bis Sepias und die Thermopylen erreicht waren."
153 Hdt. 7, 188: „Als das Heer zu Schiff wie gesagt ausgelaufen war und an der Küste des Magnesischen Landes, die zwischen der Stadt Kasthanaie und Kap Sepias liegt, landete". Dazu Rookhuijzen 2020, 120–136.
154 Hdt. 7, 188–191. Zur Deutung von Naturkatastrophen als ‚göttliche Zeichen', wie dies Bestandteil des Politisch-Militärischen bei Herodot ist: Meier 2005, 331 f.; Stepper 1998, 90–98, bes. 97. Vgl. das Erdbeben vor der Schlacht bei Salamis als göttliches Zeichen: Hdt. 8, 64.
155 Hdt. 7, 193. 196. Zur Landung bei Alphetai: Hdt. 7, 193, 2; 8, 6, 1: am frühen Nachmittag.
156 Hdt. 8, 7. In Herodots Deutung ist der Sinn der Umsegelung die Umzingelung der griechischen Flotte bei Kap Artemision. Eine Klärung der weiteren Strecke nach Athen diskutiert Herodot nicht.
157 Hdt. 8, 9–11.
158 Hdt. 8, 7, 2: *„Für die übrigen Schiffe bei Alphetai* (die Perser, Erg. d. Verf.) *aber führten sie eine Musterung durch."*
159 Zur Seemacht aus Asien: Hdt. 7, 184; zur Größe des Heeres: Hdt. 7, 185–186.

4.2 Königliche ‚Jagd der griechischen Löwen': Marsch nach Athen

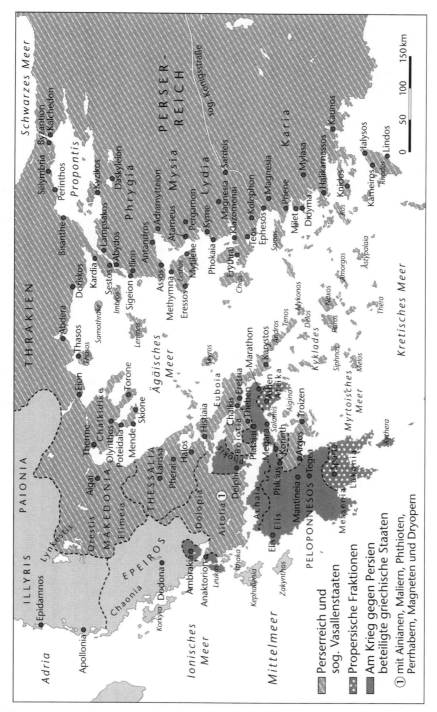

Abb. 3: Griechische Gemeinwesen mit Beteiligung im Heer des Xerxes I. (Karte: Peter Palm)

nen, Perrhaiber Ainianen, Doloper, Magneten und Achaier ihre Truppenkontingente in das Heer des Xerxes einreihten.[160]

Diese Auflistung zeigt, dass alle Völkerschaften, durch deren Territorium Xerxes bereits marschiert war, sich ihm nun mit eigenen Einheiten anschlossen. Es bleibt nur zu vermuten, dass der Großkönig ein entsprechendes Aufgebot erst erließ, wenn er sich in der jeweiligen Gegend befand und wenn die Völkerschaften dort durch die Versorgungsleistung und die Sicherung seines Durchzuges die Autorität des Großkönigs anerkannt hatten. Es wäre vor diesem Hintergrund zu vermuten, dass bei dieser Gelegenheit ein Unterwerfungsakt erfolgte, mit dem sich die Völker dem Großkönig unterstellten und bei dem dieser die Order, ein Aufgebot zu stellen, aussprechen konnte. Aus Sicht des Großkönigs wurden alle diese Völkerschaften damit zu Teilen seines Reiches.

Wie bei der Truppenschau von Doriskos scheint dabei eine generelle Inspektion von Flotte und Heer durch den Großkönig erfolgt zu sein, zumal der Sturm, die Umsegelung von Euboia und das erste Gefecht am Kap Artemision etliche Schäden an den Schiffen erzeugt hatten.[161] Und wieder traten, wie bei Doriskos, die Mager mit „Zaubersprüchen", Opfern – sogar an die einheimischen Göttinnen Thetis und die Nereiden – und Menschenopfern auf.[162] Auch dadurch wird erkennbar, dass die Zählung und Registratur der Truppenbestände zu einem regulären Verfahren gehörte, das vermutlich für jede Etappe beim Zusammentreffen von Heer und Flotte zu erwarten ist.

Nach dieser ‚Truppenschau' am Golf von Magnesia bei Sepias und Alphetai folgt ein Abschnitt des Feldzuges, der zum einen durch Gebiete führte, die teilweise keine Bereitschaft für eine Kooperation mit dem Großkönig signalisiert hatten, und der zum zweiten konkret den Vorstoß nach Athen zum Ziel hatte. Kurz nach dem Aufbruch des Heeres fand die erste große Schlacht mit dem Feind statt, laut Herodot auf den Tag genau gleichzeitig für das Heer an den Thermopylen und für die Flotte am Kap Artemision.[163] Der Sieg dort war für Xerxes eine wichtige Gelegenheit, sich in seiner königlichen Sieghaftigkeit zu präsentieren. Bisher war der Vorstoß des persischen Heeres zwar sehr erfolgreich verlaufen, und Xerxes hatte sich in beinahe jedem Aspekt der königlichen Ideologie inszenieren können. Doch der gesamte Rahmen des Unternehmens war ein Kriegszug, bei dem der Großkönig im Wesentlichen als Oberbefehlsha-

---

160 Hdt. 7, 185. Zur makedonischen Truppenstellung unter Amyntas und Alexander I. siehe Momigliano 1934, 4–6.
161 Zur Zählung der Verluste: Hdt. 7, 190 f.
162 Hdt. 7, 191.
163 Zum Aufbruch und der Marschroute: Hdt. 7, 198; Xerxes bezog sein neues Heerlager im Gebiet der Malier bei der Stadt Trachis: Hdt. 7, 201; zum ersten Feindkontakt: Hdt. 7, 202. 208. Zur Gleichzeitigkeit der Schlachten: Hdt. 8, 15: „Es traf sich aber, dass diese Seegefechte und die Landkämpfe bei den Thermopylen auf dieselben Tage fielen." Dazu Bichler 2007c, 47–54, bes. 49; Cawkwell 2005, 93. Zur Datierung siehe Sacks 1976, 232–248, bes. 237 f. zum Verhältnis der Kämpfe bei Artemision und an den Thermopylen.

4.2 Königliche ‚Jagd der griechischen Löwen': Marsch nach Athen

ber agierte. So fehlte bislang eine Gelegenheit, bei der Xerxes sich in der Kampfpraxis gemäß dem königlichen Ideal des „guten Schlachtenkämpfers" (XPl § 8) unter Beweis stellen konnte. Der wesentliche, zweite Teil der königlichen Qualität, seine physische Befähigung, beruht auf der Grundlage der geistigen Fähigkeiten und bedingte die Sieghaftigkeit des Großkönigs (XPl § 7):

> „Wenn du, was von mir getan (worden ist), siehst oder hörst, sowohl am Hofe wie auch im Felde, das (ist) meine Tüchtigkeit über das Denken und Auffassungsvermögen hinaus. Das (ist) ferner meine Tüchtigkeit/Tapferkeit, dass mein Körper kraftvoll ist (und) dass ich als Schlachtenkämpfer ein guter Schlachtenkämpfer bin."

Der Kampf in der Schlacht hatte bisher nicht stattgefunden, und dennoch waren teilweise große Verluste hinzunehmen gewesen: der Sturm am Hellespont hatte einen Teil des Heers vernichtet,[164] und gerade eben erst hatte auch die Flotte vor Euboia in einem schweren Sturm laut Herodot „nicht weniger als 400 Schiffe" verloren.[165] Derartige Ereignisse waren gut geeignet, um Kritik an der militärischen Befähigung und damit an Autorität und Rechtmäßigkeit des Großkönigs zu befördern. Unwahrscheinlich ist dies nicht, angesichts der großen Zahl von Kommandanten, die der königlichen Familie entstammten. Dies war ja gerade die Gruppe gewesen, aus welcher der Widerspruch in der Thronfolgefrage erfolgt war.[166] Und kaum zufällig hatte Xerxes auf dem Marsch immer wieder seine monarchische Autorität vorgeführt: Im Fall des Pythios, bei der Bestrafung der Brückenbauer und nicht zuletzt bei der Tötung des Leon.

In diesem Zusammenhang fällt nun besonders auf, wie eng Herodot die Ereignisse aufeinander abstimmt. Nach der thematischen Einleitung der Löwen-Attacke bei Therma folgt die ‚Löwen-Jagd' zur See, welche mit der Hinrichtung des Leon endet. Nun an den Thermopylen findet sich das entsprechende Exempel an Land mit dem Sieg und der Bestrafung des Leonidas. Die Siege über Leon und Leonidas können kaum besser das Bild vom Großkönig im Kampf mit dem Löwen in der Praxis illustrieren. Herodot unterstreicht dies sogar noch zusätzlich durch einen Orakelspruch der delphischen Pythia, den diese vor dem Unternehmen den Spartaner gegeben haben soll und der bereits den Tod des Königs Leonidas ankündigt. Die Pythia benutzt dafür ein Bild, dass zweifellos auf die Jagdepisoden bei Therma zurückverweist (Hdt. 7, 220):[167]

> „Denn dem Feind wird nicht widerstehen der Mut von Stieren, von Löwen, Kraft gegen Kraft. Ist von Zeus doch sein Mut, und so wird, wie ich sage, nichts widerstehen, bis er entweder Stadt oder König vernichtet."

---

164 Hdt. 8, 12, 1–14, 1.
165 Hdt. 7, 190.
166 Dazu s. o.
167 Siehe dazu Kelly 2003, 200 f., der überzeugend zeigt, dass dieser Orakelspruch zweifellos erst nach dem Tod des Leonidas an den Thermopylen enstanden sein kann.

Den Bezug vom Mut des Löwen zu Leonidas, dem König der Lakedaimonier und Enkel des Spartaners Leon,[168] macht Herodot offensichtlich, wenn er etwas später erwähnt (Hdt. 7, 225): *„Dieser Hügel aber liegt beim Eingang* (des Passes, Erg. d. Verf.)*, da wo jetzt der steinerne Löwe Leonidas zu Ehren steht."* Aber ebenso deutlich verweist die Kombination von Löwen und Stieren im Kampf gegen den Großkönig auf die Löwen-Stier-Gruppen der Reliefs im Palast von Persepolis.[169] Dieses Motiv, der Kampf mit Löwen und Rindern, ist in der östlichen Herrscherikonographie verankert, in deren älterer Tradition die Reliefdarstellungen von Persepolis zweifellos stehen.[170] Mit Verweis auf die Ereignisse von Therma erklärt Herodot, scheinbar ohne Zusammenhang mit der unmittelbaren Handlung (Hdt. 7, 126): *„Es gibt aber in diesen Gegenden viele Löwen und Wildrinder, deren Hörner gewaltig sind und auch zu den Hellenen gelangen."* Herodot führt das ‚Löwen-Motiv' sogar noch weiter: Denn auch das Aufgebot der Thebaner, das Leonidas gegen ihren Willen zum Kampf an dem Thermopylen verpflichtet hatte,[171] stand unter der Führung eines gewissen Leontiades, Sohn des Eurymachos. Weil die Thebaner wohl ursprünglich „Erde und Wasser" dem Großkönig geliefert, also eigentlich mit diesem wohl eine Absprache getroffen hatten,[172] ergaben sie sich den persischen Truppen. Diejenigen, die nicht im Kampf getötet wurden, bestrafte der Großkönig als Rebellen:[173] *„den übrigen aber, das waren die meisten, brannten sie* (die Perser; Erg. d. Verf.) *auf Xerxes' Befehl das Mal des Königs ein, und mit dem Führer Leontiades machten sie den Anfang."* Leon, Leonidas und Leontiades sind die Anführer der Griechen, die im Kampf gegen den Großkönig zu See und Land unterliegen und auf ausdrücklichen Befehl des Xerxes gefangen und getötet werden.

Die auffallende Koinzidenz bei den Namen aller griechischer Feldherren, welche die ersten Kämpfe mit den Persern zu bestreiten hatten, ist vor diesem Hintergrund in ihrer Historizität durchaus zweifelhaft: Leon und Leontiades sind durch keine weiteren Belege nachzuweisen. Besonders die posthume Pfählung des Leonidas und ihre Ausrichtung auf die Perser im Heer des Xerxes[174] legt die Deutung nahe, dass der gesamte Komplex der ‚Löwen-Motivik' bei He-

---

168 Zur Genealogie des Leonidas: Hdt. 7, 204: *„der auch den Oberbefehl über die gesamte Streitmacht hatte, war der Lakedaimonier Leonidas, Sohn des Anaxandrides, Sohn des Leon"*. Dass Leonidas nicht nur mit dem *„Mut des Löwen"*, sondern auch mit dem *„Mut von Zeus"* verbunden wird, verweist ebenso auf die Genealogie des Leonidas, welche im letzten Glied auf einen ‚Sohn des Herakles' zurückgeführt wird: Hdt. 7, 204.
169 Siehe Root 1979, 82, 88, 98, 110; zur Löwenjagd als traditionell königlichem Attribut siehe Llewellyn-Jones 2013, 131–133; Briant 1991, 219–222.
170 Llewellyn-Jones 2013, 131–133.
171 Hdt. 7, 205, 2; 233, 1.
172 Zum Verdacht des Medismus: Hdt. 7, 205; zur Übergabe von Erde und Wasser: Hdt. 7, 233; Klinkott 2016.
173 Hdt. 7, 233, 2. Zu Brandmarkung und Deportation Aufständischer durch den Großkönig siehe Matarese 2021, 186, 190; Wiesehöfer 2021, 871–880; Rollinger 2010, 591, 602.
174 Ausführlicher s. u. dazu Klinkott 2017, 67–81.

4.2 Königliche ‚Jagd der griechischen Löwen': Marsch nach Athen

rodot als ein Reflex auf die großkönigliche Ideologie gesehen werden kann, die im Zuge dieses Unternehmens bzw. in der achaimenidischen Wahrnehmung der Kämpfe in Griechenland umgesetzt wurde.[175] Die Behauptung des Königtums zeigt sich im Kampf mit dem Löwen, der als Parabel dient für die Sieghaftigkeit des Großkönigs als eines „guten Schlachtenkämpfers" im Krieg. Über die griechischen Kämpfer mit Löwen-Namen – Leon, Leontiades und Leonidas – wird das königliche Löwenjagdmotiv in das Kampfgeschehen übertragen, mithin die Symbolik in ihre intrinsische Bedeutung zurückgeführt. Herodot macht mit seinen griechischen ‚Löwenjagden' offensichtlich, wie die ‚Bestrafungen' von Leon, Leonidas und Leontiades zum einen die Sieghaftigkeit des Xerxes im königlichen Löwenjagdmotiv demonstrierten, zum anderen sich in ihrer Symbolik maßgeblich auf die Perser ausrichteten. Vor allem die Pfählung des Leonidas, nachdem dieser in der Verteidigung des Thermopylen-Passes gefallen war, richtet sich in ihrer Aussage wohl besonders deutlich an die vornehmen und königlichen Kommandanten im Heer des Xerxes.[176]

Das Köpfen und Pfählen der Gegner war eine Strafe, die der Vorgänger des Xerxes, Dareios I., an den Aufständischen des Jahres 521 v. Chr. hatte vollziehen und in seinem Tatenbericht explizit beschreiben lassen.[177] Dabei war die Ausführung dieser Art von Todesstrafe ein Rechtsakt, der als maximale Bestrafung allein vom Großkönig ausgesprochen und durchgeführt werden durfte.[178] Ähnlich scheint es sich mit der Brandmarkung durch das königliche Zeichen verhalten zu haben.[179] Nicht zuletzt führt Xerxes in der Persepolis-Inschrift ausführlich aus (XPl § 4):

> „Der Mann, der kooperiert, – gemäß der Zusammenarbeit – (so) umsorge ich ihn, der (aber) Schaden anrichtet, – gemäß dem (angerichteten) Schaden – (so bestrafe ich ihn. Nicht (ist) mein Wunsch, dass ein Mann Schaden anrichte; erst recht (ist) dies nicht mein Wunsch: wenn er Schaden anrichten sollte, werde er nicht bestraft."

Die posthume Bestrafung des Leonidas war also ein Akt, in dem sich Xerxes in der Ausübung dieses großköniglichen Rechtsprivilegs vor seinem Heer zeigt.

---

175 Dass der Sieg an den Thermopylen in diesem Sinn ein wichtiges Element in der achaimenidischen Wahrnehmung des Feldzuges gewesen sein könnte, lässt möglicherweise Dio Chrysost. 11, 149 erkennen. Unklar bleibt dennoch, woher die griechischen Leon-Namen bei Herodot kommen.
176 Zu diesen als kritischer Gruppe und mögliche Konkurrenz zum König: Briant 1984, 113, 117.
177 Siehe DB § 23: „*Phraortes wurde gefangengenommen (und) zu mir geführt; ich ließ ihm Nase, Ohren und Zunge abschneiden und ließ ihm ein Auge ausstechen; an meiner Pforte wurde er gefesselt gehalten (und) das ganze Volk konnte ihn anschauen. Dann ließ ich ihn in Ekbatana pfählen, und die Männer, die seine ranghöchsten Gefolgsleute waren, die ließ ich in Ekbatana innerhalb der Festung hängen.*"
178 Ausführlich Klinkott 2017, 67–71. Vgl. auch die Strafe für den bereits gefallenen jüngeren Kyros nach der Schlacht von Kunaxa: Xen. Anab. 1, 10, 1: „*Damals also wurde Kyros enthauptet und seine Rechte abgeschlagen.*"
179 Zur Brandmarkung gefangener Aufständischer siehe Matarese 2021, 186, 190.

Mit Aufhebung der Schuld Lakedaimons für den Gesandtenmord durch Xerxes[180] war Sparta kein Feind des Großkönigs mehr. Erst recht träfe dies zu, wenn ein Vorstoß des Großkönigs auf die Peloponnes nicht vorgesehen gewesen wäre.

Dabei scheint von Bedeutung, dass auch von spartanischer Seite die Entsendung des Leonidas und seiner Truppe nicht als das offizielle Kontingent Lakedaimons verstanden wurde. Vielmehr handelte es sich um eine Vorausabteilung (πρόδρομος), die offensichtlich nicht zum offiziellen Heer gehörte, das wegen der Karneia aus Sparta nicht ausrückte.[181] Leonidas, der nach dem Tod des Kleomenes unvermittelt König geworden war, handelte mit seiner Vorausabteilung aber nicht als Kommandant des lakedaimonischen Heeresaufgebots, sondern in seiner Rolle als Oberbefehlshaber des Hellenenbundes.[182] Dementsprechend konnte er den offiziellen Beschluß Spartas umgehen, erst nach der Karneienfeier das Heer in Marsch zu setzen. Bei den Spartiaten, die ihn an die Thermopylen begleiteten, handelte es sich stattdessen um die Elitetruppe der 300 Hippeis (wohl einschließlich der Agathoergoi), die dem König als Vorrecht zustanden.[183] Sie waren also nicht ein voraus entsandter Teil des offiziellen lakedaimonischen Heeresaufgebotes, sondern die Leib- bzw. „Begleitgarde" des Königs, wie Hdt. 7, 205 ausdrücklich vermerkt:[184]

> „Er also ging damals zu den Thermopylen, nachdem er sich seine ihm zustehenden/ihm zugeordneten dreihundert Männer ausgewählt hatte (ἐπιλεξάμενος ἄνδρας τε τοὺς κατεστεῶτας τριηκοσίους) und zwar solche, die schon Söhne hatten."

Leonidas musste für den Einsatz seiner Truppe dementsprechend weder politische (z. B. perserfreundliche) Kritiker in Sparta überzeugen, noch handelte er

---

180 Hdt. 7, 134–137; s. o.
181 Hdt. 7, 206: „Denn sie (die Spartiaten; Erg. d. Verf.) hatten vor, da das Fest der Karneien bevorstand, dieses erst noch zu feiern und danach unter Zurücklassung einer Wachmannschaft in Sparta schleunigst mit dem ganzen Heer auszurücken, um zu helfen." Zur Bezeichnung als Vorausabteilung: ebd.; Welwei 2004, 142. Vgl. dagegen Hdt. 9, 10, als das lakedaimonische Heer 479 v. Chr. mit 5000 Spartiaten ausrückte. Zum Aufgebot des lakedaimonischen Heeres: Hdt. 7, 206; zur Bestellung des Heeres für den Thermopylen-Feldzug durch die Ephoren: Luther 2004, 122; vgl. dazu Diod. 11, 4, 5, der neben den 1000 Spartiaten des Heeres zusätzlich die 300 des Königs nennt (siehe dazu auch Diod. 11, 7, 2: δ' ὑπὸ τῶν περὶ Λεωνίδην). Zur Deutung der 1000 Spartaner als Perioiken: Lazenby 1993, 134. Allgemein zur Aushebung des lakedaimonischen Heeres: Luther 2006, 9–26.
182 Zur Erhebung zum König: Hdt. 7, 205; zur Position als Oberbefehlshaber des Hellenenbundes: Hdt. 7, 204; Welwei 2004, 134, 140.
183 Siehe Hdt. 6, 56; Lazenby 1993, 135. Lazenby scheint allerdings nicht den besonderen Charakter zu sehen, den diese Einheit als ‚Leibgarde' des Königs besaß: Lazenby 1993, 135, Anm. 24. Als solche stand sie unter dem direkten Befehl und zur ständigen Verfügung des Königs, wofür sie vom Kriegsführungsverbot zu den Karneien ausgenommen war.
184 Zur „Begleitgarde": Thommen 1996, 61, 105. Aus diesem Grund kennt Herodot auch die Namen aller 300 Spartiaten: Hdt. 7, 224.

4.2 Königliche ‚Jagd der griechischen Löwen': Marsch nach Athen 143

explizit als politischer Repräsentant Spartas. Im Verhältnis Lakedaimons zu Persien konnte dieses Auftreten aus großköniglicher Sicht durchaus als eine Erhebung verstanden werden, die nicht zuletzt auch den staatsrechtlichen Interessen der Polis widersprach. Oder anders ausgedrückt: Damit war der kämpferische Widerstand des Leonidas mit seinem kleinen Kontingent der 300 Spartiaten an den Thermopylen aus großköniglicher Sicht ein rebellischer Unrechtsakt. Entsprechend XPl § 2 und § 4A-I verwirklicht Xerxes mit der Strafe an Leonidas auch die königlich-rechtliche Grundmaxime, dass Unrecht stets als Unrecht zu bestrafen ist, d. h. nicht ungestraft bleiben darf.

Aus diesem Grund schickte Xerxes sogar Nachricht an die Flotte, die sich zur Zeit bei Histiaia auf Euboia befand, damit das Schlachtfeld besichtigt werden konnte.[185] Denn zeitgleich zur Schlacht an den Thermopylen hatte sich die persische Flotte eine zweite Schlacht mit den griechischen Kontingenten bei Kap Artemision geliefert,[186] als deren Resultat Hdt. 8, 16 festhält: „*Da gingen nun viele Schiffe der Hellenen zugrunde und viele ihrer Männer, aber noch viel mehr Schiffe und Männer der Barbaren.*" Aus griechischer Sicht war dieser Erfolg gegenüber der persischen Übermacht zweifellos ein Sieg, was allerdings nicht bedeutet, dass die Schlacht aus persischer Sicht als Niederlage begriffen wurde.[187] Eine unmittelbare Folge war nämlich, dass sich die griechischen Kontingente zurückzogen.[188] Die gesamte persische Flotte segelte daraufhin nach Euboia, um bei Histiaia die Stadt und das Umland zu erobern und einen neuen Stützpunkt für das Heer an den Thermopylen einzurichten (Hdt. 8, 23 f.):

> „*An diesem Platz (am Kap Artemision; Erg. d. Verf.) verweilten sie bis zur Mitte des Tages, danach fuhren sie nach Histiaia. Gleich nach ihrer Ankunft besetzten sie die Stadt der Histiaier und schwärmten aus in den Distrikt Ellopia, das heißt in alle Dörfer an der Küste, die zum Gebiet von Histiaia gehören. Noch als sie dort waren, schickte Xerxes, nachdem er seine Vorkehrungen mit den Toten getroffen hatte, einen Herold an das Schiffsheer.*"

Aus logistischer Sicht ist dies zweifellos ein Erfolg, der bei Herodot kaum Erwähnung findet. Obwohl das Heer den Durchgang am Thermopylen-Pass erst freizukämpfen hatte und die Flotte durch Sturm und zwei Gefechte aufgehalten

---

185 Hdt. 8, 25, 1.
186 Zur Schlacht: Hdt. 8, 14–17.
187 So berichtet Hdt. 8, 17 auch gleichermaßen von persischen und griechischen Erfolgen. „*In dieser Seeschlacht zeichneten sich von Xerxes' Leuten die Ägypter aus, die manche große Tat vollbrachten und vor allem fünf hellenische Schiffe nahmen samt der Besatzung. Von den Hellenen aber zeichneten sich an diesem Tag die Athener und von den Athenern Kleinias, des Alkibiades Sohn, aus, der auf eigene Kosten am Feldzug teilnahm mit 200 Mann und einem eigenen Schiff.*" Zu den ägyptischen Schiffen: Bichler 2020.
188 Hdt. 8, 15, 2; 8, 21. Offensichtlich hatte der Widerstand des Leonidas an den Thermopylen u. a. als Ziel, die nötige Gelegenheit und Zeit für einen Abzug der griechischen Schiffe durch den Euripos bei Chalkis zu verschaffen: Cawkwell 2005, 94 f.

wurde, gelang beiden ein pünktliches Zusammentreffen als erfolgreicher Abschluss dieser Feldzugsetappe.[189]

Auch hier gab es also wieder eine Truppensammlung von Heer und Flotte im Beisein des Großkönigs, der nun die Sieghaftigkeit als Feldherr vor allen Truppenteilen – dem Heer an den Thermopylen und der Flotte bei Histiaia – inszenierte. Wiewohl Herodot dies nicht ausdrücklich erwähnt, ist es naheliegend, dass bei dieser Gelegenheit auch die Bestattung der beiden im Kampf gefallen Brüder des Xerxes, Abrokomas und Hyperanthes, stattfand.[190] Die Besichtigung des Schlachtfeldes selbst durch die Besatzung der Flotte, wie sie Hdt. 8, 25, 1 beschreibt, folgt einem klaren Ziel: Alle – laut Herodot vor allem die griechischen Verbündeten – sollten mit dem gepfählten Leonidas zur Kenntnis nehmen, wie der Großkönig mit Aufständischen umgeht. Explizit richtete sich dieses Zeichen wohl eher an die Befehlshaber im Heer, die einer der vornehmen persischen oder sogar der königlichen Familie angehörten, denn diese waren die Gruppe, aus der im Wesentlichen der politische Widerstand bei der Thronbesetzung des Xerxes erfolgt war.[191] Die ‚Botschaft' der Leonidas-Pfählung, der ideologischen Inszenierung der Kampfhandlungen und der Siege insgesamt richtete sich also vor allem an das eigene persische Heer, und in diesem wohl speziell an die Gruppe der vornehmen Truppenführer als Adressaten. Vor dem Hintergrund von XPl (§ 2 und 4) illustrierte diese Inszenierung eine der wichtigsten Grundmaximen im achaimenidischen Manifest, das den Großkönig als die entscheidende rahmen- und sinngebende Institution der rechtlichen Ordnung definiert.

Die Pfählung des Leonidas ist im Sinn dieses Manifests das Ereignis, das durch den Kampf und den Strafakt die „Geisteskraft" des Königs mit seiner „Tüchtigkeit" verbindet, wie es XPl § 7 ausführt. Hiermit rücken also die physischen Qualitäten des Großkönigs als „guter Kämpfer" vollumfänglich in den Vordergrund, wie sie in XPl § 8–9 konkret vorgestellt werden.

Umso mehr drängt sich der Verdacht auf, dass Herodots Beschreibung der ersten Kämpfe mit den Griechen zur See und zu Lande auch die Darstellung der großköniglichen Herrscherideale in ihrer praktischen Umsetzung nach XPl § 9 reflektiert:[192]

„Als Reiter bin ich ein guter Reiter; als Bogenschütze bin ich ein guter Bogenschütze,

---

189 Siehe auch Cawkwell 2005, 104 zur Erwartbarkeit des Widerstandes an den Thermopylen und zum Charakter des Perserfeldzuges als Erfolg dort.
190 Siehe Hdt. 7, 224, 2.
191 Siehe dazu Klinkott, 2017, 61–82. Zu den unterschiedlichen Parteiungen im persischen Adel und deren kritische Auseinandersetzung siehe z. B. Hdt. 8, 26: Kritik des Tritantaichmes an Mardonios. Inwieweit Herodot hier eine Anlehnung an den aufständischen Tritantaichmes/Çiçantaxma in Sagartien der Behistun-Inschrift (DB §§ 33.52) impliziert, ist nicht erkennbar; Hdt. 9, 41: Kritik des Artabazos an Mardonios.
192 Vgl. zur motivischen Verbreitung dieser achaimenidischen Herrschertugenden auch in der Levante: Nunn 2018, 391–397.

4.2 Königliche ‚Jagd der griechischen Löwen': Marsch nach Athen

sowohl zu Fuß wie auch zu Pferd; als Lanzenkämpfer bin ich ein guter Lanzenkämpfer, sowohl zu Fuß wie auch zu Pferd."

Die Darstellung dieser Herrscherqualitäten ist in der Inschrift in drei Aspekte gegliedert: Zuerst wird grundsätzlich die charakterliche Befähigung als guter Reiter konstatiert, ohne weiteren erläuternden Kommentar. Erst danach wird die Kampfweise genauer differenziert, als Bogenschütze und dann als Lanzenkämpfer, aber jeweils mit dem ausdrücklichen Zusatz „sowohl zu Fuß als auch zu Pferd". Es ist auffällig, dass dieselbe Struktur sich auch bei der Inszenierung des Großkönigs in den *Historien* niederschlägt: Zuerst berichtet Herodot von einem Pferderennen, das Xerxes mit seinen eigenen Pferden in Thessalien veranstaltet und bei dem die Überlegenheit der Perser im Sinne einer agonalen Sieghaftigkeit hervorgehoben wird, entsprechend der großköniglichen Herrschaftsideologie, wie sie DSf § 3 formuliert. Wieder wird der kriegerische Kampf in einen ‚sportlichen' Kontext der Tierwelt übertragen, über den Xerxes versucht, sich mit den besten Griechen zu messen.[193] Die Sieghaftigkeit im Pferderennen wird zugleich zu einem Bild für das Kriegsunternehmen insgesamt, für das Hdt. 7, 196 in Analogie zu XPl § 9 konstatiert: *„Dabei blieben aber die hellenischen Pferde weit zurück."* Als daraufhin die eigentlichen Kampfhandlungen an den Thermopylen im Detail beschrieben werden, wird – ebenfalls entsprechend zu XPl – der Einsatz von Lanze und Bogen differenzierter behandelt. Die Perser liefern sich eine harte, letztendlich siegreiche Auseinandersetzung mit den spartanischen Hopliten, bei der sogar die königliche Eliteeinheit der „Unsterblichen" eingesetzt wird. Hier erfährt der Leser fast beiläufig, aber auf wohl nicht minder bedeutungsvolle Weise, dass die Lanzen der „Unsterblichen" kürzer als die der Spartaner waren.[194] Der harte Kampf mit den Lanzen wird deutlich, wenn Hdt. 7, 224, 1 berichtet: *„Nun waren aber an diesem Tage schon den meisten ihre Lanzen zerbrochen".* Daneben erzählt Herodot auch immer wieder von den ungeheuren Pfeilattacken der persischen Bogenschützen, die sogar angeblich die Sonne verdunkelten und die Spartaner im Schatten kämpfen ließen.[195]

Aus dem Bericht Herodots ist nicht mehr zuverlässig zu rekonstruieren, wie eine ‚persische' Darstellung der Kämpfe bei Skiathos und an den Thermo-

---

193 Siehe Hdt. 7, 196: „*zugleich auch die thessalische Reiterei auf die Probe zu stellen, da er erfahren hatte, sie sei die beste unter denen der Hellenen.*" Zum sportlichen Aspekt im orientalischen Heldenmythos vgl. Rollinger 2007, 9–44.

194 *De facto* werden die „Unsterblichen" sogar als erfolglos dargestellt, auch wenn die Perser insgesamt siegreich blieben: Hdt. 7, 211, 2: „*An ihrer Stelle (die der Meder; Erg. d. Verf.) rückten die Perser vor, die der König die ‚Unsterblichen' nannte und deren Führer Hydarnes war, als ob gerade diese mit den Griechen leicht fertig werden könnten. Als sie mit den Griechen zusammentrafen, richteten sie ebenso wenig aus wie die medischen Truppen; da sie auf engem Raum kämpften, kürzere Lanzen hatten als die Griechen und von ihrer Übermacht keinen Gebrauch machen konnten, hatten sie denselben Misserfolg.*"

195 Zum Pfeilhagel der Perser. Hdt. 7, 219, 3; 225, 3; 226, 1 f. Zu den im Achaimenidenreich gebräuchlichen Bögen: Zutterman 2003, 138–148.

pylen ausgesehen haben könnte. Allerdings ist erkennbar: Die Programmatik der großköniglichen Qualitäten, v. a. der Aspekt der physischen Befähigung des Königs, wie sie in Teil B des achaimenidischen Manifests im Vordergrund stehen, wird von Herodot aufgegriffen (ohne dass sich, wie gesagt, die vermittelnden Einzelschritte konkret nachweisen ließen), umgesetzt und beim Einsatz des Heeres inszeniert.

Dass es sich hierbei nicht um einen zufälligen Reflex, sondern um die intendierte Einbindung der persischen Perspektive im Sinne des Prooemiums[196] handelt, zeigt die ostentative Dominanz, mit der die ‚Löwen-Motivik' für den gesamten Kampfkomplex konstruiert ist. Verständlicherweise bindet Herodot diesen Bezug auf die achaimenidische Wahrnehmung in sein Gesamtnarrativ und die griechische Perspektive ein. Tatsache ist, dass der Sieg an den Thermopylen und die Pfählung des Leonidas ein Fanal des Großkönigs sind, welches den Beginn der eigentlichen Kampfhandlungen in Phokis, Boiotien und Attika einleitet.[197] In diesem Sinn ist das Thermopylenereignis aus achaimenidischer Sicht der Auftakt für den zweiten Teil des großköniglichen Manifests, das sich den physischen Qualitäten des Herrschers widmet. Die Wucht des persischen Angriffs richtet sich nun gegen diejenigen, die auch nach der expliziten Aufforderung die Autorität des Großkönigs nicht anerkannten und sich damit gegen sie erhoben. Der Angriff des Großkönigs auf sie versinnbildlicht die „überschäumende Rückschlagkraft" des Großkönigs, wie sie XPl § 9 beschreibt. Vor diesem Hintergrund liegt die Bedeutung der persischen Siege im Kampf um die einzelnen Städte in der Phokis und Boiotien, ja sogar die Eroberung Athens zum einen auf einer juristischen Ebene: Sie sind Strafmaßnahmen für ein Unrecht, welches das Gesetz (altpers. *dāta*) und die konstituierende Autorität des Großkönigs verletzt. Zum anderen dienen diese Siege als ‚Beweise' für die Befähigung des rechtmäßigen Großkönigs, realisieren die Ideale seiner physischen Qualitäten und sind damit Legitimationsakte des Xerxes.

Als dieser von Histiaia aufbrach, marschierte er durch die befreundete Doris in das Gebiet der Phoker, die sich offensiv anti-persisch zeigten.[198] Von der Truppe der 1.000 schwerbewaffneten Phoker, die den Anopeia-Pfad an den Thermopylen schützen sollten und mit dem Kontingent des Hydarnes bereits gekämpft hatten, berichtet Herodot nichts beim Vorstoß der persischen Truppen nach Phokis.[199] Dementsprechend bot sich für den Großkönig die Gelegen-

---

196 Siehe Hdt. 1, 0.
197 Zum Widerstand der Hellenen mit den peloponnesischen Kontingenten in Boiotien: Cawkwell 2005, 95.
198 Aufbruch bei den Thermopylen: Hdt. 8, 25; Marsch durch das Gebiet der mederfreundlichen Dorer in die Phokis: Hdt. 8, 31; dazu Rookhuijzen 2020, 169. Zur Perserfeindlichkeit der Phoker. Hdt. 8, 30.
199 Zur Sicherung des Umgehungspfades an den Thermopylen durch die Phoker: Hdt. 7, 215; zu den 1.000 Hopliten der Phoker-Wache: zu den Kampfhandlungen mit Hydarnes: Hdt. 7, 218. Die phokischen Truppen ziehen sich vor den persischen Pfeilen auf den Berggip-

4.2 Königliche ‚Jagd der griechischen Löwen': Marsch nach Athen

heit, ein Exempel zu statuieren, wie er mit derartigen Feinden verfuhr: Das Land und die Städte wurden ohne größeren Widerstand erobert, geplündert und verwüstet, Teile der Bevölkerung wurden verfolgt, geschändet und gefangen genommen, zwölf Städte wurden zerstört:[200] Drymos, Chadra, Erochos, Tethronion, Amphikaia, Neon, Pedieai, Triteai, Elateia, Hyampolis, Parapotamioi und Abai. Die Einnahme der Phokis mit der Belagerung und Eroberung der Städte war aus persischer Sicht ein militärischer Erfolg und setzte ein Signal: Ganz Boiotien stellte sich nun auf die persische Seite und versuchte, die Städte vor einem ähnlichen Schicksal zu schützen.[201] So berichtet Hdt. 8, 34:

> „Bei den Boiotern hielt es die gesamte Menge mit dem Meder, ihre Städte aber wurden von dazu abgestellten Makedonen bewahrt, die von Alexandros vorausgeschickt waren. Auf diese Weise bewahrten sie diese, denn sie wünschten, es auch Xerxes deutlich zu machen, dass die Boioter medisch gesinnt seien."

Aus persischer Sicht konnten die Phoker durchaus als Griechen wahrgenommen werden, die sich gegen die allgemeine Anerkennung der großköniglichen Autorität auflehnten. Der Kampf gegen sie erinnert an entsprechende Berichte Dareios' I. in der Behistun-Inschrift.[202] Vor allem scheint die Zerstörung der urbanen Zentren mit den Heiligtümern der ‚Aufständischen' ein typisches Vorgehen zu sein,[203] das Xerxes selbst in der sog. Daiva-Inschrift beschreibt (XPh § 4f.):[204]

---

fel zurück und werden dort laut Herodot von den Persern unbeachtet gelassen: siehe Hdt. 7, 218. In der Phokis zogen sich die Phoker wohl ebenfalls in den Parnassos zurück, so etwa die Bürger der Stadt Neon auf den Gipfel Tithorea: Hdt. 8, 32; Rookhuijzen 2020, 175–177.

200 Hdt. 8, 32 f.; zur Verfolgung, Gefangennahme und Schändung, Hdt. 8, 33: καί τινας διώκοντες εἷλον τῶν Φωκέων πρὸς τοῖσι ὄρεσι, καί γυναικάς τινας διέφθειραν μισγόμενοι ὑπό πλήθεος. Zum Marsch durch Phokis: Rookhuijzen 2020, 169–188. Die meisten der von Herodot hier genannten Städte sind bislang aber archäologisch nicht sicher zu lokalisieren, dazu Hülden 2020, 336. Für Parapotamioi, Daulis und Elateia lässt sich zumindest eine Zerstörung der Befestigungsanlage durch die Perser 480 v. Chr. nicht konkret nachweisen: Hülden 2020, 338–340.

201 Siehe dazu auf den Verweis bei Blösel 2004, 92, Anm. 177, dass das boiotische Theben erst nach dem Fall der Thermopylen auf die persische Seite trat.

202 Siehe z. B. die Kämpfe in Armenien DB § 26–30, oder des Vivāna in Arachosien: DB § 45–48.

203 Zur Daiva-Inschrift: Rollinger 2022a, 87 f. Vgl. etwa den Fall Milets unter Dareios I.: Hdt. 6, 18–20; zum Fall von Eretria: Hdt. 6, 101 f. Die Historizität dieser Maßnahmen wäre am archäologischen Befund zu prüfen: Zur archäologisch geringen Evidenz bezüglich der Zerstörungshorizonte in phokischen Städten: Rookhuijzen 2020, 170 f. mit Anm. 473; Hülden 2020, 340. Zur Zerstörung des phokischen Neon/Tithorea in den sog. Perserkriegen: Hdt. 8, 32; darauf aufbauend: Paus. 10, 31, 9; Sporn 2018, 20–23; zur Zerstörung in Kalapodi: Sporn 2018, 24; Niemeyer 2016, 19–22; die Intensität der persischen Zerstörung scheint nicht zu bestimmen zu sein; vgl. Rookhuijzen 2020, 175–177. Zu Befestigungen phokischer Siedlungen in polygonalem Mauerwerk des 5. Jahrhunderts v. Chr. am Beispiel von Exarchos/Abai Sporn 2018, 19 mit Fig. 4; Hülden 2020, 335 f.; zur repräsentati-

148   4 Der Griechenlandfeldzug als achaimenidisches Programm

„Es kündet Xerxes, der König: Als ich König geworden war, - es ist da unter diesen Ländern, die oben niedergeschrieben (aufgezählt) (worden sind), (eines, das) in Aufruhr war. Da(raufhin) hat Ahuramazdā mir Beistand gebracht; nach dem Willen Ahuramazdās habe ich dieses Land geschlagen und es (wieder) an den (rechten) Platz gesetzt. Und unter diesen Ländern war eines, wo zuvor (die) Daivas verehrt wurden. Da(raufhin) habe nach dem Willen Ahuramazdās ich diese Daiva-Stätte zerstört und angeordnet: ‚(Die) Daivas sollen nicht (länger) verehrt werden!'"

Es verwundert kaum, dass in den boiotischen Städten, in denen sich zunächst die perserfeindlichen Parteiungen durchgesetzt und gegen Xerxes gestellt hatten, nun andere Gruppierungen versuchten, derartige Strafmaßnahmen abzuwenden.[205] Selbst die Aufgebote der Peloponnesier trafen dort nicht mehr ein, sondern konzentrierten sich auf die Sicherung der Peloponnes am Isthmos.[206] In Boiotien teilte sich das persische Heer, ähnlich wie auf dem Marsch von Doriskos nach Therma,[207] in zwei Abteilungen, von denen die eine mit dem Großkönig verhältnismäßig küstennah nach Athen vorrückte, wo Xerxes auf dieselbe Weise vorgehen wollte.[208] Der andere Teil seines Heeres wandte sich in das Landesinnere in Richtung Delphi und zerstörte noch drei weitere phokische Städte.[209] Es war naheliegend, dass beide Heeresteile sich nach ihren erfolgreichen Unternehmungen in Phokis und Attika baldmöglichst wieder mit der Flotte zu einer weiteren Truppenschau treffen würden. Allerdings wurde das Apollon-Heiligtum von Delphi von Xerxes weder angegriffen noch geplündert.[210] Grund dafür war zweifellos die propersische Haltung des Heiligtums,

---

ven Anlage des doppelten Mauerrings und der unsicheren Datierung: Sporn 2018, 25; zum ‚Perserschutt' von Abai: Rookhuijzen 2020, 173–175. Trotz der Brandschäden am Apollon-Tempel (Rookhuijzen 2020, 174) scheint das Orakelheiligtum von Abai nicht vollständig zerstört worden zu sein. Vielmehr wurde der Kultbetrieb fortgesetzt, da später Mardonios das Orakel befragen ließ: Hdt. 8, 134; dazu Rookhuijzen 2020, 173. Dass das Ausmaß dieser Zerstörungen zu relativieren ist, hat Funke 2007, 26 deutlich gezeigt.

204 Übersetzung: Schmitt 2009a, 166 f.
205 Siehe Hdt. 7, 132: Thespier und Plataier. Zur Flucht und Abkehr der Plataier vom Kampf gegen Xerxes: Hdt. 8, 44.
206 Hdt. 8, 40: *„Denn sie (die Athener, Erg. d. Verf.) hatten gemeint, sie würden die Peloponnesier mit ihrem ganzen Aufgebot in Boiotien vorfinden, in der Erwartung des Barbaren, und nun fanden sie nichts davon vor, erfuhren vielmehr, dass die anderen bei der Befestigung des Isthmos waren und die Rettung der Peloponnes über alles stellten und nur auf deren Schutz bedacht waren, das übrige aber preisgaben."* Dazu Ruffing 2006, 11.
207 Siehe Hdt. 7, 121: Xerxes teilt sein Heer in drei Abteilungen: siehe Vasilev 2015, 181–187 mit dem Versuch, aus den insgesamt recht ungenauen Angaben bei Herodot die jeweiligen Marschrouten zu rekonstruieren.
208 Zum Heeresteil des Xerxes: Hdt. 8, 34.
209 Hdt. 8, 35: Panopeus, Daulis, Aiolidai. Zu Delphi s. u.
210 Es ist bezeichnend, dass nach Herodot nicht der Großkönig selbst, sondern nur eine kleine Einheit, die sich in der Phokis vom Heer gelöst hatte, das Heiligtum zu plündern plante: Hdt. 8, 33–35, 2. Siehe dagegen Trampedach 2019, 159: „nach Herodot wurde Delphi also keineswegs von einer marodierenden persischen Einheit auf eigene Faust angegriffen, sondern auf allerhöchsten Befehl mit dem ausdrücklichen Ziel der Hierosylia." In der Tat sagt Hdt. 8, 35, 2 jedoch „ausdrücklich" nichts von einem Befehl des Großkö-

4.2 Königliche ‚Jagd der griechischen Löwen': Marsch nach Athen

welche sich in den Orakelsprüchen ausdrückte, die bislang konsequent von einem Kampf gegen Xerxes abrieten.[211] Diese allein bedeutete aus persischer Sicht Rückhalt und Anerkennung der großköniglichen Autorität. Die expliziten Stellungnahmen des Heiligtums in den Orakelsprüchen zu den griechischen Anfragen scheinen darüber hinaus aber weniger auf ein ‚stillschweigendes Einvernehmen' als vielmehr auf eine konkrete Absprache der Delpher mit dem Großkönig hinzuweisen. Ein Indiz dafür könnte sein, dass die ominöse ‚Rettung' des Heiligtums, dessen Schonung durch die Perser nach den Siegen der Griechen kaum überzeugend zu rechtfertigen war, dem Eingriff des Gottes Apollon selbst zugeschrieben wurde (Hdt. 8, 36, 1):[212] „*Der Gott aber verbot, sie* (die Tempelschätze, Erg. d. Verf.) *wegzubringen, und sagte, er sei selbst imstande, sein Eigentum zu schützen.*"

In der Tat ging Xerxes mit seinem Heeresteil entsprechend vor wie die Kontingente in der Phokis: In Boiotien wurden Thespiai und Plataiai, also Städte, die sich anfangs gegen den Großkönig gestellt hatten, zerstört.[213] Dann fiel der

---

nigs: „*Sie hatten sich aber von dem Gros des Heeres getrennt und nahmen deshalb diesen Weg, um das Heiligtum in Delphi zu plündern und die Schätze dem König zu zeigen* (ὅκως συλήσαντες τὸ ἱρὸν τὸ ἐν Δελφοῖσι βασιλέι Ξέρξῃ ἀποδέξαιεν τὰ χρήματα)." Die Intention, bzw. der daraus erschlossene Befehl des Großkönigs entsteht v. a. durch die Übersetzung von J. Feix (Feix 1988, 1075), die Trampedach 2019, 159 übernimmt, die aber durch den aktivischen, obliquen Aorist Optativ nicht eindeutig gegeben ist. Die gute Kenntnis der Tempelschätze durch den Großkönig illustriert zunächst nur, dass Xerxes den ‚internationalen' ökonomischen Wert und die fiskalische Bedeutung des Heiligtums kannte: Hdt. 8, 35, 2: „*Xerxes aber kannte alle Kostbarkeiten des Heiligtums, soweit sie nennenswert waren – wie man mir erzählt hat –, besser als seine eigenen Schätze zu Hause. Jeder sprach von Delphi, besonders von den Weihgeschenken des Kroisos, des Sohnes des Alyattes.*" Vgl. dazu Klinkott 2015, 153, 166 f. Umso deutlicher ist freilich der Widerspruch zwischen dem Wissen des Xerxes (wobei Herodot auch hier ausdrücklich nicht von der „Habgier" des Großkönigs spricht; vgl. Trampedach 2019, 160. Im Gegenteil: πολλῶν αἰεὶ λεγόντων) und seinem Verzicht darauf, persönlich gegen das reiche Heiligtum vorzugehen. Erst bei Diodor (Diod. 11, 14, 2) findet sich ein angeblicher Befehl des Großkönigs, explizit das Apollon-Heiligtum in Brand zu setzen und die Weihgeschenke zu plündern, dazu Trampedach 2019, 160, ohne aber die Diskrepanz in der Überlieferung zwischen Herodot und Diodor sowie die Historizität der Angaben bei Diodor zu erläutern.

211 Siehe Parke/Wormell 1956, 165–179; Burkert 2011, 182; Burn 1984, 348; Walser 1984, 51; Kienast 1995, 124–126; Arnush 2005, 102; Klinkott 2015, 152. Dagegen Trampedach 2019, 157, der sich gegen eine zunächst propersische Haltung des Heiligtums ausspricht und diese angeblich „defätistischen Orakelsprüche" allein in einem innergriechischen Kontext, nicht aber im Licht einer persienfreundlichen Politik wie in anderen griechischen Gemeinwesen, sehen möchte; Trampedach 2015, 239 f.; Cawkwell 2005, 90.

212 Zu den Wundern, mit denen der Gott sein Heiligtum schützte: Hdt. 8, 37–39; zur späteren Ausarbeitung: Diod. 11, 14, 3. Ausführlich Trampedach 2019, 160–162.

213 Hdt. 8, 50: „*Thespiai und Plataiai hatte Xerxes verbrannt auf die Mitteilung der Thebaner hin, dass sie nicht medisch gesonnen seien.*" Siehe dagegen Hdt. 7, 131: Schon in Therma ist die antiperische Haltung der beiden Städte dem Großkönig bekannt, da diese nicht mit den übrigen Boiotern Gesandte an den Großkönig geschickt hatten. Man denke auch an

Großkönig in Attika ein, eroberte und verwüstete das Land, und rückte nach Athen vor.[214] Die Eroberung der Stadt war zwar ein Erfolg, militärisch aber nur wenig verdienst- und eindrucksvoll, denn Hdt. 8, 50 betont: *„Und sie besetzten eine verlassene Stadt und fanden nur wenige Athener vor, die sich im Heiligtum aufhielten".* Nur wenige Widerständler hatte sich auf der Akropolis verschanzt, so dass die persischen Truppen diese vom Areopag aus belagerten.[215] Die Zerstörung der Akropolis erfolgte letztendlich im harten Kampf der Feinde dort, die sich auf keinerlei Verhandlungsangebot einließen. Immerhin berichtet Herodot (8, 52, 2): *„Sie (die Athener auf der Akropolis, Erg. d. Verf.) nahmen auch keine Vorschläge der Peisistratiden für eine Vereinbarung entgegen, sondern unternahmen alles nur Mögliche zur Verteidigung".* Wie in der Phokis vernichteten die persischen Truppen das Zentrum des Widerstandes, auch wenn dabei das Heiligtum der Stadt zerstört wurde (Hdt. 8, 53):[216] *„Als alle vor ihnen niedergemacht am Boden lagen, plünderten sie das Heiligtum und steckten die ganze Burg in Brand."*

Mit der Niederschlagung der Aufstände gegen den Großkönig in der Phokis und Attika, der Zerstörung ihrer urbanen Zentren und der Tötung der ‚Aufständischen' war im Grunde das Ziel des Unternehmens erreicht. Selbst von griechischer Seite scheint dies so wahrgenommen worden zu sein (Hdt. 8, 53), *„denn nach dem Götterspruch war es bestimmt, dass das ganze Attika, soweit es auf dem Festland lag, in die Hand der Perser kam".* Deshalb wurde diese Nachricht nach Herodot umgehend den königlichen Residenzen bekannt gegeben (Hdt. 8, 54): *„Als Xerxes nun Athen vollständig in der Hand hatte, schickte er einen reitenden Boten nach Susa, Artabanos seine derzeit glänzenden Erfolge zu melden."* Die Historizität der Angabe ist kaum zu überprüfen. Zumindest scheint sie anzudeuten, dass Xerxes nicht nur mit dem Hof in Susa, sondern auch mit den Residenzen im Zentrum des Reiches weiterhin kommunizierte. Es blieb Xerxes nur noch, seine Truppenteile zum Abschluss dieser letzten Etappe wieder zu vereinen, um dann selbst in seine Residenzen zurückzukehren.

---

die Beteiligung der Thespier am Kampf an den Thermopylen: Hdt. 7, 222; 226. Zum archäologischen Befund siehe Hülden 2020, 367 f. (Plataiai), 368–370 (Theben).

214 Hdt. 8, 50: Es *„war ein Mann aus Athen gekommen mit der Meldung, der Barbar sei in Attika eingedrungen und lege das ganze Land in Schutt und Asche. (...) und kamen nun nach Athen und verwüsteten dort alles."* Siehe auch Cawkwell 2005, 95. Die wenigen archäologischen Befunde in Boiotien, aus denen die Zerstörungen durch die Perser kaum nachzuweisen sind (siehe Hülden 2020, 367–370), sollten zunächst zur Vorsicht im Umgang mit Herodots Angaben mahnen.

215 Hdt. 8, 52: *„Die Perser besetzten nun den Hügel gegenüber der Akropolis, den die Athener Areopagos nennen, und belagerten die Burg".* Zur Evakuierung der Bürger nach dem – allerdings deutlich später verschriftlichten – Themistokles-Dekret aus Troizen: SEG 18, 153 (= ML 23); HGIÜ I 20 f.: Nr. 35; Schulz 2017, 126–128; zur Problematik der Historizität der Troizen-Inschrift: Ruffing 2006, 25 f.; vgl. zu den Zweifeln an der Historizität der Urkunde Lehmann 1968, 276–288; Habicht 1961, 1–23; vgl. auch Schulz 2017, 121–123.

216 Vgl. zur Phokis Hdt. 8, 32 f. Siehe zu einem solchen ‚pragmatischen' Vorgehen auch Boyce 1982, 169.

4.3 Die Inszenierung des Feldzugendes

In Athen übertrug der Großkönig die Verwaltung der Stadt einer neuen, ihm loyalen Elite, der Gruppe athenischer – wohl peisistratidischer – Emigranten als seinen Vertrauensleuten, und er ordnete unter ihrer Ägide die sofortige Wiederaufnahme der Kulte an (Hdt. 8, 54):[217]

> *„Am Tag nach der Absendung des Herolds aber rief er die athenischen Emigranten, die in seinem Gefolge waren, zu sich und hieß sie auf die Burg steigen und das Opfer nach ihrer Weise darbringen."*

Es ging so gesehen gar nicht um eine vollständige Vernichtung Athens, sondern um eine Strafmaßnahme gegen ‚aufständische Völkerschaften', die sich gegen die Autorität des neuen Großkönigs gestellt hatten. Sobald die Ordnung – d. h. die Anerkennung der großköniglichen Autorität – wiederhergestellt war, sollte die Stadt wieder gedeihen. Herodot kleidet dieses Verständnis in eine Art Wundererzählung (Hdt. 8, 55):

> *„Als aber am Tag nach dem Brand die Athener, die der König opfern geheißen, in das Heiligtum kamen, sahen sie, dass aus dem Baumstumpf* (des heiligen Ölbaums; Erg. d. Verf.) *ein neuer Spross, fast eine Elle lang, getrieben war."*

Bezeichnend ist dabei, dass Xerxes für die Verwaltung der Stadt im Grunde auf ein traditionelles Muster zurückgriff, die Einsetzung lokaler, aber loyaler Eliten zur Verwaltung der Poleis.

4.3 Die Inszenierung des Feldzugendes

Das Heer des Xerxes zog nach der Einnahme Athens offensichtlich zur Küste, um sich dort bei Phaleron wieder mit der Flotte zu vereinen, die von Histiaia durch den Euripos in den Saronischen Golf segelte.[218] Demnach kamen auch alle anderen Truppenteile, die mit Kämpfen und Eroberungen in Phokis, Boiotien und Attika beschäftigt waren, wieder zusammen und vereinigten sich unter dem Befehl des Großkönigs. Die Truppenschau in Phaleron setzte den End-

---

217 Siehe dazu auch Boyce 1982, 168 f. Gegen diese Gefolgsleute der Peisistratiden und andere Unterstützer der Perser richteten sich offensichtlich die Prozesse, die aufgrund der Neudatierung der Ostraka vom Kerameikos in die 470er Jahre v. Chr. datiert werden: ausführlich dazu Kelly 2003, 190–192. Zu diesen gehören auch die Ostraka im Prozess gegen Kallias, Sohn des Kratias, der nicht nur 16-mal als ὁ Μῆδος bezeichnet (Brenne 2001, 180), sondern wohl auch im Gewand eines persischen Bogenschützens dargestellt wurde: Brenne 2001, 180 f.; Brenne 1994, 21 mit Fig. 27, 28; Brenne 1992, 173–178 mit Abb. 7, 8 (S. 174).

218 Das Heer des Xerxes in der Thrisaischen Ebene vor Eleusis: Hdt. 8, 65. Trotz der etwas kryptischen Bemerkung in Hdt. 9, 65 scheint deutlich zu sein, dass Xerxes das Heiligtum in Eleusis nicht geplündert hat: Rookhuijzen 2020, 210–214. Zum Weg der Flotte und Landung in Phaleron: Hdt. 8, 66.

punkt der letzten Feldzugsetappe, die mit dem Aufbruch in Sepias/Alphetai begonnen hatte.[219] Wieder wurden im Beisein des Großkönigs die vereinten Truppen inspiziert, wie Herodots Kommentare zur Größe des persischen Heeres zeigen.[220] In diesem Zusammenhang listet er auch die griechischen Kontingente auf, die auf dem Weg nach Attika zur Gefolgschaft aufgefordert bzw. verpflichtet wurden. Malier, Dorer, Lokrer, Boioter, Karystier, Andrier, Tener und die Nesioten stießen mit ihren Kontingenten in Phaleron zum persischen Heeresverband.[221] Sie kamen im Feldzug des Großkönigs zwar kaum zum Einsatz, zeigten aber, dass die Tributpflicht zur Stellung der Aufgebote erfüllt und damit die großkönigliche Autorität anerkannt wurde, wie es XPh § 3 festhält:[222] *"dies sind die Länder, deren König ich bin außerhalb von Persien; ich habe über sie geherrscht, mir brachten sie Tribut; was ihnen von mir gesagt wurde, das taten sie; das Gesetz, das mein (von mir) ist, – das hielt sie fest: (…)"*. Es folgt die sog. Länderliste mit der Nennung der *"Ionier, die am Meer wohnen und die jenseits des Meeres wohnen"*. Herodots Liste der Kontingente scheint auszudrücken, dass die Integration in den Truppenverband in Phaleron formal registriert, organisatorisch vollzogen und vom Großkönig allgemein bekannt gegeben wurde.

Möglicherweise findet sich eine durchaus positiv konnotierte Nachwirkung dieser Gefolgschaftsinszenierung auch bei Flavius Josephus, wenn er versucht, eine Teilnahme der Juden beim Griechenlandfeldzug nachzuweisen.[223] In diesem Zusammenhang wird außerdem sichtbar, dass über Herodot hinaus die Beschreibung des Xerxes-Heeres mit den Aufgeboten der verschiedenen Völkerschaften zu einem literarischen, geradezu epischen Stoff geworden ist, wie ihn Choerilos von Samos verarbeitete.[224] So ungenau Josephus' Bezug auf dieses Zeugnis auch ist,[225] lässt sich dennoch daran ablesen, dass eine Zugehörigkeit zum Vielvölkerheer des Xerxes und eine Teilnahme am Griechenlandfeldzug durchaus wert waren, erwähnt und hervorgehoben zu werden.[226]

Wie beinahe bei jeder dieser Truppenschauen wurde vom Großkönig wohl auch in Phaleron über den militärischen Erfolg hinaus die Gelegenheit genutzt, in der Aktion als Oberkommandierender aller Kontingente im Aufgebot der

---

219 Dass dies Herodot so auch versteht, zeigt sein Kommentar zur Truppenstärke Hdt: 8, 66: „Ich bin der Ansicht, dass die Streitkräfte der Perser an Zahl nicht geringer waren bei ihrem Einfall in Attika, sowohl diejenigen, die durch das Festland zogen, wie die, die zur See ankamen, als sie es bei der Ankunft in Sepias waren und bei den Thermopylen."
220 Hdt. 8, 66.
221 Hdt. 8, 67.
222 Übersetzung: Schmitt 2009, 165 f.
223 Ios. c. Ap. 1, 172.
224 Ios. c. Ap. 1, 172: *"Auch Choerilos, ein älterer Dichter, bezieht sich auf unser Volk, als es sich dem Feldzug des Xerxes, des Königs der Perser, gegen Griechenland anschloss. Als er alle Völkerschaften auszählte, schloss er am Ende auch unseres mit diesen Worten ein: (…)"*.
225 Siehe die Kommentierung zu dieser Stelle in Barclay 2007, 101 f., Anm. 565–576.
226 Vgl. so auch Sach 9, 13: „Ich wecke deine Söhne, Zion, gegen die bewährten [Kämpfer] Griechenlands, und mache dich wie das Schwert eines Helden."

4.3 Die Inszenierung des Feldzugendes

Völker seines Reiches seine Autorität und Qualität als rechtmäßiger Herrscher zu demonstrieren. Bei dieser finalen Truppeninspektion am Ende der letzten Feldzugsetappe beruft Xerxes erneut einen Kriegsrat ein.[227] Nachdem nun mit der Besetzung Athens das Ziel des Feldzugs erreicht war, kennzeichnet Herodot mit dieser Rats- und Truppenschauszene den End- und Wendepunkt des großköniglichen Unternehmens (nicht des griechischen Kampfes!). Angesichts der königlichen Sieghaftigkeit bietet sich hier die Gelegenheit, auf die Programmatik der herrschaftsideologischen Inszenierungen zurückzublicken. Der Erfolg illustriert im Sinne des achaimenidischen Manifests das Zusammenspiel von „Geisteskraft" und „Tüchtigkeit" (siehe XPl § 7) und dient damit als Beleg für die großkönigliche Rechtmäßigkeit des Xerxes. In diesem Sinn entspricht der Kriegsrat bei Phaleron funktional dem 10. Paragraphen des achaimenidischen Manifests (XPl § 10), welcher sich im Besonderen dem Beweis der Legitimation vor dem Gesamtspektrum der Einzelqualitäten widmet. Die Szene spiegelt das Resümee wider, das XPl § 10 zieht:

> „Dies (sind) die Fähigkeiten, die Ahuramazdā auf mich herniedergelassen hat, und ich war imstande, sie zu tragen. Nach dem Willen Ahuramazdās, - was von mir getan (worden ist), habe ich dank dieser Fähigkeiten getan."

Es ist bezeichnend, dass in dieser Szene noch einmal auf die objektivierende Selbstkontrolle sowie die daraus resultierende Beurteilung für einen Straftatbestand, nämlich den Widerstand gegen den Großkönig, gemäß XPl Bezug genommen wird (XPl § 3): *„Ich bin nicht heißblütig. Was auch immer mir im Streit wird, halte ich gar sehr in (meinem) Denken zurück; meiner selbst bin ich gar sehr mächtig."* Und (XPl § 5): *„Was ein Mann über einen (anderen) Mann sagt, das überzeugt mich nicht, bis ich den Bericht (die Aussage) beider höre."* Herodot illustriert dies durch den Kriegsrat am Meer bei Phaleron, der die Entscheidung für eine Seeschlacht treffen sollte. Ob ein solcher Rat tatsächlich zusammenkam, mit den Kommandanten der einzelnen Schiffe besetzt war und in der beschriebenen Weise durch die Abgabe von Voten vor dem Großkönig diskutierte, ist allein aus Herodot heraus nicht zu beurteilen.[228] Dieser benutzt aber die Rede und den Rat der Artemisia, um die erfolgreiche Vollendung des Feldzuges aus persischer Sicht zu formulieren und die Entscheidungskompetenz des Großkönigs zu inszenieren.[229] In der literarischen Konstruktion Herodots[230] ist ihre

---

227 Zur Einberufung Hdt. 8, 67: *„von den verschiedenen Völker ihre eigenen jeweiligen Herrscher und Unterbefehlshaber der Kampftruppen auf den Schiffen"*; zur Ordnung im Rat: Hdt. 8, 67: Sie *„nahmen Platz in der Reihenfolge ihres Ranges, wie ihn der König einem jeden zugewiesen hatte"*; zur Diskussion: Hdt. 8, 68; zu den Voten: Hdt. 8, 69.

228 Zur ‚Versammlung der Perser', die als Vertreter der persischen Stämme nicht nur das Aufgebot des Heeres organisierten, sondern auch den Großkönig, möglicherweise im ursprünglichen Sinn eines Anführers der Konföderation der von ‚Königen' geführten Stämme, berieten, siehe Briant 1984, 111, 113.

229 Zur ‚griechischen Lesart' in der Struktur des Gesamtwerkes, in welcher Maßlosigkeit und Hybris den Großkönig in den Untergang führen, siehe Krewet 2017, 517 f. M. Krewet

Rede freilich zweifellos so unhistorisch und fiktiv wie möglicherweise die Ratsversammlung zur Seeschlacht in Phaleron insgesamt. Zunächst betont Artemisia, quasi in einem Resümee des Unternehmens (Hdt. 8, 68):

> „Hast du nicht Athen in der Hand, um dessentwillen du den Feldzug unternahmst? Und hast du nicht auch das übrige Hellas in der Hand? Niemand stellt sich dir in den Weg. Die dir entgegentraten, sind so davongekommen, wie es ihnen gebührte."

Kaum zu übersehen ist, wie Herodot hier in seiner Erzählung den erzählerischen Bogen zum Beginn des Feldzuges mit der Versammlung der Perser schließt.[231] Die beiden großen Ratssitzungen sind durch die zentrale Rolle des Mardonios sowie die Rede eines kritischen ‚Warners' geprägt.[232] In der Residenz wie auch im Feldlager hört Xerxes die verschiedenen Meinungen, um schließlich seine Entscheidung zu fällen,[233] wie es auch XPl § 7 thematisiert.

Die Reaktion des Xerxes auf die Rede der Artemisia gestaltet Herodot zu einem ‚Charakterspiegel' des Großkönigs im achaimenidischen Sinne.[234] Unabhängig von den Folgen seiner Entscheidung antwortet der Großkönig nicht „heißblütig" (vgl. XPl § 3) auf die kritischen Worte der karischen Königin – wie allgemein erwartet wurde.[235] Vielmehr ging er ausdrücklich auf Artemisias Meinungsäußerung ein, „*freute sich besonders über ihr Urteil*" und „*lobte sie jetzt noch viel mehr*", auch wenn er nach Abwägung der beiden Seiten seine Ent-

---

diskutiert (ebd., 517–521) allerdings nicht die Möglichkeit, dass Herodot selbst eine Analyse der politischen und militärische Verhältnisse des Zuges bis zu diesem Zeitpunkt durch den Mund der Artemisia einfließen lässt. Vgl. auch Cawkwell 2005, 92, der ebenso die ‚achaimenidische' Perspektive in dieser Rede nicht in Betracht zieht.

230 Siehe Krewet 2017, 515 zur Rede der Artemisia als Konstrukt; entsprechend Ruffing 2006, 12 f.
231 Siehe Hdt. 7, 8–11.
232 Siehe zu derartigen Entsprechungen und der narrativen Verbindung zwischen Artabanos und Artemisia: Krewet 2017, 515.
233 So auch schon in der Beratung mit Demaratos. Xerxes hatte Demaratos nach seiner ehrlichen Meinung gefragt. Siehe Hdt. 7, 101: „*Der hieß ihn die Wahrheit sagen und fügte hinzu, er werde ihm darum nicht weniger angenehm sein als vorher.*" Xerxes vertritt zwar eine andere Meinung als Demaratos (Hdt. 7, 103), entlässt diesen aber wohlwollend (Hdt. 7, 105).
234 Siehe dagegen Krewet 2017, 515, der die Charakterisierung des Xerxes bei Herodot ausschließlich aus einem griechischen Verständnis zu erklären versucht. So sehr das Charakterbild des Xerxes in der ‚griechischen Lesart' zutrifft, scheint Herodots Darstellung weitaus komplexer zu sein, als er offensichtlich auch achaimenidischen Hintergrund rezipiert. Der ‚Charakterspiegel' vor dieser ‚persischen Ebene' gibt freilich ebenso wenig die Person des historischen Xerxes wieder, sondern skizziert Ideale der großköniglichen Repräsentation.
235 Hdt. 8, 68: „*Als Artemisia so zu Mardonios sprach, hielten alle, die es mit ihr gut meinten, diese Worte für ein Unglück, da es ihr wohl schlimm ergehen werde beim König, wo sie gegen die Seeschlacht Einspruch erhob; alle die aber, die scheel dreinblickten und neidisch waren auf sie, weil sie besonders ehrenvoll behandelt wurde unter all den Bundesgenossen, waren von Herzen froh über Artemisias Einrede, als sei es nun mit ihr zu Ende.*"

4.3 Die Inszenierung des Feldzugendes

scheidung anders fällte.[236] Dies entspricht der schon zitierten großköniglichen Selbstdarstellung gemäß XPl § 6.[237]

Die karische Königin vertritt zum einen die Meinung einer Minderheit,[238] zum anderen erhält sie in der Darstellung Herodots als einzige die Gelegenheit für eine längere Rede.[239] Artemisia als Frau, Königin und Flottenkommandantin ist im Heer des Xerxes die Personifikation von Minderheit schlechthin.[240] Indem sie auch noch in der Versammlung die Minderheitenmeinung vertritt, ist ihre Rede zusätzlich Ausdruck des juristischen Handlungsprinzps gemäß dem achaimenidischen Manifest, die „Starken" und „Schwachen" gleichermaßen zu ihrem Recht kommen zu lassen (XPl § 2):

> „Nicht (ist) mein Wunsch, dass der Schwache des Starken wegen unrecht (ungerecht) behandelt wird (und) nicht (ist) dies mein Wunsch, dass der Starke des Schwachen wegen unrecht (ungerecht) behandelt wird."

Vor diesem Hintergrund sind die Rede der Artemisia und das Verhalten des Xerxes im Rat eine Bestätigung für die Stabilität der durch die Autorität des Großkönigs gesicherten rechtlichen Grundordnung. Die Inszenierung einer ausgewogenen Urteils- bzw. Entscheidungsfindung durch den Großkönig unterstreicht an dieser Stelle den erreichten Erfolg aus persischer Perspektive. Tragischerweise ist in Herodots Erzählung diese einzige ‚eigenverantwortliche' Entscheidung des Großkönigs als Oberbefehlshaber auch die Grundlage für die Niederlage bei Salamis. Doch Artemisia ist nicht nur die Warnerin, die eine Minderheitenmeinung vertritt, sondern sie analysiert auch die aktuellen Zustände aus der Sicht des persischen Heeres. Bezeichnenderweise wird bei Herodot die Schlacht bei Salamis von zwei Ratsszenen des Großkönigs eingerahmt, in denen jeweils die Rede der Artemisia richtungsweisend die persische Perspektive artikuliert (s. u.).[241] Für das Vorgehen gegen die Athener auf Salamis bietet Herodot aus dem Mund der Artemisia eine Strategieanalyse, aus der das wenig offensive Vorgehen – auch später durch Mardonios – verständlich wird (Hdt. 8, 68β):

---

236 Hdt. 8, 69. Verfehlt ist dagegen m. E. die Einschätzung von Krewet 2017, 519, dies zeige „einmal mehr, wie wenig sie (die Perser; Erg. d. Verf.) dazu in der Lage sind, Gedanken oder Möglichkeiten, die ihren Wünschen nicht willkommen sind, kritisch zu prüfen." Diese Schlussfolgerung bleibt bei Krewet ohne konkreten Nachweis, sondern ist eine eher subjektive Bewertung, die einseitig aus einer pro-griechischen Perspektive bzw. einer emotional anti-persischen Haltung resultiert. In der Tat schildert Herodot, wie im Rat eine mehrheitsbasierte Entscheidung gefällt wird, die der Großkönig dann sehr schnell und effektiv umzusetzen versucht.
237 Übersetzung: Schmitt 2009, 174.
238 Siehe Hdt. 8, 69: Xerxes entscheidet nach der Mehrheit gegen den Rat der Artemisia.
239 Dass dies der besonderen Darstellung geschuldet ist, sagt Herodot selbst in Hdt. 8, 68α, wonach alle im Rat von Mardonios nach ihrer Meinung gefragt wurden.
240 Zur negativen Charakterisierungsfunktion der Königin im Tyrannendiskurs bei Herodot: Ruffing 2006, 12 f.
241 Die erste Ratsszene: Hdt. 8, 67–69; die zweite Ratsszene: Hdt. 9, 100–103.

„Denn die Hellenen sind nicht imstande, dir längere Zeit Widerstand zu leisten, vielmehr wirst du sie zerstreuen, und sie werden fliehen, jedes Kontingent für sich in seine jeweilige Stadt. Denn weder haben sie auf dieser Insel genug Proviant zur Verfügung, wie meine Nachrichten lauten, noch ist wahrscheinlich, dass sie, wenn du das Landheer gegen die Peloponnes vorrücken lässt, hier ruhig abwarten werden, jedenfalls nicht die, die von dort kommen, und denen wird nicht daran gelegen sein, sich für die Athener zu schlagen."

Der Feldzug, der sich laut Hdt. 7, 138 gegen Athen richtete, hat mit dem Fall Athens im Grunde sein strategisches Ziel erreicht. Mit der Eroberung Athens und der Einnahme der Akropolis hatte der Großkönig wieder die Einsetzung der lokalen Kulte angeordnet und die ihm loyale Gruppe der (peisistratidischen) Athener mit der Verwaltung der Stadt betraut.[242] Wenn Hdt. 7, 138 betont: *„Der Feldzug des Königs ging dem Namen nach zwar gegen Athen, in Wirklichkeit richtete er sich gegen ganz Griechenland"*, dann ist dies zunächst eine Einschätzung Herodots, die er durch keine Begründung stützt und welche vollauf der athenischen Rhetorik des Seebundes entsprach.[243] *De facto* wurde doch deutlich, dass Xerxes von Makedonien bis Attika gerade deshalb ohne großflächige Gebietseroberungen ungehindert vorrücken konnte, weil alle diese Völkerschaften und Poleis bereits auf persischer Seite standen. Auch wenn dies aus griechischer Perspektive nach den großen Siegen anders wahrgenommen und dargestellt wurde, gehörten aus persischer Sicht große Teile Griechenlands längst zum achaimenidischen Herrschaftsraum. Selbst Athen hatte 507 v. Chr. wohl bereits die Autorität des Großkönigs anerkannt.[244] Wie schon deutlich wurde, hatte sich auch der Großteil der Gemeinwesen auf der Peloponnes als ‚Bundesgenosse' des Großkönigs positioniert. Vor diesem Hintergrund ist die Aussage Herodots ernsthaft in Frage zu stellen, dass der Feldzug des Xerxes sich eigentlich *„gegen ganz Hellas"* richtete.[245] Athen ist als Ziel mit Blick auf die Verhandlungen von 507 v. Chr. und die Zerstörung von Sardes durch athenische Truppen im Ionischen Aufstand (wie vormals Eretria) offensichtlich. Dies legt jedoch umso mehr nahe, dass der Feldzug des Xerxes mit der Einnahme

---

242 Siehe Hdt. 8, 54: *„Am Tag nach der Absendung des Herolds aber rief er (Xerxes; Erg. d. Verf.) die athenischen Emigranten, die in seinem Gefolge waren, zu sich und hieß sie auf die Burg steigen und das Opfer nach ihrer Weise darbringen."* Dies könnte im Übrigen auch der Grund sein, warum Herodot durch die Rede des Tegeaten Chileos in Sparta den Verdacht aussprechen lässt, die Athener könnten inzwischen mit den „Barbaren" verbündet sein: Hdt. 9, 9. Siehe auch Hdt. 9, 11 zu einem möglichen ‚Bündnisvertrag' der Athener mit den Persern.

243 Zur retrospektiven und athenfreundlichen Konstruktion dieses Ziels durch Aischylos und Herodot v. a. vor dem Hintergrund des Peloponnesischen Krieges – eine Konstruktion, in welcher Athen als „Retterin von Hellas" und Europas stilisiert wird –, siehe Ruffing 2006, 5–14.

244 Waters 2016; vgl. auch Waters 2014a; ausführlich dazu s. o.

245 Zur proathenischen Konstruktion dieses Kriegsziels durch Herodot und seiner weiteren Entwicklung angesichts der athenischen Seebundspolitik, siehe Ruffing 2006, 8, 13–15, 18–25. Erst dieses Kriegsziel macht die Retterleistung Athens für ganz Griechenland plausibel.

4.3 Die Inszenierung des Feldzugendes

Athens tatsächlich sein Ziel erreicht hatte und die Vereinigung von persischem Heer und Flotte bei Phaleron die abschließende ‚Truppenschau' war, welche den Rückmarsch einleiten sollte.[246] Auch aus dieser Sicht ist Herodots Einschätzung durchaus recht zu geben, dass die Ereignisse in der Bucht von Salamis einen Wendepunkt markierten.[247] Immerhin konstatiert Hdt. 9, 4, dass Mardonios nach der zweiten Besetzung Athens ein weiteres Mal ein Verhandlungsangebot an die Athener stellte, *„nun, wo ganz Attika von ihm erbeutet und in seiner Gewalt war."*

Nicht zuletzt spielt hierfür auch die Haltung Lakedaimons eine Rolle, das offensichtlich eine zweigleisige Politik verfolgte: Wie bereits dargestellt, hatten die Lakedaimonier vor dem Griechenlandfeldzug diplomatischen Kontakt zu Xerxes aufgenommen und die Schuld am Mord der persischen Herolde des Dareios, wenn dieser als doppelter Gesandtenmord überhaupt als historisch zu bewerten ist, durch ihr Sühneangebot von Xerxes aufheben lassen. Nach Herodot wurde dadurch nicht nur ein politischer Konflikt behoben, der eine militärische ‚Strafmaßnahme' erfordert hätte, sondern Lakedaimon stand damit letztlich auch in einer gewissen Verpflichtung gegenüber dem persischen Großkönig. Das Gespräch der Gesandtschaft mit Hydarnes[248] scheint dabei zu signalisieren, dass eine Absprache zwischen Lakedaimon und dem Großkönig tatsächlich thematisiert und durch die Rücksendung der Gesandten nach Sparta verhandelt wurde. In Sparta wurde in der Tat versucht, ein engeres Verhältnis zum Großkönig aufzubauen.[249] Herodot berichtet jedenfalls davon, dass wahrscheinlich in der Regierungszeit des Xerxes der spartanische König Pausanias, Sohn des Kleombrotos, versuchte, in die königliche Familie einzuheiraten[250] (Hdt. 5, 32):

„zu deren Befehlshaber ernannte er (Artaphernes; Erg. d. Verf.) *Megabates, einen Perser aus dem Haus der Achaimeniden, seinen und Dareios' Vetter, eben den, mit dessen Tochter lange Zeit*

---

246 Vgl. zum Sinn der Schlacht von Salamis auch Cawkwell 2005, 107 f.
247 Vgl. Waters 2014, 129.
248 Siehe Hdt. 7, 135.
249 Welche Rolle dabei der verbannte König Demaratos spielte, ist nicht recht zu erkennen. In seinem Rat an Xerxes nach der Schlacht an den Thermopylen verrät er zwar die Strategie, Lakedaimon von See her und über Kythera einzunehmen, rät gleichzeitig aber von einem weiteren Angriff von Land her ab: Hdt. 7, 235.
250 Vgl. dazu auch Thuk. 1, 128, 7; dazu Blamire 1970, 301. Der Hinweis auf die Absicht des Pausanias, *„Herr über Hellas"* zu werden, könnte sich möglicherweise auf die Verhältnisse 467/6 v. Chr. beziehen, für welche die „Kollaboration mit dem Großkönig" nicht als Konstruktion zu behandeln wäre: Siehe dazu Schumacher 1987, 230 f.; vgl. ebd., 225 zu den Absprachen zwischen Pausanias mit Xerxes, bei denen Schumacher freilich die Herodot-Stelle nicht berücksichtigt. Dazu auch – nach Thukydides – Nep. Paus. 2, 3 f., der die Heiratsverhandlungen nach der Eroberung von Byzantion durch Pausanias ansetzt. Nep. Paus. 2, 4 überliefert in der Korrespondenz des Spartaners mit dem Großkönig als dessen Angebot: *et Spartam et ceteram Graeciam sub tuam potestatem se, adiuvante (te), redacturum pollicetur.*

nach diesen Ereignissen Pausanias, Kleombrotos' Sohn, der Lakedaimonier, verlobt war, als der Verlangen bekam, Herr über Hellas (τῆς Ἑλλάδος τύραννος) zu werden."

Derselbe Pausanias aber hatte mit der Führung des Hellenenbundes[251] auch das Kommando bei Plataiai übernommen.[252] Das seltsame taktische Hin und Her bei der Aufstellung der Truppen vor der Schlacht erhärtet den Verdacht, dass Pausanias und seine lakedaimonische Truppe wohl eine Absprache mit den Persern unter Mardonios getroffen hatten.[253] Cornelius Nepos leitet wohl unter diesem Eindruck die Pausanias-Vita mit der Charakterisierung ein, dieser sei *varius in omni genere vitae* gewesen.[254] Offensichtlich erwartete Mardonios auch, dass vor Beginn der Schlacht ein Herold von den Lakedaimoniern zu ihm geschickt würde, um das weitere Vorgehen zu besprechen.[255] Erst bei der Schlacht von Plataiai erfährt man, dass sogar die Frau des vornehmen Persers Pharandates über Pausanias informiert war, *„dessen Namen und Vaterland sie schon von früher kannte, weil sie häufig von ihm hatte reden hören"* (Hdt. 9, 76).[256] Pausanias wurde dementsprechend auch in zwei Prozessen wegen Medismos angeklagt, wobei ihm Unterhandlungen mit dem Großkönig vorgeworfen wurden.[257] In auffallender Entsprechung zu Themistokles ging Pausanias 478 v. Chr. nach Kleinasien ins Exil, wo er bis 471/70 v. Chr. Byzantion und Kolonai in der Troas kontrollierte.[258] Sogar der zweite spartanische König, Leotychidas, wurde der Bestechung mit persischem Geld überführt, durch welche der erfolgreiche Vormarsch des Lakedaimoniers in Thessalien 487 v. Chr. beendet wurde (s. u.).

---

251 Hdt. 8, 3.
252 Hdt. 9, 10.
253 Hdt. 9, 46: Die Athener schlagen vor, dass die Lakedaimonier sich vor den Boiotern und nicht gegenüber den Persern positionieren, offensichtlich weil sie Pausanias nicht trauen; Hdt. 9, 47: Mardonios wechselt ebenfalls seine Truppenaufstellung, um wieder vor Pausanias und den Lakedaimoniern positioniert zu sein; Hdt. 9, 47: Pausanias reagiert darauf, indem er seine Einheiten wieder auf ihren ursprünglichen Platz zurückführt.
254 Nep. Paus. 1, 1.
255 Siehe Hdt. 9, 48.
256 Derartige Verbindungen von Lakedaimon zu den Persern über die spartanischen Könige, wie hier Pausanias, behandelt Blösel 2018, 244–249, bes. 247 (Vorabend der Schlacht von Plataiai) leider nicht. Dementsprechend diskutiert er auch nicht mögliche Absprachen im lakedaimonisch-persischen Verhältnis, die für Herodot v. a. vor dem Hintergrund des Peloponnesischen Krieges einen kritischen Aktualitätsbezug besessen haben könnten.
257 Siehe Schumacher 1987, 224, 229; Blamire 1970, 295–305. Die angebliche Korrespondenz des Pausanias mit Xerxes, auf die Thuk. 1, 132, 1 verweist, kann zur Zeit der Medismos-Prozesse freilich noch nicht vorgelegen haben; dazu Schumacher 1987, 224. Darauf aufbauend siehe Nep. Paus. 3, 5: *cum rege habere societate*; 4, 2: *quae inter regem Pausaniamque convenerant*.
258 Nep. Paus. 3, 3; Iust. 9, 1, 3; dazu Schumacher 1987, 225, der darauf hinweist, dass die Rückberufung des Pausanias in demselben Jahr wie der Ostrakismos des Themistokles erfolgte. Zum Ostrakon gegen Themistokles: Brenne 1994, 20 mit Fig. 25; siehe auch Brenne 2001, 297–300. Zu Pausanias in Byzantion und Kolonai siehe auch Blamire 1970, 300, 302 f.

4.3 Die Inszenierung des Feldzugendes

Immerhin ist es bezeichnend, dass die Lakedaimonier erst nach dem Sieg bei Salamis und nach dem Rückmarsch des Großkönigs mit einem größeren Heereskontingent – laut Herodot 5.000 Spartiaten und 35.000 Heloten, zu denen noch einmal 5.000 Lakedaimonier hinzukamen[259] – zum Hellenenheer am Isthmos stießen.[260] Die Bemerkung der athenischen Gesandten vor den Ephoren, dass die Veranstaltung der Hyakinthien eine tragische Verzögerung und Verspätung im Kampf gegen die Perser bewirken könne,[261] spielt zweifellos auf das entsprechend verspätete Eintreffen der lakedaimonischen Kontingente für die Schlacht von Marathon an.[262]

Es ist evident, dass die Lakedaimonier sich in jeder Hinsicht – gegenüber der griechischen wie auch der persischen Seite – abgesichert hatten.[263] Für den Großkönig war nur ein gesichertes und stabiles Verhältnis zu Lakedaimon relevant, unabhängig davon, wie sich die innergriechischen Abstimmungen gestalteten. Entscheidend war dabei, dass die Lakedaimonier bei Salamis nicht maßgeblich beteiligt waren.[264] Sie stellten nur 10 (Hdt. 8, 1) bzw. 16 (Hdt. 8, 43) Schiffe im Gegensatz zu den 127 bzw. 180 der Athener. Der Oberbefehlshaber der Flotte des Hellenenbundes, der Lakedaimonier Eurybiades, favorisierte in den Beratungen und Vorbereitungen auf Salamis sehr lange den Plan, die Flotte über den Isthmos zu setzen und damit eine Schlacht zu vermeiden.[265] Erst unter massiven Drohungen gab er Themistokles nach.[266] Dafür verhinderte er aber dessen Vorhaben, nach dem Gefecht die persischen Schiffe zu verfolgen und mit der Zerstörung der Hellespontbrücken den persischen Rückzug abzuschneiden.[267] Nicht zuletzt sicherte er damit die ungehinderte Rückkehr des Großkönigs in seine Residenzen.

Bis dahin blieb das Verhältnis des Großkönigs zu Lakedaimon unverändert, während die Erhebung – als welche aus persischer Sicht der Einsatz der 300

---

259 Siehe Hdt. 9, 10 f.
260 Zur langsamen Reaktion der Spartaner: Cawkwell 2005, 112 f.
261 Hdt. 9, 11; siehe auch Hdt. 9, 6 f. zum Eintreffen der athenischen Gesandten zu den Hyakinthien in Sparta. Zur Unglaubwürdigkeit dieses Arguments siehe auch Cawkwell 2005, 113, der vielmehr die Furcht der Spartaner vor einem drohenden Helotenaufstand als Ursache für die Verzögerung der militärischen Hilfeleistung sieht.
262 Hdt. 6, 106 f. Ausführlich Luther 2007, 381–403.
263 Dies ist ein Aspekt, den Krewet 2017, 515 nicht berücksichtigt. Vielmehr ist es fraglich, ob aus den Reden des Demaratos, Achaimenes und Xerxes eine historische Rekonstruktion der lakedaimonischen Strategie entwickelt werden darf (siehe ebd., 515).
264 Vor dem Hintergrund der Artemisia-Anekdote Hdt. 8, 87 f. ist fraglich, ob die wenigen Schiffe der Lakedaimonier im griechischen Verbund von der persischen Seite überhaupt wahrgenommen und identifiziert werden konnten. Zu dieser Geschichte siehe Bichler 2016c, 206–208.
265 Hdt. 8, 60α; 63; 79. Vgl. auch Hdt. 8, 4, wo sich Eurybiades schon einmal gegen einen anhaltenden Widerstand gegen die persische Flotte wehrt.
266 Hdt. 8, 62.
267 Hdt. 8, 108.

Spartiaten unter Leonidas vermutlich angesehen wurde – niedergeschlagen worden und ihr Anführer Leonidas an den Thermopylen als ‚Rebell' bestraft worden war.[268] Entsprechend beschreibt auch Herodot die Entsendung der Spartiaten unter Leonidas ‚nur' als eine Vorausabteilung des eigentlichen Heeres, das wegen des Karneia-Festes noch nicht ausrücken konnte.[269] Auch lässt Herodot keinen Zweifel daran, dass auch Argos schon vor dem Feldzug, womöglich in Reaktion auf die athenische Flottenpolitik im Aiginetischen Krieg (dazu s. o.), ein Freundschaftsverhältnis zu Xerxes unterhielt (Hdt. 7, 149–152). Sparta scheint möglicherweise mit Hydarnes und dem Großkönig ähnliche Absprachen getroffen zu haben (Hdt. 7, 134–137). Herodot (7, 139) betont sogar, dass die Lakedaimonier bei einem Widerstand gegen den Großkönig nicht auf die Unterstützung der Peloponnesier setzen konnten. Mit anderen Worten: Der Großteil der Peloponnes erkannte wohl ebenfalls die Autorität des Großkönigs an. Die gesamte Westküste der Peloponnes, die für die Seewege in der Ägäis bedeutend war, stand demzufolge auf persischer Seite. In erster Linie wird damit jedoch das jeweilige Individualverhältnis der einzelnen Gemeinwesen auf der Peloponnes zum Großkönig beschrieben. Aus dieser jeweiligen Zusammenarbeit mit Persien ist aber nicht zwingend eine einheitlich peloponnesische Interessengemeinschaft oder -gleichheit abzuleiten, in welcher innerpeloponnesische Konflikte aufgingen. Am Verhalten von Argos wird dies beispielhaft deutlich: Als Pausanias mit seinem Heer in Lakedaimon aufbrach, informierten die Argiver Mardonios in Athen durch Eilboten.[270] Daher sei laut Hdt. 7, 139 Lakedaimon auch v. a. in einem Kampf gegen die Seemacht der Perser unterlegen gewesen. Und aus demselben Grund beobachteten die Flottenkontingente aus Kerkyra nur die Entwicklung des Feldzuges vom Kap Tainaron aus, griffen aber in das Kampfgeschehen nicht ein.[271] Es bestand also eigentlich keine Notwendigkeit für Xerxes, seinen Feldzug über den Saronischen Golf hinaus fortzusetzen, zumal aus seiner Sicht in diesem auch Aigina längst nominell als Teil der sogenannten Inselgriechen („*die Yauna im Meer*") zum achaimenidischen Herrschaftsgebiet gehörte.[272] Nicht zuletzt spiegelt sich die Kenntnis davon vielleicht auch im Verhalten der Peloponnesier wider, als sie

---

268 Zur Niederschlagung derartiger Erhebung und zur Bestrafung der Aufständischen in der Wahrnehmung der persischen Repräsentationstexte siehe den Text der Behistun-Inschrift.
269 Siehe Hdt. 7, 206; ebenso verhält es sich mit dem Heer der peloponnesischen Bundesgenossen, für welche das Verhalten der Lakedaimonier ausschlaggebend ist und die mit ihren Truppen nur bis zum Isthmos vorrücken; dazu Ruffing 2006, 11.
270 Hdt. 9, 12.
271 Hdt. 7, 168. Fraglich ist mit Blick auf den Rat des Demaratos, der vor Xerxes Kythera als ‚Einfalltor' nach Lakedaimon charakterisierte (Hdt. 7, 235), ob die kerkyräischen Kontingente nicht zur Sicherung dieser Insel am Kap Tainaron postiert waren.
272 An eben dieser Position entzündet sich ja der sog. Aiginetische Krieg: Siehe Blösel 2004, 89 f.; Kelly 2003, 183 f.; Cawkwell 2005, 87.

trotz der Vorgänge an den Thermopylen und am Kap Artemision nur wenige Truppen schickten und stattdessen an den Olympischen Spielen teilnahmen.[273]

4.4 Salamis

Nach der Truppenschau von Phaleron brachen Heer und Flotte des Xerxes also erneut auf, nun mit dem Ziel der Insel Salamis.[274] *„Die Landmacht der Barbaren aber setzte sich noch in der gleichen Nacht in Richtung auf die Peloponnes in Bewegung"*, erläutert Hdt. 8, 71, nennt aber nicht deren konkretes Ziel.[275] Die Peloponnesier am Isthmos befürchteten möglicherweise zwar eine Ausdehnung des Feldzuges auf die Peloponnes,[276] Herodot formuliert dies aber nirgendwo explizit als Ziel des Großkönigs, sondern in Hdt. 8, 100 f. als ein Vorhaben des Mardonios. Während sich die Hellenenflotte also bei Salamis auf ein Seegefecht vorbereitete, errichteten die Peloponnesier am Isthmos angeblich eine Sperrbefestigung.[277] Herodot deutet diese als eine Schutzmaßnahme gegen den erwarteten Vorstoß des Xerxes, die unmittelbar nach der Niederlage an den Thermopylen eingeleitet wurde (Hdt. 8, 70 f.):

> *„Die Hellenen schwebten aber in Angst und Bangen, nicht am wenigsten die von der Peloponnes. Diese bangten, dass sie selber auf Salamis sitzen und für das Land der Athener kämpfen sollten und im Falle einer Niederlage auf der Insel abgeschnitten belagert werden würden, während sie ihr eigenes Land ungedeckt lassen müssten. (...) Jedoch waren alle nur möglichen Anstalten getroffen worden, den Barbaren das Eindringen auf dem Landweg zu verwehren. Denn sobald die Peloponnesier erfahren hatten, dass die um Leonidas bei den Thermopylen gefallen waren, strömten sie aus ihren Städten herbei und lagerten am Isthmos, (...). Wie sie nun am Isthmos lagerten, schütteten sie als erstes den skironischen Weg zu, und dann bauten sie gemäß dem Beschluss, zu dem sie in Beratungen gekommen waren, quer über den Isthmos eine Mauer."*

Herodots Bericht illustriert in erster Hinsicht die Zerrissenheit in der Solidarität der Griechen und sogar innerhalb des Hellenenbundes. Der Bau der Isthmosmauer ist dabei zunächst ein Zeichen für die Sicherheitspolitik Spartas,

---

273 Hdt. 7, 206: Die Bundesgenossen beabsichtigen, sich wie Sparta für die Feier der Karneia von der Truppenstellung zu dispensieren, um die Olympischen Spiele abhalten zu können. Sie entsenden daher ebenfalls nur Vorausabteilungen; Hdt. 8, 26: die Hellenen in Olympia nach dem Sieg des Xerxes an den Thermopylen; Hdt. 8, 72: Noch vor der Schlacht bei Salamis sind nur Truppen der Lakedaimonier, Arkader, Eleier, Korinther, Sikyonier, Epidaurer, Phleiasier, Troizener und Hermioneer an der Isthmos-Verteidigung. Alle anderen Peloponnesier sind mit ihren Truppen nicht anwesend.
274 So deutlich Hdt. 8, 70.
275 Kritisch zur Glaubwürdigkeit dieser Nachricht bei Herodot: Cawkwell 2005, 107, 112.
276 Hdt. 8, 70.
277 Zu den Baumaßnahmen und dem Bauwerk aus Steinen, Ziegeln, Balken und Sand: Hdt. 8, 72. Ausführlich dazu sowie zu den Zweifeln an der Existenz dieses Bauwerks: Cawkwell 2005, 97 f.

v. a. als Hegemon des Peloponnesischen Bundes, zumal sich die attische Politik unter Themistokles aggressiv auf eine Konfrontation mit Sparta ausgerichtet hatte.[278] Seit dem Ausbau der athenischen Flotte war der Konflikt mit Sparta um eine hegemoniale Stellung in Griechenland virulent.[279] Themistokles besaß in diesem Zusammenhang den Ruf eines skrupellosen Machtpolitikers, gegen den sich auch in Athen eine Opposition um Aristeides gebildet hatte.[280] Es drängt sich damit die Frage auf, ob die Isthmos-Befestigung tatsächlich nur einer Abwehr der Perser dienen sollte, oder eventuell mit Blick auf die Folgen eines persischen Sieges in Attika einer Fortsetzung der aggressiven, antispartanischen Politik Athens unter dem Schutz des Großkönigs vorbeugen sollte.[281]

Überhaupt ist doch fraglich, ob eine Fortsetzung des Feldzuges und eine Eroberung der Peloponnes von Xerxes überhaupt beabsichtigt war. Die maritimen Aktionen der Perser 479 und 478 v. Chr. in der Ägäis vor der Schlacht von Mykale (s. u.) zeigen jedenfalls die Einsatzfähigkeit der Flotte: Die Verluste bei Salamis waren nicht derart gravierend, dass ein weiteres Ausgreifen auf die Peloponnes nicht mehr zu leisten gewesen wäre. Zudem war das Heer des Xerxes zu Lande durch die Seeschlacht kaum beeinträchtigt und bislang von den Hellenen ungeschlagen. Damit kann selbst die Isthmos-Befestigung der Peloponnesier nicht als ein Grund angeführt werden,[282] der Xerxes von einem weiteren Vorrücken auf die Peloponnes abgehalten hätte. Schließlich stand gerade die ausgefeilte Belagerungstechnik in einer altorientalischen Tradition und gehörte zu einer ‚Spezialität' der Achaimeniden.[283] Gegen eine Weiterführung des Feldzuges auf die Peloponnes sprachen daher wohl eher planungsstrategische und logistische Argumente. Offensichtlich war die Überwinterung des großköniglichen Heeres in Thessalien und damit in verhältnismäßiger Nähe

---

278 Schumacher 1987, 226. Zur Sicherheitspolitik Spartas im Peloponnesischen Bund: ebd., 246.
279 Schumacher 1987, 226.
280 Zum negativen Ruf des Themistokles bei Stesimbrotos von Thasos: FGrHist. 107, F 1–3; vgl. Hdt. 8, 5; 58; 109 (zur zweigleisigen Politik des Themistokles); 112; Schumacher 1987, 244. Zur athenischen Opposition um Areisteides: Schumacher 1987, 226 mit Plut. Kim. 5, 5 f.; 10, 8; 16, 2; Plut. Them. 20, 4; 22, 3; 23, 1; Plut. mor. 605E; Plut. Arist. 25, 10; Diod. 11, 54, 4. Vgl. in diesem Zusammenhang auch die von Herodot abweichende Beschreibung der athenischen Truppeneinsätze auf Psyttaleia bei der Schlacht von Salamis, wohl unter dem Kommando des Aristeides, bei Aischylos (Aisch. Pers. 454–464): Fornara 1966, 51–54.
281 Dieser Eindruck wird dadurch bestätigt, dass Themistokles im Herbst 479 oder Frühjahr 478 v. Chr. auf der Pylaia der Delphischen Amphiktyonie verhinderte, dass nach dem Antrag der Spartaner die Mitglieder, die nicht gegen die Perser gekämpft hatten, aus dem Bund ausgeschlossen wurden. Siehe Plut. Them. 20, 3 f.; Plut. Her. Malign. 35; dazu Blösel 2004, 127; Bengtson 1951, 85–92. Überhaupt zu den Zweifeln an der Historizität der Isthmos-Befestigung: Cawkwell 2005, 98.
282 Dazu Ruffing 2006, 11.
283 So ausführlich Cawkwell 2005, 108. Siehe auch Klinkott (in Vorb.).

4.4 Salamis

zum achaimenidischen Reichsgebiet von Beginn an geplant.[284] Ein Feldzug auf die Peloponnes hätte für den Großkönig bedeutet, nicht nur ein zweites Mal und noch tiefer im Feindesland überwintern zu müssen, sondern dort auch dem Risiko ausgesetzt zu sein, über den Isthmos als topographischem ‚Nadelöhr' leicht von der Verbindung und einem schnellen Rückweg nach Makedonien bzw. zu seinem Hof in Sardes abgeriegelt zu werden.[285] Möglicherweise ist es verfehlt, den Wert und Nutzen des Xerxes-Feldzuges nach den territorialen Gewinnen und militärischen Erfolgen zu bemessen, erst recht wenn die Anerkennung der großköniglichen Autorität (zumindest teilweise)[286] aus achaimenidischer Sicht bereits gewährleistet war und im Verständnis des Xerxes ein wesentlicher Akzent auf dem programmatischen Gehalt der großköniglichen Legitimationsinszenierung lag. Eine Antwort auf die Fragen, warum ein persischer Angriff auf die Peloponnes nicht erfolgte, ob und wie dieser konkret geplant war, bleibt vor diesem Hintergrund eine kontrafaktische Spekulation.

Für das Verhalten des persischen Heeres ist zunächst zu beobachten, dass sich die Verbände der Truppen zu Lande offensichtlich mit der Flotte von Phaleron nach Westen verlagerten. Vor allem aber konzentrierten sich die persischen Aktionen auf die Inseln im Saronischen Golf: Die Insel Psyttaleia, zwischen Phaleron und Salamis gelegen, wurde besetzt, Schiffe am Kap Kynosura, also auf Salamis und bei Keos stationiert und der gesamte Sund bis nach Munychia unter die Kontrolle der persischen Flotte gestellt.[287] Ziel der Flottenunternehmung war wohl, ähnlich wie bei Euboia, die Insel vollständig einzuschließen.[288] Die Blockade der Insel mit ihren Bewohnern spielt offensichtlich auf die persischen Eroberungen der Nesioten unter Dareios I. an. Die Perser hatten damals die Inselbewohner angeblich wie Wild mit Netzen zusammengetrieben und gefangen, so Herodot.[289] Das Bild des Großkönigs als erfolgreicher Jäger im

---

284 Ausführlich zum Aufenthalt des Großkönigs im thessalischen Winterquartier s. u.
285 Zu diesem Thema, den Großkönig mit seinem Heer in Griechenland zu isolieren vgl. Hdt. 8, 108; zu Versorgungsschwierigkeiten bei einer Überwinterung des Heeres in Attika: Cawkwell 2005, 112.
286 Siehe dazu Herodot, der ausdrücklich erwähnt, dass sich nicht alle Peloponnesier an der Verteidigung des Isthmos beteiligten. Nach einer kurzen Liste der am Mauerbau beteiligten Gemeinwesen (Lakedaimonier, Arkader, Eleier, Korinther, Sikyonier, Epidaurer, Phleiasier, Troizener, Hermioneer) betont Hdt. 8, 72: „die anderen Peloponnesier dagegen scherten sich nicht im Geringsten darum."
287 Hdt. 8, 76. Zu den Kämpfen auf Psyttaleia in der Version des Aischylos, die eindeutig von Herodots Bericht abweicht: Fornara 1966, 51–54.
288 Umzingelung der Insel und Einschließen der Athener: Hdt. 8, 76; 78 f.; 81 f.; Aischyl. Pers. 366–371; Diod. 11, 17, 2; dazu ausführlich Bengtson 1971, 89–94; How/Wells 1912, 382 f.
289 Hdt. 6, 31: „Wenn es (das Seeheer der Perser im Ionischen Aufstand; Erg. d. Verf.) eine der Inseln nahm, besetzten die Barbaren die jeweilige Insel und fingen die Menschen wie Wild mit Netzen. Und das machten sie so: Einer fasste den anderen bei der Hand, und so bildeten sie eine Kette vom Meer im Norden bis zum Meer im Süden, und dann gehen sie durch die ganze Insel und

Kampf gegen die Feinde gehört ebenfalls zu den altbekannten mesopotamischen Herrschermotiven. So lässt Xenophon in einer Rede Kyros' II. den Krieg als Treibjagd beschreiben, bei welcher der Feind wie mit Netzen gefangen wird.[290]

Johannes Haubold hat darüber hinaus gezeigt, dass das Bild des ‚königlichen Fischers' besonders im Kampf gegen die Griechen (*Yaunāya*) eine Metapher ist, die aus der babylonischen Literatur, speziell den Königsinschriften Sargons II. gut bekannt ist.[291] Der Sargon-Zylinder 21 definiert eindeutig das Motiv:[292] „*(Sargon) expert in battle, who like a fisherman caught the Yaunāya in the midst of the sea like fish and thus gave peace to Cilicia and Tyre.*" Es verwundert kaum, dass Xerxes dieses Motiv für die persische Seite aufnahm und bei der Schlacht von Salamis inszenierte.[293] Wie Robert Rollinger gezeigt hat, gebrauchte Sargon II. die Griechen als ‚Marker' des äußersten Westens, welche im Zuge seiner erfolgreichen Feldzüge den universalen Herrschaftsanspruch des Königs illustrierten.[294] In der Tradition seiner teispidischen und achaimenidischen Vorgänger nahme Xerxes die babylonische Form der idealisierten Herrscherdarstellung (speziell Sargons von Akkad und Sargons II.) auf und entwickelte sie im Motiv eines ‚Eroberer des Meeres' weiter.[295] Vor diesem Hintergrund darf nicht außer Acht geraten, dass die symbolischen Akte bei Salamis deutliche Marker in einem achaimenidischen und babylonisch beeinflussten Herschernarrativ zum Griechenlandfeldzug waren, für welches die konkreten militärischen Abläufe von nachgeordneter Bedeutung waren. Johannes Haubold bemerkt daher zu Recht für die östliche, mithin interne Wahrnehmung im Achaimenidenreich: „By comparison [d. h. zu einem griechischen Auditorium; Erg. d. Verf.], the conquest of the ocean had broader resonance in the Near East, and Xerxes made sure he publicized it to the the widest possible audience".[296]

---

scheuchen die Menschen auf und vor sich her." Siehe dazu Degen (in Vorb., a); Ruffing 2021, 356.
290 Xen. Kyr. 2, 4, 25. Vgl. auch Xen. Kyr. 1, 6, 28 (Wildschweinjagd mit Netzen); 1, 6, 39 (Vogeljagd mit Netzen); Xen. Kyneg. 2, 3 (Netzwächter); 2, 4 f. und 7–9 (verschiedene Netzarten); 6, 5 f. (Netze und Netzwächter).
291 Zu Zyl. 21 und anderen Texten siehe Haubold 2013, 101. Zum ‚Fischfang' der Nesioten bei Herodot: Degen (in Vorb., a); Clarke 2018, 116 f., die das Motiv des Fischers bei Herodot ohne den orientalischen Hintergrund aber nicht erklären kann. Siehe dagegen ausführlich Haubold 2012, 12 f., bes. mit Bezug zu Hdt. 1, 141; dazu auch Hirsch 1986, 222–229.
292 Übersetzung: Fuchs 1994, 34, 290; ausführlich dazu Rollinger 2001, 239 f. Zum Kontext siehe Haubold 2013, 101.
293 Siehe Haubold 2013, 112 f.
294 Rollinger 2001, 240.
295 Zu Kyros II.: Haubold 2013, 104; zu Kambyses: ebd., 106; zu Dareios I.: ebd., 109 f.; zu Xerxes und seiner motivischen Weiterentwicklung: Haubold 2013, 112.
296 Haubold 2013, 112.

4.4 Salamis

Unabhängig davon sind die Parallelen im Vorgehen der persischen Truppen bei den beiden Seeschlachten vom Kap Artemision und von Salamis auffallend:

- In beiden Fällen operierte die Flotte vom nahegelegenen Sammelplatz der Truppen aus (bei Kap Artemision: Sepias/Alphetai – bei Salamis: Athen/Phaleron).
- In beiden Fällen versucht die Flotte eine Umsegelung der Insel von beiden Seiten.[297]
- Beide Male gelingt der persischen Flotte kein Sieg über die griechischen Schiffe.
- In beiden Fällen garantiert die persische Flotte die Kontrolle über die Küste des Festlandes, an welcher sich das Heer des Großkönigs aufhält.[298]
- In beiden Fällen versucht die persische Flotte durch eine enge Aufstellung einen Durchbruch der hellenischen Schiffe zu verhindern.

So existenziell und identitätsstiftend die Schlacht von Salamis für die athenische Geschichte zweifellos war, so unbedeutend und folgenlos war sie für die achaimenidischen Interessen. Aus einer persischen Perspektive wird sie zu einem Manöver im Saronischen Golf als Teil einer großkönigliche Inszenierung am End- und Wendepunkt des gesamten Unternehmens (s. u.).[299] Während das Heer zwischen Athen und Piräus lagerte, begab sich der Großkönig an die attische Küste gegenüber von Salamis, an den Fuß des Berges Aigaleos, um seine Truppenteile in einer großen gemeinsamen Inszenierung zu begutachten, die bewusst in Parallelität zur Besichtigung von Heer und Flotte bei Abydos am Hellespont angelegt ist.[300]

In diesen Zusammenhang gehört auch die gesamte Szenerie, die den Großkönig beschreibt, wie er auf einem Hügel thronend das Schlachtgeschehen verfolgte. Die Historizität dieser Szene wird mittlerweile vielfach angezweifelt.[301] Josef Wiesehöfer hat überzeugend gezeigt, dass die Beschreibung Herodots, die im Übrigen keinen Thron des Großkönigs erwähnt – dieser ist erst deutlich später über Demosthenes und Plutarch in die Szene eingeflossen[302] – den narrativen und stilistischen Topoi der griechischen Literatur folgt, im Besonderen dem Mauerschaumotiv (ὁροσκοπία).[303] Umso auffälliger ist, dass

---

[297] Euboia: Hdt. 8, 7; Umfahrung dann über Euripos. Hdt. 8, 66; Salamis: Hdt. 8, 76; 78.
[298] Siehe dazu auch Hdt. 8, 92: „Die Barbaren aber, deren Schiffe davonkamen, gelangten bei der Flucht nach Phaleron unter den Schutz des Landheeres."
[299] In einem vergleichbaren Tenor Dio Chrysost., In Athen. 25: „so waren auch in den Kämpfen zwischen den Athenern und Persern bald die Athener siegreich, bald die Perser".
[300] Hdt. 8, 90. Zu Xerxes im Thron: Wiesehöfer 2010, 26 f.
[301] de Jong 2018, 23–48; van Rookhuijzen 2019, 228–230; Wiesehöfer 2021a, 254–260; Rollinger/Degen 2021a, 434–436.
[302] Dem. In Timocr. 129; Plut. Them. 13, 1. Wiesehöfer 2021a, 255 f.
[303] Ausführlich Wiesehöfer 2021a, 258.

eben diese Szene in ihrer klischeebehafteten Missdeutung bereits mit dem großköniglichen Programm in XPl in Verbindung gebracht wurde.[304] Josef Wiesehöfer hat dazu deutlich gemacht, dass der Großkönig in dieser idealisierten Form als „der königliche Held auf dem Thron" eine Chiffre der Herrscherrepräsentation am achaimenidischen Hof war, die auch in Griechenland und im Besonderen Herodot bekannt war.[305] Nicht zuletzt ist der König als Beobachter auf erhöhter Position auch ein altes Motiv, das etwa aus der Korrespondenz des neuassyrischen Königs Asarhaddon gut bekannt ist.[306]

Damit wird klar, dass auch diese Szenerie des Xerxes bei Salamis unter dem Eindruck gleichermaßen griechischer wie persischer Narrative und Deutungsmuster stand. Wie der historische Xerxes sich bei der Schlacht verhielt und wo er sich tatsächlich befand, ist auf dieser Grundlage kaum zu beantworten.[307] Die auf Persien bezogene Historizität der Episode liegt vielmehr in dem Reflex der offiziellen großköniglichen Selbstdarstellung. Gemäß dieser war die Szene – losgelöst von den negativen, griechischen Deutungsaspekten – im Kontext der achaimenidischen Herrscherrepräsentation zu verstehen: Sie illustriert, dass Xerxes sich auch hier symbolisch ganz in der Rolle des rechtmäßigen Herrschers zeigte, im programmatischen Sinne des idealisierten Großkönigs und seines Namens als „Held auf dem Thron".

Weder Xerxes noch seine Flottenverbände rechneten unmittelbar nach der Einnahme Athens wohl mit einem maritimen Gegenschlag der Athener.[308] So entwickelte sich der Sieg der athenischen Schiffe bei Salamis aus einem erfolgreichen Überraschungsangriff,[309] der in der Selbstwahrnehmung und Repräsentation der Athener später zu dem großen Wendeereignis und der entscheidenden Retterleistung schlechthin stilisiert wurde.[310] Konkret ist es Herodot, der in diesem Kampf den Höhe- und Wendepunkt seiner Erzählung sieht und ihn parallelistisch zum großen Sieg über das feindliche Heer bei Plataiai und zur Schlacht von Himera anlegt.[311] Jenseits dieser literarischen Akzentuierung sind die Kampfhandlungen bei Salamis weitaus weniger kriegsentscheidend. Zum einen spiegelt sich dies wohl in der Tatsache wider, dass die Verluste der persi-

---

304 Hinz 1979, 11; dazu Wiesehöfer 2021a, 257.
305 Ausführlich Wiesehöfer 2021a, 259. Zum „königlichen Held auf dem Thron": Root 1979, 300–309; zum thronenden Großkönig auf Siegeldarstellungen: Garrison/Root 2001, 42 f., 53–60, 436–439; Root 2015, 22; zur Außenwirkung: Kuhrt 2007, 534–537, 616 f.; Rollinger 2011, 11–54, bes. 38 f., Anm. 109; zur Rezeption des Motivs in Griechenland: Miller 2006/07, 120; siehe auch zur Perservase des Dareiosmalers (Neapel 3253): Trendall/Cambitoglou 1982, 494, pl. 174,1.
306 Wiesehöfer 2021a, 259 zu SAA XVI 77, 4–8.
307 Ausführlich Wiesehöfer 2021a, 258, 261.
308 Ruffing 2006, 1.
309 Siehe Hdt. 8, 83: Aus dem Angriff der persischen Flotte entwickelte sich die Schlacht, weil das Schiff des Ameinias aus Pallene sich in einem feindlichen Schiff verfangen hatte.
310 Siehe dazu Thuk. 1, 18, 1 f.; 1, 23, 1 f.; 1, 73, 2–74, 4; 6, 83, 1; dazu auch Zahrnt 2010, 120 f.
311 Ausführlich dazu Bichler 2007c, 47–54.

4.4 Salamis

schen Seite als ‚Niederlage' keinen – weder einen direkten noch einen indirekten – Reflex in der östlichen Überlieferung hervorgerufen haben. Weder findet sich eine Kritik an der militärischen oder politischen Befähigung des Xerxes, noch wird der dynastische Herrschaftsanspruch der Achaimeniden grundsätzlich vor den oder in Reaktion auf die Niederlagen in den Perserkriegen thematisiert.[312] Vor dem Hintergrund einer politischen Opposition und Konkurrenz am königlichen Hof, der Xerxes letztendlich auch zum Opfer fiel, wäre eine solche Diskussion durchaus zu erwarten.[313]

Zudem ist in diesem Zusammenhang von Bedeutung, dass die (verhältnismäßig späten Weihungen der) Siegesmonumente für die Schlacht von Salamis in der gemeingriechischen Erinnerungskultur weniger einen einschneidenden Wendepunkt zu markieren schienen als die von Marathon, den Thermopylen und Plataiai.[314] Immerhin beschreibt Hdt. 8, 121 f. sie doch recht detailliert:

„Zuerst wählten sie (die Athener; Erg. d. Verf.) nun aus der Beute die Erstlingsgaben für die Götter aus, darunter drei phoinikische Trieren, eine zur Aufstellung auf dem Isthmos, die auch noch zu meiner Zeit dort war, die zweite auf Kap Sunion, die dritte für Ajas auf Salamis selber. Danach teilten sie die Beute auf und sandten später von diesen Teilen die Erstlingsgaben nach Delphi. Davon wurde ein Standbild gemacht, das hält einen Schiffsschnabel in der Hand und ist zwölf Ellen hoch. Es steht an der gleichen Stelle, wo auch der Makedone Alexandros steht, der aus Gold ist. Und als die Hellenen ihre Erstlingsgaben nach Delphi sandten, fragten sie gemeinsam beim Gott an, ob er seinen vollen Anteil von den Gaben empfangen habe und zufrieden sei. Von den anderen Hellenen, antwortete er, habe er das, nur von den Aigineten nicht, vielmehr forderte er von ihnen den Tapferkeitspreis, den sie für die Schlacht von Salamis erhalten hatten. Auf diesen Bescheid weihten die Aigineten goldene Sterne, die auf einem ehernen Mast stehen, drei an der Zahl, in der Ecke, dicht neben dem Mischkrug des Kroisos."

---

312 Zu möglicher dynastischer Opposition siehe Xerxes' Umgang mit politischen Gegnern in der sog. Daiva-Inschrift XPh: s. u.

313 Zu Konkurrenz und möglichen Herrschaftsansprüchen anderer persischer Familien gegenüber den Achaimeniden siehe Briant 1984, 109 f, 113. Zum Tod des Xerxes: Wiesehöfer 2005, 37–44; Wiesehöfer 2007, 3–19; zum Datum: Huber 2019, 143–147.

314 Grundlegend hierzu, zum retrospektiven Stiftungsverhalten der Athener sowie zu den Siegesmonumenten mit ausführlicher Belegsammlung siehe die Habilitationsschrift von B. Bergmann: Bergmann (in Vorb.). Nicht zuletzt schlägt sich dies auch in der Forschung nieder, in der die Siegesmonumente für Salamis kaum eine Rolle spielen. Siehe insgesamt Bergmann 2019, 112 f., bes. mit Anm. 7. Siehe zu Marathon Luther 2007, 383 f.; Zahrnt 2010, 114–127, siehe besonders zum Miltiades-Monument des Phidias in Delphi ebd., 118 f.; zu den Perser-Epigrammen auf der Athener Agora: ebd., 117; zu den Bildern der Stoa Poikile in Athen: ebd., 118; zum Tropaion bzw. Nike-Monument und dem Grabmal des Miltiades bei Marathon: ebd., 118; zur Athena des Phidias auf der Akropolis von Athen: ebd., 119. Zu den Thermopylen: Jung 2011, 95–108; Meier 2010, 98–113. Zur Schlangensäule in Delphi als gemeingriechisches Monument für Plataiai: Jung 2006, 242–255; zum Athena-Heiligtum als Stiftung der Athener in Plataiai: Plut. Arist. 20, 3; Paus. 1, 28, 2; 9, 4, 1 f.; Zahrnt 2010, 119. Zur Erinnerungskultur um die Bedeutung der Schlacht von Salamis, explizit in Athen: Ruffing 2006, 19–32.

Wie die Bedeutung der Schlacht von Salamis zu bewerten ist, hängt wesentlich von der jeweiligen Perspektive ab. In der ‚griechischen Lesart' bei Herodot ist die Schlacht zweifellos ein entscheidender und geradezu epochaler Wendepunkt.[315] Dies trifft jedoch nicht zwingend für die persische Seite zu, v. a. da die Ziele des Feldzugs mit dem Fall Athens bereits erreicht waren. Aus Sicht des Großkönigs besaß die Seeschlacht ebenso wenig kriegsentscheidende Qualität wie die Kämpfe am Kap Artemision.[316] Darüber hinaus ist das Ausmaß der Verluste kaum zuverlässig zu bestimmen.[317] Zum einen gibt Herodot – anders als bei allen anderen Kämpfen – für Salamis keine Zahlen an, zum anderen bleiben seine Angaben bezüglich der persischen Flotte diffus:[318]

- Nach Hdt. 8, 89 lautet das erste Resümee: „*Als die vordersten Schiffe sich zur Flucht wandten, da gingen die meisten Schiffe verloren*".
- Hdt. 8, 92 berichtet davon, dass die Schiffe, die von der Schlacht geflohen waren, nach Phaleron kamen, wo das Landheer ihnen Schutz bot.
- Hdt. 8, 93 konstatiert Herodot: „*Auch die anderen, deren Schiffe übriggeblieben waren, befanden sich in Phaleron*".
- Laut Hdt. 8, 97 rüstete Xerxes nach der Niederlage jedoch wieder so auf, „*als ob er eine weitere Seeschlacht schlagen wolle*".
- Hdt. 8, 130 berichtet zur Rückfahrt der Flotte: „*Was aber Xerxes' Seemacht anbetrifft, soweit sie noch vorhanden war, (…) überwinterte sie nun in Kyme*".

Zumindest war die persische Flotte trotz der Verluste in der Schlacht nicht so sehr geschwächt, dass der Feldzug – wie beim Unternehmen des Mardonios am Athos – deshalb abgebrochen werden musste und die Flotte des Großkönigs nicht mehr einsatzfähig war.

4.5 Der Umgang mit der Niederlage

Trotz dieser anderen, großköniglichen Wahrnehmung ist ausdrücklich zu betonen: Die Schlacht von Salamis war für die Perser keine ‚Petitesse', sondern

---

315 Siehe dazu Wiesehöfer 2010, 22–26; Ruffing 2006, 10–14.
316 So auch Cawkwell 2005, 103: „As far as the Persian occupation and control of Greece was concerned, the Greek victory at Salamis was of very little importance." Siehe ebenso Bichler 2016c, 205–219, bes. 206–208.
317 Nicht einmal die Zahl der beteiligten Schiffe ist letztlich sicher. Zur Diskussion: Ruffing 2006, 1 mit einem Überblick über die Forschungsliteratur in Anm. 2. Auch das Grabepigramm für die bei Salamis gefallenen Korinther, das wohl von Simonides stammt, liefert keine Zahlenangaben: IG I.2 927; dazu Plut., Her. Malign. 38 (= mor. 870 e); Dio Chrysost. 37, 18.
318 Vgl. zur auffallenden Ungenauigkeit bei Herodot über die Verlustzahlen der Schlacht Cawkwell 2005, 99, 109 f.

4.5 Der Umgang mit der Niederlage

eine verlustreiche Niederlage gegen die Flotte der Hellenen mit militärischen und politischen Konsequenzen.[319] Nach Salamis distanzierte sich Xerxes grundsätzlich von einer weiteren Eroberungspolitik im Westen (auch wenn die entscheidenden Gründe hierfür unklar, nicht aber zwingend und ausschließlich als Folge der Niederlage zu sehen sind). Ebenso wissen wir nach Herodot von keinen weiteren herrschaftsideologischen Inszenierungen des Großkönigs auf seinem Rückmarsch nach Sardes. Zweifellos beförderte die Niederlage einen Handlungsdruck, besonders aus dem Lager der politischen Kritiker. Der Großkönig reagierte daher umgehend in einer weiteren Ratsversammlung.[320] Diese legte offensichtlich fest, dass Xerxes – möglicherweise wie geplant – auf direktem Weg in seine Residenzen zurückkehrte, um dort am Ort die politische Kontrolle über sein Reich und den königlichen Hof zu sichern.[321] Dies war entscheidend, um die Deutungshoheit über den Feldzug und dessen Ereignisse zu behalten und damit die großkönigliche Repräsentation, d. h. die offiziellen achaimenidischen Narrative festzulegen. Zudem legte Xerxes in dieser Ratssitzung nach der Niederlage bei Salamis die weitere Kriegführung fest: Ein erneutes Vorgehen gegen Athen war unerlässlich und sollte auch mit der zweiten Eroberung der Stadt durch Mardonios erfolgen (s. u.). Sicherlich ist dessen deutlich härteres Vorgehen mit der Plünderung und Zerstörung der Stadt auch vor dem Hintergrund der Niederlage von Salamis zu verstehen. Ebenso war der weitere Einsatz der persischen Flotte zur Sicherung der ägäischen Inseln, der kleinasiatischen Westküste und des Hellesponts wohl eine Reaktion auf die Niederlage und die Überlegenheit der Hellenen in der Seekriegführung (s. u.). Nicht zuletzt berief Xerxes für die weiteren Kämpfe die einflussreichsten Perser seines Hofes und der königlichen Familie als Strategen.[322] Er zwang sie damit, zunächst in Griechenland im Feld zu bleiben und nicht an den königlichen Hof der Residenzen zurückzukehren. Dabei galt, was Artemisia als Ratschlag für Xerxes bezüglich Mardonios formuliert hatte (Hdt. 8, 102):

> „Aber bei der jetzigen Wendung der Ereignisse halte ich es für das Beste, dass du wieder zurückmarschierst,[323] und dass Mardonios, wie er es will und zu tun versprochen hat, wie er sagt, zurückgelassen wird mit denjenigen, die er benötigt. Denn wenn er all das unterwirft, was er zu unterwerfen anbietet und erfolgreich in dem Ziel ist, von dem er spricht, dann ist der Gewinn, o Herr, der deine, denn es werden deine Knechte sein, die ihn erwirkt haben. Wenn aber das Ergebnis das Gegenteil von Mardonios' Meinung ist, ist es kein großes Unglück, so lange du und dein Haushalt/Hof sicher sind."

---

319 Vgl. Cawkwell 2005, 110.
320 Hdt. 8, 101, 1.
321 Siehe Cawkwell 2005, 108.
322 Siehe etwa zu Artaphernes: Hdt. 8, 126.
323 Die Erwähnung des Rückmarsches ist nur aus einer ausschließlich griechischen Perspektive ein Indiz für eine retrospektive Darstellung *ex eventu*. Sollte ein geregelter Rückmarsch nach einem Sieg über Athen von Beginn an zur Planung des großköniglichen Unternehmens gehört haben, dann könnte Herorots Darstellung auch auf eine offizielle achaimenidische Version des Unternehmens rekurrieren.

Gerade weil Xerxes mit seiner Rückkehr in die Residenzen die Deutungshoheit über das offizielle, reichsinterne Narrativ der großköniglichen Darstellung behielt,[324] stellt sich jenseits der militärischen und politischen Folgen die Frage, wie die Niederlage von Salamis in der großköniglichen Repräsentation eingeordnet wurde. Zweifellos nicht als die Darstellung eines Aktes, der die achaimenidischen Herrscherqualitäten idealiter in der Praxis umsetzte und bestätigte! So fällt umso mehr auf, dass Herodot nach der Schlacht von keinen Situationen mehr berichtet, bei denen großkönigliche Herrschertugenden im Feld inszeniert wurden.

Für eine Beantwortung der Frage kann u. a. ein Blick auf andere großkönigliche Inschriften und die östlichen Quellen insgesamt hilfreich sein. Auch andere bedeutende Niederlagen, wie etwa des Dareios I. bei Marathon oder des Kambyses im ägyptischen Papremis haben in der östlichen Überlieferung keinen Niederschlag gefunden, nicht einmal die Niederlage und der Tod Kyros' II. bei den Massageten.[325] Schlachtgeschehen, Niederlagen wie auch Siege, werden in den großköniglichen Repräsentationsinschriften grundsätzlich nicht im Einzelnen und konkret dargestellt.[326] Die Niederlage von Salamis, wie sie Herodot beschreibt, war kaum ein Ereignis, das in das Programm einer idealisierten Herrscherinszenierung passte. Eher konnte es Kritik am König geben, die möglicherweise auch als meta-historischer Hintergrund in die frühe griechische Schlachtbeschreibung eingegangen ist. Deutlich wird dies mit dem Reflex auf die entsprechende Kenntnisnahme in den Residenzen etwa in den ‚Persern' des Aischylos[327] sowie diesem folgend in Hdt. 8, 99 f.:

> „Die zweite Nachricht aber erschütterte sie bei ihrer Ankunft so, dass alle ihre Kleider zerrissen, und Klage und Wehgeschrei nicht nicht enden wollten; und Mardonios gaben sie dabei die Schuld an allem. Und das taten die Perser weniger aus Leid um die Schiffe, als weil sie um Xerxes selber besorgt waren. Und das hielt bei den Persern lange an und hörte erst auf, als Xerxes selbst heimkehrte."

Herodots Bericht macht hier deutlich, dass der Akzent für die Bewertung der Schlacht bei Salamis in den Residenzen und für den Großkönig auf gänzlich anderen Aspekten lag. Diese waren es wohl auch, die in den großköniglichen Palästen in Gemälden, von denen Philostrat *Vita Apollonii* 1, 3 und *Vita Alexandri* 3, 28, Z. 26 f. berichten, dargestellt waren. Philostrat *Vita Apollonii* 1, 3 schildert

---

324 Deutlich wird die Kontrolle über und Einflussnahme auf das offizielle Narrativ etwa auch in den Münzprägungen seit Xerxes, welche für griechische (z. B. athenische Tetradrachmen) das Bild des Königs gezielt in einem „imperial visual programm of power and iconography" präsentieren: Dusinberre 2013, 76. Vgl. ebenso ebd., 76: „They form part of a consistent program of Achaemenid kings".
325 Alle Ereignisse sind ebenfalls in erster Linie ausschließlich durch Herodot bekannt; zum Tod Kyros' II: Bichler 2000, 268 f.; zum Tod des Kambyses: Bichler 2000, 272–277.
326 Siehe dazu Klinkott 2020, 47–59; Jacobs 2014, 342–344.
327 Siehe dazu Ruffing 2006, 8.

4.5 Der Umgang mit der Niederlage

sogar die Szenen auf den Wandteppichen im großköniglichen Palast von Babylon:[328]

> „Über den Aufenthalt unseres Mannes in Babylon und über das, was man von Babylon wissen muss, habe ich folgendes herausgefunden: (...) Die Stickereien auf den Teppichen haben ihre Motive aus der griechischen Sage entnommen. Eingewoben ist auch die Tat des Datis, der Naxos aus dem Meer reißt, und des Artaphernes, der Eretria umringt, und jeder andere Sieg des Xerxes. Es sind also ebenfalls die Besetzung Athens und die Eroberung der Thermopylen dargestellt und außerdem, was noch mehr den medischen Charakter unterstreicht, die der Erde entzogenen Flüsse, die Brücke über das Meer und der durchstoßene Athos."

Während die Niederlage als militärisches Ereignis marginalisiert wurde, war die Rolle des Großkönigs in das östliche Herrschernarrativ eingebunden. Johannes Haubold hat gezeigt, wie Herodots Darstellung der Schlacht innerhalb einer wechselseitigen Konversation griechisch-babylonischer Literatur als ein Gegenentwurf zu bzw. eine Antwort auf ein babylonisch geprägtes Narrativ verstanden werden kann. In diesem bediente sich Xerxes als ‚königlicher Fischer' in den Griechenkriegen bewusst einer Motivik Sargons II. und instrumentalisierte diese für die traditionelle Herrscherrepräsentation als erfolgreicher ‚Eroberer des Weltmeeres'.[329] Am Beispiel Esarhaddons wird nicht nur die traditionelle Rezeption dieses Themas in der babylonischen Literatur deutlich, sondern auch dessen Reflexion bei Herodot.[330] Die legitimationswirksame Leistung des Königs lag zum einen in der Umsetzung eines solchen Kriegszugs am bzw. über den Rand der Welt, der *marratu*, hinaus, zum anderen wurde das gesamte Unternehmen zu einer legitimatorischen und menschlichen Grenzerfahrung, bei der schon die sicheren Rückkehr des Königs, wie sie Hdt. 8, 100 ausdrücklich thematisiert, eine Bestätigung seiner herrscherlichen Qualität war.[331]

Herodot bezieht sich hierbei offensichtlich konkret auf eine offizielle achaimenidische Darstellung des großköniglichen Selbstverständnisses, welches traditionelle babylonische Narrative verarbeitet hat und selbst über die akkadischen Versionen der großköniglichen Inschriften wieder zurück in den babylonischen Literaturkontext wirkte.[332] Wenn die Bedeutung des Feldzuges für Xerxes in der Inszenierung der großköniglichen Qualitäten im Sinn des achaimenidischen Manifests sowie einer gelungenen Organisation des Unter-

---

328 Dazu Bichler 2016c, 217 f.; Metzler 1975, 37 f. Siehe auch zu persischen Teppichen mit figürlichen Darstellungen im Festzelt Ptolemaios' II. in Alexandria Kallixeinos/Athen. Deipn. V 197b.
329 Haubold 2013, 101, 112. Zu Sargon II. und den Ioniern/Griechen als imperiale Marker im äußersten Westen und am Rand des geographischen Horizonts eines universalen Herrschaftsanspruchs: Rollinger 2001, 239 f.
330 Haubold 2013, 112 f.; ausführlich zur griechischen Reaktion bei Aischylos ebd., 114–116.
331 Ausführlich Haubold 2013, 104–111.
332 Siehe zur Bedeutung der akkadischen Versionen Haubold 2013, 109, Anm. 124; zum Umgang des Xerxes damit nach Salamis: ebd., 113–117.

nehmens im babylonischen Sinn literarischer Grenzerfahrung lag, dann war der Ziel- und Höhepunkt für den Großkönig mit der Besetzung Athens erreicht. Mit dem Feldzug als Inszenierungsereignis des achaimenidischen Manifests konnte Xerxes die Wertung vom konkreten Kriegsgeschehen militärischer Einzelereignisse wie der Niederlage bei Salamis auf den Aspekt großköniglicher Repräsentation verlagern und reduzieren, wie es auch die Inschriften seines Vorgängers Dareios I. bereits getan hatten. Wie bei diesen wurde das gesamte Unternehmen eingebettet in ein altes sargonisches Herrschernarrativ des ‚Weltmeere-Eroberers' und als „imperial drama" im traditionellen, babylonischen Siegernarrativ inszeniert.[333] In letzterem griff die Seeschlacht, erst recht ein Kampf auf dem Meer gegen Griechen, ein Motiv auf, welches in einer Inschrift Esarhaddons sogar die ‚hölzernen Mauern' der Athener bei Salamis geradezu vorformuliert zu haben scheint:[334]

> „Kings who lived in the sea, whose (inner) walls were the sea and whose outer walls were the waves, who rode ships like chariots and harnessed rowers instead of horses – they were very afraid. Their hearts were pounding, and they were vomiting gall. There was none like me, my weapons are irresistible. And among my princely ancestors none could equal me."

Wenn ein Grund für die Schlacht in der Inszenierung des Xerxes bei einem Seesieg als Zeichen seines Weltherrschaftsanspruchs lag, dann gehört zu den Folgen der Niederlage mit der Darstellung durch die griechischen Autoren: „They (die Perser, Erg. d. Verf.) had been robbed of a narrative that underpinned the king's prowess as a warrior in the Sargonic tradition."[335] Die griechischen Autoren nahmen damit den imperialen babylonischen Diskurs auf und adaptierten ihn, insbesondere für Athen, für die eigene Darstellung als maritime Hegemonialmacht.[336] Erkennbar wird dies etwa in der ironischen Verarbeitung des ‚Fischer-Motivs' für die Schlacht bei Salamis in Aischylos, Perser 424–428, welche im Kontrast zu Herodots Motiv der Treibjagd steht:[337]

> „Gestad und Klippen füllten sich mit Leichen an,
> Im Fliehen ungeordnet rudert jedes Schiff,
> Soviel noch übrigblieben von der Barbaren Heer.
> Und wie des Tunfischs Scharen man mit Spießen wirft,

---

333 Siehe Haubold 2013, 110–112.
334 Esarhaddon I., col. IV.82–V.2 (Übersetzung Haubold 2013, 113). Vgl. dazu sowie zur scheinbaren Verwendung babylonischer Motive durch Themistokles: Haubold 2013, 124. Zur Ausrichtung des Orakelspruchs bei Herodot auf ein athenisches Publikum: Bowden 2003, 272–274.
335 Haubold 2013, 113.
336 Siehe Haubold 2013, 114.
337 Übersetzung: Lange 1944. Vgl. Haubold 2013, 114. Zur Kennzeichnung der Perser als ‚Fische' und dem Fischfang als Motiv für den Sieg der Griechen bei Salamis über Xerxes: Hall 1996, 21; zur Bedeutung dieser Motivik in der griechischen Literatur: Garvie 2009, 199–202. Zum sargonischen Motiv der Feinde als Fische und des Königs als Fischer: Rollinger 2001, 239 f., 245 f.

4.5 Der Umgang mit der Niederlage

So schlugen die mit Ruderstangen, schleuderten
Gebälk, zertrümmernd alles, Ächzen lagert sich
Zugleich mit Weheschreien auf dem salzigen Meer,
Bis es hinweg das Auge trank der schwarzen Nacht."

Für eine erfolgsbetonte Selbstdarstellung des Xerxes rückte dagegen in den Vordergrund, dass auch der Rückmarsch des Heeres planmäßig vonstatten ging, der Großkönig aber sein Kriegsziel erreicht hatte und damit siegreich und sicher in sein Reich und zu den Residenzen zurückkehrte. Dies war für den zweiten achaimenidischen Herrscher in seiner Abgrenzung zu den teispidischen Vorgängern, die beide im Feld zu Tode gekommen waren, ein sichtbarer Erfolg, der die Stabilität für die Herrschaft der neuen Dynastie langfristig sicherte. Eine derartige Akzentuierung schlägt sich noch in der Darstellung des Dion Chrysostomos nieder, der berichtet (11, 149):

„Danach sei Xerxes gegen Griechenland gezogen, habe die Lakedaimonier bei den Thermopylen geschlagen und ihren König Leonidas getötet, dann die Stadt der Athener erobert und zerstört und alle, die nicht geflohen waren, in die Knechtschaft geführt."

Die Überquerung des Weltenstroms (*marratu*), mithin die Überschreitung der Grenzen der Welt, ist ein mutiger, heldenhafter Akt, der in seiner Exzeptionalität durch eine mehrfache Wiederholung noch gesteigert wird. Um so aussagekräftiger ist es, dass der Kampf bei und um Salamis in einem Akt mit großer symbolischer Bedeutung gipfelte, der von Herodot nur nebensächlich angesprochen, aus einer griechischen Perspektive meist übergangen wird, für die achaimenidische Wahrnehmung aber möglicherweise größere Bedeutung besaß (Hdt. 8, 97):

„da ließ er den Versuch machen, einen Damm nach Salamis aufzuschütten, ließ phoinikische Lastkähne aneinanderbinden, so dass es eine Art Floßbrücke mit Mauerwehr ergab, und zum Kampf rüsten, als ob er eine weitere Seeschlacht schlagen wolle."

Die Schiffsbrücke nach Salamis steht als Gegenstück zur Schiffsbrücke am Hellespont zu Beginn des Feldzuges und markiert nun das Ende des großköniglichen Unternehmens.[338] Dass es nicht ein Ablenkungsmanöver des Großkönigs war, wie Hdt. 8, 97 behauptet, sondern schon vor der Seeschlacht zur Eroberung der Insel Salamis gehörte, scheint sich im Orakel auszudrücken, das Hdt. 8, 77 zitiert: „Doch wenn einst das Gestade, der Goldschwert-Artemis heilig, und Kynousura im Meer sie mit Schiffen wie Brücken/oder: als Brücken verbunden, (...)". Auch wenn das Orakel zweifellos im Wissen über den Ausgang der Seeschlacht formuliert ist, setzt es den Plan für den Bau dieser zweiten Schiffsbrücke eindeutig vor der Schlacht an. Herodot geht auf dieses Projekt nicht weiter ein, er erklärt

---

338 Vgl. dazu auch den Bericht bei Ktes. § 30 (= Stronk 2010, 334 f.) und Cawkwell 2005, 92, der den Brückenbau bei Salamis polemisch als „too absurd to excite criticism" abtut, ohne allerdings die literarische und symbolische Bezugnahme zur Hellespontbrücke am Beginn des Feldzuges zu diskutieren.

nicht einmal, ob diese Schiffsbrücke überhaupt zustande kam und das persische Heer sie nutzte, um nach Salamis überzugreifen.

Die Bedeutung des Bauwerks wird aus den *Persika* des Ktesias (als Damm) und dem Bericht des Aristodemos (als Schiffsbrücke) deutlicher:[339] Kai Ruffing hat dazu die Vermutung geäußert, dass der militärische Zweck des Baus (einer Schiffsbrücke) einem amphibischen Unternehmen diente, das gegen die Athener auf Salamis gerichtet war und in einer Entsprechung zur Besetzung der Insel Psyttaleia stand. Zu Recht treten damit Zweifel auf, ob die Schlacht bei Salamis von persischer Seite überhaupt als Seeschlacht geplant war.[340]

Darüber hinaus gibt es wohl kaum ein stärkeres Zeichen für die Wiederherstellung der Ordnung im großköniglichen Sinn, als durch die Umsetzung eines solchen Projekts im ehemaligen Feindesland die militärische und logistische Kontrolle zu demonstrieren. Darüber hinaus führte dieses letzte Unternehmen unmissverständlich vor Augen, dass Xerxes die militärstrategische Meisterleistung gelungen war, Flotte und Heer vom Anfang bis zum Ende des Feldzuges strikt parallel und aufeinander abgestimmt operieren zu lassen[341] – eine Leistung, die Alexander III. bei seinem Rückmarsch aus Indien nicht gelingen sollte! Wie der Feldzug durch die Schiffsbrücke am Hellespont mit einem vereinten Manöver des Heeres auf den Schiffen begann, endete er nun in einem entsprechenden Akt auf der Schiffsbrücke im Saronischen Golf. Die Bedeutung eines solchen Aktes der Herrscherrepräsentation liegt wohl darin, die Kontinuität im militärischen Erfolg und in der großköniglichen Kompetenz von Dareios I. an sichtbar zu machen. Denn in Hdt. 7, 10γ warnt Artabanos in seiner Rede bereits genau vor den Gefahren, wie sie jetzt eintreten sollten. Nicht zuletzt macht Herodot damit die Verbindung der Schiffbrückenprojekte bei Dareios und Xerxes umso stärker:

„Aber angenommen, sie (die Hellenen; Erg. d. Verf.) *verlegen sich auf die Schiffe, siegen in einer Seeschlacht und fahren nach dem Hellespont, und dann brechen sie dort die Brücke ab, da, mein König, wird das drohende Unheil Wirklichkeit. Aber (...) es fehlte einmal nicht viel, so hätten wir das am eigenen Leibe erfahren, damals als dein Vater eine Brücke schlug über den thrakischen Bosporus und eine zweite über den Istros und hinüberging ins Skythenland."*

Die Betonung einer derartigen politischen Kontinuität, die im Besonderen an den Bauwerken erkennbar wird, propagiert Xerxes selbst in der Königsinschrift aus Persepolis (XPf § 4).[342]

Tatsache ist, dass ein derartiges, zweites Großprojekt des Xerxes nicht in Herodots Narrativ des einsetzenden Niedergangs und Misserfolgs der persischen

---

339 Ktes. Pers. § 30 (= Stronk 2010, 334 f.); zu Aristodemos: FGrHist. 104 F 1, 2; siehe dazu Strab. 9, 1, 13; ausführlich Ruffing 2006, 15 f.
340 Siehe Ruffing 2006, 16 bes. mit Anm. 64.
341 Siehe dazu besonders Hdt. 7, 110.121.
342 Übersetzung nach Schmitt 2000, 162.

Truppen in Griechenland paßt.[343] Es verwundert daher nicht, dass Herodots ereignisgeschichtlicher Erzählstrang an dieser Stelle unvermittelt abbricht und auch nicht wieder aufgenommen wird. Unklar bleibt daher, was mit den Schiffen der Pontonbrücke während und nach der Schlacht geschah.

4.6 Themistokles vor dem Großkönig

Xerxes hielt sich nach den Kämpfen in der Bucht von Salamis noch einige Zeit in Phaleron auf.[344] Währenddessen wurde offensichtlich die befestigte Schiffsbrücke zur Insel angelegt bzw. fertiggestellt. Über etwaige Kämpfe des Heeres, das über diese nach Salamis vorrückte, informiert Herodot nicht weiter. Stattdessen berichtet er für genau diese Zeitspanne, dass Themistokles durch Gesandte Kontakt zu Xerxes aufnahm und mit ihm in Verhandlungen trat.[345] Zudem riet der Athener immer wieder von einer Verfolgung der persischen Flotte ab.[346] Angeblich, so betont Herodot, wollte Themistokles sich damit einen Vorteil beim Großkönig verschaffen, denn er „*verfolgte mit diesen Worten seinen krummen Weg*" (Hdt. 8, 108). Herodot spricht hier eine neue Facette des Feldzugs an, wonach die Schlacht bei Salamis letztendlich auf einen innergriechischen Konflikt zurückzuführen ist. Themistokles setzte seine Absicht, die Insel weiter zu verteidigen, gegen die Interessen der Peloponnesier durch, indem er – nicht zuletzt durch Berufung auf ein ‚Trugorakel' – die Schlacht erzwang. Herodot lässt Themistokles so gegenüber Aristeides sagen (Hdt. 8, 80, 1):[347]

> *„Denn wisse, ich bin der Urheber von dem, was die Meder getan haben. Als nämlich die Hellenen nicht freiwillig an die Schlacht herangehen wollten, musste ich sie gegen ihren Willen dazu bringen."*

---

343 Siehe dazu Clarke 2018, 202–216, die eine kontinuierliche negative Steigerung der persischen Herrscher Kyros, Kambyses, Dareios und Xerxes in ihren ‚Überbrückungsprojekten' sieht, welche schließlich in der Hybris des Xerxes gipfelt (ebd., 215 f.). Allerdings lässt sie in diesem Kontext die Überbrückung des Saronischen Golfes unberücksichtigt.
344 Hdt. 8, 113: „*Xerxes aber wartete mit seinem Heer nach der Seeschlacht noch einige Tage*".
345 Hdt. 8, 110.
346 Siehe Hdt. 8, 108 f.; 111: Die Hellenen brechen schließlich die Verfolgung gänzlich ab.
347 Ausführlich zu diesem Vorgang und der Kombination mit dem ‚Trugorakel' des Bakis: Wesselmann 2011, 167–169. Die ‚List' des Themistokles basiert auf einer ‚Lügenbotschaft', die diesen über das ‚Trugorakel' des Bakis mit Xerxes verbindet (ist dies eine Athen-Kritik, in welcher das tyrannische Verhalten des Themistokles mit dem des Großkönigs gleichgesetzt wird?). Zugleich eröffnet Herodot auf literarischer Ebene einen homerischen, mithin epischen Bezug: Wesselmann 2011, 170. Davon abgesehen thematisiert Herodot ungeschminkt, wie Themistokles seine persönlichen Interessen gegen den Widerstand der Griechen in Zusammenarbeit mit Xerxes durchsetzt; siehe dazu auch Wesselmann 2011, 169.

4 Der Griechenlandfeldzug als achaimenidisches Programm

Dafür hatte Themistokles nun seine verschwiegenen und loyalen Leute, darunter seinen Diener Sikinnos, mit einem Boot zu Xerxes entsandt, um ihm durch sie seine Kooperation anzubieten.[348] Unmittelbar im Anschluss daran erfährt man, dass Themistokles die athenische Flotte einsetzte, um von einigen Nesioten, v. a. Andros, Geldzahlungen eintreiben zu lassen.[349] Für welchen Zweck diese Gelder genau bestimmt waren, bleibt im Dunklen. Es ist aber offenkundig, dass sie den Charakter von Tributen besaßen, die mittels Gewaltandrohung eingetrieben wurden.[350] Laut Herodot erpresste Themistokles die Inselgriechen auf diese Weise rücksichtslos zur Zahlung ungeheurer Summen, wofür er auffälligerweise dieselben Vermittler einsetzte, die er auch zu Xerxes geschickt hatte.[351] Da die Eintreibung offensichtlich nicht gemeingriechischen Zielen, sondern persönlichen Interessen des Themistokles folgte, ist ihr Verwendungszweck umso dubioser (Hdt. 8, 112): *„Themistokles war aber dabei, von Andros aus Geld von den Inselleuten einzuziehen, ohne das Wissen der anderen Feldherren."*

In der Forschung werden der Sinn dieser Zahlungen und die Absichten des Themistokles kontrovers diskutiert.[352] Zu wenig blieb bislang aber berücksich-

---

348 Hdt. 8, 110.
349 Zur Belagerung von Andros und Karystos: Blösel 2004, 314–320. Dass dabei beabsichtigt war, dort stationierte persische Garnisonen zu vertreiben, ist spekulativ (siehe ebd., 293 f.) und durch keinen Beleg gesichert. Vielmehr ist die strategische Bedeutung der perserfreundlichen Kykladen für die Seerouten in den Saronischen Golf offensichtlich: Blösel 2004, 293; Arnaud 2020, 68 f., 241–246; vgl. auch Keaveney 2011, 26; Hyland 2018, 29, 150.
350 Siehe Hdt. 8, 111: Die Andrier werden auf die Verweigerung der Zahlung hin von den Athenern belagert; siehe ähnlich bei den anderen Inselgriechen Hdt. 8, 112; dort auch: Den Andriern wird Medismos als Grund vorgeworfen. Siehe auch Kelly 2003, 208.
351 Hdt. 8, 112.
352 Siehe z. B. ausführlich Blösel 2004, 285–320. Zur zweigleisigen Politik des Themistokles und seinen Kontakten zum Großkönig siehe Schumacher 1987, 232–239. Blösel 2004, 337–350 diskutiert zwar ausführlich die Verratsvorwürfe gegen Themistokles, geht aber von Beginn an von konstruierten „Erzählungen" (ebd., 338) aus. Siehe Blösel 2004, 337: „Ein Hauptziel der vorliegenden Studie war es, wahrscheinlich zu machen, daß Herodot bei seinen Berichten über Themistokles von Erzählungen ausgegangen ist, die ihn als Verräter am Kampf der Griechen verunglimpften." Blösel schließt damit ohne weitere Begründung aus, dass Themistokles tatsächlich frühzeitige Kontakte zum Großkönig besessen und eine zweigleisige Politik verfolgt haben könnte, die später von athenischer Seite als Verrat und Medismos gewertet wurde. Zur Flucht des Themistokles über Argos, Kerkyra zu den Molossern, nach Pydna und Ionien: Schumacher 1987, 239. In Argos versuchte Themistokles 471/70 v. Chr. eine antispartanische Koalition aus Argos, Elis, Tegea und dem Arkadischen Bund zu organisieren: Thuk. 1, 135, 3; Plut. Them. 23, 1; Diod. 11, 55, 3; Nep. Them. 8, 1 f.; dazu Schumacher 1987, 225, 239; O'Neil 1981, 335–346. Aus diesem Grund hatte Pausanias nach Plut. Them. 23, 2 f. direkte Verhandlungen mit den Athenern aufgenommen, in denen es angeblich um Absprachen mit dem Großkönig gegangen sein soll: Thuk. 1, 135, 1 f.; Diod. 11, 54, 3 f.; 55, 8; Nep. Them. 8, 2; Schumacher 1987, 225. Es bleibt freilich Spekulation, derartige Absprachen als unhistorisch zu bewer-

4.6 Themistokles vor dem Großkönig

tigt, ob diese Gelder konkret in Zusammenhang mit der Schiffsbrücke nach Salamis, dem Vorrücken des persischen Heeres dorthin und dem Kooperationsangebot des Themistokles an Xerxes zu verstehen sind.[353] Zweifellos passt auch dies unmöglich mit dem später in der kollektiven Erinnerung festgeschriebenen, griechischen Verständnis überein, in Salamis den ersten einer Reihe von ‚Befreiungssiegen' zu sehen, die gerade die Unterwerfung durch den Großkönig abwehrten und die αὐτονομία καὶ ἐλευθερία Athens fundamentierten.[354] Umso bezeichnender ist eine Nachricht über die Brüskierung des Salamissiegers Themistokles durch Delphi bei Pausanias, die nicht in der Tradition Herodots steht (Paus. 10, 14, 5):[355]

„Man erzählt auch, dass Themistokles nach Delphi kam, um dem Apollon aus der Perserbeute zu bringen. Als er wegen der Weihgeschenke fragte, ob er sie innerhalb des Tempels aufstellen dürfe, befahl ihm die Pythia, sie überhaupt aus dem Heiligtum wieder fortzutragen. Die darauf bezügliche Stelle des Orakelspruchs lautet so: ‚Lege mir nicht von der Perserbeute schönen Schmuck / in den Tempel; schick es schnellstens heim.'"

Auf der anderen Seite sind es diese auch bei Herodot obskuren, tributartigen Zahlungsforderungen, auf denen dann letztlich die Anklage des Themistokles wegen ‚Medismos' fußte.[356] Oder sollten dies, aus persischer Sicht, die Zahlun-

---

ten, allein weil sie „wenig glaubwürdig" erscheinen (so Schumacher 1987, 225; vgl. auch ebd., 234).

353 Meist werden diese Phoros-Zahlungen als „Kriegsreparationen" der mederfreundlichen Kykladen an die griechische Flotte oder als anachronistische Vorläufer der Abgaben im Delisch-Attischen Seebund verstanden; so Blösel 2004, 298–301, 303–305 mit weiterer Literatur. Dieser Deutungsansatz erklärt jedoch nicht die Heimlichkeit, mit der Themistokles vor den Bündnispartnern im Hellenenbund handelte. Eine zweigleisige Politik des Themistokles scheint Blösel kaum vorstellbar, auch wenn sich ihm (ebd., 319) dieser Verdacht aufdrängt: „Denn hätte er (Herodot; Erg. d. Verf.) die beiden glorreichen Sieger von Marathon und Salamis als Perserfreunde und Verräter dargestellt, so hätte er ihr Verdienst um Athen und Hellas, dem er das höchste Lob zollt, mit einem Federstrich ausgelöscht. Doch damit wäre auch der von Herodot (7, 139) mit Vehemenz verteidigte Anspruch der Athener, in den Perserkriegen Herz, Kopf und Hand des hellenischen Widerstandes gewesen zu sein, entscheidend geschmälert worden." Eine persische Perspektive bleibt außer Acht, wenn Blösel 2004, 292, 316 allein aus dem griechischen Kontext den Grund für das Unternehmen in der Habgier des Themistokles sieht und als fiktives Konstrukt Herodots abtut. In der Tat ist dagegen vielfach deutlich geworden, dass Herodot nicht nur ein weitaus komplexeres Bild in den politischen Verhältnissen zu den Persern beschreibt, sondern auch deutliche Athenkritik im zeitgenössischen Reflex formuliert.

354 Vgl. dazu etwa Lykurg 1, 70, wonach alle anderen Griechen Athen im Kampf bei Salamis im Stich gelassen hätten und Athen sich allein von der persischen Gefahr ‚befreit' hätte.

355 Zu diesem Skandal siehe Gauer 2021, 388.

356 Zum φόρος als Tribut in diesem Kontext siehe Blösel 2004, 301–303; dazu und zum Exil des Themistokles: Keaveney 2003; Schumacher 1987, 232; zu Themistokles in der Audienz vor Xerxes: Philostr. Imag. 2, 31; dazu Allen 2005a, 56; vgl. dagegen Schumacher 239–241, der für eine Datierung in die frühe Regierungszeit des Artaxerxes I. plädiert. Zu den Besitzungen und Münzprägungen des Themistokles im persischen Exil in Kleinasien:

gen sein, die Dion Chrysostomos (11, 149) dem Meder in den Mund legt? *„Als er* (Xerxes; Erg. d. Verf.) *dies getan hatte, habe er den Griechen Tribute auferlegt und sei nach Asien zurückgekehrt."* In diesen Kontext ist sicherlich auch die viel diskutierte Isthmos-Inschrift zu stellen, die von Dareiken-Zahlungen griechischer Gemeinwesen an die Peloponnesier berichtet.[357] Sie zeigt, dass Zahlungsverpflichtungen griechischer Städte bestanden, die offensichtlich in persischem Münzgeld geleistet wurden.

Es bleibt dabei zunächst unerheblich, ob und in welcher Form angedacht war, daraus einmal regelmäßige Tributzahlungen zu entwickeln. Entscheidend war die (auch einmalige) Zahlungsleistung an sich, so dass der Großkönig mit vollem Recht behaupten konnte (XPh § 2):[358]

> *„Dies (sind) die Länder, deren König ich bin außerhalb von Parsa, ich habe über sie geherrscht; mir brachten sie Tribut; was ihnen von mir gesagt wurde, das taten sie; das Gesetz, das meines ist, – das hielt sie (fest)"*.

Dass Xerxes diesen Feldzug als einen Erfolg sah und daraus einen konkreten Herrschaftsanspruch über alle Griechen ableitete, dokumentiert die großkönigliche Inschrift XPh (bab.) § 3: Dort sind die Yauna das einzige Volk, das dies- und jenseits des *marratu* (Weltenstroms/Meeres) unter der Herrschaft des Xerxes beschrieben wird.[359]

Tatsache ist, dass die Athener auf Veranlassung des Themistokles bis zu diesem Zeitpunkt ihre Flotte nicht gegen die persischen Schiffe einsetzten, die weiterhin bei Phaleron lagen. Doch auch von persischer Seite wurden keine weiteren Angriffe mehr gegen die Flotte der Hellenen unternommen. Erst als die großköniglichen Kontingente bereits aus Phaleron abgesegelt waren, wurde allmählich die Verfolgung aufgenommen, schon sehr bald aber abgebrochen.[360] Hdt. 8, 108 konstatiert vielmehr: *„Nun kamen ihnen* (den Athenern; Erg. d. Verf.) *auf ihrer Verfolgung bis hin nach Andros Xerxes' Flotte nicht in Sicht."* Nicht zuletzt ist in Herodots Erzählung die Koinzidenz markant, dass vom Abzug des Xerxes zu Lande erst berichtet wird, nachdem Themistokles die Gelder von den Nesioten erfolgreich erzwungen hatte.[361]

Nollé 2003, 192–197. Zur Chronologie siehe Lenardon 1959, 23–48; Schumacher 1987, 234 f. Eine andere Frage ist dagegen, wie Herodot die Person des Themistokles mit seiner innergriechischen Politik und seinen inner-athenischen Interessen darstellt und charakterisiert; siehe dazu Blösel 2004, 86 f., 89, 329–335. Interessant ist in diesem Zusammenhang die innenpolitische pro-themistokleische Dimension, welche die Aufführung der *Persae* des Aischylos 472 v. Chr. besaß; dazu Ruffing 2006, 9.

357 Siehe dazu Ruffing 2018, 159 f.
358 Übersetzung nach Schmitt, 2000, 165 f.
359 Ausführlich Haubold 2012, 12: dies trifft nicht einmal für die Saka zu, die auch in der Länderliste genannt werden.
360 Zum Abbruch siehe Hdt. 8, 111.
361 Hdt. 8, 113.

4.6 Themistokles vor dem Großkönig

Vor allem lässt Herodot das großkönigliche Unternehmen des Xerxes nicht mit dem repräsentativen Großprojekt einer zweiten Schiffsbrücke enden, sondern mit einer zweiten Ratsversammlung bei Phaleron, bei der Artemisia die Priorität auf den Schutz der dynastischen Herrschaft legt.[362] Da aus persischer Sicht das Ziel des Unternehmens erreicht war, traten nun die Sicherheit des Großkönigs und die Garantie, dass seine Dynastie, das Haus der Achaimeniden, auch weiterhin die Großkönige stellt, in den Vordergrund.[363] Aus diesem Grund ließ Xerxes die Königssöhne, die in seinem Heer waren, per Schiff direkt nach Ephesos bringen.[364] In diesem Punkt scheint Artemisia den letzten Paragraphen im achaimenidischen Manifest des Xerxes aufzugreifen, der bislang noch nicht themaisiert wurde – die dynastische Perpetuierung der Herrschaft (XPl § 11):[365] *„Mich soll Ahuramazdā schützen und was von mir geschaffen (worden ist)."*

Nichtsdestoweniger formuliert Herodot die Rede der Artemisia aber auch aus der Kenntnis der weiteren Ereignisse heraus. Der Bezug auf Mardonios ist gerade deshalb so zutreffend, weil die Hellenen in der Tat gegen ihn bei Plataiai ihren großen Sieg zu Lande erringen sollten. Mardonios ist zudem in dieser Ratssitzung (wieder einmal) eine Schlüsselfigur, denn er rät zu einer Fortsetzung des Krieges unter seinem Kommando und bringt nach Herodot die Idee auf, diesen auch auf den Peloponnes auszuweiten.[366] Er begleitet den Großkönig dann auf seinem Rückmarsch bis nach Thessalien und überwintert dort mit seinem Truppenteil,[367] bevor er sich neuen Maßnahmen in Mittelgriechenland zuwendet.

Während die Flotte nun nicht mehr parallel zum Heer operieren musste, sondern von Phaleron direkt an den Hellespont segelte, um dort die Überfahrt zu sichern,[368] marschierte Xerxes wieder auf dem Landweg durch Boiotien und Thessalien dorthin.[369] So sehr Herodot auch versucht, diesen Rückmarsch, den Xerxes seiner Meinung nach aus Feigheit antrat,[370] als verlustreiches Desaster

---

362 Hdt. 8, 102.
363 Siehe dazu Wiesehöfer 2010, 26 f.
364 Hdt. 8, 103: *„Er sprach Artemisia seine Anerkennung aus und sandte sie dann ab, seine Söhne nach Ephesos zu bringen. Denn einige Söhne von Nebenfrauen waren in seiner Begleitung."* Unklar bleibt, warum besonders die Söhne der Nebenfrauen vor den anderen königlichen Kommandeuren nach Asien zurückgeschickt werden.
365 Übersetzung: Schmitt 2009, 176.
366 Siehe Hdt. 8, 101.
367 Hdt. 8, 113.
368 Siehe Hdt. 8, 107.
369 Hdt. 8, 113. Für die Route des Großkönigs wie auch über die gesamte Rückreise liegen nur sehr vage Informationen vor, sodass diese so gut wie nicht zu rekonstruieren ist: Siehe Vasilev 2015, 194–197.
370 Siehe dazu Hdt. 8, 103; vgl. dazu Thuk. 1, 73, 3; Diod. 11, 19, 6. Siehe kritisch auch Cawkwell 2005, 102 f.

zu kennzeichnen,[371] scheint auch dieser Teil des Feldzuges durchaus organisiert gewesen zu sein: Obwohl am Hellespont die Schiffsbrücke nicht mehr bestand, warteten dort ausreichend große Schiffskontingente, um den König und sein Heer übersetzen zu können.[372] Ohne weitere Schwierigkeiten gelangte dieser schließlich wieder über Abydos in die Residenz von Sardes.[373] Noch beim Feldzug des Mardonios schlägt Artabazos diesem vor, sich in das befreundete Theben in Boiotien zurückzuziehen,[374] *„wo genug Verpflegung für sie alle eingelagert sei und auch Futter für das Zugvieh, und dort könnten sie sich in aller Ruhe niederlassen und den Krieg in folgender Weise zum glücklichen Ausgang bringen"* (Hdt. 9, 41). Xerxes ist immerhin der einzige Großkönig, dem es gelingt, mit einem Heer im Feld und Feindesland[375] zu überwintern. Mit Blick auf Herodots drastische Schilderungen der Versorgungsbelastungen, die für die griechischen Gemeinwesen auf dem Hinweg des Perserheeres entstanden, ist allein die Tatsache, dass der Großkönig und sein Heer in Thessalien den Winter verbrachten, Ausweis für die planvolle Organisation des Rückmarsches.[376]

---

371 Siehe Hdt. 8, 115: Ihm zufolge geht ein Großteil des persischen Heeres auf dem Rückmarsch durch Hunger und Seuchen zugrunde, die Kranken werden in den griechischen Städten zurückgelassen; Hdt. 8, 115 f.: Der Großkönig selbst verliert den *„heiligen Wagen des Zeus"* und die zugehörigen Pferde. Auch in der anderen Version, die Hdt. 8, 118 f. mit der Rückreise des Großkönigs auf einem phoinikischen Schiff anführt, wird v. a. die Sicherheit des Großkönigs durch hohe Verluste ‚erkauft'. Es fällt auf, wie ungewohnt ungenau Herodot in diesem Abschnitt die Verluste des Großkönigs beziffert.

372 Hdt. 8, 117. Zur Rückkehr des Großkönigs mit dem Schiff, allerdings ohne deutlichen Bezug zu Herodots Version: Dio Chrysost. 1, 8.

373 Hdt. 8, 118.

374 Hdt. 9, 13. Vgl. Diod. 11, 29, 1.

375 Entscheidend für den Griechenlandfeldzug ist die Tatsache, dass Thessalien bislang noch nicht vollständig und regulär in die Versorgungsmechanismen des übrigen achaimenidischen Reichsbestandes integriert war. Zu derartigen Prozessen in Makedonien siehe Zahrnt 2021, 641–643; Zahrnt 1984, 353–362.

376 Siehe dagegen Grethlein 2011, 108, der freilich Herodots Sichtweise gänzlich übernimmt und zur ‚historischen Wahrheit' erhebt, wenn er mit Blick auf die Artabanos-Rede konstatiert: „Artabanos vermag die Zukunft nicht mit der Genauigkeit eines Propheten vorherzusehen, aber er schätzt die Aussichten der Unternehmung richtig ein und identifiziert zentrale Hindernisse, denen Xerxes' Truppen begegnen werden." Grethlein müsste unabhängig von Herodot nachweisen, dass das persische Heer tatsächlich auf entsprechende Versorgungs- und Proviantmängel stieß, bevor die Vorwegnahme der Ereignisse in der Rede des Artabanos als historisch ‚richtig' zu werten ist. Dabei bleibt außer Acht, dass die Antizipation des Artabanos von Herodot bewusst in einem erzählerischen Spannungsbogen aus der Retrospektive des Autors konstruiert wurde (siehe zu derartigen Konstruktionen bei Herodot am Beispiel der Xerxes-Artabanos-Unterhaltung Grethlein 2011, 116, Anm. 50). Wie Herodot den gesamten Feldzug aus griechischer Sicht als großen Fehlschlag des persischen Großkönigs charakterisiert und deshalb auch in den Ratschlägen des Artabanos vorwegnimmt, lässt er diesen in der Rolle des ‚Warners' auch schon die Versorgungsmängel vorhersagen, die zum Szenario der katastrophalen und finalen Niederlage gehören. Dem widerspricht freilich eine achaimenidische Sicht des Feldzugs als siegreicher Erfolg. Wie diese Komponente jedoch bei Herodot ebenfalls

4.6 Themistokles vor dem Großkönig

Dies gilt umso mehr, als Hdt. 8, 113 betont, dass Xerxes mit seinem Heer auf demselben Weg durch Boiotien zurückmarschierte, auf dem er gekommen war. Offensichtlich war dort immer noch die Versorgung der Truppen ausreichend gesichert. Wie sehr dies als eine organisatorische Besonderheit zu werten ist, zeigt der Vergleich mit entsprechenden Versorgungsschwierigkeiten der zehntausend Griechen in Xenophons *Anabasis* 401 v. Chr. nach der Schlacht von Kunaxa.[377]

Möglicherweise sind es derartige Leistungen, aufgrund derer Xerxes sogar einzelne Städte, wie etwa Abdera, für ihre Leistungen auszeichnete: Abdera erhielt vom Großkönig einen goldenen persischen Dolch[378] und eine goldgewirkte Tiara geschenkt sowie ein privilegiertes Nahverhältnis zum Großkönig zugesprochen, das griechisch als φιλία – „Freundschaft" – bezeichnet wurde.[379]

Inwieweit darüber hinaus der Rückmarsch des Großkönigs von herrscherlichen Inszenierungen und Repräsentationsakten geprägt war, lässt sich nicht mehr rekonstruieren. Es ist zumindest evident, dass auch auf dem Rückmarsch die Städte und Völkerschaften zur Königsversorgung verpflichtet wurden.[380] Beispiele wie das böotische Theben zeigen dabei, dass diese griechischen Gemeinwesen gut darauf vorbereitet waren.[381] Wie schon auf dem Hinweg war auch auf dem Rückmarsch die Zulieferung und Bereitstellung dieser Versorgung zweifellos ein Akt, durch welchen die königliche Autorität inszeniert wurde. Ergänzt wurde er vermutlich – leider berichtet Herodot darüber nichts – durch die Entlassung der jeweiligen griechischen Kontingente, die auf dem Hinweg zur Heeresfolge verpflichtet worden waren.[382]

Als sich in Thessalien die anschließenden Feldzüge des Strategen Mardonios in Griechenland vom großköniglichen Unternehmen trennten, fand mit der

---

noch im Hintergrund der ‚persischen Perspektive' erkennbar ist, zeigen die einzelnen Hinweise neben den verhältnismäßig unpräzisen Katastrophenschilderungen beim Rückmarsch, dass auch dieser sehr wohl geplant und organisiert war. Die Tatsache, dass Herodot Artabanos mögliche Versorgungsmängel vor dem Feldzug aussprechen lässt, könnte höchstens indirekt darauf hinweisen, dass Herodot von einer frühzeitigen Organisation, die sich gerade mit solchen Problemen auseinandersetzt, Kenntnis besaß.

377 Siehe Xen. Anab. 3, 2, 20 f. 34 f.; dazu Lendle 1995, 101, 146 f.; Lee 2007, 22–28.
378 Siehe unten Abb. 4. Vgl. auch die goldene Scheide eines Akinakes aus dem Oxus-Schatz: BM/London: ANE 123923 (Registration number: 1897,1231.22); Allen 2005, 98, Abb. 4.17.
379 Hdt. 8, 120. Zu Geschenken des Großkönigs: Wiesehöfer 2001, 607 f.; Klinkott 2007, 268; Wiesehöfer 2010a, 514 f. zur privilegierenden Auszeichnung durch Gaben des Großkönigs siehe auch Dusinberre 2013, 53 (Alabastron mit trilinguer Xerxes-Inschrift vom Mausolleion in Halikarnassos), 79–81. Zu den ‚Freunden des Großkönigs': Wiesehöfer 1980, 11–14.
380 Siehe Hdt. 8, 115: Xerxes befiehlt die Versorgung durch die griechischen Städte.
381 Siehe Hdt. 9, 41.
382 Es scheint unwahrscheinlich, dass die griechischen Kontingente im Heer des Xerxes diesen bis Abydos oder Sardes begleiteten, also auch über den Hellespont verschifft werden mussten, um dort nach der Auflösung des großköniglichen Heeresverbandes wieder nach Griechenland zurückzukehren.

Abb. 4: Goldener Akinakes des Artaxerxes II. (mit freundlicher Genehmigung der Wyvern Collection).

Teilung des Heeres wohl auch wieder eine königliche Truppenschau statt.[383] Dass ein persischer Stratege nach dem Feldzug des Großkönigs in den jüngst besiegten Ländern blieb, um diese vollständig zu unterwerfen und in die Verwaltung des Reichsverbandes einzubinden, scheint einem üblichen Vorgehen zu entsprechen. Auch Dareios I. hatte nach dem Ende seines Feldzuges durch Thrakien, Makedonien und in das Gebiet der Schwarzmeerskythen seinen Strategen Megabazos mit der vollständigen Unterwerfung und der administrativen Organisation Makedoniens betraut.[384]

In der Erzählung Herodots wird zumindest deutlich, dass mit der Heeresteilung in Thessalien der großkönigliche Griechenlandfeldzug ein Ende gefunden hatte und formal durch den Rückmarsch an den Hellespont und nach Sardes abgeschlossen wurde. Die folgenden Kämpfe in Griechenland besitzen nun eine neue Qualität, die sich auf die Sicherung und Unterwerfung dieser Gebiete ausrichtet, nicht aber mehr den ideologisch-programmatischen und repräsen-

---

383 Hdt. 8, 113: Herodot liefert mit dem Bericht über die Truppen, die Mardonios sich aus dem großköniglichen Heer aussucht, eine verkürzte Heeresliste, die jedoch indirekt eine Zählung der Truppen voraussetzt. Nicht zuletzt bemerkt Herodot ausdrücklich: „*von den anderen Verbündeten wählte er sich jeweils nur wenige aus, solche die bei der Musterung durch stattliches Aussehen auffielen*".
384 Hdt. 5, 1–22. Zur Unterwerfung und Einrichtung der Satrapie Makedonien siehe Zahrnt 1992, 237–279.

4.6 Themistokles vor dem Großkönig

tativen Charakter des großköniglichen Unternehmens trägt. Aus diesem Grund werden sie in der Umsetzung verschiedenen persischen Strategen übertragen (s. u.).

Doch auch auf der Ebene der achaimenidischen Herrschaftsideologie setzt Herodot einen deutlichen Abschluss: Mit der Hermotimos-Anekdote zieht Herodot eine Art Resümee, das die Programmatik der großköniglichen Qualitäten grundlegend auf den Punkt bringt. Herodot erzählt sie (Hdt. 8, 104–106) als Einschub zu seinem Bericht über die Rücksendung der Königssöhne auf dem Schiff der Artemisia von Phaleron nach Ephesos. Hermotimos wird den Königssöhnen als Begleiter mitgegeben, um in Sardes wieder zum König zu stoßen. Darüber hinaus ist die Anekdote durch ihre gnadenlose Grausamkeit in den ‚orientalischen' Kontext großköniglicher Rechtsprechung eingebettet. Auf diese Weise wird dem Leser der Perspektivwechsel mit der Wertung des Großkönigs aus persischem Blickwinkel vermittelt. Die Anekdote um Hermotimos setzt mit dem Beginn des Feldzuges in Sardes ein. Dort war dieser schon durch seine grausamen Geschäfte aufgefallen, geraubte Knaben zu Eunuchen verschneiden und dann an vornehme Perser verkaufen zu lassen.[385] Nachdem nun die vier Söhne des Hermotimos mit Xerxes vom Feldzug in Griechenland zurückgekehrt waren, fällte der Großkönig sein Urteil in dieser Angelegenheit. Er ließ die Söhne und ihren Vater sich in entsprechender Weise gegenseitig verschneiden.[386]

Abgesehen von dem delikaten Thema und der Grausamkeit des Falls thematisiert die Geschichte im Kern einen starken Großkönig in einer konsequenten und gerechten Rechtsprechung. In der Ausübung des Gesetzes (*dāta*) im Sinn der großköniglichen Einzelfallgerechtigkeit[387] handelt Xerxes hier gänzlich nach dem Grundsatz, wie er aus XPl § 2–4 bekannt ist. Dort bezeichnet sich der Großkönig als Freund der Rechthandelnden, der die Ausgewogenheit von Strafe und Belohnung für Kooperation achtet und konsequent umsetzt.

Herodot bestätigt damit auf der Ebene der persischen Lesart, was er bereits in die Traumerscheinung des Xerxes noch vor dem Beginn des Unternehmens hat einfließen lassen, wenn der Feldzug nicht unternommen würde (Hdt. 7, 14):

„Lass dir nun gesagt sein: Wenn du nicht auf der Stelle in den Krieg ziehst, dann wird dir folgendes daraus erwachsen: So wie du groß und mächtig geworden bist in kurzer Zeit, so wirst du auch rasch wieder sinken und klein sein."

Oder mit anderen Worten: Nun, nach dem erfolgreichen Feldzug, bleibt Xerxes als König mächtig und groß.[388] Ein Siegel aus einem gebänderten Achat-

---

385 Hdt. 8, 105.
386 Hdt. 8, 106.
387 Siehe Wiesehöfer, 1995, 36–46.
388 Auch in den mythischen Bezügen zum Trojanischen Krieg und zu Agamemnon zeigt sich eine entsprechende Einschätzung bei Herodot. So konstatiert Bowie 2012, 272 zum Ende des Trojanischen Krieges: „Agamemnon's fleet was destroyed on the way home, and the

Skaraboid der *Getty Collection* setzt dies in vollendeter Form um (s. Abb. 5). Das Siegel zeigt einen vor Kraft strotzenden, heldenhaften Großkönig, der mit Bogenköcher und Lanze bewaffnet ist und im Kampf mit der Lanze einen Griechen, der mit korinthischem Helm, Rundschild und Lanze bewaffnet ist, niederstreckt. Anders formuliert: Mit dem Sieg über den in heroischer Nacktheit dargestellten (spartanischen?) Hopliten wird der Großkönig selbst zum Helden als Personifikation der Herrschertugenden.[389] Wie sehr dieses Thema im Reichs-

---

destruction of Troy did not give Greece control of the east." In einer Analogie zum persischen Griechenlandfeldzug und einer Entsprechung des Xerxes zu Agamemnon (siehe dazu Schulz 2013, 333–344) bedeutet Bowies Feststellung doch: Auch wenn die Rückreise verlustreich war und Kleinasien fortan nicht direkt kontrolliert werden konnte, war der Feldzug der Griechen gegen Ilion insgesamt doch ein herausragender Erfolg.

389 Siehe dazu in XPl § 9 das bereits zitierte „*als Bogenschütze bin ich ein guter Bogenschütze, sowohl zu Fuß wie auch zu Pferd; als Lanzenkämpfer bin ich ein guter Lanzenkämpfer, sowohl zu Fuß wie auch zu Pferd.*" In der Vasenmalerei werden bei Kampfdarstellungen zwischen Persern und Griechen unmittelbar nach Salamis und Plataiai letztere als bekleidete Hopliten dargestellt, dazu Muth 2008, 241–256. Sie konstatiert eine Steigerung in der drastischen Auszeichnung des Hoplitenkampfes, aber ohne ein neu stilisiertes Feindbild: ebd., bes. 252–256. Erst später tritt deren Nacktheit als eine Chiffre für die Überlegenheit der Griechen auf: Muth 2008, 256–264 mit einer „Abwendung von den drastischen Szenen expliziter Gewalt" (ebd., 259 f.). Allerdings ist Nacktheit der griechischen Hopliten nicht zwingend (siehe z. B. die attische Halsamphora des Oinokles-Malers in Berlin: Muth 2008, 258, Abb. 168A; der attische Kelchkrater in Basel: Muth 2008, 263, Abb. 172B). Da bei den Kämpfen zwischen Persern und Griechen in der Vasenmalerei die Perser in ihrem Kampfgebahren auch wie Hopliten dargestellt werden (Muth 2008, 265), findet sich eine Betonung der Andersartigkeit (durch die Nacktheit der Griechen?) erst seit der Jahrhundertmitte (Muth 2008, 268). Diese griechische Motivik könnte das vorliegende Siegel konterkarieren und damit – im bewussten Gegensatz – eine persische Perspektive auf die Kämpfe ausdrücken. Ein wesentlicher Unterschied zwischen der Siegeldarstellung und den Vasenbildern scheint jedoch darin zu bestehen, dass letztere nicht die Bedrohung Athens, sondern den Sieg der Athener zum Thema haben (Muth 2008, 266). In der vergleichenden Darstellung der Kämpfer wird der Gegner jedoch mit denselben Kriterien dargestellt. Deshalb stellt Muth 2008, 267 fest, dass die Vasenbilder keine nivellierende Sicht auf den Gegner enthalten. Im Kräftevergleich scheint die Sieghaftigkeit der Griechen motivisch in der Nacktheit der Kämpfer visualisiert zu werden. Die persischen Siegel dagegen illustrieren die klare Überlegenheit des Großkönigs über den griechischen Gegner; siehe auch Spier 2022b, 113: Nr. 40. Dass dabei auch auf ein bekanntes Motiv aus den bildlichen Darstellungen in den Residenzen (siehe Philostrat Vita Apollonii 1, 3; Vita Alexandri 3, 28, 26 f.; Bichler 2016c, 217 f.; Metzler 1975, 37 f.) Bezug genommen wurde, ist denkbar, aber spekulativ. Es bleibt dennoch zu klären, ob die Nacktheit des Griechen auf dem persischen Siegel eine Reaktion auf die griechischen (Vasen-)Darstellungen ist, oder ob letztere erst durch persische Distinktionselemente im Perser-Griechen-Kampf ausgelöst wurden. Immerhin wäre in diesem Zusammenhang zu bedenken, dass Xerxes die Tyrannenmördergruppe des Antenor aus Athen mit nach Susa nahm, bei der die Nacktheit des Harmodios und Aristogeiton nicht nur im griechischen Kontext, sondern wohl auch in der persischen Wahrnehmung symbolischen Wert besaß; siehe zur Deportation der Gruppe und ihrer Rückerstattung durch Alexander III. (Arr. Anab. 7, 19, 2); Seleukos I. (Val. Maxim. 2, 10, ext. 1) oder Antiochos I. (Paus. 1, 8, 5).

4.6 Themistokles vor dem Großkönig

Abb. 5 Skaraboid mit einem achaimenidischen Großkönig im Kampf mit einem Hopliten (J. Paul Getty Museum, Villa Collection, Nr. 2019.13.9: Spier 2022a, 113: Nr. 39).

gebiet bildlich propagiert wurde, lässt ein anderes Siegel aus der ersten Hälfte des 5. Jahrhunderts v. Chr. im Metropolitan Museum erkennen, das ebenfalls den Großkönig zeigt, wie er mit Lanze und Bogen bewaffnet einen Hopliten niedersticht (s. Abb. 6).[390] Dass im griechischen Narrativ Leonidas durch die Nie-

Abb. 6: Zylindrisches Chalcedonsiegel eines persischen Königs, der einen griechischen Hopliten niedersticht, Iran, achaimenidisch, 1. Hälfte 5. Jh. v. Chr., griechisch-persischer Stil; Leihgabe am Metropolitan Museum/New York von Jeannette u. Jonathan P. Rosen L.2011.55.3 (Foto: Livius.org/Marco Prins).[391]

---

390 Zu diesem Siegel siehe ausführlich Jacobs 2011, 103–120, wenn auch die Zuweisung des Siegels an einen Satrapen spekulativ ist.
391 Siehe Pope/Ackerman 1938, pl. 124 D; Eisen 1940, 54 f., no. 102, pl. XI.; Ackerman 1940, 333, no. C; Williams-Forte 1976, no. 30; Moynihan 1980, 11; Harper et al. 1984, 8 mit Fig. 4; Sotheby's 1991, lot 83.

derlage mit seinen spartanischen Hopliten bei den Thermopylen selbst zum Helden wird, widerspricht dabei der dargestellten Botschaft nicht. Im Gegenteil macht es den Großkönig genau zu dem, was er dem Namen nach ist: Xerxes (altpers. *Xšayaršā*) ist „*Der über Helden herrscht*".[392]

---

[392] Siehe dazu Wiesehöfer 2010, 19–33, 394–396.

5   Das Nachspiel: Die persischen Strategenfeldzüge

Das persische Winterlager in Thessalien ist ein einschlägiges Thema für das gesamte Unternehmen, nicht nur, weil es Xerxes gelang, mit seinem gesamten Heer außerhalb der wohlorganisierten Strukturen seines Reiches zu überwintern. Vielmehr beendete er dort auch den offiziellen großköniglichen Feldzug unter seiner persönlichen Führung und im Heeresverbund des gesamten Reichsaufgebotes. Von hier aus kehrte der Großkönig im Frühjahr schnell zur lydischen Residenz in Sardes zurück, wo sich immer noch der Großteil seines Hofes aufhielt und wo er noch einige Zeit, wahrscheinlich ein Jahr lang, residierte.[1] Erst spät reiste er nach Susa weiter,[2] um dann in seinen Residenzen – möglicherweise in Persepolis – das erfolgreiche Unternehmen mit einem großen Festmahl, das von diesem Zeitpunkt an wohl jährlich begangen wurde, zu feiern.[3]

Der Abzug der persischen Truppen nach der Schlacht von Salamis und die Rückkehr des Großkönigs nach Kleinasien waren auch für die Politik der griechischen Gemeinwesen ein entscheidender Wendepunkt: Obgleich Sparta im Hellenenbund mit Pausanias den Oberbefehl über die Truppen zu Lande und mit Leotychidas über die Flotte innehatte, war es bislang durch ein eher moderates Engagement aufgefallen, das eine zweigleisige Politik in Absprachen mit dem Großkönig nahelegte. Nach Salamis war jedoch offensichtlich, dass die Peloponnes und Sparta kein Ziel der großköniglichen Expansion würden.[4] Sparta konnte nun seine Politik der Absicherung gegenüber dem Großkönig aufgeben und eindeutiger im Interesse des Hellenenbundes auftreten. Ähnlich äußerte sich angeblich auch jetzt erst das Orakel von Delphi zweifelsfrei für den Kampf gegen die Perser.[5] Dieser begann nun immer mehr von einer exis-

---

1   Rückreise des Xerxes nach Sardes in verschiedenen Versionen: Hdt. 8, 115–120; Geschenke des Königs an die Abderiten: Hdt. 8, 120; der Hof mit den königlichen Frauen in Sardes: Hdt. 9, 108; zum Großkönig in Sardes: Hdt. 8, 117; 9, 107.108; zur Abreise aus Sardes: Hdt. 9, 108.
2   Rückkehr nach Susa: Hdt. 9, 108. Siehe dagegen Diod. 11, 36, 7, der von einer Rückkehr des Großkönigs nach Ekbatana berichtet.
3   Siehe Hdt. 9, 110; ausführlicher dazu s. u.
4   Siehe auch Cawkwell 2005, 105: „the Spartans did not go to the help of Athens before it was occupied by the Persians".
5   Trampedach 2019, 157 f.; siehe auch Trampedach 2015, 239, 398 f., 468 f. Zur propersischen Haltung des delphischen Orakels bis zur Schlacht von Salamis: Cawkwell 2005, 90; Nesselrath 2022, 368–374; Trampedach 2021, 207 mit Anm. 86. Allerdings lehnt Trampedach 2021, 206 eine eigenständige, aktive ‚delphische Politik' über das Heiligtum ab, sondern sieht diese als eine spätere Konstruktion bei der Instrumentalisierung des Hei-

tenziellen Notwendigkeit zu einem Politikum innergriechischer Interessen zu werden. So forcierte Pausanias nach dem Sieg bei Plataiai eine offensive Politik gegen Persien, um in Konkurrenz zu Athen Sparta als Seemacht zu etablieren und die Stellung als Hegemon der hellenischen Seestreitkräfte zu festigen.[6]

Vor dem Abzug aus Thessalien löste Xerxes den großköniglichen Heeresverband, zu dem auch die Kontingente der griechischen Verbündeten gehörten, für den Griechenlandfeldzug auf. Dabei entsprach es durchaus einem üblichen Muster (siehe Megabazos in Thrakien und Makedonien; Otanes am Hellespont), dass nach einem Feldzug, den der Großkönig in eigener Person geführt hatte, einzelne Strategen noch für längere Zeit mit militärischen Unternehmungen betraut wurden, welche die langfristige Sicherung der neu gewonnenen Gebiete und deren Einbindung in den Reichsverband garantieren sollten. Grundsätzlich ist daher der Feldzug unter persönlicher Führung des Großkönigs formal und organisatorisch wie auch in seiner Wertung und Wahrnehmung zu unterscheiden von der Befriedung der eroberten Gebiete und ihrer dauerhaft stabilen Integration in den Verband des Achaimenidenreichs. In entsprechender Weise ist die erfolgreiche Eroberung Ägyptens durch Kambyses zu trennen von dem weiteren, langwierigen Integrationsprozess, der von zwei Aufständen unter Dareios I., einem Feldzug des Xerxes dorthin, dem Aufbrechen der Inaros-Aufstände am Ende der Xerxes-Herrschaft, der 65-jährigen Unabhängigkeitsphase bis zur erneuten Unterwerfung des Nillandes durch drei Feldzüge unter Artaxerxes III. (sog. 2. Perserherrschaft) gekennzeichnet ist.[7] Ähnlich verhält es sich auch mit Babylonien: Nach der erfolgreichen Eroberung durch Kyros II. folgt eine lange Phase der ‚Befriedung', die durch verschiedene Aufstände unter Dareios I. und Xerxes I. und die Teilung des Amtsbereichs in zwei Satrapien (Babylon und Ebirnāri) geprägt war, bis schließlich eine dauerhaft stabile Einbindung in den Verbund des Achaimenidenreichs gelungen war.[8] Selbst der erfolgreichen Unterwerfung des westlichen Kleinasiens durch Kyros II. folgte eine lange Phase der administrativen und politischen Neuordnung, die mit dem Ionischen Aufstand bzw. erst mit dem sog. Satrapenaufstand in der Mitte des 4. Jahrhunderts v. Chr. zu einem Ende kam.[9] In keinem dieser Fälle werden die Feldzüge, an denen die

---

ligtums: ebd., 207. Zur Beeinflussung der Pythia und der Zustellung von Informationen: Trampedach 2021, 204–206.
6 Siehe dazu Thuk. 1, 90, 1 f.; ausführlich Lotze 1970, 255–275; Schumacher 1987, 222.
7 Ausführlich zu Ägypten unter persischer Herrschaft: Ruzicka 2012.
8 Siehe Klinkott 2019, 121–146; zu den babylonischen Aufständen siehe Waerzeggers 2003/04, 150–173.
9 Zur Eroberung Kleinasiens durch Kyros II.: Briant 2002, 35–38; zum Ionischen Aufstand: Briant 2002, 146–156. Zur Entwicklung Kleinasiens unter persischer Herrschaft im 4. Jahrhundert v. Chr.: Debord 1999; zum sog. Satrapenaufstand: Weiskopf 1989. Vor dem Hintergrund einer Langzeitperspektive auf den Integrationsprozess derartig unterworfener Gebiete bemerkt Stickler 2015, 328 zur Politik der Achaimeniden nach Xerxes im Ägäisraum zurecht: „Diese wohltemperierte Unruhe war der Normalzustand; er war für

5 Das Nachspiel: Die persischen Strategenfeldzüge

Großkönige persönlich teilnahmen, in ihrer Wertung mit der langfristigen, mehr oder weniger erfolgreichen Beherrschung der Gebiete unmittelbar verbunden. Im Gegenteil: Wie sich für Dareios I. und seinen Ägyptenfeldzug zeigen lässt, wurde der großkönigliche Feldzug als Erfolg gewertet und entsprechend in der herrscherlichen Repräsentation dargestellt, ungeachtet der administrativen Schwierigkeiten, die sich in dessen Folge ergaben. So verkündet Dareios I. auf einer Stele aus dem ägyptischen Kebret/Chaluf selbstbewusst (DZc § 3):[10] *„Es kündet Dareios, der König: Ich bin Perser; von Persien aus habe ich Ägypten in Besitz genommen; ich habe angeordnet, diesen Kanal zu graben"*.

An diesem Beispiel wird deutlich: Der Feldzug, den ein Großkönig persönlich unternahm, ist nicht nach der Geschichte der territorialen Einbindung in das Achaimenidenreich insgesamt zu bewerten. Vielmehr handelt es sich um ein militärisches ‚Einzelprojekt' mit klar definiertem Anfangs- und Endpunkt, welches neben der Expansion und Sicherung des Reiches vor allem der Demonstration von großköniglicher Rechtmäßigkeit, Autorität und Macht dient. Die Besiegung der Feinde (bei Xerxes wäre dies etwa der Sieg an den Thermopylen und die Einnahme Athens), die funktionierende Organisation des Gesamtunternehmens, die erfolgreiche Umsetzung von (technischen) Großprojekten und schließlich die sichere Rückkehr des Großkönigs in seine Residenzen definierten den Erfolg des Unternehmens. Von diesem großköniglichen Feldzug sind die nachfolgenden Unternehmen der königlichen Strategen, die sich im Anschluss mit der vollständigen Unterwerfung, ‚Befriedung', administrativen Erschließung und Einbindung auf lokaler und regionaler Ebene[11] in den Verband des Achaimenidenreichs auseinandersetzen, funktional und formal klar zu trennen. Wie die erste Phase des großköniglichen Unternehmens als Erfolg und als Einzelereignis angelegt, dargestellt und wahrgenommen wurde, so sehr war die zweite Phase mit den Unternehmungen der Strategen und Satrapen mühevoller, mithin langfristig konzipiert und von Rückschlägen, Misserfolgen und lokalspezifischen Regelungen gekennzeichnet. Beide Phasen gehören zum Prozess der achaimenidischen Expansion, wobei sich im Zweifelsfall allein das großkönigliche Ereignis in den altpersischen Repräsentationsinschriften niederschlug. Die Wertung der ersten Phase wird dabei nicht retrospektiv vom

---

    den Großkönig offensichtlich grundsätzlich beherrschbar und wurde von ihm in der Regel auch erfolgreich unter Kontrolle gehalten."

10 Übersetzung nach Schmitt 2009a, 150.

11 Unklar bleibt, in welcher Form diese Einbindung erfolgen sollte. Nach Herodot beabsichtigte Mardonios offensichtlich die Einrichtung einer Satrapie (Hdt. 7, 6: καὶ θέλων αὐτὸς τῆς Ἑλλάδος ὕπαρχος εἶναι). Allerdings sind entsprechend der vielfältigen Verwaltungsstruktur im Achaimenidenreich auch andere Modelle von Seiten des Großkönigs denkbar und hätten sich wohl u. a. nach den jeweils lokalen Verhältnissen in Griechenland gerichtet. Es bleibt zwar spekulativ, aber dennoch wäre theoretisch sogar die Einrichtung eines verhältnismäßig ‚lockeren' Systems indirekter Herrschaft vorstellbar, das dem Großkönig durch perserfreundliche Poleis dauerhaft Ruhe und Ordnung garantierte.

Verlauf der zweiten Phase beeinträchtigt. Mit anderen Worten: Die Feldzüge und Eroberungen, die der Großkönig persönlich führte, wurden generell nicht negativ oder als Prestigeverlust bewertet, weil die nachfolgende Phase der umfassenden Unterwerfung und administrativen Eingliederung auch von politischen und militärischen Misserfolgen geprägt war.

Dasselbe gilt für den Griechenlandfeldzug des Xerxes, auch wenn dieser von Herodot in seiner retrospektiven Wertung nach den Niederlagen von Salamis, Plataiai und Mykale als Niederlage und Misserfolg dargestellt wird.[12] Allerdings sollte in einer historischen Analyse auch hier genau zwischen dem Feldzug des Großkönigs und den nachfolgenden Kämpfen unterschieden werden. Letztere erfolgten zwar auch im Auftrag des Großkönigs, wurden aber von speziell dafür eingesetzten Strategen geführt.[13] Nicht zuletzt sollte – wie bei anderen Großkönigen auch – der Feldzug des Xerxes nicht unter dem Eindruck der nachfolgenden Strategenfeldzüge und langwieriger Unterwerfungsversuche stehen. Vielmehr wird durch eine derartige, formale und funktionale Unterscheidung verständlich, wie der Feldzug des Großkönigs Xerxes aus einer nicht-herodoteischen und nicht-griechischen, sondern aus einer östlichen, achaimenidischen Perspektive nicht als Misserfolg wahrgenommen und gewertet wurde.[14]

Tatsache ist: Auch bei Herodot zerfällt die Darstellung in zwei Phasen – das Unternehmen unter der Führung des Großkönigs selbst und die nachfolgenden Feldzüge der Strategen ohne Beteiligung des Großkönigs. In entsprechender Weise berichtet Herodot davon, dass mit der Auflösung des Reichsaufgebotes verschiedene Strategen jeweils zu Land und zur See beauftragt wurden, die Unterwerfung und Sicherung der neu gewonnenen Gebiete im Einzelnen umzusetzen. Erst im Winterlager in Thessalien wird der Heeresverband des Großkönigs aufgelöst und teilweise den einzelnen Strategen zugewiesen.[15] Während dieses Aufenthalts legte der Großkönig offensichtlich auch die weiteren Zu-

---

12 Im Besonderen zur Ausbildung der griechischen Erinnerungskultur zur Schlacht von Plataiai siehe Jung, 2006, 225–320.
13 Siehe hierzu Klinkott 2005, 281–286.
14 In einer solchen Sichtweise können auch die Gebietsverluste im westlichen Kleinasien und auf den ehemals achaimenidisch kontrollierten Inseln nach 479 v. Chr. vom Griechenlandfeldzug als eigentlichem, königlichen Unternehmen getrennt und als unterschiedlich erfolgreiche Entwicklungsstadien in der Integrations- und Verwaltungspolitik der zuständigen Amtsträger (Strategen und Satrapen) verstanden werden. Vgl. in diesem Zusammenhang auch die politische Handlungsmaxime des Tissaphernes: Xen. Hell. 1, 5, 9: *„nämlich aufzupassen, dass von den Hellenen nicht irgendeine Gruppe zu mächtig würde, sondern alle gleich schwach blieben, indem sie sich durch Streitigkeiten untereinander aufrieben."*
15 Siehe Hdt. 8, 113: Erst im Winterlager in Thessalien, wohin Mardonios den Großkönig begleitete, konnte ersterer seine Truppen auswählen und zusammenstellen; Hdt. 8, 114: Xerxes hielt sich eine Weile im Winterlager in Thessalien auf und empfing dort eine Gesandtschaft der Spartaner.

5 Das Nachspiel: Die persischen Strategenfeldzüge

ständigkeiten fest. Jedenfalls erfährt der Leser danach, dass Teile des Heeres und der Flotte zunächst das Geleit des Großkönigs bis Kleinasien zu sichern hatten, bevor sie sich danach den eigenen, spezifischen Aufträgen zuwenden konnten. Mit anderen Worten: Im thessalischen Winterquartier regelte der Großkönig die Unternehmungen der zweiten Phase, die sich mit der Unterwerfung, Sicherung und weiteren Organisation der neu eroberten Gebiete auseinanderzusetzen hatten.

Es lassen sich dementsprechend laut Herodot nach dem Griechenlandfeldzug zu Land drei Strategenfeldzüge unterscheiden, die unter dem Kommando des Mardonios, des Tigranes und Masistes sowie des Artabazos standen, während zur See Mardontes, der Sohn des Bagaois, Artayntes, der Sohn des Artachaies, und Ithamitres, der Neffe des Artayntes, als Feldherren operierten.[16] Herodot stellt es so dar, dass dabei die maritimen und die territorialen Unternehmungen weiterhin annähernd parallel stattfanden.[17]

In einem koordinierten Manöver hatte die Flotte zunächst den Großkönig mit seinen Kontingenten, die von Artabazos und seinem Heeresteil an den Hellespont geleitet wurden, von der Chersones nach Abdera überzusetzen.[18] Daraufhin zogen sich die Flottenverbände nach Kyme zurück und überwinterten dort.[19] Zu Beginn des neuen Jahres wurden die Kontingente unter den drei Kommandierenden Mardontes, Artayntes und Ithamitres aufgeteilt und verlagerten sich nach Samos, das fortan der Flotte als zentraler Sammel- und Hauptstützpunkt diente.[20] Der Auftrag für alle Flottenverbände war wohl, die wichtigen Seewege an der kleinasiatischen Küste, am Hellespont und in der nördlichen Ägäis bis Thessalien zu sichern. Der Auftrag wird in seiner Bedeutung nur z. T. sichtbar, wenn Hdt. 8, 130 erläutert: *„sondern sie lagen auf Samos und passten auf, dass Ionien nicht abfiel"*.

Offensichtlich drohte ein zweiter ‚Ionischer Aufstand'.[21] Quasi als Dublette zum bekannten ersten Ionischen Aufstand hatten sich die Ionier mit einer Gesandtschaft unter der Führung des Herodotos, Sohn des Basileides, zunächst an Sparta gewandt und dort – freilich vergeblich – um Unterstützung für ihren Freiheitskampf gebeten.[22] Die Gesandten waren daraufhin zur Flotte der Helle-

---

16 Zu den Strategen zu Land: Hdt. 8, 107 (Masistes); Hdt. 8, 113, 2.114, 1 (Mardonios mit der Auswahl seiner Truppen); Hdt. 8, 126 (Artabazos); Hdt. 9, 96 (Tigranes in Ionien); Hdt. 9, 107 (Masistes nach der Niederlage von Mykale in Ionien). Zu den Kommandierenden der Flotte: Hdt. 8, 130.
17 Siehe etwa die (wohl konstruierte) Gleichzeitigkeit der Schlachten bei Plataiai und Mykale: Hdt. 9, 100; beide ereignen sich in der Nähe eines Demeter-Heiligtums: Hdt. 9, 101.
18 Zum Geleit durch das Heer unter dem Kommando des Strategen Artabazos: Hdt. 8, 126; zum Übersetzen: Hdt. 8, 130.
19 Hdt. 8, 130.
20 Siehe Hdt. 8, 130. Siehe dazu auch Shipley 1987, 108 f.
21 Dazu Briant 2002, 534.
22 Hdt. 8, 132.

nen gekommen, die bei Aigina unter dem Kommando des Atheners Xanthippos versammelt war, und versuchten dort, entsprechende Bündnishilfe einzuwerben.[23] Ob diese Aufstandsbewegung konkret auf die Niederlage bei Salamis reagierte und deshalb von einer massiven Schwächung der Perser ausging oder ob sie sich allgemein die Abwesenheit des Großkönigs mit einem Großteil seiner Truppen zunutze machen wollte, ist nicht klar zu bestimmen. Der Aufstand, der mit dem Sturz des Strattis, des Tyrannen von Chios, beginnen sollte, scheiterte jedoch bereits in den Anfängen: Zum einen wurde das Unternehmen den Persern verraten, zum andern weigerte sich die hellenische Flotte, weiter östlich als bis Delos gegen den persischen Hoheitsbereich vorzugehen.[24] Zweifellos ist darin eine Reaktion auf die persische Flottenpräsenz in der Ägäis und vor der ionischen Küste zu sehen, die durch den Verrat über das Vorgehen der Verschwörer genau informiert war. Die Effizienz in der persischen Sicherung der Seerouten schlägt sich wohl in folgender Bemerkung nieder (Hdt. 8, 132):

> „(U)nd (sie) baten die Hellenen, hinüberzufahren nach Ionien, doch brachten sie sie kaum auch nur bis Delos. Denn alles weiter Hinausliegende war den Hellenen nicht geheuer, da sie mit den Plätzen nicht vertraut waren und sich vorstellten, alles läge dort voller Truppen; Samos aber lag in ihrer Vorstellung gleich weit weg wie die Säulen des Herakles. Es traf sich also, dass die Barbaren voller Befürchtungen nicht wagten über Samos hinaus nach Abend zu segeln, und die Hellenen trotz dem Drängen der Chier nicht über Delos hinaus nach Morgen."

Dem Leser der *Historien*, die von einem regen Austausch zwischen Griechenland und Persien berichten, ist bewusst, dass das Verhalten der griechischen Flotte kaum auf vermeintliche Unkenntnis zurückgeführt werden kann.[25] Ebenso wenig ist vorstellbar, dass die persische Flotte von weiteren Unternehmungen nach Westen allein ‚aus Furcht' vor den hellenischen Schiffen bei Aigina absah, zumal aus persischer Sicht die Flottenorganisation während des Griechenlandzugs insgesamt gelungen war.[26] Die maritimen Interessen des Achaimenidenreichs erstreckten sich schon vor dem Griechenlandzug weit in das westliche Mittelmeer hinein, wie das Sataspes-Unternehmen mit der versuchten Umse-

---

23 Hdt. 8, 132.
24 Siehe Hdt. 8, 132; 133, 1.
25 Siehe How/Wells 1912, 382–384; Kelly 2003, 179 f. scheint tatsächlich Herodot an dieser Stelle zu glauben und zumindest teilweise eine entsprechende Unkenntnis der Griechen für glaubwürdig zu halten, obwohl er auf Herodots oft sehr detaillierte Kenntnis des Ostens verweist, den Widerspruch jedoch nicht erklärt. Dagegen ausführlich Pelling 2011, 1–18 zur besonderen Bedeutung von Samos bei Herodot und seiner zentralen Rolle im Netzwerk der maritimen Routen (ebd., 3); zu Samos nach Salamis und vor der Schlacht von Mykale: Pelling 2011, 12–14.
26 Es ist ohnehin fraglich, ob die Schlacht von Salamis auch von persischer Seite tatsächlich als Niederlage gesehen wurde. Selbst wenn dem so war, blieb sie ein Einzelereignis in einem weitaus komplexeren Unternehmen.

5 Das Nachspiel: Die persischen Strategenfeldzüge

gelung Afrikas und die Demokedes-Expedition nach Tarent zeigen.[27] Entscheidend ist jedoch das Verhalten der griechischen und persischen Flottenverbände: Offensichtlich war die starke Sicherung der Seerouten und Küstenregionen durch persische Einheiten in Griechenland wohlbekannt. Der maritimen Politik des Großkönigs, konkret: den Unternehmungen unter Befehl der Strategen Artayntes, Mardontes und Ithamitres, gelang es erfolgreich, einen zweiten Ionischen Aufstand zu unterbinden,[28] die Seerouten in der Ägäis, an der thrakisch-makedonischen Küste und am Hellespont weitgehend unter Kontrolle zu behalten und damit nicht zuletzt die Versorgung der Truppen in Thessalien zu sichern sowie eine intensive politische Verbindung der Athener mit ihren ehemaligen Kolonien am Hellespont zu verhindern.[29] Vor diesem Hintergrund können die maritimen Strategeneinsätze vor der Schlacht von Mykale aus persischer Sicht durchaus als Erfolg gewertet werden. Auch wenn diese dem königlichen Auftrag folgten, griff der Großkönig nicht selbst militärisch ein, obwohl er sich zunächst noch in Sardes aufhielt.

Der drohende Abfall Ioniens muss jedoch nicht zwingend als eine unmittelbare Reaktion auf die Schlacht von Salamis und in einem innergriechischen Kontext gesehen werden. Vielmehr entspricht dies einer allgemeinen Abfalltendenz an den Rändern des Achaimenidenreichs: Ebenso erfahren wir z. B. von dem Aufstandsversuch des Masistes in Baktrien[30] und schließlich von den einsetzenden Inaros-Revolten in Ägypten gegen den Satrapen Achaimenes.[31] Gerade die Aufstände in Ägypten, unter Dareios I. wie auch unter Xerxes I., illustrieren den schwierigen Integrationsprozess in das Achaimenidenreich, der sich mit verschiedenen Widerstandsphasen in entsprechender Weise auch für Ionien vollzogen haben könnte. Es scheint jedenfalls, dass derartige Erhebungen in den Grenzregionen des Achaimenidenreichs weniger eine Reaktion auf die konkreten Ereignisse in Griechenland waren – auch wenn das die griechischen Autoren so sehen wollten –, als vielmehr eine Folgeerscheinung politischer, administrativer und sozialer Veränderungen, Neuerungen und Umstrukturierungen in den inneren fragilen Verhältnissen des Großreichs.[32]

Wie sehr die Flottenbewegung auf die Unternehmungen des Heeres abgestimmt waren, zeigt u. a. der Einsatz des Strategen Artabazos. Nachdem dieser den Großkönig bis an den Hellespont geleitet hatte, wandte er sich mit einem

---

27 Zum Sataspes-Unternehmen: Hdt. 4, 42 f.; dazu Haubold 2012, 12; zur Expedition des Demokedes: Hdt. 3, 134–138; Briant 2002, 139, 158–160. Siehe auch Klinkott 2021, 115–120.
28 Erst das Verhalten der Milesier in der Schlacht von Mykale, das angeblich viele persische Truppen ins Verderben führte, wird von Hdt. 9, 105, 1 zu einem zweiten, erfolgreichen Abfall Ioniens konstruiert.
29 Zu den Kolonien am Hellespont siehe Bengtson 1939, 7–28.
30 Siehe Hdt. 9, 113.
31 Zu den Erhebungen des Inaros: Hdt. 3, 12; 3, 15; 7, 7; ausführlich Quack 2006, 499–505.
32 Dazu Briant 2002, 541 f.

eigenen Truppenteil der Chalkidike zu.[33] Artabazos unterwarf dort die Pallene, eroberte Olynthos und belagerte Potidaia. Nach dem Fall von Olynthos setzte er dort Kristobulos von Torone als Verwalter (Tyrannen) ein und übergab die Polis der Selbstverwaltung der Chalkidier.[34] Die Eroberung von Potidaia scheiterte allerdings, nicht zuletzt, weil der Großteil der persischen Truppen bei der Umgehung der Stadt wohl von einem Tsunami überrascht wurde.[35] Laut Hdt. 8, 129 brach Artabazos daraufhin das Unternehmen ab und vereinte seine verbleibenden Kontingente mit den Truppen des Mardonios.[36] Aus Herodot ist leider nicht zu erfahren, wie der Erfolg des Pallene-Unternehmens insgesamt aus persischer Sicht eingeschätzt wurde. Zumindest lässt sich vermuten, dass Artabazos die Sicherung der thrakischen Küste und der Seeroute über die Chalkidike vornehmen sollte. Auch wenn Herodot seinen Bericht über die Chalkidike hier abrupt, ohne Angaben zum zeitlichen Ablauf, der Truppengröße oder zu geographischen Details abbricht,[37] scheinen der Kanal am Athos, die nördliche Ägäis und der Hellespont unverändert unter persischer Kontrolle gestanden zu haben.[38] Nach der Eroberung von Sestos zogen die griechischen Verbände zwar mit reicher Beute ab, schienen aber weder Sestos noch den Hellespont in Besitz genommen zu haben. Erst nach Kimons Sieg am Eurymedon 467/66 v. Chr. besetzten die Athener wieder den Hellespont,[39] verschafften sich nach zwei Seeschlachten erst den Zugang zum thrakischen Festland und begannen danach die Belagerung von Thasos, das nach drei Jahren kapitulierte;[40] am Strymon starteten sie mit Amphipolis an der Stelle des strymonischen Ennea Hodoi sogar ein neues Siedlungsunternehmen.[41]

Nach dem Sieg von Mykale verfolgten die Hellenen ähnliche Flottenunternehmungen am Hellespont wie mehr als zehn Jahre später der attische Seebund unter Kimon, nutzten die Gelegenheit aber noch nicht, sich dort und an der thrakischen Küste festzusetzen. Vielmehr wandten sich die lakedaimonischen Kontingente nun Thessalien zu, um dort unter der Führung des Leotychidas anfangs aussichtsreich gegen die persische Unterstützung vorzugehen

---

33 Siehe Hdt. 8, 126.
34 Hdt. 8, 127.
35 Zum Kampf um Potidaia: Hdt. 8, 128; zur Beschreibung des Tsunami: Hdt. 8, 129.
36 Hdt. 8, 129.
37 Hdt. 8, 129: „*Die Überlebenden aber führte Artabazos nach Thessalien zu Mardonios.*"
38 Siehe dazu auch nach der Schlacht von Mykale: Hdt. 9, 116–121 beschreibt zwar die Belagerung von Sestos durch die Flotte der Hellenen, nach der Pfählung des Artayktes ziehen die griechischen Kontingente zwar mit reicher Beute ab, scheinen aber weder Sestos noch den Hellespont dauerhaft zu besetzen.
39 Plut. Kim. 14 f.
40 Thuk. 1, 100, 1–3; zur Chronologie siehe Schumacher 1987, 235–237.
41 Thuk. 1, 100, 2: „*Und zur gleichen Zeit sandten sie zehntausend Mann, eigene und Verbündete, um das heutige Amphipolis zu besiedeln, das damals noch Ennea Hodoi hieß und im Besitz der Edoner war.*" Siehe auch Plut. Kim. 14; Diod. 11, 70, 1.5.

5 Das Nachspiel: Die persischen Strategenfeldzüge 195

(Hdt. 6, 72):⁴² „*Er führte die Lakedaimonier auf einem Feldzug gegen Thessalien, obwohl es in seiner Macht stand, alles zu unterwerfen, ließ er sich durch eine große Summe bestechen.*"

Zweifellos waren bei diesem Unternehmen zwei Faktoren entscheidend: Zum einen griff Leotychidas offensichtlich nicht direkt die persischen Kontingente an, sondern bekämpfte die Thessaler als Verbündete des Mardonios. Zum anderen war mit dem Abzug des Xerxes aus Attika und der Auflösung des großköniglichen Heeres im thessalischen Winterquartier klar geworden, dass ein Angriff auf Sparta und eine Eroberung der Peloponnes durch die Perser nicht erfolgen würde. Für Sparta entfiel damit die brisante Notwendigkeit, vorsichtig eine zweigleisige Politik zu verfolgen. Stattdessen gewannen die innergriechischen Verhältnisse an Priorität, in denen sich Sparta in seiner Rolle als Hegemon des Hellenenbundes – und in Konkurrenz zu Athen und dessen Selbstdarstellung – eindeutig als ‚Retter' und engagierter Kämpfer gegen die Perser repräsentieren musste.

Die Unternehmungen der Flotte am Hellespont und des Artabazos auf der Chalkidike, die offensichtlich koordiniert waren, sowie die Verbindung des letzteren zu Mardonios zeigen, wie die Strategenfeldzüge des Heeres und der Flotte weiterhin aufeinander ausgerichtet waren und sich wohl einer gemeinsamen, übergreifenden Aufgabe widmeten. Nicht zuletzt darauf scheinen auch die griechischen Verbände zu reagieren, wie etwa am lakedaimonischen Kontingent unter Leotychidas zu erkennen ist.⁴³ Zum ersten (und wohl auch einzigen) Mal in der Geschichte des Achaimenidenreiches operierten persische Truppen gleichzeitig in den östlichen, nördlichen und westlichen Küstenregionen der Ägäis: Artabazos in Thrakien, Tigranes in Ionien⁴⁴ und Mardonios in Thessalien, Boiotien und Attika. Das verbindende Element der Teilunternehmen scheint weniger eine flächendeckende, vollständige Unterwerfung der Gebiete gewesen zu sein als vielmehr die Sicherung und Kontrolle der Seerouten, die von den Nauarchen von See her gewährleistet werden sollten. Immerhin war die Ägäis der zentrale ‚Knotenpunkt' für die Seeverbindungen vom Schwarzen bis zum Roten Meer (und die dort einsetzende Indien-Route), von Phoinikien und Kleinasien nach Nordafrika und Gibraltar. Aus diesem Grund legt Herodot dem makedonischen König Alexandros in seiner Rede vor den Athenern die mahnenden Worte in den Mund (Hdt. 8, 140b): „*dann habe ich Angst um euch, die ihr besonders an der gefährlichen Straße/Route liegt, mehr als die anderen Verbündeten alle*".

Diese übergreifende Truppenkoordination in der Sicherungsphase nach dem eigentlichen Eroberungsfeldzug macht deutlich, dass der gesamte Ägäis-

---

[42] Vgl. auch Diod. 11, 48, 2; Plut. mor. 859D.
[43] Siehe Hdt. 9, 114, 2; vgl. Diod. 11, 37, 4.
[44] Siehe Hdt. 9, 96. Laut Hdt. 9, 107 scheint auch Masistes mit einem Kommando in Ionien betraut gewesen zu sein, denn er hat wohl auch die Niederlage bei Mykale zu verantworten.

raum, Ionien, die griechischen Kolonien in Thrakien und am Hellespont wie auch die festländischen Griechen aus persischer Sicht als eine Einheit gesehen wurden. Die altpersischen Königsinschriften nennen sie die Yaunā – dies- und jenseits und im Meer.[45] Ein weiteres Ziel der persischen Strategenfeldzüge war die Anerkennung der großköniglichen Autorität in diesem Großraum der Yauna/Griechen. Herodot greift diesen Aspekt bei seinen Berichten über den Rückmarsch des Großkönigs auf. Als Xerxes dabei angeblich auf seinem Schiff in einen schweren Sturm geriet, soll er seinem Gefolge zugerufen haben (Hdt. 8, 118): *„Perser, jetzt kann jeder von euch zeigen, wie viel ihm sein König wert ist!"*

Mit den Worten, die Xerxes hier in den Mund gelegt werden, formuliert Herodot eine neue Programmatik für die Zeit nach dem großköniglichen Feldzugsunternehmen. Sie richtete sich möglicherweise nicht nur an den inneren Zirkel der persischen Hofgesellschaft, sondern gab eine generelle Maxime für die Regierungszeit des Xerxes nach seiner Rückkehr aus Griechenland vor. Herodot gibt hiermit möglicherweise eine großkönigliche Politik wieder, wel-

---

45 Zu dieser Wahrnehmung Sancisi-Weerdenburg 2001, 323–346. Siehe v. a. XPh § 3 zu den „Yaunā, die im Meer wohnen und die jenseits des Meeres wohnen"; ähnlich DSe § 4. DPe § 2 nennt: „Die Yaunā des Festlandes und (die), die im Meer (wohnen), und die Länder, die jenseits des Meeres (sind)". Vermutlich sind aus persischer Sicht unter den ‚Yaunā des Festlandes' die westkleinasiatischen Griechen zu verstehen, während nicht ganz klar ist, ob „die Länder, die jenseits des Meeres (sind)" sich ausschließlich auf Griechenland oder auch auf die Schwarzmeerregion beziehen. Darüber hinaus ist die Übersetzung der altpersischen Termini offensichtlich nicht eindeutig: Schmitt 2009a, 39 übersetzt für DB § 6 *tayai drayahyā* mit „(die Völker,) die *am* Meer (wohnen)", für DSe § 3 gibt er für dieselbe Wendung (*Yaunā tayai drayahyā*) an: „die Griechen, die *im/am* Meer (sind)" (Schmitt 2009a, 125). Für DPe § 2 übersetzt Schmitt 2009a, 118 hingegen *Yaunā tayai uškahyā utā tayai drayahyā* als „die Ionier des Festlandes und (die,) die *im* Meer (wohnen)". Zum einen wird dasselbe Ethnikon in den Schmitts Übersetzungen einmal als „Ionier", ein anderes Mal als „Griechen" übersetzt, wodurch eine terminologische Differenzierung der Inschriften vorgegeben wird, die nicht existiert. Zum anderen scheint er ohne klare sprachliche Indizien im Text *tayai drayahyā* die Übersetzungen „am Meer" oder „im Meer" zuzuweisen und impliziert damit eine Unterscheidung zwischen den westkleinasiatischen Griechen bzw. Ionier und den Inselgriechen (Nesioten), die ebenfalls aus der altpersischen Version nicht ersichtlich ist. Sprachlich bleibt in den Inschriften der Terminus vielmehr konstant, nur gelegentlich wird ihm die Bezeichnung „jenseits des Meeres" (*para draya*) gegenübergestellt. Die wohl ausführlichste und in der Terminologie der Ethnika eindeutige Text ist DPe § 2, der die *Yaunā tayai uškahyā utā tayai drayahyā utā dahyāva tayā para draya* – „die Yaunā, die des Festlandes und die des Meeres (sind) und die Länder, die jenseits des Meeres (sind)". In der Inschrift (DPe) sind nur diese drei Länder-/Völkernamen durch die Konjunktion *utā* – „und" verbunden, wodurch ihre besondere, wohl auch inhaltliche Zusammengehörigkeit ausgedrückt wird. Es liegt nahe, unter den „Ländern jenseits des Meeres" tatsächlich die mutterländischen Griechen zu verstehen, da der Begriff in anderen Inschriften gleichermaßen variiert wird zu den „Yauna jenseits des Meeres" – *Yaunā tayai paradraya*: DSe § 3; besonders deutlich in der Entsprechung XPh § 3: *Yaunā tayai drayahyā dārayanti utā tayai paradraya dārayanti*.

5 Das Nachspiel: Die persischen Strategenfeldzüge

che die königliche Kriegführung als abgeschlossen betrachtet und eine neue Phase der herrschaftlichen Stabilisierung und inneren Ordnung einleitet. Entsprechend deutlich formuliert auch Xerxes in einer seiner königlichen Inschriften (XPh §§ 4–6) den Bruch zwischen der vergangenen Phase abgeschlossener Kriegführung (im Perfekt) und dem Blick auf die politische Gegenwart aus der Zukunft (im Futur):[46]

> „Nach dem Willen Ahuramazdās habe ich dieses Land geschlagen und es (wieder) an den (rechten) Platz gesetzt. (... § 5 ...) und es gab auch anderes, das (als) schlecht (Gemachtes) gemacht worden war, – das habe ich (zu) Gut(em) gemacht. Das was ich getan habe, habe ich nach dem Willen Ahuramazdās getan; Ahuramazdā hat mir Beistand gebracht, bis ich das Werk vollbracht habe. (§ 6) Du, wo immer, der du später (sein wirst), wenn du denken sollst: ‚Glücklich will ich sein lebend (im Leben) und tot (nach dem Tod) will ich selig sein', (so) befolge dieses Gesetz, (...)".

Das ‚An-den-richtigen-Platz-Setzen' ist aus achaimenidischer Sicht ein administrativer und rechtlicher Vorgang, dessen Umsetzung nach dem militärischen Erfolg des Großkönigs von seinen Funktionären (den Strategen und Satrapen) in der Praxis zu realisieren war. Der qualitative Unterschied zwischen dem Feldzug des Großkönigs und den nachfolgenden Maßnahmen seiner Amtsträger wird auch bei Herodot sichtbar: Xerxes selbst steht nicht mehr im Fokus der Erzählung. Dementsprechend finden sich nun auch keine symbolischen Handlungen mehr, die sich programmatisch auf die großköniglichen Ideale und das achaimenidische Manifest beziehen bzw. dieses in der königlichen Inszenierung umsetzen. Besonders deutlich wird dies bei der Anfrage des Mardonios bei den griechischen Orakeln. Obwohl Hdt. 8, 133–136, 1 ausführlich darüber berichtet, erwähnt er weder die Antworten der Orakel, ihren Inhalt oder Wortlaut, noch diskutiert er ihre Bedeutung.[47]

Die Figur des Mardonios rückt nun in das Zentrum der herodoteischen Darstellung. Kompositorisch schließt sich damit der Kreis des Griechenlandkrieges, dessen Beginn im siebten Buch der *Historien* noch gut in Erinnerung ist.[48] Hdt. 7, 6 erklärt dazu: „Das sagte er (Mardonios; Erg. d. Verf.), weil er auf Neuerungen aus war und wünschte, selbst Hyparch von Hellas zu sein." Wie das Thema – der Krieg gegen Griechenland unter Xerxes – mit Mardonios seinen Beginn genommen hatte und von dessen persönlichen Plänen gekennzeichnet war (so Herodot), so endete das Unternehmen jetzt mit einem besonderen Fokus auf Mardonios in Griechenland und dem Resultat seiner ehrgeizigen Ziele. Auch diese Ringkomposition unterstreicht einmal mehr den Unterschied

---

46 Übersetzung Schmitt 2009a, 167 f.
47 Hdt. 8, 133: *„Was er von den Orakeln zu erfahren wünschte, als er diesen Auftrag gab, kann ich nicht sagen."* Dabei erfährt man beinahe nebensächlich, dass überhaupt Antworten erfolgt sind, wenn Hdt. 8, 136, 1 sagt: *„Mardonios las sorgfältig, was auch immer die Orakel zu sagen hatten"*.
48 Zur Kriegstreibung gegen Griechenland durch Mardonios nach dem Regierungsantritt des Xerxes: Hdt. 7, 5–6.

zwischen dem großköniglichen Feldzug des Xerxes und dem Unternehmen des Strategen.

Auch wenn der Mardonios-Feldzug für Herodot nun prominent in den erzählerischen Vordergrund rückt, soll dieser im Folgenden nicht detailliert in seinem militärischen Ablauf verfolgt werden.[49] Vielmehr soll versucht werden, auch diese Phase der Gebietssicherung durch die Strategen-Einsätze aus achaimenidischer Sicht zu analysieren. Am Mardonios-Feldzug zeigt sich in geradezu einzigartiger Weise die Mikrostruktur der konzeptionellen Umsetzung während der ‚Befriedungsphase', die unmittelbar auf die rein militärische Eroberung folgt. Am Unternehmen des Mardonios lassen sich dafür folgende Schritte erkennen:

1. Die Aufnahme diplomatischer Beziehungen in den neu gewonnenen Gebieten: Der Großkönig und Mardonios empfingen im thessalischen Winterlager griechische Gesandtschaften, wie etwa die der Lakedaimonier.[50] Unabhängig davon, wie Herodot die Reaktion und Antwort der Lakedaimonier darstellt, ist grundlegend das Verhältnis zum Großkönig das zentrale und bestimmende Thema. Bei Herodots Bericht vom spartanischen Herold, der zu Xerxes in das thessalischen Winterlager kommt, wird vor allem die Übergabe der direkten Zuständigkeit an den Strategen Mardonios durch den Großkönig deutlich. Aus diesem Grund gipfelt die Anekdote (Hdt. 8, 114) in: „*Und der* (der Großkönig; Erg. d. Verf.) *lachte und gab lange keine Antwort, da aber gerade Mardonios neben ihm stand, zeigte er dann auf diesen und sagte: ‚Gut, Mardonios hier wird ihnen* (den Spartanern; Erg. d. Verf.) *die Genugtuung geben, die ihnen gebührt.*"
2. Nach der Übergabe der Zuständigkeit ergriff Mardonios selbst die Initiative, Kontakt zu den lokalen Städten und Stämmen aufzunehmen. Interessanterweise erfolgte diese offensichtlich über die wichtigen Heiligtümer, da sie wohl als zentrale Faktoren für die jeweils lokalen Identitäten gesehen werden. Laut Herodot veranlasste Mardonios eine ‚Bestandaufnahme' der griechischen Orakelheiligtümer. Die Gesandten des Mardonios legten für die Registratur der Heiligtümer offensichtlich genaue Berichte an, denn Hdt. 8, 135 f. betont: „*und als alles notiert war, habe er* (der Gesandte Mys aus Europos; Erg. d. Verf.) *sich aufgemacht zum Rückweg nach Thessalien. Mardonios las sorgfältig, was auch immer die Orakel zu sagen hatten*".[51] Wahrscheinlich enthielten diese Berichte auch Angaben über die kriegsbedingten Zerstörungen an den Heiligtümern, wie das königliche Edikt an die Athener im Folgenden vermuten lässt.

---

49 Der militärische Verlauf des Mardonios-Feldzuges bis zur Schlacht von Plataiai ist bereits ausführlich untersucht und dargestellt worden: siehe Shepherd 2019, 388–393; Fischer 2013, 183–189; Keaveney 2011, 98–104; Briant 2002, 531–533.
50 Hdt. 8, 114: Der Großkönig übergibt die Behandlung des Gesuchs an Mardonios.
51 Siehe dazu auch Trampedach 2015, 215, Anm. 150.

5 Das Nachspiel: Die persischen Strategenfeldzüge

3. Nach der Bestandsaufnahme der griechischen Heiligtümer wandte sich Mardonios an die lokalpolitischen Institutionen der unterworfenen Gebiete, in diesem Fall konkret an Athen. Durch den makedonischen König Alexandros I. als Gesandten[52] ließ er dort ein Edikt des Xerxes übermitteln, das v. a. für die Mechanismen der großköniglichen Politik bei der Eingliederung jüngst eroberter Regionen in das Achaimenidenreich aufschlussreich ist. In diesem wird deutlich:[53]

   a) Aus persischer resp. großköniglicher Sicht war mit dem erfolgten Feldzug jegliche Schuld gegenüber dem Großkönig getilgt worden. Die Unterworfenen gelten damit nicht mehr als Feinde, sondern als Untertanen.

   b) Den Besiegten wird ihr Land zur Selbstverwaltung zurückerstattet. In diesem Fall wird den Athenern erlaubt, noch weitere Gebiete zu annektieren, vermutlich, um Athen damit zu einem starken und loyalen Sachwalter der persischen Interessen im griechischen Raum zu machen. Entscheidend ist dabei, dass mit der Selbstverwaltung die αὐτονομία im eigentlichen Wortsinn zugestanden wird, also der Fortbestand der eigenen lokalen Gesetze und Verfassungsordnung.[54]

   c) Schließlich werden die kriegsbedingten Schäden an den lokalen Heiligtümern auf Kosten des Großkönigs wieder behoben. Nicht zuletzt garantiert der Großkönig auf diese Weise neben dem politischen auch das kultische Funktionieren der Gemeinwesen bei einer größtmöglichen Wahrung der lokalen Identität innerhalb des Achaimenidenreichs.

---

52 Hdt. 8, 136. Herodot erläutert die Gründe für die Bestellung des Alexandros wie folgt: Mardonios *„schickte als nächstes einen Gesandten nach Athen, den Makedonen Alexandros, Amyntas' Sohn, erstens weil er mit den Persern verschwägert war – denn die Schwester des Alexandros, Gygaia, Amyntas' Tochter, hatte der Perser Bubares zur Frau genommen und von ihr einen Sohn Amyntas, den in Asien, der seinen Namen von seinem Muttervater hatte und (dem) daher vom König Alabanda, eine Stadt in Phrygien, als Pfründe geschenkt worden war –, und zweitens schickte Mardonios den Alexandros, weil er erfahren hatte, dass der dort das Recht der Gastfreundschaft genoss und den Ehrentitel Wohltäter hatte."* Alexander I. war also nicht nur familiär mit dem persischen Adel verbunden, sondern er besaß auch ein besonderes Prestige als Proxenos der Athener. Unklar ist beim zweiten Ehrentitel, ob er als Bezeichnung für einen Wohltäter Athens (Euergetes) oder als persischer Ehrentitel (Orosange) zu verstehen ist. Unabhängig davon wird dennoch deutlich, dass Alexandros sowohl auf der athenischen wie auch auf der persischen Seite hohes Ansehen genoss. Zur propersischen Haltung Alexanders siehe auch Blösel 2004, 123, 125 f.

53 Zum Edikt des Großkönigs: Hdt. 8, 140a; vgl. in verkürzter Form Diod. 11, 28, 1.

54 Die persische Sicht einer derartigen Zusicherung von Autonomie innerhalb des Achaimenidenreiches entspricht freilich nicht dem politisierten Autonomie-Verständnis der Griechen, die mit *eleutheria* und *autonomia* v. a. die Freiheit von der persischen Herrschaft verbanden.

Der Erlass des Xerxes, den Alexandros I. den Athenern überbrachte, wurde über Mardonios vermittelt und ist insgesamt auffallend allgemein gehalten, jedenfalls nicht ausdrücklich und spezifisch auf die Athener ausgerichtet. Es ist daher anzunehmen, dass derartige Erlasse auch an alle anderen Kriegsgegner des Xerxes in Griechenland überbracht wurden, so beispielsweise vielleicht auch an die boiotischen Gemeinden.[55] Die Athener definierten sich freilich als Sieger nach der Schlacht von Salamis, verstanden die Nachricht des Mardonios offensichtlich als Vertragsangebot und sahen deshalb für sich einen Entscheidungsspielraum.[56] Ein großkönigliches Edikt ist jedoch kein Vertragsangebot, und dementsprechend gibt es auch keine Verhandlungsmöglichkeiten darüber. Vielmehr zeigt dieses Edikt, wie der Großkönig die Angelegenheiten der lokalen Verwaltung innerhalb seines Reiches regelte, indem er seinen Erlass an den zuständigen Amtsträger – hier Mardonios – sandte, der ihn auf der jeweils lokalen Ebene (in diesem Fall Athen) zu vermitteln und umzusetzen hatte (hier mithilfe des Alexandros I.).[57] Allein die Tatsache, dass Xerxes ein großkönigliches Edikt zur Regelung der politischen, administrativen und kultischen Angelegenheiten ausgab,[58] verdeutlicht, dass aus persischer Sicht Griechenland als unterworfen und Teil des Reiches verstanden wurde.

Die Weigerung der Athener, den Erlass des Großkönigs anzunehmen, richtet sich demnach nicht gegen Mardonios, sondern direkt gegen die großkönigliche Autorität, die hinter dem Edikt steht. Anscheinend wurde das Verhalten der Athener nicht nur von den Persern, sondern auch in Griechenland als Erhebung gegen den Großkönig verstanden, denn die Thessaler, Argiver und zahlreiche andere mittelgriechische Gemeinwesen leisteten ihre Unterstützung.[59] Hdt. 9, 17 erklärt, wohl mit Blick auf die Gemeinwesen, die sich bereits Xerxes angeschlossen hatten:

---

55 Herodot berichtet davon freilich nichts, sondern konzentriert sich allein auf die Ereignisse in Athen.
56 Hdt. 8, 140a-b: Alexandros nennt in seiner Rede das Angebot des Großkönigs bereits einen Vertrag; Hdt. 8, 143: Antwort der Athener, die einen Vertrag mit dem Großkönig ablehnen. Zur späteren Haltung der Athener gegenüber Alexander I. siehe Lykurg 1, 72. Vgl. auch Diod. 11, 28, 1, wo das Edikt als ein Angebot des Mardonios vorgestellt wird. Zur erst späteren philhellenischen Umdeutung Alexanders siehe Blösel 2004, 125.
57 Vgl. dagegen das Vorgehen des Großkönigs vor dem Griechenlandfeldzug: Der Großkönig selbst wendet sich durch Gesandte an die Gemeinwesen außerhalb seines Reichsgebietes und erfragt von ihnen den (freiwilligen) Rückhalt. Zu den Gesandten des Xerxes an die griechischen Gemeinwesen: s. o.
58 Siehe zur Regelung religiöser Fragen als Privileg des Großkönigs: Klinkott 2005, 279 f.
59 Laut Hdt. 9, 2 trieben die Thessaler die Perser zum erneuten Angriff an und gewährleisteten den Durchzug durch Griechenland; Hdt. 9, 12: Die Argiver melden das Ausrücken der spartanischen Truppen an Mardonios in Attika, wie sie es zuvor diesem zugesichert hatten. Auch das boiotische Theben galt immer noch als befreundete Stadt: siehe Hdt. 9, 13.

5 Das Nachspiel: Die persischen Strategenfeldzüge

> „Während Mardonios in Boiotien lagerte, stellten alle Hellenen Truppen und hatten auch schon den Einfall nach Attika mitgemacht, soweit sie in den Gegenden dort herum zuhause und medisch gesinnt waren, einzig und allein die Phoker machten den Einfall nicht mit. Denn deutlich auf medischer Seite waren freilich auch sie, aber nicht von sich aus, sondern gezwungen von der Lage."

Aus Sicht des Xerxes war Athen besiegt, erobert und Teil seines Reiches. Die Ablehnung des königlichen Edikts war nach seinem Verständnis eine Rebellion, auf die mit entsprechenden Mitteln unmittelbar reagiert werden musste. Mardonios brach unverzüglich auf und rückte kompromisslos gegen Athen vor (Hdt. 9, 1):[60]

> „Mardonios aber brach, als ihm nach seiner Rückkehr Alexandros über die von den Athenern erhaltene Antwort Bericht erstattete, aus Thessalien auf und drängte, das Heer gegen Athen zu führen."

In einem erneuten Strafakt eroberte und besetzte er die Stadt (Hdt. 9, 3): „*Von der Einnahme durch den König aber bis zu der zweiten Besetzung durch Mardonios waren zehn Monate vergangen.*" Mardonios hatte unmissverständlich die persische Herrschaft über Attika wiederhergestellt. In einer zweiten Gesandtschaft forderte er die Athener, die sich noch auf Salamis befanden, auf, die Autorität des Großkönigs und seines Edikts anzuerkennen. Hdt. 9, 4 berichtet dazu eindeutig:

> „Und wie Mardonios nun in Athen ist, schickt er Murychides, einen Hellespontier, nach Salamis, mit demselben Angebot, das schon Alexander der Makedone, den Athenern überbracht hatte. Zum zweiten Mal machte er dieses Angebot, nicht, weil ihm von den Athenern Anzeichen freundlicher Gesinnung zugekommen wären, sondern weil er hoffte, sie würden von ihrem törichten Starrsinn lassen, nun wo ganz Attika von ihm erbeutet und in seiner Gewalt war."

Die nachfolgenden Ereignisse (s. u.) verdeutlichen, dass Mardonios die Athener auf Salamis als politische repräsentative Gruppe der Stadt und als die eigentlich ‚Aufständischen' verstand. Die nach der ersten Besetzung der Stadt durch Xerxes eingesetzten perserfreundlichen Athener waren zweifellos nicht die Adressaten im Konflikt der athenischen Erhebung gegen die Autorität des Großkönigs. Offenbar sollten Gespräche mit den feindlichen Athenern aufge-

---

60 Hdt. 9, 3: Angeblich versuchten die boiotischen Thebaner Mardonios von einem Kriegszug gegen Athen abzuhalten und zu überreden, in Boiotien zu lagern, dann „*werde es ihm gelingen, ganz Hellas kampflos zu unterwerfen*". Wie sehr Herodot hier aus einer griechischen, bzw. athenischen Retrospektive schreibt, wird in der Rede der Thebaner deutlich, die Mardonios erklären: „*Denn die Hellenen mit Waffengewalt zu überwinden, wenn sie eines Sinnes seien, nachdem sie immerhin schon bisher zusammengehalten hätten, sei schwer, auch wenn alle Menschen gegen sie anträten.*" Allein der jüngst erfolgte Griechenlandfeldzug des Xerxes hatte jedoch gezeigt, dass die Griechen keineswegs einen einheitlichen Widerstand bildeten, vielmehr hatten sich die meisten festländischen Gemeinwesen widerstandslos der persischen Gefolgschaft angeschlossen (s. o.).

nommen werden, um unter Einbindung dieser großen Gruppe eine Lösung dauerhaft sicherer Verhältnisse zu verhandeln.[61]

Aufgrund der Zusicherungen zur Wiederherstellung der Stadt im großköniglichen Edikt untersagte Mardonios Plünderungen dort und im Umland, bis eine Antwort von den Athenern eingetroffen war.[62] Als die Weigerung der Athener, das Edikt des Großkönigs zu akzeptieren eintraf, vollzog Mardonios die finale Bestrafung der ‚aufständischen' Stadt (Hdt. 9, 13):[63] „*zuvor aber steckte er Athen in Brand, und was von den Mauern oder den Gebäuden oder den Tempeln etwa noch aufrecht stand, riss er alles nieder und verwüstete es.*"

Diese Behandlung Athens entsprach dem üblichen Vorgehen des Großkönigs gegen aufständische Städte, wie es auch von Milet und Eretria bekannt ist.[64] Dies gilt umso mehr, als wohl der Großkönig schon vor seinem Feldzug nach Griechenland Athen als untergebene Stadt in seinem Herrschaftsbereich verstanden haben dürfte.[65] Allein die Deportation der athenischen Bevölkerung erfolgte nicht, da die verantwortlichen athenischen Bürger sich noch außerhalb der Stadt auf Salamis befanden.[66] Es entspricht dem Muster derartiger Strafmaßnahmen, dass im Zuge der Deportationen andere Bevölkerungsteile im Stadtgebiet angesiedelt werden.[67] Möglicherweise gehört in diesen Kontext die Rücksendung von 500 athenischen Kriegsgefangenen von Samos kurz vor der Schlacht von Mykale.[68] In Athen jedenfalls rechnete man auch noch nach Plataiai mit einem weiteren Gegenschlag der Perser, wie der Ausbau der Befestigungsmauern von Athen und Piräus erkennen lässt.[69]

---

61 Welche ungewöhnlichen Mittel Teil einer derartigen Lösung sein konnten, zeigt das Beispiel der Berguxier (Arr. Anab. 3, 17, 1-4) oder der Karduchen zur persischen Verwaltung (Xen. Anab. 3, 5, 16); zu beidem grundlegend: Wiesehöfer 2018, 289-297. Zur vermeintlichen persischen ‚Europapolitik' und den achaimenidischen Reichsvorstellungen: Wiesehöfer 2013, 280.
62 Hdt. 9, 13.
63 Vgl. ebenso Diod. 11, 28, 6. Siehe Wiesehöfer 2022, 74.
64 Zerstörung Milets: Hdt. 6, 18-20; Zerstörung Eretrias: Hdt. 6, 101. Siehe zu dieser Praxis auch als athenische Strafmaßnahme in der Pentekontaetie und im beginnenden Peloponnesischen Krieg Ruffing 2021, 356.
65 Siehe Waters 2016, 93-102.
66 Siehe Hdt. 9, 5: Mardonios schickt den Gesandten Murychides zu den Athenern nach Salamis. Zur innerathenischen Diskussion, welche dieses Ausweichen nach Salamis als Verrat an der Stadt deutete: Lykurg 1, 68.
67 Siehe z. B. im Fall Milets Hdt. 6, 20.
68 Hdt. 9, 99; siehe auch Shipley 1987, 108 f., allerdings ohne Erklärung der Maßnahme. In Athen selbst stützte sich Mardonios wohl weiterhin auf eine Gruppe athenischer ‚Kollaborateure', gegen die sich nach der Schlacht von Plataiai und dem Abzug der persischen Truppen die Prozesse der 470er Jahre richtete: dazu Kelly 2003, 191.
69 Zum Ausbau der athenischen Mauern im Winter 479/8 v. Chr. vor der Befestigung von Piräus: Thuk. 1, 93, 3 f.; Diod. 11, 41, 2 f.; Plut. Them. 19, 2-4; ausführlich zur Chronologie: Schieber 1982, 10. Zum Ausbau von Piräus durch Themistokles für einen Gegenschlag der Perser: Diod. 11, 42, 3; Schieber 1982, 9.

5 Das Nachspiel: Die persischen Strategenfeldzüge

Mardonios hatte damit die ‚Erhebung der Athener' niedergeschlagen sowie die Herrschaft und Autorität des Großkönigs in Attika wiederhergestellt.[70] Zu Recht konnte Xerxes nun (wieder) erklären (XPh § 4):[71]

„Es ist da unter diesen Ländern, die oben niedergeschrieben (aufgezählt) (worden sind), (eines, das) in Aufruhr war. Da(raufhin) hat Ahuramazdā mir Beistand gebracht; nach dem Willen Ahuramazdās habe ich dieses Land geschlagen und es (wieder) an den (rechten) Platz gestellt."

Mardonios konnte sich nun also anderen Konfliktbereichen in Griechenland zuwenden, weshalb er aus Attika abrückte und sich zunächst in das boiotische Theben, das für die Versorgung seiner Truppen bestens ausgerüstet war, zurückzog.[72] Auch in diesem Zusammenhang wird deutlich, dass die primäre Aufgabe der koordinierten Strategenfeldzüge erfüllt und zu einem Abschluss gebracht worden war. Besonders deutlich wird dies an der Flotte: Die Sicherung der maritimen Versorgungswege für die Heeresteile in Thrakien, Thessalien und Mittelgriechenland war erfolgt und im Folgenden nicht mehr notwendig. Aus diesem Grund stießen die Flottenkontingente zu den Einheiten des Heeres in Ionien unter dem Befehl des Tigranes.[73] Dort, bei Skolopoleis, wurden die Schiffe aus dem Wasser genommen und in einer eigens errichteten Sicherungsanlage, die möglicherweise auch Werften enthielt, trockengelegt (Hdt. 9, 97): *„Dort zogen sie die Schiffe aufs Land und errichteten um sie herum ein Bollwerk aus Steinen und Holz, wozu sie die Fruchtbäume abholzten, und um das Bollwerk setzten sie große Pfähle."* Ein zeitnaher Einsatz dieser Schiffe schien offensichtlich nicht beabsichtigt gewesen zu sein.

---

70 Zweifellos widerspricht diesem persischen Verständnis die griechische Wahrnehmung im Narrativ des Freiheitskampfes der Griechen, der seinen Höhepunkt bei den Siegen von Plataiai und Mykale sieht.

71 Übersetzung Schmitt 2009a, 166 f. Die Wendung in der sog. Daiva-Inschrift des Xerxes hat zunächst einen sehr allgemeinen Charakter, der auch auf die Vorgänge in Griechenland zutrifft. Das bedeutet jedoch nicht, dass die Inschrift als ein unmittelbarer und spezifischer Reflex auf die Ereignisse in Griechenland zu verstehen ist. Vielmehr erlaubt der grundlegend unspezifische Charakter der Inschrift gerade keine genaue Zuweisung, so dass eine historiographische Funktion des Textes zweifelhaft ist. Siehe dazu auch Briant 2002, 541 f.

72 Noch vor der Schlacht von Plataiai konstatiert Artabazos in seiner Rede vor Mardonios Hdt. 9, 41, dieser solle sich nach Theben zurückziehen, *„wo genug Verpflegung für sie alle eingelagert sei und auch Futter für das Zugvieh, und dort könnten sie sich in aller Ruhe niederlassen und den Krieg in folgender Weise zum glücklichen Ausgang bringen."*

73 Siehe Hdt. 9, 96, allerdings behauptet Herodot – ohne detailliertere Angaben zu machen –, die Perser hätten sich von Samos zurückgezogen, weil sie glaubten, den hellenischen Flottenkontingenten in einer Seeschlacht nicht gewachsen zu sein. Freilich erklärt auch Herodot nicht, warum die Perser nach den sonst verhältnismäßig erfolgreichen Flottenunternehmungen zu dieser Einschätzung gekommen sein sollten. In ähnlicher Weise hatte Hdt. 8, 132 behauptet, die Griechen würden aus Furcht und Unkenntnis nicht über Delos hinaus nach Osten segeln. Beide Erklärungen sind gleichermaßen kaum überzeugend und in ihrer Historizität zweifelhaft. Zum Tod des Tigranes bei Mykale: Hdt. 9, 102 f.; Briant 2002, 540.

Währenddessen sicherte Mardonios von der „*befreundeten Stadt*" Theben[74] aus die persischen Zugewinne in Mittelgriechenland. Als er von einem lakedaimonischen Vorauskommando von 1000 Spartanern erfuhr, das angeblich in Megara eingetroffen sei, rückte er mit seinen Reitertruppen dorthin vor. Hdt. 9, 14 erläutert in geradezu lakonischer Kürze, ohne näher auf die spartanischen Truppen einzugehen: *„Die Reiterei ritt voraus und überrannte das Land von Megara. Und das ist der am weitesten nach Sonnenuntergang gelegene Punkt von Europa, den dieses persische Heer erreicht hat."*

Gegen die Hellenen, die sich am Isthmos versammelten und zu denen auch die lakedaimonischen Kontingente gehörten,[75] rückte Mardonios nicht weiter vor und versuchte wohl auch nicht, auf den Isthmos oder den Peloponnes überzugreifen. Vielmehr blieb Mardonios – mehr oder weniger – in den vom Großkönig eroberten Gebieten. Letztendlich widerlegt sein Verhalten damit die Pläne, die ihm zuvor in den Reden vor Xerxes zugeschrieben wurden und einen Angriff auf die Peloponnes forcierten.[76] Vor allem der persische Rückmarsch nach Theben verdeutlicht dabei, dass die Kontrolle des Saronischen und Eleusinischen Golfs, nicht aber ein weiteres Ausgreifen auf den Korinthischen Golf im Vordergrund stand: Mardonios zog von Megara wieder durch Attika über Dekeleia nach Tanagra, um von dort durch das Asopos-Tal über Sphendale nach Skolos in thebanisches Territorium zu gelangen.[77] Er umging somit das Kithairon-Gebirge, ohne freilich an die Westküste der Megaris am Korinthischen Golf vorzustoßen und von dort eine direkte Verbindung nach Plataiai und Theben zu suchen, obwohl er dort dann sein befestigtes Standlager zwischen Plataiai, Erythrai und Hysiai im Schutz der Befestigung von Theben aufschlug, wo die Verpflegung für das gesamt Heer eingelagert war.[78] Offensichtlich verfolgte Mardonios von hier aus das Ziel, die persische Herrschaft in

---

74 Hdt. 9, 13.
75 Zur Sammlung der Hellenen am Isthmos: Hdt. 9, 15, 1; zu den lakedaimonischen Truppen dort: Hdt. 9, 19, 1.
76 Es ist in diesem Zusammenhang ohnehin fraglich, ob ein Stratege eigenständige Eroberungen vornehmen und damit das Reich des Großkönigs expandieren konnte. Dies gilt umso mehr, als der Großkönig gerade selbst persönlich den Feldzug geführt hatte. Mit einem Angriff auf die Peloponnes oder gar deren (teilweise) Eroberung hätte Mardonios den Großkönig übertroffen – ein Aspekt, der bei der signifikanten, herrschaftsideologischen Symbolik des Xerxes nur schwer vorstellbar wäre.
77 Siehe detailliert Hdt. 9, 15. In diesen Zusammenhang gehört wohl auch, dass Mardonios auch nicht nach Delphi marschierte. Eine Plünderung des Heiligtums war vor dem Hintergrund des großköniglichen Edikts, das die Instandsetzung der lokalen (Orakel-)Heiligtümer vorsah, ohnehin unwahrscheinlich. Vielmehr stellt Herodot (Hdt. 9, 42) diese Nachricht in den Kontext der Niederlage von Plataiai, um damit ein ‚falsches' Orakel für Mardonios von diesem sonst eher propersisch ausgerichtete Heiligtum zu berichten; zu Delphi in den sog. Perserkriegen: Trampedach 2019, 157–162; Trampedach 2015, 398 f., 468 f.; Funke 2007, 27 f.
78 Hdt. 9, 15. Zum Schutz der Mauern von Theben und zu der dort eingelagerten Verpflegung: Hdt. 9, 41. Vgl. auch entsprechend Diod. 11, 30, 1.

5 Das Nachspiel: Die persischen Strategenfeldzüge

Mittelgriechenland dauerhaft zu sichern, denn in Boiotien, Phokis und der Megaris gab es noch starke antipersische Gruppen.[79] Nicht zuletzt erfolgte dies mit Hilfe des Boiotischen Bundes, da die Boiotarchen als Leiter des Bundes seinen Marsch unterstützten.[80] In seinem großen Standquartier sammelte Mardonios auch wieder die ‚Hilfstruppen' der griechischen Bundesgenossen, zu denen neben den Boiotern auch die Lokrer, Melier und Thessaler gehörten.[81] Nun trafen auch 1000 Hopliten der benachbarten Phoker unter Führung von Harmokydes ein, der „*der angesehenste unter den Bürgern*" war.[82] Derartige vornehme Vertreter der lokalen Aristokratie wurden nun gezielt als Elite unter persischem Schutz von Mardonios gefördert. Zu diesen gehörten ebenso die bereits erwähnten Boiotarchien, Thersandros aus Orchomenos, einer „*der angesehensten Männer der Stadt*", wie auch Attaginos, der in Theben das Festmahl mit jeweils fünfzig ausgesuchten, thebanischen und persischen Gästen gab.[83] Die Methode, eine lokale, propersische Elite in den unterworfenen Gebieten zu etablieren, formuliert Herodot kurz vor der Schlacht von Plataiai.[84] Bei einer Beratung des Mardonios und Arabazos vor Theben schlägt letzterer laut Hdt. 9, 41 vor, das gemünzte und ungemünzte Gold sowie die silbernen Trinkgefäße „an die führenden Leute in den Städten" in Griechenland zu verteilen.

Auf eine derartige Maxime in der persischen Griechenlandpolitik, wie sie im Peloponnesischen Krieg charakteristisch wird, scheint sich auch Xenophon zu beziehen, als er vom Ratschlag berichtet, den Tissaphernes dem jüngeren Kyros erteilte (Xen. Hell. 1, 5, 9):

> „*nämlich aufzupassen, dass von den Hellenen nicht irgendeine Gruppe zu mächtig würde, sondern alle gleich schwach blieben, indem sie sich durch Streitigkeiten untereinander aufrieben.*"

---

79 Boiotien zerfiel bereits beim Xerxes-Zug in propersische und prohellenische Gemeinwesen, weshalb die Kämpfe dort besonders heftig ausfielen: s. o. Zur Megaris siehe Hdt. 9, 21: Nach der Unterwerfung sind die Megarer bei den hellenischen Truppen im Reitergefecht am Kithairon beteiligt. Zur Phokis siehe bei der Schlacht von Plataiai in Hdt. 9, 31: „*denn nicht alle Phoker hielten es mit dem Meder, sondern einige von ihnen verstärkten auch die hellenische Seite*".

80 Hdt. 9, 15: „*denn die Leiter des Boiotischen Bundes beorderten die Anwohner des Asopostales dorthin, und die führten ihn (Mardonios; Erg. d. Verf.) auf der Straße nach Sphendale und weiter nach Tanagra*".

81 Zumindest werden die Kontingente dieser Gemeinwesen von Mardonios bei der Schlacht von Plataiai aufgestellt: Hdt. 9, 31. Herodot vermeidet aber ausdrücklich, die Zusammensetzung und Zahl der griechischen Truppenkontingente auf persischer Seite zu benennen: Hdt. 9, 32: „*die Zahl der auf Mardonios' Seite kämpfenden Hellenen aber weiß niemand, denn sie sind nie durchgezählt worden; will man aber schätzen, so vermute ich, dass etwa fünfmal zehntausend beisammen waren.*" Vgl. dagegen Diod. 11, 28, 4: „*Außer dem Heer, das ihm Xerxes überlassen hatte, hatte Mardonios selbst aus Thrakien, Makedonien und den anderen verbündeten Gemeinwesen mehr als 200.000 Mann zusammengebracht.*"

82 Hdt. 9, 17.

83 Gastmahl des Attaginos in Theben: Hdt. 9, 16; zu Thersandros aus Orchomenos: ebd.

84 Siehe dazu auch Wiesehöfer 2013, 281 f.

Laut Diod. 11, 28, 3 scheint es sich dabei um eine Politik des Mardonios zu handeln, die scheinbar auch die Bündnispartner auf der Peloponnes betraf:

> „Denn Mardonios, der sich mit seinen Truppen in Boiotien aufhielt, hatte zuerst versucht, einige Städte in der Peloponnes zum Abfall zu bringen, indem er unter ihren führenden Männern Geld austeilte".

Die Praxis einer derartigen Politik wird direkt sogar für den spartanischen König Leotychidas bestätigt. Dieser hatte im Frühjahr 478 v. Chr. einen Feldzug gegen Thessalien unternommen, jedoch erfolglos abgebrochen.[85] Herodot erklärt dies mit Bestechung, die angeblich auch nachgewiesen werden konnte und schließlich zu einem Prozess gegen den König führte.[86] Immerhin hatten diese Maßnahmen jedoch bewirkt, dass Leotychidas seinen Feldzug gegen die perserfreundlichen Aleuaden abbrach und nach Sparta zurückberufen wurde.[87]

In denselben Zusammenhang ist vermutlich auch die vieldiskutierte Isthmos-Inschrift[88] zu stellen, in welcher von Dareiken-Zahlungen griechischer Gemeinwesen an die Peloponnesier berichtet wird. Und zweifellos gehört ebenso zu diesem Thema der persischen Politik eine Inschrift aus Argos, die von einer Kommunikation mit den Satrapen über das Verhältnis der (argivischen?) Städte zum Großkönig berichtet.[89]

Aus persischer Sicht handelte es sich bei den Hellenen, die gegen Mardonios zu Felde zogen, um ‚Aufständische', zu denen auch die Athener gehörten, die von Salamis aus immer noch nicht in das von den Persern unterworfene Athen und Attika zurückgekehrt waren.[90] Der Vorstoß dieser hellenischen Kontingente vom Isthmos, der ausdrücklich von den persischen Eroberungen ausgespart worden war, über Eleusis nach Erythrai und an den Asopos war dementsprechend aus Sicht des Mardonios ein Einfall in persisches Reichsgebiet.[91]

---

85 Zum Thessalien-Feldzug des Leotychidas: Lotze 1970, 263–267; Schieber 1982, 5–14. Zu Leotychidas im Überblick: Lenschau 1935, 2063 f.

86 Hdt. 6, 72; ausführlich Meier 1999, 106. Zu den chronologischen Schwierigkeiten, einen Thessalien-Feldzug 478/7 v. Chr. mit dem Prozess gegen Leotychidas 469/8 v. Chr. in Verbindung zu bringen: Meier 1999, 106, Anm. 92; siehe auch Schumacher 1987, 223. M. E. ist es angesichts der persischen Politik verfehlt, derartige Bestechungsversuche schlicht als „Gerüchte" oder „Hetze" abzutun, die in Griechenland „Hochkonjunktur" hatten und somit als literarische Konstrukte abgetan werden können: so Blösel 2004, 126 f.

87 Zum Feldzug gegen die Aleuaden: Paus. 3, 7, 9 f., namentlich gegen Aristomedes und Agelaos laut Plut. mor. 859 D; Zur Rückberufung: Schieber 1982, 13. Zur veränderten politischen Situation für die Politik Spartas s. o.

88 SEG 39, 370; IG V.1 1; dazu mit weiterführender Literatur Ruffing 2018, 159 f.

89 IG IV 556. Siehe Rop 2017, 304–322.

90 Siehe Hdt. 9, 19.

91 Zum Vorstoß der Hellenen gegen das persische Lager in Boiotien: Hdt. 9, 19. Das folgende Reitergefecht an den Kithairon-Hängen mit dem Tod des Masistios/Makistios und dem Kampf um seine Leiche scheint in zahlreichen Aspekten von Herodot als Gegen-

5 Das Nachspiel: Die persischen Strategenfeldzüge

Die Schlacht von Plataiai bleibt unbenommen ein Sieg der Griechen, besaß in der griechischen Wahrnehmung epochalen Charakter und beeinflusste maßgeblich die innergriechische, v. a. athenische Politik des 5. Jahrhunderts v. Chr.[92] Dennoch bestehen am Verlauf und Ausgang der Schlacht, wie sie Herodot schildert, berechtigte Zweifel.[93] Sie sind v. a. an der Person des Mardonios festzumachen, der in der Schlacht gefallen sein soll.[94] Herodots Angaben zum Tod des Mardonios erfolgen auffallend knapp und ungenau in nur drei kurzen Bemerkungen, die sich im Eigentlichen nicht mit dem Sterben des Mardonios beschäftigen (Hdt. 9, 63): „*Als aber Mardonios tot war und die um ihn aufgestellte Abteilung, die die stärkste war (ἰσχυρότατον), auch gefallen war, da wandten sich nun die anderen und wichen*". Die Art und Weise, wie Mardonios fällt, wird hier gar nicht beschrieben, sondern sein Tod wird vorausgesetzt, um die Flucht des übrigen Heeres zu schildern (Hdt. 9, 64): „*Da wurde, wie das Orakel es verlangt hatte, den Spartiaten von Mardonios die Buße für den Tod des Leonidas bezahlt.*" Auch hier wird der Tod des Mardonios selbst nicht geschildert, sondern die Erfüllung des Orakels für den Tod des Leonidas thematisiert (Hdt. 9, 64): „*Es stirbt aber Mardonios durch Arimnestos, einen angesehenen Mann in Sparta*". Hier findet sich das einzige Detail zum Tod des Mardonios, freilich auch, um Arimnestos[95] im Folgenden als ‚neuen Leonidas' zu beschreiben,[96] nicht aber um darzulegen, wie Mardonios umgekommen ist. Erst Plut. Arist. 19, 1 liefert ein weiteres Detail, das allerdings mit größter Vorsicht zu behandeln ist: Angeblich hat Arimnestos mit einem Stein Mardonios erschlagen, wie es ein lydischer Gesandter des Mardonios nach dem Orakel des Trophonios angeblich in einer Traumerscheinung bei Amphiaraos vorausgesehen habe.[97]

---

stück zur Schlacht an den Thermopylen konstruiert zu sein. So ist es nun etwa der gefallene Anführer der Perser, der in den Händen der siegreichen Gegner zurückbleibt; siehe Hdt. 9, 22–24.

92 Siehe dazu Ruffing 2020, 82–86; Stoneman 2015, 155–159; Prandi 1988, 57–69; zum Sieg der Griechen siehe Lazenby 1993, 221–247, 250–256.
93 Ausführlich dazu Ruffing 2020, 83–93; Schäfer 2015, 1–18, bes. zu Herodot 11–15; Cawkwell 2005, 99. Siehe auch Wiesehöfer 2022. 73.
94 Siehe Rollinger 2012a, 276–278; Schmitt 2012a, Nr. 2; Bichler 2021a, 856; Wiesehöfer 2022, 73 f.
95 Rollinger 2012, 277; Schmitt 2012a, Nr. 2 geben den Namen des Spartaners als Aeimnestos an.
96 Hdt. 9, 64 erläutert zu Arimnestos, es handle sich um „*einen angesehenen Mann in Sparta, welcher einige Zeit nach den Perserkriegen mit nur dreihundert Mann bei Stenykleros in einem Krieg mit der gesamten Streitmacht der Messenier kämpfte, wobei er fiel und die dreihundert mit ihm*".
97 Vgl. dagegen Diod. 11, 31, 2, wo gänzlich ohne Details von der Tatsache berichtet wird, dass Mardonios in der Schlacht von Plataiai gefallen sei.

In eklatantem Gegensatz zu diesen dürftigen Informationen steht die ausführliche und detailreiche Beschreibung des Todes des Masistios/Makistios beim Reitergefecht am Kithairon (Hdt. 9, 22–25):[98]

> „Als die Reiterei in Abteilungen angreift, wird Masistios' Pferd, das allen anderen voraus war, von einem Pfeil in die Flanke getroffen, und es bäumt sich vor Schmerz und schüttelt Masistios ab. Und wie er stürzt, fallen sofort die Athener über ihn her. Sein Pferd erbeuten sie und ihn selbst, der sich heftig wehrt, töten sie, was ihnen allerdings nicht sogleich gelingt. Das lag an der Wehr, die er trug, nämlich: auf dem Leibe hatte er ein Panzerhemd aus vergoldeten Schuppen, und über dem Panzer trug er einen purpurnen Rock. Mit ihren Schlägen trafen sie nun auf den Panzer und konnten nichts ausrichten, bis schließlich einer, der merkte, was vorging, ihn ins Auge stach. So fiel er denn und starb. Alles dies war den anderen Reitern entgangen, denn sie sahen weder, wie er vom Pferd stürzte, noch, wie er getötet wurde, und merkten, da sie gerade beim Umschwenken und Zurücksprengen waren, nichts von dem Vorfall. Als sie aber Halt machten, vermissten sie ihn sofort, denn da war niemand, sie neu aufzustellen. Und wie sie merkten, was geschehen war, feuerten sie einander an und peitschten alle ihre Pferde, um wenigstens den Leichnam zu bergen. Als die Athener die Reiterei aber nicht mehr abteilungsweise heransprengen sahen, sondern alle zugleich, riefen sie nach dem übrigen Heer. Während das gesamte Fußvolk zu Hilfe eilte, entbrennt ein heißer Kampf um die Leiche. Solange nun die Dreihundert allein waren, zogen sie bei weitem den Kürzeren und mussten den Toten preisgeben; als aber der große Haufen eingriff, da konnten die Reiter nicht länger standhalten, noch gelang es ihnen, den Toten aufzunehmen, sondern außer ihm verloren sie noch manchen von den Reitern. Zwei Stadien etwa zogen sie sich zurück und berieten, was zu tun sei. Und da sie jetzt keine Führung mehr hatten, beschlossen sie, zurückzureiten zu Mardonios. Und als die Reiterei ins Lager kam, befiel größtes Leid um Masistios das ganze Heer und Mardonios, und sie schoren sich selber die Köpfe und schnitten den Pferden und den Zugtieren die Mähnen ab, und Wehgeschrei erscholl ohne Ende, ja ganz Boiotien war erfüllt vom Widerhall der Klage um den Tod eines Mannes, der nächst Mardonios am angesehensten war bei Persern und König.
> Die Barbaren also ehrten nach ihrem Brauch den toten Masistios. Die Hellenen aber, da sie dem Angriff der Reiterei standgehalten und ihn sogar abgeschlagen hatten, waren nun viel zuversichtlicher. Und zunächst bahrten sie den Leichnam auf einem Wagen auf und fuhren ihn an den Stellungen entlang. Der Tote war das Anschauen auch wert, seiner Größe und Schönheit wegen, und deshalb zeigten sie ihn auch."

Der Kontrast zum Tod des Mardonios könnte kaum größer sein, dessen Leiche auf unerklärliche Weise verschwand und dessen Bestattung ganz im Geheimen erfolgte (Hdt. 9, 84 f.):

> „Mardonios' Leichnam aber war am Tag nach der Schlacht verschwunden; durch wen, kann ich nicht mit Bestimmtheit sagen, denn von vielen Leuten aus allen möglichen Gegenden habe ich gehört, die Mardonios begraben haben sollen. (...) Doch wer es unter diesen wirklich war, der Mardonios' Leichnam entwendet und begraben hat, das kann ich nicht eindeutig ausmachen. (...) Wie dem auch sei, heimlich begraben worden ist Mardonios."

Herodot berichtet nicht einmal von einer Reaktion des Großkönigs auf die Nachricht vom Tod seines Strategen. Eine Identifikation des Mardonios-Grabes wird noch zusätzlich erschwert, weil später wohl zahlreiche griechische Ge-

---

98 Vgl. ähnlich detailreich und in Anlehnung an Herodot die Darstellung bei Plut. Arist. 14, 4–6.

5 Das Nachspiel: Die persischen Strategenfeldzüge

meinwesen falsche Grabhügel bei Plataiai errichteten, um eine Beteiligung an der Schlacht vorzugeben.[99] Pausanias kennt jedenfalls neben der Straße von Eleutherai nach Plataiai, in der Nähe der Ruinen von Hysiai, ein Grab, das er Mardonios zuschreibt, nicht zuletzt unter Bezug auf den Bericht bei Herodot. (Paus. 9, 2, 2):[100]

> „Geht man auf die Hauptstraße zurück, folgt wieder zur Rechten das angebliche Grabmal des Mardonios. Dass der Leichnam des Mardonios sofort nach der Schlacht verschwunden war, ist allgemein zugegeben; wer es aber war, der ihn begrub, darüber erzählt man nicht in gleicher Weise. Es scheint aber, dass Arontes, der Sohn des Mardonios, dem Ephesier Dionysophanes reichlich Geschenke gab, aber auch anderen Ioniern, weil auch sie sich um die Bestattung des Mardonios bekümmert hatten."

Allerdings legt sich auch Pausanias nicht mit Bestimmtheit fest. In Herodots Narrativ ist das Schicksal des Mardonios, der ursächlich zum Krieg gegen Griechenland getrieben hatte, zwar ein finaler, dramatischer Höhepunkt, doch in seiner Historizität zweifelhaft, detailarm und ausgesprochen mysteriös. Die Verwirrung für den Leser wie auch in Griechenland nach der Schlacht steigert sich bei Herodot noch beim angeblich fluchtartigen Rückzug des Artabazos: Obwohl unter den griechischen Kontingenten im Heer des Mardonios die Thessaler und Phoker vertreten und an der Schlacht beteiligt waren,[101] verriet ihnen Artabazos den Ausgang der Schlacht mit der Niederlage der Perser angeblich nicht, als er mit seinen Truppen durch ihre Gebiete kam.[102] Stattdessen kündigte Artabazos den Thessalern an (Hdt. 9, 89): „*Mardonios selber und sein Heer folgt mir auf dem Fuße und ist bald zu erwarten.*"

Polyain überliefert ebenfalls Herodots Anekdote in den *Strategemata*, allerdings mit dem kleinen, aber für das persische Verständnis möglicherweise entscheidenden Unterschied, die Schlacht von Plataiai sogar als persischen Sieg und ruhmvolle Leistung des Mardonios (τὰ ἔργα τῆς νίκης αὐτὸς ἀπαγγέλλει) zu deklarieren (Polyain. strat. 7, 33, 3):[103]

---

99 Hdt. 9, 85; Paus. 9, 2, 5; Wiesehöfer 2022, 74.
100 Übersetzung: Meyer 1954, 437. Dazu Wiesehöfer 2022, 74. Vgl. dazu ähnlich vage und vorsichtig die verhältnismäßig späte Erwähnung des angeblichen Mardonios-Schwerts im Parthenon von Athen: Paus. 1, 27; Demosthenes 24, In Timocr. 129; Dio Chrysost., Peri Basil. 2, 36. Zum Einfluss Herodots auf Pausanias siehe Hawes 2016, 322–345.
101 Siehe Hdt. 9, 31.
102 Hdt. 9, 89: „und aus dieser Überzeugung heraus hatte er den Phokern nichts verraten, und den Thessalern sagte er folgendes: (...)" Siehe dazu Kelly 2003, 211, der den Gebrauch von Falschinformationen als Zeichen der persischen Propaganda sieht.
103 Übersetzung Brodersen 2017, 559; Original: Ἀρτάβαζος Φαρνάκου φεύγων ἐκ Πλαταιῶν προῆλθεν ἐς Θετταλίαν. τῶν δὲ Θετταλῶν ἐρομένων περὶ τῆς μάχης δείσας ὁμολογῆσαι τὴν ἧτταν, αὐτὸς μὲν ἔφη σπεύδειν ἐς Θρᾴκην πράξων βασιλέως ἀπόρρητα, Μαρδόνιος δὲ νενικηκὼς ἕπεται καὶ τὰ ἔργα τῆς νίκης αὐτὸς ἀπαγγέλει. Ἀρτάβαζος μὲν ἀπάτῃ νίκης Θετταλίαν διεξῆλθε, Θετταλοὶ δὲ αὐτίκα τὴν Περσῶν ἧτταν ἐμάνθανον.

> *„Artabazos, Sohn des Pharnakes, floh aus Plataiai und kam nach Thessalien. Als die Thessaler ihn über die Schlacht befragten, scheute er sich, die Niederlage zu gestehen, und sagte, er für seine Person eile nach Thrakien, um einen geheimen Auftrag des Königs auszuführen; Mardonios aber, der gesiegt habe, komme hinter ihm her und werde ihnen selbst seine siegreichen Taten erzählen. Durch das fälschliche Vorgeben des Sieges verschaffte er sich den Durchzug durch Thessalien; die Thessaler erfuhren aber bald von der Niederlage der Perser."*

Dementsprechend stellt sich auch der Rückmarsch des Artabazos, der bei Herodot als panische Flucht beschrieben ist,[104] bei Diod. 11, 33, 1 als ein geplantes Unternehmen dar, bei dem das Gros des persischen Strategenheeres ohne weitere Angriffe und Kampfhandlungen über Phokis, Thessalien und Makedonien nach Asien zurückgeführt wurde:[105] *„Artabazos nahm inzwischen mit etwa 400.000 flüchtenden Persern seinen Weg durch Phokis nach Makedonien und rettete sich nebst seinen Soldaten in Eilmärschen nach Asien."* Zweifel an Verlauf, Bedeutung und Darstellung der Schlacht von Plataiai sind vor diesem Hintergrund berechtigt,[106] zumal schon Theopomp im 25. Buch der *Philippika* entsprechende Kritik an der Historizität der Darstellung äußert:[107]

> *„Der Helleneneid ist eine Fälschung, die, wie die Athener behaupten, die Griechen vor der Schlacht von Plataiai gegenüber den Barbaren geschworen haben,[108] ebenso der Vertrag der Athener mit dem Großkönig Dareios mit den Griechen; ferner sei die Schlacht von Marathon nicht so verlaufen, wie sie sie alle in hymnischer Verherrlichung schildern. Und womit sonst noch (...) die Stadt der Athener prahlt und die Griechen hinters Licht führt."*

Ähnlich äußert sich auch Strabon 11, 6, 2 f. mit deutlicher Kritik an der allgemeinen Darstellung der griechischen Geschichte:[109]

> *„Aber weder über diese Völker gab es genaue, wahrheitsgemäße Kunde, noch war die Geschichte der Perser, Meder oder Syrer zu großer Glaubwürdigkeit gelangt: Das kam durch die Einfalt der Historiker und die Fabelliebe. Da sie nämlich sahen, dass die ganz offenen Fabeln den Beifall fanden, meinten sie, sie würden auch ihrerseits ihre Schrift gefällig machen, wenn sie im Gewande der Geschichte erzählten, was sie niemals gesehen oder gehört – oder jedenfalls nicht von Sachkundigen gehört – hatten, indem sie einzig und allein das im Auge hatten, was gefällig und erstaunlich zum Anhören ist: Man könnte Hesiod und Homer mit ihren Heroengeschichten oder den tragi-*

---

104 Hdt. 9, 89, 1 zur Flucht des Artabazos. Im Folgenden, Hdt. 9, 89, 1–90, 1 beschreibt Herodot zwar denselben Ablauf des Unternehmens, jedoch in gänzlich anderer Charakterisierung.
105 Vgl. dazu auch Diod. 11, 19, 6, wonach die Streitmacht des Mardonios in Griechenland insgesamt aus 400.000 Mann bestanden habe. Zum Marsch des Artabazos siehe auch Vasilev 2015, 207–211.
106 Siehe dazu z. B. die Kämpfe nach der Schlacht vor und in der Stadt Theben, von denen allein Diod. 11, 32, 1–5 berichtet. Offensichtlich wurden auch nach der vermeintlichen Niederlage von Plataiai die Kämpfe mit griechischer Unterstützung auf persischer Seite fortgesetzt.
107 Theopomp, Philippika 25/Theon. Progym. 2 (II 67, 22 Sp): FGrHist II B 115 F 153.
108 Zum Eid der Griechen vor Plataiai siehe Diod. 11, 29, 1–4.
109 Übersetzung: Radt 2004, 331. Vgl. auch in der Kritik an Herodot, speziell mit Bezug auf Plataiai: Plut. De Herod. 43. Vgl. entsprechend zur Kritik an der Geschichtsschreibung: Cic. leg. 1, 5.

5 Das Nachspiel: Die persischen Strategenfeldzüge

schen Dichtern leichter Glauben schenken, als Ktesias, Herodot, Hellanikos und anderen dieses Schlages."

Vor diesem Hintergrund ist wohl auch die Aussage bei Ktesias zu werten, die eine gänzlich andere Deutung für den schnellen Rückzug des Heeres aus Griechenland zulässt (Ktes. § 28):[110] *„Und sehr schwer besiegt wird das persische Heer, und verwundet flieht auch Mardonios."* Allein aufgrund der griechischen Überlieferung drängen sich Zweifel auf, ob Mardonios tatsächlich bei Plataiai gefallen ist.[111] Dabei gewinnen drei Keilschrifttafeln aus Babylon an Bedeutung, die von dem Gut eines Mardonios (nbab. *Mar-du-ú-ni-ia*; in Entsprechung zur altpersischen Form *Mṛduniya*) berichten.[112] Die eine, BM 72139, datiert wohl auf den 27. Juni 479 v. Chr., während die zweite, BM 64535, den 5. Juli 478 v. Chr. angibt. Die beiden Tafeln, die wohl aus demselben Archiv stammen, nennen in Zeile 1 f. einen gewissen Kî-Bêl als Gutsvorsteher/Majordomus des „großen Mannes Mardonios" (*LÚ.GAL É šá Mar-du-ú-ni-ia*).[113] Ebenso bezeugt BM 72138 für das 8. Jahr des Xerxes I., also 478 v. Chr., Kî-Bêl als Verwalter des Mardonios.[114]

Derartige Großgrundbesitzungen in der Hand Angehöriger des persischen Hochadels, von Prinzen, Prinzessinnen und Königinnen in Babylonien sind durch das Murašu-Archiv gut bekannt.[115] Die privilegierte Gruppe der persischen Gutsbesitzer, zu welcher der erwähnte Mardonios offensichtlich auch gehörte, stand in einem besonderen Nahverhältnis zum königlichen Hof.[116]

Die Identität des Mardonios in diesen babylonischen Tafeln lässt sich leider nicht präzise bestimmen, da sowohl ein Titel als auch eine Filiation fehlen. Immerhin lässt sich mit Sicherheit feststellen, dass es sich aufgrund des Na-

---

110 Übersetzung Stronk 2010, 333. Die Tatsache, dass Ktesias anscheinend aus Prinzip Herodot widerspricht, ist noch kein Kriterium für die Richtigkeit der Angabe bei Herodot. Vielmehr könnte der Widerspruch des Ktesias das Richtige treffen, wenn Herodot selbst mit den historischen Fakten in seiner Darstellung literarisch ‚spielt'. Zum Verhältnis des Ktesias zu Herodot: Bichler 2007e, 229–245; Ruffing 2010, 355–364, bes. 362.

111 In manchen Fällen scheint Ktesias gelegentlich die zuverlässigeren Informationen gegenüber Herodot zu besitzen, z. B. zum Tod des Kyros, der Rückführung seines Leichnams und der Bestattung in Persien; siehe Bichler 2021, 49–92, bes. 54–56 zu Ktesias. Schwierig zu bewerten sind hingegen seine Ausführungen zum Tod des Mardonios: Ktes. § 29 (= Stronk 2010, 335) berichtet jedenfalls, Mardonios sei erst später, nach der Schlacht von Plataiai gestorben. In seiner Darstellung fällt er bei der Plünderung des Apollon-Heiligtums von Delphi. Da diese Plünderung durch die Perser nach Plataiai nicht stattgefunden hat, ist zumindest der Tod des Mardonios dabei eine offensichtliche Fiktion des Ktesias. Inwiefern dies auch für die Tatsache gilt, dass Mardonios die Schlacht von Plataiai überlebt, bleibt zweifelhaft.

112 Ausführlich dazu Stolper 1992, 211–221; zu den Namensformen des Mardonios siehe Wiesehöfer 2022, 73 f.; Schmitt 2009a, 265 f.: Nr. 351b, 352; Schmitt 2012a, Nr. 2.

113 Siehe Stolper 1992, 211–216, allerdings lässt Stolper die Titulierung des Mardonios unübersetzt.

114 Siehe in der Zusammenstellung Jursa 2010, 262 f.

115 Siehe grundlegend Stolper 1985.

116 Siehe so auch Schmitt 2012a, Nr. 2; Stolper 1992, 216.

mens zweifellos um einen Perser handelt, der durch die Bezeichnung als „großer Mann" der Aristokratie angehörte. Als persischer Großgrundbesitzer in Babylonien stand er in einem sozialen Kontext des Hochadels, der in der Regel zum Umfeld des Hofes und der königlichen Familie gehörte.

Im keilschriftlichen Befund ist der Name Mardonios verhältnismäßig selten belegt. Es lassen sich nur wenige unterschiedliche Träger ausmachen:

1. Der Vater des Gobryas ist unter Dareios I. durch die verschiedenen Versionen der Behistun-Inschrift in altpersischer, spätbabylonischer, elamischer und aramäischer Schreibung namentlich als Mardonios bezeugt.[117]
2. Das elamische Täfelchen PF 60 bezeugt in Zeile 2 einen Mardonios, allerdings ohne Titulatur und Filiation, für das 21. Regierungsjahr (501 v. Chr.) als Lieferanten von sechs Mutterschafen.[118]
3. Der fragmentarische Text aus Persepolis Fort. 1902A-101: 19 f. aus dem 19. Jahr des Dareios (503/2 v. Chr.) erwähnt einen Marduniya, der zusammen mit zwei Begleitern Reiserationen erhält.[119]
4. Für 499 v. Chr. ist ein Mardonios als Priester in dem elamischen Täfelchen PF 348 aus Persepolis belegt, der Weinrationen für eine Opferzeremonie für den Gott Humban erhält.[120]
5. Die elamische Tafel PF 1848 bezeugt einen Mardonios ohne Titualtr, Filiation und Datumsangabe als Empfänger einer Sesamlieferung als Ration für eine Frau Namens Paša. Zeitlich lässt sich die Angabe durch den Befund des Persepolisarchivs zumindest vor 493 v. Chr. ansetzen.[121] Ähnlich verhält es sich auch mit einem Schreiber dieses Namens, der in PF-NN 61:16; 2529:26 f. genannt ist.[122]
6. Ein Verwaltungstäfelchen aus Persepolis (PFa 5:1 f.[123]) erwähnt für das 23. Regierungsjahr des Dareios (= 498 v. Chr.) die „Frau des Mardonios, die Tochter des Königs" (elam. ^{HAL}mar-du-nu-ia ^{SAL}ir-ti-ri ^{HAL}EŠŠANA ^{SAL}pa-ak-ri).[124]
7. Besagter Mardonios ist als Gutsbesitzer in Babylonien in der frühen Regierungszeit Xerxes' I. in BM 72139 (479 v. Chr.), BM 72138 und BM 64535 (478 v. Chr.) bezeugt.[125] Die Tafeln gehören zum sog. Mardonios-Archiv, das zwi-

---

117 Dazu Schmitt 2009a, 266: Nr. 352.
118 Hallock 1969, 98; Wiesehöfer 2022, 73.
119 Ich danke W. F. M. Henkelman für die schriftliche Auskunft vom 27.11.2018 zu diesem Text.
120 Hallock 1969, 153. Zu den Belegen Schmitt 2012a, Nr. 4.
121 Hallock 1969, 508. Zur Laufzeit des Persepolisachivs: Briant/Henkelman/Stolper 2008, 19.
122 Vgl. Henkelman 2008, 93, 340, 349; Wiesehöfer 2022, 73.
123 Vgl. Hallock 1978, 110, 118.
124 Dazu Wiesehöfer 2022, 73.
125 Stolper 1992, 212–217; Jursa 2010, 262 f.

5 Das Nachspiel: Die persischen Strategenfeldzüge

schen dem 3. und 10. Regierungsjahr Xerxes' I., also zwischen 483 und 476 v. Chr. nachzuweisen ist.[126]

8. Das sog. Kasr-Archiv nennt in der Urkunde VAT 15633 einen weiteren Namensträger. Allerdings besitzt diese keine Datumsangabe, so dass M. W. Stolper ausschließlich aufgrund paleographischer Kriterien eine Zuweisung in die späte Regierungszeit des Xerxes I. vermutet.[127]
9. Durch TuM 2/3, 201 ist unter Artaxerxes I. für 428 v. Chr. ein (wohl kleinasiatischer) Zeuge als ᵐÚ-nu-at-ta ˡⁱardu šá ᵐMar-dun-ì-iá – „Unyattes, Diener des Mardonios" aufgeführt.[128]
10. PBS 2/1, 37 nennt in Zeile 4 einen Mardonios, der wie Mitradāta, Sohn des Bagazuštu (TuM 2/3, 147), als *paqdu* des persischen Prinzen Dadaršu tätig war und 423 v. Chr. die Abgaben für das Land seines Herrn bei Nippur in Empfang nimmt.[129]

Die Belege für Perser mit dem Namen Mardonios lassen sich folglich drei Zeitabschnitten zuweisen: 1. Einem Mardonios als Vater des Gobryas (Nr. 1), der wohl ein Zeitgenosse des Kambyses gewesen sein muss. Er ist bislang nur durch die Behistun-Inschrift in ihren verschiedenen Versionen belegt;[130] 2. die Gruppe von Belegen, die einen (oder mehrere) Perser mit dem Namen Mardonios von der ausgehenden Regierungszeit des Dareios I. bis zum Beginn der Herrschaft des Xerxes I. belegen (Nr. 2–7); und 3. eine spätere Gruppe von Mardonios-Belegen, die unter Artaxerxes I. und den Regierungsantritt Dareios' II. zu datieren sind (Nr. 8–10).[131] Herodot kennt von diesen nur einen Mardonios aus der Zeit Dareios' I. und Xerxes' I., welcher der zweiten Gruppe (Nr. 2–7) entspricht. Dies ist allerdings die größte Beleggruppe bei einem verhältnismäßig engen Zeitfenster zwischen 501 und 478 v. Chr. Auch wenn die Identität des Mardonios bei Herodot mit dem der keilschriftlichen Befunde bislang nicht sicher nachzuweisen ist, spricht jedenfalls für die Annahme, dass dieser zu derselben Zeit und demselben sozialen Umfeld des persischen Hochadels gehört. Zumindest bei den baylonischen Belegen des sog. Mardonios-Archivs handelt es sich um ein und dieselbe Person; ob diese jedoch auch mit dem Namensträger der elamischen Tafeln aus Persepolis identisch ist, bleibt unklar. Doch auch hier fällt die zeitliche und soziale Korrelation mit dem herodoteischen Mardonios auf, zumal dieser in seiner Funktion am persischen Hof vor dem Ionischen

---

126 Siehe Jursa 2010, 232. Vgl. sowohl für die griechischen als auch die keilschriftlichen Belege unvollständig Schmitt 2009a, 266: Nr. 351; Schmitt 2012a, Nr. 5.
127 Siehe Stolper 1992, 211.
128 Eilers 1940, 222 mit Anm. 3. Eilers hält auch die Lesung ᵐMar-duk-ì-iá für möglich.
129 Siehe Dandamaev 1992, 98 (siehe auch ebd., 68); Stolper 1985, 66 zur vielseitigen Bedeutung von *paqdu*, das nicht zwingend als ‚Diener' zu übersetzen ist.
130 Siehe Schmitt 2012a, Nr. 1.
131 Allein Nr. 6 lässt sich nicht klarer zuweisen.

Aufstand nicht eindeutig bezeugt ist.[132] Allein Agatharchides von Samos hat in seiner ‚Persischen Geschichte' offenbar von einem Leibwächter des Xerxes mit dem Namen Mardonios berichtet, der in der Schlacht von Artemision von Agesilaos, dem Bruder des Themistokles, getötet worden sein soll.[133] Auch wenn die Historizität dieser Angabe höchst zweifelhaft ist, könnte darin ein Hinweis auf verschiedene Namensträger im Heer des Xerxes gesehen werden. Umso mehr ist damit doch zu hinterfragen, ob tatsächlich der Stratege Mardonios bei Plataiai gefallen ist (oder ein anderer Perser?). Trotz aller Vorbehalte, den Mardonios des babylonischen Gutes tatsächlich mit dem persischen Strategen von Plataiai zu identifizieren, diskutieren weder Stolper noch Schmitt die Glaubwürdigkeit der herodoteischen Angaben.[134] Vielmehr akzeptiert Schmitt den Tod des Mardonios bei Plataiai als historisch, ohne Begründung und ohne die starke literarische Konstruktion des Berichts in Betracht zu ziehen.[135] Dabei schließt er den Bezug der dokumentarischen Verwaltungstexte des babylonischen Archivs zu dem Strategen Mardonios aufgrund von Herodots Angabe wie auch zu den elamischen Belegen aus Persepolis kategorisch aus.[136] Im Grunde ist aber doch zu fragen: Welche Argumente sprechen eindeutig dagegen, in den Mardonioi der babylonischen und elamischen Zeugnisse sowie im herodoteischen Strategen ein- und dieselbe Person zu sehen? Wenn Herodots Angabe zum Tod des Mardonios in der Schlacht von Plataiai in Zweifel zu ziehen ist, kann sie jedenfalls nicht als verlässliche Argumentationsgrundlage verwendet werden.[137] Vielmehr häufen sich dagegen die Indizien, dass der Stratege möglicherweise nicht gefallen ist.

Nicht zuletzt würde sich damit die Bewertung der Schlacht aus persischer Sicht grundlegend ändern: Der Griechenlandfeldzug des Großkönigs Xerxes war erfolgreich zum Ende gebracht worden; das festländische Griechenland war besiegt und unter persische Kontrolle gebracht worden. In der nachfol-

---

132 Siehe einen Mardonios als Priester (elam. šatin) des elamischen Gottes Humban, der im 23. Jahr des Dareios (= 498 v. Chr.) Wein als Opferration erhielt (PF 348:3). Dazu Wiesehöfer 2022, 73.
133 Plut. parallela minora 2, 2, 1 (moral. 305D); dazu Schmitt 2012a, Nr. 3.
134 Siehe Stolper 1992, 211; Schmitt 2012a, Nr. 5. Vgl. dagegen Wiesehöfer 2022, 72, 73. In diesem Zusammenhang sei auch auf die Tempelchronik von Lindos verwiesen, laut der in Z. 54–57 nach dem vierten Buch in der annalistischen Zusammenstellung des Xenagoras von einer Beteiligung des Mardonios am Feldzug des Datis und Artaphernes und unter deren Oberbefehl berichtet wird. Siehe dazu Bichler 2021a, 854; Higbie 2003, 45–47 mit der zugehörigen Kommentierung auf S. 147. Ebd. verweist Higbie auf die Diskrepanzen zur Darstellung bei Herodot (im bes. Hdt. 6, 94, 2).
135 Zum ‚literarischen Mardonios' siehe auch Wiesehöfer 2022, 74–76.
136 Schmitt 2012a, Nr. 5: „But it is rather difficult (or even impossible) to identify him with the famous commander (no. 2, above) who had died in the battle at Plataia (presumably in August 479 BCE)."
137 Kritisch zu Herodots literarischem Bericht über Mardonios bei Plataiai siehe auch Wiesehöfer 2022, 72 f.

5 Das Nachspiel: Die persischen Strategenfeldzüge

genden ‚Befriedung' der neu eroberten Gebiete hatten die Flotten- und Heeresabteilungen unter dem Kommando einzelner Strategen die militärischen Verhältnisse im Allgemeinen und die strategisch wichtigen Verbindungsrouten im Besonderen gesichert. Mardonios hatte die aufständischen Athener für ihre Erhebung gegen den Großkönig bestraft und dessen Autorität in Gebiet der Unruhen wiederhergestellt und damit den Auftrag des Großkönigs erfolgreich zum Ende gebracht. Selbst beim geordneten Rückmarsch der Truppen ging der Stratege gegen die griechischen Einheiten in verschiedenen Gefechten erfolgreich vor.[138] Allein die Schlacht bei Plataiai[139] wurde zu einer Niederlage, die in der griechischen Wahrnehmung mit dem parallel angelegten Sieg bei Mykale als Ende der Perserkriege konstruiert wurde.[140] Aus persischer Sicht mochte sie eine Niederlage neben zahlreichen erfolgreichen Kämpfen sein, die nach der Erfüllung des Strategenauftrags in Griechenland den Rückmarsch der persischen Kontingente begleitete.[141] Nicht zuletzt gelang jedenfalls die geregelte Rückkehr der persischen Truppen, eventuell mit dem verwundeten Strategen Mardonios.

Wie vor diesem Hintergrund die Aufstellung einer (angeblich) großplastischen Mardonios-Statue aus weißem Marmor in der ‚persischen Halle' auf der

---

138 Hdt. 9, 39: Mardonios erobert mit seiner persischen Reiterei die Versorgungslieferung des Griechenheeres, welche Getreide aus der Peloponnes anlieferte. Mardonios schneidet damit dem Griechenheer die Lebensmittelversorgung ab: siehe dazu auch Hdt. 9, 50 zur Unterbrechung der weiteren Versorgung; Obst 1930, 1657; Hdt. 9, 49: Mit Reiterei und Bogeschützen gelingt es Mardonios, das Heer der Griechen von der Wasserversorgung am Asopos abzuschneiden und allein auf die Gargaphia-Quelle zu beschränken. Nach einer siegreichen Schlacht, bei der die Reiterei „dem ganzen hellenischen Heer viel Schaden" zufügt (Hdt. 9, 49), verloren die Griechen selbst die Trinkwasserversorgung aus diesem Brunnen, den die persischen Truppen zerstörten. Siehe dazu auch Cawkwell 2005, 113 f.
139 Hdt. 9, 51: Die Griechen beschließen die Stellungswechsel nach Oeroe und nach Plataiai, zwischen Moloeis-Bach und dem Demeterheiligtum beim Argiopion-Platz (Hdt. 9, 57). Mardonios nutzt die günstige Gelegenheit für den Angriff (Hdt. 9, 59; Obst 1930, 1657 f.). Vgl. dazu Diod. 11, 29–31, der alle diese Schwierigkeiten und Niederlagen der griechischen Truppen nicht berichtet.
140 Zur Parallelität der beiden Schlachten: am selben Tag: Hdt. 9, 100; beide an einem Demeterheiligtum: Hdt. 9, 101 als Siege des Heeres und der Flotte, unter Führung einmal der Spartaner, einmal der Athener. Siehe in der gemeinsamen Behandlung beider Schlachten, allerdings ohne auf ihre Koinzidenz und die literarische Verarbeitung einzugehen, Keaveney 2011, 95–111. Wie Herodot mit diesen Entsprechungen literarisch ‚spielt', zeigt sich im Vergleich der Stellen Hdt. 9, 78 f.; 82 und Hdt. 9, 114–121: Während die Spartaner unter Pausanias ablehnen, sich wie die Perser zu verhalten, werden die Athener kritisch in die Tradition der Perser gestellt (dazu Keaveney 2011, 96–98).
141 Stickler 2015, 324 zeigt, dass Athen später in ähnlicher Weise bei eigenen Niederlagen argumentieren sollte: „Militärische Rückschläge gab es, insbesondere bei den Kämpfen auf Zypern und in Unterägypten zwischen 460 und 449 v. Chr., aber sie waren augenscheinlich verkraftbar: Die Ägäis blieb das *mare nostrum* der Athener".

Agora von Sparta zu verstehen ist,[142] bleibt unklar. Mit Sicherheit ist diese später jedoch in das griechische Narrativ der sog. Perserkriege eingepasst und gedeutet worden. Mithin, ihre Herstellung könnte durchaus mit Künstlern wie Theophanes aus Phokaia in Verbindung gebracht werden, der für Xerxes offensichtlich in Thessalien gearbeitet hat.[143]

Wie wenig diese Schlachten und die griechischen Siege jedoch an der Gesamtsituation änderten, wird besonders bei Mykale deutlich. Nachdem die Hellenen unter der Führung des Spartaners Leotychidas die Truppen des Tiribazos geschlagen und die an Land gezogenen Schiffe mit den zugehörigen Anlagen niedergebrannt hatten, zogen sie sich unverzüglich nach Samos zurück.[144] Ziel des Unternehmens war offensichtlich nur ein Schlag gegen die persischen Truppen, die Zerstörung der persischen Schiffe und die Aussicht auf Beute.[145] Den Hellenen war jedoch bewusst (Hdt. 9, 106): *„Ionien aber müsse man den Barbaren preisgeben"*.[146] Ähnlich verhielt sich die hellenische Flotte wohl auch am Hellespont. Nachdem sie in Lekton gelandet und von dort nach Aby-

---

142 Paus. 3, 11, 3. Zu derartigen Großplastiken siehe z. B. den Kopf eines vornehmen Persers aus dem National Museum Teheran: https://www.livius.org/pictures/a/iran/achaemenid-nobleman-svi-v [Zugriff: 03.08.2022]. Siehe auch Schmitt 2012a, Nr. 2. Vgl. auch Plut. Alex. 37 zur großplastischen Statue des Xerxes in Persepolis. Zum vollplastischen Marmorkopf eines Persers aus Herakleia Pontike: Summerer 2005, 231–252. Siehe auch Jacobs 2007, 22–28; Jacobs 2015, 110–112, 114, 116; zu einer vollplastischen Statue eines Persers im Cyprus Museum/Nicosia (CM 1968/V-30/684): Zournatzi 2022, 75, Fig. 30.

143 Siehe Plin. nat. hist. 34, 68: *Artifices, qui compositis voluminibus condidere haec, miris laudibus celebrant Telephanen Phocaeum, ignotum alias, quoniam in Thessalia habitaverit et ibi opera eius latuerint; atqui suffragiis ipsorum aequatur Polyclito, Myroni, Pythagorae. laudant eius Larisam et Spintharum pentathlum et Apollinem. alii non hanc ignobilitatis fuisse causam, sed quod se regum Xerxis atque Darei officinis dediderit, existimant.* – „Die Künstler, die darüber Bücher verfasst haben, feiern mit außerordentlichem Lob den Telephanes aus Phokaia, der sonst unbekannt ist, weil er in Thessalien wohnte und dort seine Werke verborgen geblieben sind; und doch wird er nach ihrem Urteil dem Polykleitos, Myron und Pythagoras gleichgestellt. Sie loben seine Larisa, seinen Fünfkämpfer Spintharos und seinen Apollon. Andere glauben, er sei nicht aus dem angegebenen Grund unbekannt geblieben, sondern weil er (seine Schaffenskraft) den Werkstätten der Könige Xerxes und Dareios gewidmet habe." Siehe dazu auch Langlotz 1951, 157–170, der die sog. Penelope aus Persepolis als Werk des Künstlers zu identifizieren versucht. Zu Telephanes: Plin. nat. hist. 34, 68, bes.: *alii non hanc ignobilitatis fuisse causam, sed quod se regum Xerxis et Darei officinis dediderit, existimant;* Heuzey 1886, 660–663; Heuzey 1886a, 434; dazu Briant 2019, 73 f.

144 Hdt. 9, 106: *„Und als Bollwerk und Schiffe niedergebrannt waren, fuhren sie ab. In Samos angekommen, hielten die Hellenen Rat".* Zum Oberbefehl des Leotychidas über die Hellenenflotte: Hdt. 8, 131; zur Schlacht: Hdt. 9, 98–105; vgl. Diod. 11, 34–36.

145 Hdt. 9, 106, 1: *„Als die Hellenen die meisten der Barbaren niedergemacht hatten, die einen im Kampf, viele aber auch auf der Flucht, steckten sie die Schiffe und das ganze Bollwerk in Brand, nachdem sie vorher die Beute heraus und an den Strand geschafft hatten, wobei sie auch einige Kisten mit Geld fanden."* Siehe auch Cawkwell 2005, 116: „The battle of Mycale was a minor matter. Its consequences were major."

146 Siehe dagegen Diod. 11, 34, 1–4, der aus der Retrospektive bereits einen Befreiungskampf der ionischen Griechen für die Kämpfe bei Mykale konstruiert.

5 Das Nachspiel: Die persischen Strategenfeldzüge

dos übergesetzt waren, um die Reste der Schiffsbrücke abzubrechen, segelten die peloponnesischen Schiffe nach Griechenland zurück, während die restlichen Verbände unter Führung der Athener Sestos belagerten und eroberten, um mit reicher Beute wieder abzufahren.[147] Weder bei Mykale noch am Hellespont versuchten die hellenischen Kontingente also trotz ihrer Siege, strategisch wichtige Positionen dauerhaft zu besetzen.[148] Vielmehr blieben die Unternehmungen Einzelaktionen, die an den politischen Verhältnissen, d. h. der Zugehörigkeit der jeweiligen Gebiete zum Achaimenidenreich zunächst nichts änderten.[149]

Möglicherweise wird vor diesem Hintergrund etwas verständlicher, warum der Spartanerkönig Pausanias, der Sieger von Plataiai, die persischen Geiseln der königlichen Familie, die ihm bei der Eroberung von Byzantion 478 v. Chr. in die Hände gefallen waren, an den Großkönig zurückschickte.[150] Möglicherweise bediente er sich damit einer diplomatischen Vorgehensweise, um (eigenständig Friedens-) Verhandlungen mit dem Großkönig aufzunehmen.[151] Dem vorangegangen war wohl eine entsprechende Forderung des Großkönigs, welche die Gespräche eröffnete und weitere Verhandlungen einleitete.[152] Xerxes schien mit der Forderung, die königlichen Verwandten bedingungslos auszuliefern, offensichtlich ältere diplomatische Beziehungen zu den Lakedaimoniern wieder aufzunehmen, ohne dass er sich deshalb als ‚Verlierer' und Sparta als ‚Sieger' sah.[153] Ihm gelang vielmehr eine Festigung der Westgrenze seines Reiches, über welche die Achaimeniden militärisch nicht mehr nach Griechenland ausgriffen und an der die Notwendigkeit eines direkten, großköniglichen Eingreifens erst wieder unter Dareios III. Auftrat. Stattdessen hatte der Feldzug die Grenzen der kontinuierlichen Reichserweiterung aufgezeigt und damit in der

---

147 Hdt. 9, 114–121. Nicht zuletzt benutzt Herodot in Hdt. 9, 116–121 die Eroberung von Sestos und die Hinrichtung des Persers Artayktes durch Xanthippos, den Vater des Perikles (siehe Hdt. 6, 131) dazu, die Athener zeitkritisch mit Blick auf ihre Seebundspolitik unter Perikles als ‚neue Perser' zu stilisieren. Siehe dazu Ruffing 2016, 183–203; Blösel 2013, 260–264; Klinkott 2007, 270; Zur Belagerung von Sestos: Vasilev 2015, 212–215.
148 Auch Nep. Paus. 2, 1 nennt als Ziel des Unternehmens nur: *ut ex iis regionibus barbarorum praesidia depelleret*.
149 Zur Rückeroberung der nach Mykale verlorenen Gebiete, v. a. Sestos und Byzantion durch die Perser siehe Vasilev 2015, 218–224.
150 Eroberung von Byzantion Thuk. 1, 94; Vasilev 2015, 215 f. Zur Übergabe der großköniglichen Verwandten durch Pausanias und seiner Forderung nach einer Heirat in die großkönigliche Familie: Nep. Paus. 2, 2–5.
151 Siehe Bernhardt 1988, 194, 195, 198. Zu eigenen Verhandlungsplänen des Pausanias vgl. Nep. Paus. 2, 4.
152 Siehe dazu Bernhardt 1988, 193–195, bes. 194, Anm. 4 mit mehreren Fällen dieser Art. Dieses wohl übliche Vorgehen des Großkönigs im diplomatischen Verkehr zeigt Bernhardt auch bei den Verhandlungen Dareios' III. Mit Alexander und des Narses mit Galerius. Siehe dazu Degen 2020.
153 Inwiefern dies auch Rückschlüsse auf das frühe Verhältnis von Sparta bzw. des lakedaimonischen Königs Pausanias zum Großkönig zulässt, wäre eigens zu untersuchen.

großköniglichen Politik eine ‚diplomatische Phase' im westlichen Grenzbereich eingeleitet.

Schluss

Es entspricht einem achaimenidischen Verständnis des großköniglichen Feldzuges, wie Herodot dessen Ende beschreibt. Krönender Abschluss – im eigentlichen Wortsinn – und Verbindung zur Masistes-Episode ist nach Hdt. 9, 110 ein großes Fest in einer der achaimenidischen Residenzen:[1]

> „*Sie* (Amestris; Erg. d. Verf.) *wartete ab, bis ihr Mann Xerxes das Königsmahl feierte – dieses Mahl wird einmal im Jahr ausgerichtet an dem Tag, an dem der König geboren ist; und der Name dieses Mahls ist bei den Persern Tykta, was in griechischer Sprache so viel wie ‚Erfüllung' heißt* (οὔνομα δὲ τῷ δείπνῳ τούτῳ Περσιστὶ μὲν τυκτά, κατὰ δὲ τὴν Ἑλλήνων γλῶσσαν τέλειον); *dann, und nur an diesem Tag salbt der König sein Haupt und beschenkt die Perser –, diesen Tag wartete Amestris ab und bittet sich dann von Xerxes des Masistes Frau zum Geschenk aus.*"

Über diese Herodot-Stelle hinaus ist von diesem Fest kaum Weiteres bekannt, weder ob es auf einer älteren Tradition vor Xerxes beruht, noch ob es tatsächlich als eine ‚Geburtstagsfeier' zu verstehen ist oder wie Herodots ‚Übersetzung' zustande kommt.[2] Es ist vor diesem Hintergrund kaum möglich, dieses spezielle jährliche Königsmahl als Geburtstagsfeier verlässlich einer altiranischen Tradition zuzuweisen, noch eine exakte, historische Vorstellung des altpersischen Festes mit seinen Einzelheiten allein aus den Angaben Herodots abzuleiten.[3]

Für diesen stand das traditionell jährliche Geburtstagsfest des amtierenden Großkönigs nicht im Vordergrund. Schließlich hätte Herodot bei jedem anderen Großkönig, auch bei Xerxes vor dem Griechenlandfeldzug, bereits davon

---

1 Nach Hdt. 9, 108 ist Xerxes von Sardes zunächst nach Susa zurückgekehrt. Aus der Darstellung in Hdt. 9, 110 geht jedoch nicht eindeutig hervor, dass das Fest auch dort stattfand. Vielmehr scheint die eingeschobene Anekdote um das Tuch der Amestris (Hdt. 9, 109) auf einen Ortswechsel hinzudeuten, zumal Herodot einleitend erklärt: χρόνου δὲ προϊόντος ἀνάπυστα γίνεται τρόπῳ τοιῷδε. – „*Einige Zeit verging, da wurde das bekannt auf folgende Weise: (...)*" Jedenfalls ist das Fest, wenn die Verbindung überhaupt gerechtfertigt ist, Ausdruck einer persisch akzentuierten Wahrnehmung des Feldzuges, die zweifellos der griechischen entgegenstand. Damit ist diese Feier jedoch ebenso tendenziös und kein zuverlässiges Indiz für eine ‚objektive' Wertung des Feldzugs als Erfolg bzw. Misserfolg.

2 Allgemein Briant 2002, 319; Sancisi-Weerdenburg 1980, 147–151; Sancisi-Weerdenburg 1989a, 132. Zur Feier bei Herodot: Rollinger 2012, 260; zum Wort: Schmitt 2012, 357–360: Nr. 4.; Schmitt 1967, 138 mit Anm. 165 führt griech. τυκτά auf altpers. *tuxta-, Partizip zur Wurzel *taug- in der Bedeutung „zahlen, entschädigen, vergüten" zurück. Siehe dazu auch Benveniste 1951, 38 f. Kritisch dazu Rollinger 2011, 41, der eine altpersische Herkunft des Wortes τυκτά bezweifelt.

3 Allgemein zum persischen Königsmahl: Wiesehöfer 1994, 68; Briant 1989, 35–44, bes. 39 f. Zum Geburtstagsfest des Königs und anderen Festen in Persepolis mit den Schwierigkeiten ihrer Identifikation: Wiesehöfer 2009, 11–25, zum Geburtstagsfest: ebd., 19.

berichten können. Der königliche Geburtstag bot Herodot jedoch einen Anlass, über das Fest zu berichten, das er in seinem Narrativ nicht als Siegesfeier darstellen konnte.[4] Der Akzent liegt für Herodot vielmehr auf der Selbstdarstellung des Großkönigs. Vor diesem Hintergrund spielt eine wesentliche Rolle, dass wir zum ersten Mal nach dem Griechenlandfeldzug unter Xerxes von einer solchen Feier hören, die wohl – so scheint es auch die Erzählung bei Herodot nahezulegen – zu diesem Unternehmen in einem engen zeitlichen und inhaltlichen Bezug stand.[5] Aus achaimenidischer Sicht hatte Xerxes als junger, neu inthronisierter König auf dem Feldzug seine Qualitäten und Fähigkeiten des großköniglichen Herrscherideals, wie sie sein Vorgänger Dareios I. in der Grabinschrift in Naqsh-i Rustam (DNb) festgehalten hatte, erfolgreich unter Beweis gestellt. Mit dieser inszenierten ‚Beweisführung' konnte Xerxes nun an seinem Hof die finale Rechtfertigung und Legitimation seiner großköniglichen Herrschaft einfordern: Er konnte nun zeigen, dass er die Ideale, Befähigungen und Eigenschaften eines idealtypischen Großkönigs verkörperte und damit die programmatischen Anforderungen seines Vaters umfänglich erfüllte.[6] In diesem Sinne könnte mit Blick auf das mesopotamische *melammu* auch Aischyl. Pers. 299 verstanden werden:[7] Ξέρξης μὲν αὐτός ζῇ τε καὶ βλέπει φάος – „*Der König Xerxes selbst – er lebt und schaut das Licht!*" Auch diese Inszenierung entspricht im Grunde einem Teil des achaimenidischen Manifests, das in XPl § 10 den ‚Beweis der Legitimation' vor dem Spektrum aller angeführten Einzelqualitäten behandelt. Nach der ererbten Thronfolge, einer Krönung und der Niederschlagung der verschiedenen Aufstände im Reichsgebiet war mit dieser „Erfüllung/Vollendung" (nach Herodot wäre das: τυκτά) für Xerxes der Nachweis erbracht, die Rechtmäßigkeit seiner großköniglichen Legitimation in der Praxis zu belegen.[8] Aus diesem Grund beinhaltete der Festakt in seiner Residenz

---

4   Damit ist im Übrigen nicht ausgeschlossen, dass eine derartige Tradition eines königlichen Geburtstagsfestes tatsächlich bestand, auf die sich Herodot bezieht, allerdings literarisch dem Zusammenhang seiner Erzählung anpasst.

5   Bei Herodot gehört das Tykta-Fest in den erzählerischen Abschnitt über die Rückkehr des Großkönigs aus dem Westen zu seinen Residenzen. Die Geschichte um das Tuch der Amestris als königliches Geschenk ist nicht nur ein Teil dieser Rückkehrepisode, die bereits in Sardes begann, sondern auch Überleitung und Auslöser für die nachfolgende Erhebung des Masistes gegen Xerxes als Abschluss der Historien: Hdt. 9, 107, 2–114, 1; zur Erhebung in Baktrien: Hdt. 9, 113. Zum Abschlusskapitel bei Herodot siehe auch Ruffing 2016, 190.

6   Zum Großkönig als idealem Herrscher Wiesehöfer 2015, 47–51.

7   Übersetzung: Lang 1924, 13.

8   Der Geburtstag als Datum für das sich jährlich wiederholende Fest mit dem königlichen Salbungsakt könnte auch die Vorstellung reflektieren, an die ‚Geburt des neuen Königs' in seinem Königtum zu erinnern und dieses rituell neu zu bestätigen. Für derartige Rituale könnte man etwa an das ägyptische Sed-Fest mit dem Regierungsjubiläum des Pharaos denken. Allerdings fand dieses nicht jährlich, sondern zum ersten Mal nach den ersten 30 Regierungsjahren statt und sollte die Regierungsfähigkeit des Herrschers unter Beweis stellen: Kees 1952, 158 f., Uphill 1965, 370–376. Für derartige Vorstellungen

nicht nur die Feststellung des Tatbestandes, sondern einen erneuten Salbungsakt des Großkönigs.[9] Außerdem wurden nun die loyalen Gefolgsleute – jetzt nach dem Feldzug möglicherweise v. a. diejenigen, die sich währenddessen verdient gemacht hatten – durch Geschenke des Großkönigs besonders ausgezeichnet; zweifellos war dies ein Akt, mit dem Xerxes seine Hofelite neu formierte.[10] Nicht zuletzt garantierte diese ihm noch eine 13-jährige Herrschaftszeit.

Die offenbar jährliche Wiederholung des Königsmahls erinnerte weiterhin an diese grundlegende Legitimationsleistung, zu der wohl auch die mehrfache Aufstellung des herrschaftsideologischen Programms durch zwei Inschriften unter Xerxes in Persepolis (XPl) gehörte.[11] Auf diese Weise vollzog der Großkönig vor seinem Hof die Imagination seiner Herrschaft und seines Reiches.[12] Darüber hinaus etablierte Xerxes damit auch die dynastische Persistenz, welche den Herrschaftsanspruch der Achaimeniden dauerhaft fundamentierte und wie sie auch in XPl § 11 angesprochen ist: Fortan wird im Perserreich bis zur Eroberung durch Alexander III. nicht mehr der Anspruch der Achaimeniden hinterfragt, dass ihre Familie den Großkönig stellt.

Schließlich wird in diesem Zusammenhang deutlich: Das große gemeinsame Thema für den Griechenlandfeldzug ist die Suche bzw. die Etablierung eines „würdigen Nachfolgers des idealisierten Herrscher" – sei es des Reichsgründers

---

oder Einflüsse auf das achaimenidische Großkönigtum gibt es aus teispidisch-achaimenidischer Zeit jedoch keinen Hinweis.

9 Hdt. 9, 110: τότε καὶ τὴν κεφαλὴν σμᾶται μοῦνον βασιλεύς.
10 Hdt. 9, 110, 2: καὶ Πέρσας δωρέεται – in diesem Zusammenhang steht auch Hdt. 7, 106, wonach Xerxes den Maskanes für seine militärischen Verdienste zum Kommandanten ernannte und ihm fortan jährlich Geschenke schicken ließ.
11 Zu den Versionen von XPl (XPla, XPlb) siehe Schmitt 2009, 21. Unklar bleibt, ob diese Form des Königsmahls nach Xerxes kontinuierlich weitergeführt wurde. Zumindest ist dieser Festakt für seine Nachfolger nicht direkt belegt. Allerdings verweist Athenaios auf die Ausgestaltung des βασιλήιον δεῖπνον: Theop./Athen. Deipn. IV 145a; Herakl./Athen. Deipn. IV 145a–f. Laut Polyain. strat. 4, 3, 32 fand Alexander im Palast von Persepolis eine Messingsäule, auf der die Zutaten für das tägliche Königsmahl zum Mittag und Abend notiert gewesen sein sollen. Bevor Polyain die Liste der Zutaten mit ihren Mengenangaben ausführlich referiert, ergänzt er, dass auf dieser Säule auch Bestimmungen des Kyros notiert waren. Dazu Lewis 1987, 79–87; Briant 1989, 39. Allerdings geht aus der Notiz bei Polyain weder hervor, in welchem Verhältnis diese Zutaten zum festlichen Königsmahl standen, das bei Herodot als τυκτά bezeichnet wird, noch ob die Regelungen des Kyros sich konkret darauf bezogen oder allgemeiner Natur waren. Zum „Tisch des Königs" als Element der herrscherlichen Repräsentation Briant 2002, 200 f.
12 Siehe zur Imagination von Herrschaft und Reich unter den Achaimeniden Wiesehöfer 2007, 31–40; Allen 2005a, 40–52, auch zur Verbreitung und Thematisierung der königlichen Imagination. Zur großköniglichen Imagination des Xerxes durch seine Bautätigkeit in Persepolis: Llewellyn-Jones 2013, 48–56; Briant 2002, 567; Koch 1992, 133–143. Zu Persepolis als ideologischem Zentrum in der Inszenierung vor dem Hof: Wiesehöfer 2009, 21–23.

Kyros II., sei es des Dynastiegründers Dareios I.[13] Im griechischen Narrativ ist diese Suche – v. a. bei Herodot – Teil eines allgemeinen Dekadenzdiskurses, sie gehört zum vermeintlichen Niedergang des Großkönigs und wird negativ als Versagen geschildert, nicht zuletzt, weil sich Xerxes, anders als Kyros und Dareios, auf dem Feldzug immer deutlicher zu einem Tyrannen entwickelte.[14] Im Muster des herodoteischen Monarchiediskurses muss dieser letztlich scheitern.[15] Im Narrativ des persischen bzw. der achaimenidischen Herrscherideals, wie es Xerxes in den Versionen der Persepolis-Inschrift XPl von Dareios I. übernahm und repräsentativ verbreitete, wird der Feldzug positiv verstanden: als Erfüllung des herrschaftsideologischen Programms, Beweis der großköniglichen Qualität und Rechtmäßigkeit sowie Dokumentation einer erfolgreichen, politischen Kontinuität.[16]

Vor diesem Hintergrund wird erst recht bewusst, dass der historische Xerxes mit seinem Feldzug in Griechenland letztendlich auch von der achaimenidischen Perspektive aus nicht zu fassen ist. Wie das griechische Bild von Xerxes ist auch die achaimenidische Darstellung eine Konstruktion. Sie behandelt die herrschaftsideologische Inszenierung eines idealen Großkönigs als einzig würdigen Nachfolgers seines Vorgängers und des Reichsgründers. In dieser Inszenierung stellt der neue, amtierende Großkönig Xerxes die Rechtmäßigkeit seiner Herrschaft durch seine Qualitäten und Fähigkeiten auf dem Feldzug unter Beweis.[17]

---

13   Zitat: Bichler 2021, 62; Wiesehöfer 2015, 47–51. In der griechischen Literatur wird dieses Thema um Kyros II. und seine Nachfolge besonders ausführlich durch Xenophon in der Kyropädie mit einer negativen Ausrichtung behandelt: Bei Xenophon, wie auch in der griechischen Darstellung insgesamt, gelingt dies eben nicht, u. a. weil die achamaimenidischen Großkönige auch *exempla* für die Tyrannis sind. Wie jedoch Herodots Ausführungen zu Kambyses oder die sog. Verfassungsdebatte für Dareios I. und seine Nachfolger zeigen, war das Thema ‚der würdige Nachfolger für den idealisierten bzw. idealen Herrscher' auch in den Historien als grundlegend angelegt und prägt Herodots Monarchiediskurs. Siehe dazu auch Börm 2019, 20–22. Grundsätzlich zu den Entsprechungen in der persisch-griechischen Geschichte des 5. und 4. Jahrhunderts v. Chr.: Stickler 2015, 326: „Es fällt eher auf, wie ähnlich doch die jeweiligen Szenerien sind, wie ähnlich auch die Mittel und Methoden der persischen und griechischen Akteure."
14   Vgl. dazu ebenso Plat. nom. 3, 695a–e mit Llewellyn-Jones 2012, 325–328. Vgl. auch Aischyl. Pers. 73–86; 189–192; 465–470.
15   Grundsätzlich dazu siehe das Beispiel des Deiokes in Agbatana: Bichler 2000, 236; Trampedach 2013, 77 f.; zum antimonarchischen Diskurs bei Herodot siehe ebd., 82–84, 86 f.; Trampedach 2006, 3–27.
16   In entsprechender Weise zu iranischen Narrativen im Medikos Logos siehe Zournatzi 2013, 221–252; Siehe auch Schwab 2017, 163–195; Schwab 2020, 234–252.
17   In diesem Sinn geht Herodots Arbeitsweise über eine „Erfahrung der Andersartigkeit, die [nur] in der Gegenüberstellung von östlichen und westlichen Lebensformen Gestalt annimmt" (Assmann 1992, 332) hinaus. Das bewusste Nebeneinanderstellen verschiedener Perspektiven (z. B. einer athenischen und einer achaimenidischen) sowie ihre regelmäßige, konsequente Behandlung reflektieren auch nicht einfach ‚nur' eine Transzendierung „individueller und partikularer Historien", wie sie Assmann 1992, 332 verstehen

Schluss

Insgesamt wird damit sichtbar: Trotz der literarischen Konzeptionalisierung und trotz einer das Gesamtwerk umspannenden und durchziehenden Komposition folgt Herodot nicht einem einseitig fokussierten Ansatz. Vielmehr wechselt er zwischen verschiedenen Perspektiven, die er oftmals gezielt hervorhebt und regelmäßig behandelt. Dabei lassen sich bei Herodot verschiedene Narrative ausmachen. Im Fall des Xerxeszuges sind dies: ein griechisches bzw. athenisches Narrativ, das Herodot durchaus in einer zeitkritischen Auseinandersetzung[18] bevorzugt; und zum anderen ein persisches bzw. achaimenidisches Narrativ.[19] Letzteres vertritt Herodot zwar weniger prominent, stellt es aber konsequent und sichtbar neben das in seiner Erzählung dominante athenische. Die Beschreibung des Griechenlandzuges (wie der ‚Perserkriege' insgesamt) ist bei Herodot als ein ‚Spiel der Narrative' zu verstehen, die sich nicht nur gegenüberstehen, sondern durch thematische Motive (etwa den (Anti-)Monarchiediskurs, Verfassungsdiskussion, etc.)[20] durchdrungen, verbunden und ineinander verwoben sind (deutlich etwa bei der Machtergreifung Dareios' I. mit der griechischen Verfassungsdebatte und dem assyrischen Pferdeorakel).[21] Dementsprechend erkennt A. M. Bowie eine mythologische Geogra-

---

will. A. Assmanns Herodot-Deutung scheint hier eher der Struktur universalhistorischer Reflexion „asymmetrischer Gegenbegriffe" im Sinne R. Kosellecks zu folgen, in welcher die „programmatische Entgegensetzung von Okzident und Orient oder Europa und Asien" ein Konstrukt ist: siehe dazu Meyer-Zwiffelhoffer 2007, 506; Hauser 2019, 281.

18 Ausführlich dazu Ruffing 2021, 360: „Thus also the narrative of the Persian expansion to the west before the canonical battles of Marathon, Thermopylae, Artemision, Plataea and Mykale is a Greek one for a Greek audience which was able to decode the encoding of Herodotus' narrative in order to understand the significate – the content – and the significance – the phrasing." Assmann 1992, 332 bezeichnet dies als eine Erkenntnisweise des Historiographen, Selbstdistanz und damit Kritik zuzulassen, die von der eigenen Gegenwart bis in die eigene (Ur-)Geschichte reichen kann. Zu Zeitkritik bei Herodot siehe Grethlein 2018, 223–242.

19 Siehe Ruffing 2021, 360: „As matter of consequence, the motives of the Achaemenid kings for their expansion to the West (as well as in other directions) should be analyzed from a different angle, i. e. by means of focusing on the imperial logic of expansion and by means of considering the concepts of Near Eastern kingship. Here the need of displaying military success might have played an important role, not at least because the ‚good warrior' is a key feature of royal self-staging." Zu internen persischen Perspektiven siehe auch Schwab 2020, 236–238; zu griechischen Narrativen über die Darstellung des Großkönigs in der Audienz: Llewellyn-Jones 2013, 69 f.; Allen 2005a, 39–62.

20 Vgl. entsprechend auch den Umgang mit Demokratie: Rhodes 2018, 265–277; siehe auch Clarke 2018, 288–306.

21 Ausführlich dazu s. o. Ebenso bemerkt Bowie 2012, 272 zum ‚Geflecht' der mythologischen Bezüge bei Herodot: „In the case of Xerxes' campaign, however, as we shall see, the mythical references are integrated into the narrative itself." Vor diesem Hintergrund trifft es auch nicht vollständig, mit Assmann 1992, 337 Herodots Werk als „ein loses Netzwerk von Exempla, Maximen und Spruchweisheiten" zu verstehen. Zur Komplexität der literarischen Konzeptionalisierung: Bowie 2012, 286: „He records the stories that men tell, but we see here how stories are not innocent tradition, but weapons in the

phie („mythological geography") in den *Historien*, die sich über das griechische und das persische Narrativ erstreckt und beide miteinander verbindet, wie er beispielhaft an der Episode über den Sturm bei Sepias vorführt.[22] Vor diesem Hintergrund ist anzunehmen, dass ältere historische Informationen, die Herodot z. B. aus einem altorientalischen Kontext wie beim assyrischen Pferdeorakel oder dem *šar puḫi*-Ritual verwendete, bereits Teile des jeweiligen Narrativs – hier also einer offiziell-königlichen, achaimenidischen Repräsentation – waren.[23] Wie ein solches ausgebildet, gepflegt und vermittelt wurde, lässt Strabon erahnen, wenn er über die Erziehung der Perser berichtet (Strab. 15, 3, 18 (C 733)):

> „(S)ie haben als Lehrer des Wissens die verständigsten Männer, die auch das Fabelhafte einflechten, indem sie es auf das Nützliche zurückführen, und mit und ohne Gesang die Taten der Götter und der trefflichsten Männer erzählen."

Wenn dies zutrifft, dann ist die Berücksichtigung, Übernahme und Behandlung derartiger Informationen bei Herodot weniger aufgrund eigener ‚Quellenrecherche', sondern vielleicht eher im Zuge einer Verarbeitung des vorliegenden Narrativs zu verstehen.[24] Wenn also entsprechende Nachrichten, wie sie sich etwa für den älteren assyrisch-babylonischen Kontext nachweisen lassen, bereits in das offizielle achaimenidische Narrativ integriert waren, dann ist kaum (oder nur sehr schwer) der konkrete Überlieferungsweg im Einzelnen zu bestimmen. So ist kaum nachzuverfolgen, wie solche Nachrichten von der ursprünglichen Quelle (beim Pferdeorakel wären dies das Reiterstandbild mit der Inschrift des urartäischen Königs Ursa/Rusa und die zwei Inschriften des assyrischen Königs Sargon II. zu seinem „Achten Feldzug") in das achaimenidische Narrativ gelangten, von diesem durch Herodot aufgegriffen und literarisch-kompositorisch in seinem eigenen Werk verarbeitet wurden.[25] Aus diesem Grund konstatiert Rosalind Thomas vor dem Hintergrund der Pythios-Episode zu Recht: „There could have been numerous other ‚intermediary' sources, or tales, plenty of Greeks or Lydians who witnessed or heard of such actions".[26] Kai Ruffing betont aus diesem Grund:[27]

---

    selective creation of an identity, the claiming of a privilege, or the justification of an act"; siehe auch Bichler 2000, 15–60.

22 Zu mythologischen Geographie: Bowie 2012, 276; zum Sturm bei Sepias mit einer griechischen Deutung aus der athenischen Mythologie und einer persischen Deutung durch die Handlung der Mager: Bowie 2012, 277.

23 Siehe dazu auch Lanfranchi 2010, 50–60.

24 Zu weiteren Beispielen bei Herodot mit Rekurs auf die (persische) Binnenperspektive siehe Schwab 2020, 55.

25 Zu einem solchen Prozess mit den zugehörigen Unklarheiten des Überlieferungsweges siehe Rollinger 2017, 13–42. Konkret zum Standbild des Ursa/Rusa und den Inschriften Sargons II.: Rollinger 2017, 19–28. Vgl. ebenfalls zu einem solchen Übernahmeprozess: Thomas 2012, 233–253.

26 Thomas 2012, 242.

„Nevertheless, through the endowment of events with a meaning which is characterized and biased by the contemporary experience and the construction of a caused chain in order to make sense for an audience the grand narrative of Herodotus is necessarily based on facts (...), but at the same time this sense-making does not necessarily bring with it what we would call factuality or (...) the ‚historial truth'".

Schließlich bedeutet dies aber im weiteren Umgang mit Herodot, dass die Frage nach Herodots Quellen bzw. die Quellennutzung Herodots im Einzelnen vielfach unklar bleibt.[28] Dies gilt nicht zuletzt auch für das ‚griechische Narrativ': Auch hier ist konkret über die Quellen Herodots und seine Nutzungsweise nur wenig Genaues bekannt. Kaum lässt sich etwa zuverlässig rekonstruieren, wie und wann Herodot auf verschiedene Diskurse und Darstellungsversionen (sozusagen als Einzelnarrative) zurückgriff, welche selbst bereits älteres Material (z. B. aus der Tragödiendichtung, Philosophie etc.)[29] verarbeiteten. Deutlich wurde dies für den Xerxes-Feldzug mit der Feststellung, dass Herodot eine stark athenozentrische Version bevorzugt,[30] andere griechische Darstellungs- und Wahrnehmungsweisen aber offensichtlich auch kannte und nutzte. In

---

27 Ruffing 2021, 353; zu „fact based fiction of coherency" bei Herodot siehe Bichler 2016, 43.
28 Vgl. zur möglichen mündlichen Überlieferung achaimenidischer Königsinschriften als Grundlagen für Herodots Bericht etwa Shayegan 2012, 84–103, im Besonderen am Beispiel der Behistun-Inschrift mit dem wichtigen Verweis auf Hdt. 1, 95 und Xen. Kyr. 1, 2, 1. Dazu auch Wiesehöfer 2018, 99–109 und Luraghi 2001, 155 f., 159. Zu altpersischen Texten auf Tontafeln: Basello 2018, 27–41, zu altpersischen Königsinschriften auf Ton: ebd., 30. Zu Wandteppichen mit Illustrationen der Kämpfe in Griechenland im achaimenidischen Palast von Babylon siehe Philostr. Vita Apollonii 1, 3. Dazu Bichler 2016c, 217; Metzler 1975, 37 f.; im Audienzsaal des Kyros-Palastes (in Pasargadae?) soll nach dem Alexanderroman Alexander III. ein Gemälde von der Seeschlacht des Xerxes bei Salamis gesehen und davon seiner Mutter berichtet haben: Philostr. Vita Alexandri 3, 28, Z. 26 f.; dazu Bichler 2016c, 218. Über Malerei, Maler und Gemälde in den großköniglichen Residenzen ist bislang nur wenig bekannt: siehe Nagel 2018, 379–384. Jacobs 2006, 114–123 geht auf die Ausstattung der Residenzen mit Gemälden und Wandteppichen gar nicht ein.
29 Eine Vorstellung von einem solchen Hintergrund spiegelt etwa Diod. 10, 31, 1 (Tzetzes, hist. Var. 1, 590–593) wider: τὸ δ' ὅσοι ταῦτα γράφουσι μακρόν ἐστί μοι λέγειν· ἔστι γὰρ πλῆθος ἄπειρον τῶν ταῦτα γεγραφότων, οἱ κωμικοὶ καὶ ῥήτορες, Διόδωρος καὶ ἄλλοι. – „Die Zahl all derer aber aufzuführen, die sich damit befassten, wäre für mich eine zeitraubende Arbeit; denn grenzenlos ist die Masse der Schreiber über diesen Gegenstand, und dazu gehören Komödiendichter und Redner, Diodor und andere." (Übersetzung: Wirth/Veh 1993, 580). Siehe auch Blösel 2004, 121–131, der für die Unternehmungen im Tempe-Tal eine thessalische Version rekonstruiert, die bei Herodot eingegangen ist, aber umgearbeitet wurde. Allerdings bleibt diese Rekonstruktion stark hypothetisch.
30 Ruffing 2021, 352 f.; Ruffing 2020, 81–94; Wiesehöfer 2013, 277; Ruffing 2006, 12–14. Bowie 2012 hat gezeigt, dass im griechischen Narrativ (278 f.) ein panhellenisches Widerstandsverständnis konstruiert wird (273). Die „mythologische Geographie" der Historien (ebd., 276) ist kombiniert mit einem Netzwerk griechischer Städte (ebd., 284). In dieser Verbindung ist bei Herodot Mythos ein Instrument für die Schaffung einer panhellenischen Einigkeitsidentität im Sinne des attischen Seebundes: siehe Bowie 2012, 284 f.

diesen Kontext gehört die Analyse des Dionysios von Halikarnassos über die frühe griechische Geschichtsschreibung (de Thuc. 5):[31]

„Es gibt viele Historiker an vielen Orten vor dem Peloponnesischen Krieg, unter anderem Eugeon von Samos, Deiochos von Prokonnesos, Eudemos von Paros, Demiokles von Phygele, Hekataios von Milet, Akusilaos von Argos, Charon von Lampsakos und Melesagoras von Kalchedon. Unter denen, die nicht lange vor dem Peloponnesischen Krieg geboren wurden und bis in Thukydides' eigene Zeit gelebt haben, waren Hellanikos von Lesbos, Damastes von Sigeion, Xenomedes von Chios, Xanthos von Lydien und viele andere. Diese Männer wählten ihre Themen nach einfachen Prinzipien und unterschieden sich nicht wesentlich in ihrer Fähigkeit. Manche schrieben griechische Geschichte, andere die fremder Länder, ohne jegliche Verbindung, sondern getrennt nach einzelnen Stämmen und Städten und einzeln veröffentlicht. Sie alle hatten dasselbe Ziel: allgemein die Traditionen der Vergangenheit bekannt zu machen, wie sie sie in einheimischen Denkmälern, in religiösen und profanen Aufzeichnungen in den Zentren der verschiedenen Stämme und Städte bewahrt fanden, ohne zu ihnen etwas hinzuzufügen oder abzuziehen. Diese Berichte enthielten manche Geschichten, die seit ältester Zeit geglaubt wurden und viele dramatische Erzählungen über das wechselhafte Schicksal, die manch einer heute für verrückt halten würde. Diejenigen, die im selben Dialekt schrieben, neigten dazu, denselben Stil zu gebrauchen – klar, einfach, schlicht und prägnant, auf die Ereignisse ausgerichtet und ohne kunstvolles Beiwerk aufzuweisen. Und immer noch sind ihre Schriften von einer gewissen Frische und einem Charme gefärbt, manche mehr als andere, und dies hat ihr Überleben gesichert. Herodot aus Halikarnassos aber, der kurz vor dem Perserkrieg geboren wurde und bis zum Peloponnesischen Krieg lebte, vergrößerte den Umfang und fügte den Glanz eines Themas hinzu. Er wählte, nicht nur die Geschichte einer Stadt oder eines einzelnen Volkes zu berichten, sondern trug die Berichte vieler verschiedenen Ereignisse, die in Europa und Asien auftraten, zusammen, und versammelte sie in einem einzigen, umfassenden Werk."

Damit ist die Annahme zu bedenken, Herodots Technik, für einzelne Ereignisse oder Verhältnisse mehrere Erklärungsvarianten anzuführen, als einen Reflex auf verschiedene griechische (nicht-athenische) Narrative zu begreifen. So ist in entsprechender Weise ausführlich gezeigt worden, dass auch Herodots Autopsie-Verweise nicht ‚positivistisch' als authentisches Quellenstudium am Original gedeutet werden dürfen.[32]

Herodots perspektivischer Wechsel der historischen Narrative geht damit über eine rein antiquarische und ethnographische Dokumentation hinaus.[33] Sowohl die Nutzung vorliegender Narrative, die bereits selbst aus einer Vielzahl historischer Einzelinformationen zusammengesetzt sein konnten, wie auch deren eigene literarische Verarbeitung schaffen einen literarischen Rah-

---

31 Siehe dazu Fowler 1996, 62–87; Stoneman 2020, 249 f.; Kommentierung der Textstelle: Pritchett 1975, 50–57.
32 Bichler 2013, 135–151; Lougovaya-Ast 2017, 110–115.
33 Aufgrund dieser Vielschichtigkeit und Komplexität ist eine Generalisierung Herodots in einem strukturell linear gedachten Geschichtsbild nicht befriedigend. Assmann 1992, 337 bemerkt dazu: „Herodot hielt weder die in Mythen und Legenden gesammelten Erinnerungen noch bestimmte Sitten und lokale Bräuche für zufällig, sondern wertete sie als die lebendige Substanz der Geschichte und der Menschheit." Siehe zu einem generalisierenden Deutungsansatz etwa Evans 1991; dazu die Rezension von Konstan 1992, 175 f.

men, in welchem sich etwa auch die Ebene der Metahistorie greifbar niederschlägt. Henry R. Immerwahr hat dies als östliches und westliches Muster („pattern of history") beschrieben, die jedoch in allen Facetten der *Historien* vorhanden sind.[34] Kai Ruffing hat nicht zuletzt deshalb betont: „Ever since the publication of Hayden White's seminal book on meta history scholars in the field of history are aware that there are grand narratives of the past which over centuries can be handed down to the present."[35]

Das vorgestellte Deutungsmodell erhebt vor diesem Hintergrund freilich keinen Anspruch auf absolute Gültigkeit, sondern bleibt zunächst eine Theorie, welche die Diskussion zu einem Perspektivwechsel in der historischen Bewertung des Xerxes-Zuges anregen soll. Vor allem wird jedoch deutlich, dass ein anderes, achaimenidisches Narrativ des Feldzugunternehmens neben dem stark athenozentrischen auch bei Herodot bestand. Über vergleichbare andere Deutungsversionen auch in Griechenland, sei es anderer Mitglieder des Hellenenbundes (wie etwa Lakedaimon) oder griechischer Gemeinwesen auf Seiten der Perser (wie etwa Thessalien, Argos, Aigina, etc.) ist fast nichts bekannt.[36] Die Tempelchronik von Lindos könnte jedoch darauf hinweisen, wie anders auch in griechischen Gemeinwesen die Wahrnehmung des Xerxes-Feldzug war: Während dort die Griechenlandfeldzüge Dareios' I. und im Besonderen das Unternehmen des Datis erwähnt werden (C XXXII 65–68; D 1–59), um mit Er-

---

34 Immerwahr 1966, 148: „The pattern of history (i. e. the order in which events tend to follow one another) should be seen by the historian in all the events treated in the Histories, and not only in the Persian or the Greek accounts. Despite the obvious differences existing between Europe and Asia, between Greeks and barbarians, the two pictures should complement each other in such a way that together they constitute a unified image of human history. (...) The differences are, as we shall see, merely relative, and lie in each case in a change of emphasis on certain aspects of the development of world history. These aspects are present everywhere, though not to the same degree." Der Begriff des Narrativs hat m. E. eher eine dynamische Qualität, indem er sich auf bestehende Erzähl-, Überlieferungs- und Darstellungsformen bezieht, die einen eigenen Kontext für die Konservierung, Tradierung, Wertung und Selektion historischer Informationen bilden und in dieser Komposition von Herodot genutzt worden sein könnten. Der Begriff der „pattern of history" scheint dagegen eher eine ‚statische' Größe in der dokumentarischen Rezeption älterer Nachrichten zu bezeichnen, welche bei Herodot direkt die historische Entwicklung bilden („the order in which events tend to follow one another"). Nicht zuletzt verhindert dieses Verständnis die Einsicht, dass Herodot etwa über ein achaimenidisches Narrative tatsächlich zumindest partiell in die Perspektive einer offiziell-großköniglichen Wahrnehmung wechselt. Siehe so etwa zu Xerxes: Immerwahr 1966, 176–183.
35 Ruffing 2021, 349.
36 Siehe in diesem Zusammenhang zu Plataiai Ruffing 2020, 81–94. Zu lokalen Traditionen und ihrem Niederschlag bei Herodot: Luraghi 2001, 138–160, bes. 148–151. Möglicherweise ist in diesem Kontext der Bemerkung Herodots in 8, 65 doch mehr Historizität zuzuerkennen, wonach Dikaios, Sohn des Theokydes, als athenischer Verbannter Xerxes auf seinem Fedzug begleitete und dazu einen Bericht verfasst habe. Vgl. dazu auch Seibert 179, 36, 393, 589: Anm. 159; Müdler 1913.

eignissen aus dem 4. Jahrhundert (D 60–80) und der Belagerung von Rhodos durch Demetrios Poliorketes 305/4 v. Chr. fortzufahren (D 95–115),[37] hat das Xerxes-Unternehmen in der gesamten Chronik mit keinem Wort einen Niederschlag gefunden.

Nicht zuletzt ergeben sich aus der ‚achaimenidischen Lesart' des Feldzugs Konsequenzen für das Verständnis sowohl der persischen Politik als auch der griechischen Geschichte.[38] Vor allem wird verständlicher, warum die militärischen Ereignisse keinen negativen Niederschlag im Osten gefunden haben, noch politisch als richtungsweisend oder epochal verstanden wurden, sondern zu einer Stärkung der Herrschaft des Xerxes und langfristig zu einer unangefochtenen Etablierung der Achaimenidenherrschaft geführt haben als der Dynastie, die dauerhaft den Großkönig stellte.

---

37 Siehe die Kommentierung dazu in Higbie 2003, 148–151; 282 f. (zum historischen Kontext). Siehe auch die Stiftung des Artaxerxes III.: C XXXV 85–89, Higbie 2003, 39, 129.
38 So ist etwa das Verhältnis einzelner griechischer Gemeinwesen wie Sparta, Argos, Thessalien und v. a. zu Xerxes und zum Perserreich wie auch ihre Rolle während des Xerxes-Zuges neu zu überdenken.

Literaturverzeichnis

Die aufgeführte Abkürzungen der griechischen und römischen Autoren sowie ihrer Werktitel richten sich nach den Konventionen des DNP (s. DNP 3, VIII–XLIV).

Ackerman 1940 = P. Ackerman, Guide to the Exhibition of Persian Art (Exh. cat.), New York 1940.
Ahn 1992 = G. Ahn, Religiöse Herrscherlegitimation im achämenidischen Iran. Die Voraussetzungen und die Struktur ihrer Argumentation (Acta Iranica 31), Leiden 1992.
Allen 2005 = L. Allen, The Persian Empire. A History, London 2005.
Allen 2005a = L. Allen, Le Roi Imaginaire: An Audience with the Achaemenid King, in: O. Hekster, R. Fowler (Hrsg.), Imaginary Kings. Royal Images in the Ancient Near East, Greece and Rome (Oriens et Occidens 11), Stuttgart 2005, 39–62.
Arnaud 2020 = P. Arnaud, Les routes de la navigation antique: itinéraires en Mediterranée, Arles 2020².
Arnush 2005 = M. Arnush, Pilgrimage to the Oracle of Apollo at Delphi. Patterns of Public and Private Consultation, in: J. Elsner, I. Rutherford (Hrsg.), Seeing the Gods. Pilgrimage in Graeco-Roman and Early Christian Antiquity, Oxford 2005, 97–110.
Ashcroft/Griffiths/Tiffin 2002 = B. Ashcroft, G. Griffiths, H. Tiffin, The Empire writes back: Theory and Practice in Post-Colonial Literatures, London 2002².
Assmann 1992 = A. Assmann, Einheit und Vielfalt in der Geschichte: Jaspers Begriff der Achsenzeit neu betrachtet, in: S. N. Eisenstadt (Hrsg.), Kulturen der Achsenzeit II. Ihre internationale und kulturelle Dynamik, Teil 3: Buddhismus, Islam, Altägypten, westliche Kulturen, Frankfurt 1992, 330–340.
Avram 2018/19 = A. Avram, Les Perses en Mer Noire à l'époque de Darius Ier: Nouveaux documents et nouvelles interprétations, Dacia 62/63 (2018/19), 169–198.
Avram 2019 = A. Avram, Remarques sur l'inscription Achéménide de Phanagoria, in: R. Tatomir (Hrsg.), East-West Dialogue. Individual and Society through Ages. Proceedings of the Forst International Interdisciplinary Conference of the History Spezialization, Bucharest, 1–2 June 2018, Bucharest 2019, 15.24.

Baebev/Gagoshidze/Knauß 2007 = I. Baebev, I. Gagoshidze, F. Knauß, An Achaemenid „Palace" at Qarajamirli (Azerbaijan). Preliminary Report on the Excavations in 2006, in: A. Ivantchik, V. Licheli (Hrsg.), Achaemenid Culture and Local traditions in Anatolia, Southern Caucasus and Iran, Leiden/Boston 2007, 31–45.
Baebev/Gagoshidze/Knauß 2010 = I. Babaev, I. Gagoshidze, F. Knauß, A Persian Propyleion in Azerbaijan. Excavations at Karacamirli, in: J. Nieling, E. Rehm (Hrsg.), Achaemenid Impact in the Black Sea. Communication of Powers (BSS 11), Aarhus 2010, 111–122.
Balcer 1972 = J. M. Balcer, The Date of Herodotus IV.1 Darius' Scythian Expedition, in: HSCPh 76 (1972), 99–132.
Balcer 1984 = J. M. Balcer, Sparda by the Bitter See. Imperial Interactions in Western Anatolia, Chico (CA), 1984.
Balcer 1987 = J. M. Balcer, Herodotus and Bisitun. Problems in Ancient Persian Historiography, Stuttgart 1987.
Baragwanath 2008 = E. Baragwanath, Motivation and Narrative in Herodotus, Oxford 2008.

Baragwanath 2012 = E. Baragwanath, Returning to Troy. Herodotus and the Mythic Discourse of his Time, in: E. Baragwanath, M. de Bakker (Hrsg.), Myth, Truth, and Narrative in Herodotus, Oxford 2012, 287–312.
Barclay 2007 = J. M. G. Barclay, Flavius Josephus, Against Apion (Classical Loeb Edition 10), Leiden/Boston 2007.
Basello 2018 = G. P. Basello, Old Persian on Clay, in: S. Gondet, E. Haerinch (Hrsg.), L'Orient est son jardin. Hommage à Rémy Boucharlat (Acta Iranica 58), Leuven/Paris/Bristol 2018, 27–41.
Beaujard 2019 = P. Beaujard, The Worlds of the Indian Oceans. A Global History I, Cambridge 2019.
Beck 1966 = M. A. Beck, Der Ersatzkönig als Erzählmotiv in der altisraelischen Literatur, VT Suppl. 15 (1966), 27–31.
Beckmann 2018 = D. Beckmann, Cyrus the Great and Ancient Propaganda, in: M. R. Shayegan (Hrsg.), Cyrus the Great. Life and Lore, Cambridge (MA)/London 2018, 150–169.
Bengtson 1939 = H. Bengtson, Einzelpersönlichkeit und athenischer Staat zur Zeit des Peisistratos und Miltiades (SBAW), München 1939.
Bengtson 1951 = H. Bengtson, Themistokles und die delphische Amphiktionie, Eranos 49 (1951), 85–92.
Bengtson 1953/54 = H. Bengtson, Thasos und Themistokles, Historia 2 (1953/54), 485–486.
Bengtson 1962 = H. Bengtson, Die Staatsverträge im Altertum. Bd. II: Die Verträge der griechisch-römischen Welt von 700–338 v. Chr., München 1962.
Bengtson 1971 = H. Bengtson, Zur Vorgeschichte der Schlacht bei Salamis, Chiron 1 (1971), 89–94.
Benveniste 1951 = E. Benveniste, Etudes sur le Vieux-Perse (BSL 47), 1951.
Bergmann 2019 = B. Bergmann, Beyond Victory and Defeat. Commemorating Battles prior to the Persian Wars, in: M. Giangiulo, E. Franchi, G. Proietti (Hrsg.), Commemorating War and War Dead. Ancient and Modern, Stuttgart 2019, 111–129.
Bergmann (in Vorb.) = B. Bergmann, Jenseits von Sieg und Niederlage. Zur Kommemoration militärischer Konflikte durch griechische Poleis bis zum Ende des Peloponnesischen Krieges (Habilitationsschrift), in Vorb.
Bernhardt 1988 = R. Bernhardt, Zu den Verhandlungen zwischen Dareios und Alexander nach der Schlacht von Issos, in: Chiron 18 (1988), 181–198.
Berve 1937 = H. Berve, Miltiades. Studien zur Geschichte des Mannes und seiner Zeit (Hermes ES 2), Berlin 1937.
Bickermann/Sykutris 1928 = E. Bickermann, J. Sykutris, Speusipps Brief an König Philipp (Berichte d. Sächsischen Akademie der Wissenschaften, phil.-hist. Kl. 80, 3), Leipzig 1928.
Bichler 1988 = R. Bichler, Der Barbarenbegriff des Herodot und die Instrumentalisierung der Barbaren-Topik in politisch-ideologischer Absicht, in: I. Weiler, H. Graßl (Hrsg.), Soziale Randgruppen und Außenseiter im Altertum, Graz 1988, 117–128.
Bichler 2000 = R. Bichler, Herodots Welt. Der Aufbau der Historie am Bild der fremden Länder und Völker, ihrer Zivilisation und ihrer Geschichte, Berlin 2000.
Bichler/Rollinger 2000 = R. Bichler, R. Rollinger, Herodot. Eine Einführung (Studienbücher Antike 3), Hildesheim, Zürich, New York 2000.
Bichler 2007 = R. Bichler, Der „Orient" im Wechselspiel von Imagination und Erfahrung: Zum Typus der „orientalischen Despotie", in: A. Luther, R. Rollinger, J. Wiesehöfer (Hrsg.), Getrennte Wege? Kommunikation, Raum und Wahrnehmung in der Alten Welt (Oikumene 2), Frankfurt 2007, 475–500.
Bichler 2007a = R. Bichler, Die „Reichsträume" bei Herodot, in: R. Bichler, Historiographie – Ethnographie – Utopie. Gesammelte Schriften, Teil 1: Studien zu Herodots Kunst der Historie (hrsg. v. R. Rollinger; Philippika 18, 1), Wiesbaden 2007, 27–46.

Bichler 2007b = R. Bichler, Herodots Historien unter dem Aspekt der Raumerfassung, in: M. Rathmann (Hrsg.), Wahrnehmung und Erfassung geographischer Räume in der Antike, Mainz 2007, 67–80.

Bichler 2007c = R. Bichler, Der Synchronismus von Himera und Salamis. Eine quellenkritische Studie zu Herodot, in: R. Bichler, Historiographie – Ethnographie – Utopie. Gesammelte Schriften, Teil 1: Studien zu Herodots Kunst der Historie (hrsg. v. R. Rollinger; Philippika 18, 1), Wiesbaden 2007, 47–54.

Bichler 2007d = R. Bichler, Geschichte und Fiktion. Bemerkungen zur klassischen Historie der Griechen, in: R. Bichler, Historiographie – Ethnographie – Utopie. Gesammelte Schriften, Teil 1: Studien zu Herodots Kunst der Historie (hrsg. v. R. Rollinger; Philippika 18, 1), Wiesbaden 2007, 75–90.

Bichler 2007e = R. Bichler, Ktesias „korrigiert" Herodot. Zur literarischen Einschätzung der Persika, in: R. Bichler, Historiographie – Ethnographie – Utopie. Gesammelte Schriften, Teil 1: Studien zu Herodots Kunst der Historie (hrsg. v. R. Rollinger; Philippika 18, 1), Wiesbaden 2007, 229–245.

Bichler 2013 = R. Bichler, Zur Funktion der Autopsiebehauptungen bei Herodot, in: K. Ruffing, B. Dunsch (Hrsg.), Herodots Quellen – die Quellen Herodots (CLeO 6), Wiesbaden 2013, 135–151.

Bichler 2016 = R. Bichler, Probleme und Grenzen der Rekonstruktion von Ereignissen am Beispiel antiker Schlachtenbeschreibungen, in: R. Bichler, Historiographie – Ethnographie – Utopie. Gesammelte Schriften, Teil 4: Studien zur griechischen Historiographie (hrsg. v. R. Rollinger, K. Ruffing; Philippika 18, 4), Wiesbaden 2016, 43–66.

Bichler 2016a = R. Bichler, Der Antagonismus von Asien und Europa – eine historiographische Konzeption aus Kleinasien?, in: R. Bichler, Historiographie – Ethnographie – Utopie. Gesammelte Schriften, Teil 4: Studien zur griechischen Historiographie (hrsg. v. R. Rollinger, K. Ruffing; Philippika 18, 4), Wiesbaden 2016, 236–252.

Bichler 2016b = R. Bichler, Die analogen Strukturen in der Abstufung des Wissens über die Dimensionen von Raum und Zeit in Herodots Historien, in: R. Bichler, Historiographie – Ethnographie – Utopie. Gesammelte Schriften, Teil 4: Studien zur griechischen Historiographie (hrsg. v. R. Rollinger, K. Ruffing; Philippika 18, 4), Wiesbaden 2016, 133–156.

Bichler 2016c = R. Bichler, Ein schräger Blick auf die Perserkriege, getreu nach den griechischen Quellen, in: C. Binder, H. Börm, A. Luther (Hrsg.), Diwan. Untersuchungen zur Geschichte und Kultur des Nahen Ostens und des östlichen Mittelmeerraumes im Altertum. Festschrift für Josef Wiesehöfer zum 65. Geburtstag, Duisburg 2016, 205–221.

Bichler/Rollinger 2017 = R. Bichler, R. Rollinger, Universale Weltherrschaft und die Monumente an ihren Grenzen. Die Idee unbegrenzter Herrschaft und deren Brechung im diskursiven Wechselspiel (Vom Alten Orient bis zum Imperium Romanum), in: R. Rollinger (Hrsg.), Die Sicht auf die Welt zwischen Ost und West (750 v. Chr.–550 n. Chr.), (CLeO 12), Wiesbaden 2017, Teil A, 1–30.

Bichler 2020 = R. Bichler, Herodotus' Perspective on the Situation of Egypt in the Persian Period from the Last Saite Kings to Xerxes's First Years, in: M. Wasmuth, P. P. Creasman (Hrsg.), Udjahorresnet and His World, Journal of Ancient Egyptian Interventions 26 (2020), 35–58.

Bichler 2020a = R. Bichler, The Battle of Gaugamela. A Case Study and Some General Methodological Considerations, in: S. Fink, J. Luggin (Hrsg.), Battle Descriptions as Literary Texts. A comparative approach, Wiesbaden 2020, 157–190.

Bichler 2021 = R. Bichler, Kyros' letzte Schlacht und sein Tod, in: A. Luther, H. Klinkott, J. Wiesehöfer (Hrsg.), Beiträge zur Geschichte und Kultur des alten Iran und benachbarter Gebiete. Festschrift für Rüdiger Schmitt (Oriens et Occidens 36), Stuttgart 2021, 49–92.

Bichler 2021a = R. Bichler, Mardonius, in: C. Baron (Hrsg.), The Herodotus Ecyclopedia II, Hoboken 2021, 854–856.
Binder 2010 = C. Binder, Das Krönungszeremoniell der Achaimeniden, in: B. Jacobs, R. Rollinger (Hrsg.), Der Achämenidenhof (CLeO 2), Wiesbaden 2010, 473–497.
Blamire 1970 = A. Blamire, Pausanias and Persia, GRBS 11 (1970), 295–305.
Blösel 2001 = W. Blösel, The Herodotean Picture of Themistocles: A Mirror of Fifth-Century Athens, in: N. Luraghi, The Historian's Craft in the Age of Herodotus, Oxford 2001, 178–197.
Blösel 2004 = W. Blösel, Themistokles bei Herodot. Spiegel Athens im fünften Jahrhundert (Historia ES 183), Stuttgart 2004.
Blösel 2013 = W. Blösel, Quellen – Kritik: Herodots Darstellung der Athener, in: B. Dunsch, K. Ruffing (Hrsg.), Herodots Quellen – die Quellen Herodots (CLeO 6), Wiesbaden 2013, 255–271.
Blösel 2018 = W. Blösel, Herodotus' Allusion to the Sparta of his Day, in: T. Harrison, E. Irwin (Hrsg.), Interpreting Herodotus, Oxford 2018, 243–264.
Boardman 2003 = J. Boardman, Die Perser und der Westen. Eine archäologische Untersuchung zur Entwicklung der Achämenidischen Kunst (Kulturgeschichte der antiken Welt 96), Mainz 2003.
Boedeker 1987 = D. Boedeker, The Two Faces of Demaratus, Arethusa 20 (1987), 185–201.
Boedeker 2002 = D. Boedeker, Epic Heritage and Mythical Patterns in Herodotus, in: E. Baker, I. de Jong, H. van Wees (Hrsg.), Brill's Companion to Herodotus, Leiden 2002, 95–116.
Bordreuil 2007 = P. Bordreuil, Stèle de Yehawmilk, in: E. Fontan, H. Le Meaux (Hrsg.), La Méditerranée des Phéniciens de Tyr à Carthage. Catalogue de l'exposition à l'Institut du monde arabe, Paris 2007–2008, Paris 2007, 48.314.
Borgeaud 2010 = P. Borgeaud, Trojan Excursion. A Recurrent Ritual, from Xerxes to Julian, History of Religions 49,4 (2010), 339–353.
Börm 2019 = H. Börm, Barbaren als Tyrannen. Das Perserbild in der klassizistischen griechischen Historiographie, in: R. Rollinger, K. Ruffing, L. Thomas (Hrsg.), Das Weltreich der Perser. Rezeption – Aneignung – Verargumentierung (CLeO 23), Wiesbaden 2019, 15–34.
Borzsák 1987 = S. Borzsák, Persertum und griechisch-römische Antike. Zur Ausgestaltung des klassischen Tyrannenbildes, Gymnasium 94 (1987), 289–297.
Boteva-Boyanova 2021 = D. Boteva-Boyanova, Thrace, in: B. Jacobs, R. Rollinger (Hrsg.), A Companion to the Persian Achaemenid Empire I, Horboken 2021, 649–656.
Bowden 2003 = H. Bowden, Oracles for Sale, in: P. Derow, R. Parker (Hrsg.), Herodotus and his World. Essays from a Conference in Memory of George Forrest, Oxford 2003, 256–274.
Bowie 2012 = A. M. Bowie, Mythology and the Expedition of Xerxes, in: E. Baragwanath, M. de Bakker (Hrsg.), Myth, Truth, and Narrative in Herodotus, Oxford 2012, 269–286.
Boyce 1982 = M. Boyce, A History of Zoroastrianism. Vol 2, Under the Achaemenians (Handbuch der Orientalistik), Leiden 1982.
Bradford 2004 = E. Bradford, Thermopylae. The Battle of the West, New York 2004^2.
Brenne 1992 = S. Brenne, „Portraits" auf Ostraka, Ath. Mitt. 107 (1992), 161–185.
Brenne 1994 = S. Brenne, Ostraka and the Process of Ostrakophoria, in: W. D .E. Coulson, O. Palagia, T. L. Sear, H. A. Shapiro (Hrsg.), The Archaeology of Athens and Attica under the Democracy: Proceedings of an International Conference Celebrating 2500 Years since the Birth of Democracy in Greece, held at the American School of Classical Studies at Athens, December 4–6, Oxford 1994, 13–24.
Brenne 2001 = S. Brenne, Ostraca und Prominenz in Athen: Attische Bürger des 5. Jhs. v. Chr. auf den Ostraca (Tyche Suppl. 3), Wien 2001.
Briant 1984 = P. Briant, La Perse avant l'empire, IA 19 (1984), 71–118.

Literaturverzeichnis

Briant 1987 = P. Briant, De Sardes à Suse, in: H. Sancisi-Weerdenburg, A. Kuhrt (Hrsg.), The Greek Sources (Achaemenid History II), Leiden 1987, 67–82.
Briant 1989 = P. Briant, Table du roi. Tribut et rédistribution chez les Achéménides, in: P. Briant, C. Herrenschmidt (Hrsg.), Le Tribut dans l'Empire Perse: Actes de la Table ronde de Paris, 12–13 Décembre 1986, Paris 1989, 35–44.
Briant 1991 = P. Briant, Chasses royales macédoniennes et chasses royales perses : le thème de la chasse au lion sur la chasse de Vergina, Dialogues d'histoire ancienne 17 (1991), 211–255.
Briant 1992 = P. Briant, La date des révoltes babyloniennes contre Xerxès, STIR 21.1 (1992), 7–20.
Briant 1994 = P. Briant, L'eau du Grand Roi, in: L. Milano (Hrsg.), Drinking in Ancient Societies. History and Culture of Drinks in the Ancient Near East. Papers of a Symposium held in Rome, May 17–19 1990, Padua 1994, 45–65.
Briant 1996 = P. Briant, Histoire de l'Empire perse. De Cyrus à Alexandre, Paris 1996.
Briant 1998 = P. Briant, Cités et satrapies dans l'Empire achémenide: Xanthos et Pixôdaros, CRAI 142.1 (1998), 309–319.
Briant 2002 = P. Briant, From Cyrus to Alexander. A History of the Persian Empire, Winona Lake 2002.
Briant 2017 = P. Briant, On the King as Gardener: observations on the history of a set of documents, in: P. Briant (Hrsg.), Kings, Countries, Peoples. Selected Studies on the Achaemenid Empire (Oriens et Occidens 26), Stuttgart 2017, 271–285.
Briant 2019 = P. Briant, Peut-on parler d'„art perse"? Les interprétations de Georges Perrot et Charles Chipiez (1890) dans le contexte de leur élaboration, in: R. Rollinger, K. Ruffing, L. Thomas (Hrsg.), Das Weltreich der Perser. Rezeption – Aneignung – Verargumentierung (CLeO 23), Wiesbaden 2019, 277–293.
Briant/Henkelman/Stolper 2008 = P. Briant, W. F. M. Henkelman, M. W. Stolper, Introduction, in: dies. (Hrsg.), L'archive des Fortifications de Persépolis (Persika 12), Paris 2008, 16–24.
Brodersen 2017 = K. Brodersen, Polyainos, Strategika, Berlin/Boston 2017.
Brosius 2010 = M. Brosius, Pax Persica and the People of the Black Sea Region: Extent and Limits of Achaemenid Imperial Ideology, in: J. Nieling, J. E. Rehm (Hrsg.), Achaemenid Impact in the Black Sea. Communication of Powers (BSS 11), Aarhus 2010, 29–40.
Brosius 2010a = M. Brosius, Das Hofzeremoniell, in: B. Jacobs, R. Rollinger (Hrsg.), Der Achämenidenhof (CLeO 2), Wiesbaden 2010, 459–471.
Brosius 2018 = M. Brosius, Cyrus the Great: A Hero's Tale, in: M. R. Shayegan (Hrsg.), Cyrus the Great. Life and Lore, Cambridge (MA)/London 2018, 170–182.
Brunt 1953/54 = P. A. Brunt, The Hellenic League against Persia, Historia 2 (1953/54), 135–162.
Burkert 2011 = W. Burkert, Griechische Religion der archaischen und klassischen Epoche, Stuttgart 2011².
Burn 1984 = A. R. Burn, Persia and the Greeks. The Defence of the West, c. 546–478 B.C., London 1984.

Cartledge 2006 = P. Cartledge, Thermopylae: The Battle that Changed the World, New York 2006.
Carty 2015 = A. Carty, Polycrates, Tyrant of Samos. New Light on Archaic Greece (Historia ES 236), Stuttgart 2015.
Castritius 1972 = H. Castritius, Die Okkupation Thrakiens durch die Perser und der Sturz des athenischen Tyrannen Hippias, in: Chiron 2 (1972), 1–15.
Cawkwell 2005 = G. Cawkwell, The Greek Wars. The Failure of Persia, Oxford 2005.
Clarke 2018 = K. Clarke, Shaping the Geography of Empire. Man and Nature in Herodotus' Histories, Oxford 2018.

Dandamaev 1992 = M. A. Dandamaev, Iranians in Achaemenid Babylonia, Costa Mesa 1992.
Daucé 2018 = N. Daucé, Lions, taureaux et griffons: Quelques oberservations sur le bestiaire achéménide d'après les archives de Suse, in: S. Gondet, E. Haerinch (Hrsg.), L'Orient est son jardin. Hommage à Rémy Boucharlat (Acta Iranica 58), Leuven/Paris/Bristol 2018, 138–142.
De Jong 2018 = I. de Jong, The View from the Mountain (Oroskopia) in Greek and Latin Literature, The Cambridge Classical Journal 64 (2018), 23–48.
Debord 1989 = P. Debord, L'Asie Mineure au IVe Siècle (412–323 a.C.). Pouvoirs et jeux politiques, Bordeaux 1999.
Degen 2018 = J. Degen, Alexander III., Dareios I. und das speererworbene Land (Diod. 17, 17, 2), in: JANEH 14 (2018), 53–95.
Degen 2019 = J. Degen, Xenophon and the Light from Heaven, Ancient History Bulletin 33 (2019), 81–107.
Degen 2020 = J. Degen, Alexander III. zwischen Ost und West. Indigene Traditionen und Herrschaftsinszenierung im makedonischen Weltimperium. Phil. Diss. Innsbruck 2020.
Degen 2020a = J. Degen, Ancient Near Eastern Traditions in Xenophon's Cyropaedia. Conceptions of Royal Qualities and Empire, in: B. Jacobs (Hrsg.), Ancient Information on Persia Re-assessed: Xenophon's Cyropaedia, Proceedings of a Conference Held at Marburg in Honour of Christopher Tuplin, December 1–2, 2017 (CLeO 22), Wiesbaden 2020, 197–240.
Degen 2022 = J. Degen, Planets, Palaces and Empire. Herodotus on Deioces and Ecbatana (Hdt. 1, 98–99), in: R. Mattila, S. Fink, S. Ito (Hrsg.), Evidence Combined. Western and Eastern Sources in Dialogue (Melammu Symposia 11, SÖAW 920), Wien 2022, 49–81.
Degen (in Vorb.) = J. Degen, Herodotus and the Persian Priests: The Histories as Source for Iranian Religion, in: R. Shayegan, R. Rollinger (Hrsg.), Contextualizing Iranian Religions in the Ancient World (14th Melammu Symposium), Wiesbaden, in Vorb.
Degen (in Vorb., a) = J. Degen, Another Dialogue: Herodotus, Thucydides, and the Long Walls of Athens, in: J. Degen, H. Klinkott, R. Rollinger, K. Ruffing, B. Truschnegg (Hrsg.), Contextualizing Herodotus, Wiesbaden, in Vorb.
Depuydt 2006 = L. Depuydt, Saite and Persian Egypt, 664 B.C.–332 B.C. (Dyns. 26–31, Psammetichus I to Alexander's Conquest of Egypt), in: E. Hornung, R. Krauss, D. A. Warburton (Hrsg.), Ancient Egyptian Chronology (Handbook of Oriental studies. Section One. The Near and Middle East. Bd. 83), Leiden/Boston 2006, 265–283.
Dewald 1987 = C. Dewald, Narrative Surface and Authorial Voice in Herodotus' Histories, in: D. Boedeker, J. Peradotto (Hrsg.), Herodotus and the Invention of History (Arethusa 20), Buffalo 1987, 147–170.
Djurslev 2019 = C. T. Djurslev, The End of the Persian Empire in Early Christian Writing, in: R. Rollinger, K. Ruffing, L. Thomas (Hrsg.), Das Weltreich der Perser. Rezeption – Aneignung – Verargumentierung (CLeO 23), Wiesbaden 2019, 35–52.
Dunsch 2013 = B. Dunsch, *Et apud patrem historiae sunt innumerabiles fabulae.* Herodot bei Cicero, in: B. Dunsch, K. Ruffing (Hrsg.), Herodots Quellen – die Quellen Herodots (CLeO 6), Wiesbaden 2013, 153–199.
Dusinberre 2013 = E. Dusinberre, Empire, Authority, and Autonomy in Achaemenid Anatolia, Cambdridge 2013.
Dzhevakhishvili 2007 = K. Dzhevakhishvili, Achaemenid Seals found in Georgia, in: A. Ivantchik, V. Licheli (Hrsg.), Achaemenid Culture and Local Traditions in Anatolia, Southern Caucasus ad Iran, Leiden/Boston 2007, 117–128.

Ebener 1989 = D. Ebener, Aischylos. Werke in einem Band, Berlin/Weimar 1989.
Eilers 1940 = W. Eilers, „Kleinasiatisches", in: ZDMG 94 (1940), 189–233.

Eisen 1940 = G. A. Eisen, Ancient Oriental Cylinder and other Seals with a Description of the Collection of Mrs. William H. Moore (OIP 42), Chicago 1940.
Ellis 2017 = A. Ellis, Perser, Meder oder Barbaren? Herodots Gebrauch der Persernamen und -sitten: zwischen griechischer Literatur und persischer Ethnographie, in: H. Klinkott, N. Kramer (Hrsg.), Zwischen Assur und Athen. Altorientalisches in den Historien Herodots (SpielRäume der Antike 4), Stuttgart 2017, 45–59.
Erbse 1956 = H. Erbse, Der erste Satz im Werk Herodots, in: H. Erbse (Hrsg.), Festschrift Bruno Snell zum 60. Geburtstag, München 1956, 209–222.
Evans 1991 = J. A. S. Evans, Herodotus Explorer of the Past: Three Essays, Princeton 1991.

Fehling 1971 = D. Fehling, Die Quellenangaben bei Herodot. Studien zur Erzählkunst Herodots, Berlin 1971.
Feix 2006 = J. Feix, Herodot, Historien, Zweiter Band, Bücher VI–IX, Düsseldorf 2006[7].
Figueira 1985 = T. J. Figueira, Herodotus on the Early Hostilities between Aegina and Athens, AJP 106 (1985), 49–74.
Figueira 1988 = T. J. Figueira, The Chronology of the Conflict between Athens and Aigina in Herodotus Book 6, in: QUCC 28 (1988), 49–89.
Fink/Luggin 2020 = S. Fink, J. Luggin (Hrsg.), Battle Descriptions as Literary Texts. A Comparative Approach, Wiesbaden 2020.
Fischer 2013 = J. Fischer, Die Perserkriege, Darmstadt 2013.
Fischer-Bossert 2020 = W. Fischer-Bossert, Die Elektronhekten mit dem Herakleskopf: Herakleia Pontike, nicht Erythrai, NZ 126 (2020), 15–164.
Flower 2006 = M. Flower, Herodotus and Persia, in: C. Dewald, J. Marincola (Hrsg.), The Cambridge Companion to Herodotus, Cambridge 2006, 274–289.
Fornara 1966 = C. W. Fornara, The Hoplite Achievement at Psyttaleia, JHS 86 (1966), 51–54.
Fowler 1996 = R. L. Fowler; Herodotos and His Contemporaries, JHS 116 (1996), 62–87.
Forsdyke 2006 = S. Forsdyke, Herodotus, Political History and Political Thought, in: C. Dewald, J. Marincola (Hrsg.), The Cambridge Companion to Herodotus, Cambridge 2006, 224–241.
Freedman 2017 = S. M. Freedman, If a City is set on a Height. The Akkadian Omen Series Šumma ālu ina mēlê. Volume 3: Tablets 41–63, Winona Lake 2017.
Frei/Koch 1996 = P. Frei, K. Koch, Reichsidee und Reichsorganisation im Perserreich, Göttingen 1996[2].
Fröhlich 2013 = S. Fröhlich, Handlungsmotive bei Herodot, Stuttgart 2013.
Fuchs 1994 = A. Fuchs, Die Inschriften Sargons II. aus Khorsabad, Göttingen 1994.
Funke 1999 = P. Funke, Miltiades, in: K. Brodersen (Hrsg.), Große Gestalten der griechischen Welt von Homer bis Kleopatra, München 1999, 301–310.
Funke 2001 = P. Funke, Wendezeit und Zeitenwende: Athens Aufbruch zur Demokratie, in: D. Papenfuß, V. M. Strocka (Hrsg.), Gab es das griechische Wunder? Griechenland zwischen dem Ende des 6. und der Mitte des 5. Jahrhunderts v. Chr. Tagungsbeiträge des 16. Fachsymposiums der Alexander von Humboldt-Stiftung vom 5. bis 9. April 1999 in Freiburg im Breisgau, Mainz 2001, 1–20.
Funke 2007 = P. Funke, Die Perser und die griechischen Heiligtümer in der Perserkriegszeit, in: B. Bleckmann (Hrsg.), Herodot und die Epoche der Perserkriege. Realitäten und Fiktionen. Kolloquium zum 80. Geburtstag von Dietmar Kienast, Köln 2007, 21–34.
Funke 2008 = P. Funke, Integration und Herrschaft. Überlegungen zur „Trilingue von Xanthos", in: I. Kottsieper, R. Schmitt, J. Wöhrle (Hrsg.), Berührungspunkte. Studien zur Sozial- und Religionsgeschichte Israels und seiner Umwelt (FS R. Albertz, AOAT 350), Münster 2008, 603–612.

Funke 2013 = P. Funke, Marathon and the Construction of the Persian Wars in post-antique Times, in: C. Carey, M. Edwards (Hrsg.), Marathon – 2,500 Years. Proceedings of the Marathon Conference 2010, London 2013, 267–274.

Gabrielsen 2007 = V. Gabrielsen, Trade and Tribute: Byzantion and the Black Sea Straits, in: V. Gabrielsen, J. Lund (Hrsg.), The Black Sea in Antiquity. Regional and Interregional Economic Exchanges (BSS 6), Aarhus 2007, 287–324.

Garrison/Root 2001 = M. B. Garrison, M. C. Root, Seals on the Persepolis Fortification Tablets, Vol. I: Images of Heroic Encounter (Oriental Institute Publications 117/1), Chicago 2001.

Garvie 2009 = A. F. Gravie, Aeschylus, Persae with Introduction and Commentary, Oxford 2009.

Gauer 2022 = W. Gauer, Delphis Perserkriegsorakel für die Athener und Herodot, in: B. Bäbler, H.-G. Nesselrath (Hrsg.), Delphi. Apollons Orakel in der Welt der Antike, Tübingen 2021, 377–393.

Gehrke 2009 = H.-J. Gehrke, From Athenian Identity to European Ethnicity – the Cultural Biography of the Myth of Marathon, in: T. Derks, N. Roymans (Hrsg.), Ethnic Constructs in Antiquity. The Role of Power and Tradition, Amsterdam 2009, 85–101.

Genette 1998 = G. Genette, Die Erzählung, München 1998.

Georges 1994 = P. Georges, Barbarian Asia and the Greek Experience. From the Archaic Period to the Age of Xenophon, Baltimore 1994.

Gödde 2007 = S. Gödde, οὔ μοι ὅσιόν ἐστι λέγειν. Zur Poetik der Leerstelle in Herodots Ägypten-Logos, in: A. Bierl, R. Lämmle, K. Wesselmann (Hrsg.), Literatur und Religion? Wege zu einer mythisch-rituellen Poetik bei den Griechen, Berlin/New York 2007, 41–90.

Grethlein 2011 = J. Grethlein, Herodot und Xerxes. Meta-Historie in den Historien, in: R. Rollinger, B. Truschnegg, R. Bichler (Hrsg.), Herodot und das Persische Weltreich (CLeO 3), Wiesbaden 2011, 103–122.

Grethlein 2018 = J. Grethlein, The Dynamics of Time. Herodotus' Histories and Contemporary Athens before and after Fornara, in: T. Harrison, L. Irwin (Hrsg.), Interpreting Herodotus. The Present in the Past, Oxford 2018, 223–242.

Griffith 1988 = A. Griffith, Democedes of Croton: A Greek Doctor at the Court of Darius, in: H. Sancisi-Weerdenburg, A. Kuhrt (Hrsg.), The Greek Sources (Achaemenid History II), Leiden 1988, 37–51.

Gschnitzer 1977 = F. Gschnitzer, Die sieben Perser und das Königtum des Dareios. Ein Beitrag zur Achaimenidengeschichte und zur Herodotanalyse (Sitzungsberichte der Heidelberger Akademie der Wissenschaften. Philosophisch-Historische Klasse. Jg. 1977, Abh. 3), Heidelberg 1977.

Habicht 1961 = C. Habicht, Falsche Urkunden zur Geschichte Athens im Zeitalter der Perserkriege, Hermes 89 (1961), 1–35

Hall 1996 = E. Hall, Aeschylus, Persians. Edited with an Introduction, Translation and Commentary, Warminster 1996.

Hallock 1969 = R. T. Hallock, Persepolis Fortification Tablets (OIP 92), Chicago 1969.

Hammond 1988 = N. G. L. Hammond, The Expedition of Xerxes, in: J. Boardman, N. Hammond, D. Lewis, M. Ostwald (Hrsg.), The Cambridge Ancient History. Vol. IV: Persia, Greece and the Western Mediterranean, c. 525–479 B.C., Cambridge 1988², 518–591.

Harper et al. 1984 = P. O. Harper, O. W. Muscarella, H. Pittman, B. A. Porter, I. Spar, Ancient Near Eastern Art, The Metropolitan Museum of Art Bulletin 41/4 (1984), 1–56.

Harrison 2002 = T. Harrison, The Persian Invasion, in: E. J. Bakker, I. J. F. de Jong, H. van Wees (Hrsg.), Brill's Companion to Herodotus, Leiden/Boston/Köln 2002, 551–578.

Harrison 2003 = T. Harrison, ‚Prophecy in Reverse'? Herodotus and the Origins of History, in: P. Derow, R. Parker (Hrsg.), Herodotus and his World. Essays from a Conference in Memory of George Forrest, Oxford 2003, 237–255.
Haubold 2012 = J. Haubold, The Achaemenid Empire and the Sea, in: Mediterranean Historical Review 27 (2012), 4–23.
Haubold 2013 = J. Haubold, Greece and Mesopotamia. Dialogues in Literature, Cambridge 2013.
Hauser 2019 = S. Hauser, „.... die persische Herrschaft war eigentlich die edelste und beste". Die Achaimeniden in deutschen Diskursen im langen neunzehnten Jahrhundert, in: R. Rollinger, K. Ruffing, L. Thomas (Hrsg.), Das Weltreich der Perser. Rezeption – Aneignung – Verargumentierung (CLeO 23), Wiesbaden 2019, 281–304.
Hawes 2016 = G. Hawes, Pausanias and the Footsteps of Herodotus, in: J. Priestley, V. Zali (Hrsg.), Brill's Companion to the Reception of Herodotus in Antiquity and Beyond, Leiden/Boston 2016, 322–345.
Hayden White 1973 = H. V. White, Metahistory. The Historical Imagination in Nineteenth Century Europe, Baltimore 1973.
Heinrichs/Müller 2008 = J. Heinrichs, S. Müller, Ein persisches Statussymbol auf Münzen Alexanders I. von Makedonien. Ikonographie und historischer Hintergrund des Tetrobols SNG ABC, Macedonia I, 7 und 11, ZPE 167 (2008), 283–309.
Henkelmann 2008 = W. Henkelman, The Other Gods Who Are. Studies in Elamite-Iranian Acculturation Based on the Persepolis Fortification Texts (Achaemenid History XIV), Leiden 2008.
Henkelman 2010 = W. Henkelman, Xerxes, Atossa, and the Persepolis Fortification Archive, Annual Report of the Netherlands Institute for the Near East Leiden/The Netherlands Institute in Turkey, Istanbul 2010, 26–33.
Henzen 1854 = W. Henzen, Eine neuentdeckte griechsiche Zeittafel, RhM. 9, (1854), 161–178.
Hereward 1958 = D. Hereward, The Flight of Demaratos, RhM. 101 (1958), 238–249.
Herrmann 1922 = F. Herrmann, Die thessalische Münzunion im 5. Jahrhundert, ZfN 33 (1922), 33–43.
Herrmann 1925 = F. Herrmann, Die Silbermünzen von Larisa in Thessalien, ZfN 35 (1925), 1–69.
Herrenschmidt 1989 = C. Herrenschmidt, Le tribut dans les inscriptions en vieux-perse et dans les tablettes élamites, in: P. Briant, C. Herrenschmidt (Hrsg.), Le tribut dans l'empire perse, Actes de la Table ronde de Paris 12–13 Décembre 1986 (Travaux de l'Institut d'Études iraniennes de la Sorbonne Nouvelle, 13), Paris 1989, 107–120.
Herrenschmidt 2014 = C. Herrenschmidt, Designation of the Empire and Ist Political Concepts of Darius I According to Old Persian Records, in: T. Darayee, A. Mousavi, K. Rezakhani (Hrsg.), Excavating an Empire. Achaemenid Persia in Longue Durée, Costa Meza 2014, 12–36.
Heuzey 1886 = L. Heuzey, Un artiste grec au service de la Perse. Téléphanès de Phocée, in: Revue Bleue 3/12 (1886), 660–663.
Heuzey 1886a = L. Heuzey, L'influence de l'art grec sur l'art perse. In: Comptes rendus des séances de l'Académie des Inscriptions et Belles-Lettres, 30ᵉ année, N. 4 (1886), 434–435.
Higbie 2003 = C. Higbie, The Lindian Chronicle and the Greek Creation of their Past, Oxford 2003.
Hignett 1963 = C. Hignett, Xerxes' Invasion of Greece, Oxford 1963.
Hinz 1979 = W. Hinz, Darius und die Perser. Eine Kulturgeschichte der Achämeniden, Bd. 2, Baden-Baden 1979.
Hirsch 1986 = S. W. Hirsch, Cyrus' Parable of the Fish: Sea Power in the Early Relations of Greece and Persia, The Classical Journal 81/3 (1986), 222–229.
Hölkeskamp 2001 = K.-J. Hölkeskamp, Marathon – vom Monument zum Mythos, in: D. Papenfuß, V. M. Strocka (Hrsg.), Gab es das griechische Wunder? Griechenland zwischen

dem Ende des 6. und der Mitte des 5. Jahrhunderts v. Chr. Tagungsbeiträge des 16. Fachsymposiums der Alexander von Humboldt-Stiftung veranstaltet vom 5. bis 9. April 1999 in Freiburg im Breisgau, Mainz 2001, 329–353.

Hölscher 2000 = T. Hölscher, Feindwelten – Glückswelten: Perser, Kentauren und Amazonen, in: T. Hölscher (Hrsg.), Gegenwelten zu den Kulturen Griechenlands und Roms in der Antike, München/Leipzig 2000, 287–320.

Holland 2006 = T. Holland, Persian Fire: The First World Empire and the Battle for the West, New York 2006.

Hollmann 2011 = A. Hollmann, The Master of Signs. Signs and the Interpretation of Signs in Herodotus' Histories, Washington 2011.

How/Wells 1912 = W. W. How, J. Wells, A Commentary on Herodotus. With Introduction and Appendixes Volume 2 (Books V–IX), Oxford 1912.

Huber 1965 = L. Huber, Herodots Homerverständnis, in: H. Flashar, K. Gaiser (Hrsg.), Synusia (FS W. Schadewaldt zum 15. März 1965), Pfullingen 1965, 29–52.

Huber 2005 = I. Huber, Ersatzkönige im griechischen Gewand: Die Umformung der šar puḥi-Rituale bei Herodot, Berossos, Agathias und den Alexanderhistorikern, in: R. Rollinger (Hrsg.), Von Sumer bis Homer. Festschrift für Manfred Schretter zum 60. Geburtstag am 25. Februar 2004, Münster 2005, 339–397.

Huber 2019 = P. J. Huber, Dating the Death of Xerxes, N.A.B.U. 2019, 143–147.

Hülden 2020 = O. Hülden, Das griechische Befestigungswesen der archaischen Zeit. Entwicklungen – Formen – Funktion (SoSchrÖAI 59), Wien 2020.

Hunter 1982 = V. Hunter, Past and Process in Herodotus and Thucydides, Princeton 1982.

Hyland 2018 = J. O. Hyland, Persian Interventions. The Achaemenid Empire, Athens & Sparta, 450–386 BCE, Baltimore 2018.

Immerwahr 1954 = H. R. Immerwahr, Historical Action in Herodotus, TAPhA 85 (1954), 16–45.

Immerwahr 1966 = H. R. Immerwahr, Form and Thought in Herodotus (Philological Monographs 23), Cleveland (OH) 1966.

Instinsky 1956 = H. U. Instinsky, Herodot und der erste Zug des Mardonios gegen Griechenland, Hermes 84/4 (1956), 477–494.

Isserlin 1991 = B. S. J. Isserlin, The Canal of Xerxes: facts and Problems, in: ABSA 86 (1991), 83–91.

Isserlin et al. 1994 = B. S. J. Isserlin, R. E. Jones, S. Papamarinopoulos, J. Uren, The Canal of Xerxes on the Mount Athos Peninsula. Preliminary Investigations in 1991 and 1992, ABSA 89 (1994), 277–284.

Isserlin et al. 1996 = B. S. J. Isserlin, R. E. Jones, S. Papamarinopoulos, G. E. Syrides, Y. Maniatis, G. Facorellis, J. Uren, The Canal of Xerxes. Investigations in 1993–1994, ABSA 91 (1996), 329–340.

Isserlin et al. 2003 = B. Isserlin, R. Jones, V. Karastathis, S. Papamarinopoulos, G. Syrides, J. Uren, The Canal of Xerxes. Summary of investigations 1991–2001, ABAS 98 (2003), 369–385.

Jacobs 2006 = B. Jacobs, Zur Bildausstattung der achämenidischen Residenzen, in: Historisches Museum der Pfalz Speyer (Hrsg.), Begleitbuch zur Ausstellung „Pracht und Prunk der Großkönige – Das persische Weltreich", Stuttgart 2006, 114–123.

Jacobs 2007 = B. Jacobs, Die Statue des Ariobarzanes – Zur Verwendung großformatiger Bildkunst durch die iranische Oberschicht im achämenidenzeitlichen Kleinasien, Schweizerische Arbeitsgemeinschaft für Klassische Archäologie – Bulletin 2007, 22–28.

Jacobs/Rollinger 2010 = B. Jacobs, R. Rollinger (Hrsg.), Der Achaimenidenhof (CLeO 2), Wiesbaden 2010.

Jacobs 2011 = B. Jacobs, Von triumphierenden Persern und fallenden Griechen – ein Satrapensiegel aus Westkleinasien, Boreas 34 (2011), 103–120.
Jacobs 2014 = B. Jacobs, Historische Aussagen in den Achämenideninschriften im Licht sich wandelnder Legitimationsstrategien, in: S. Gaspa, A. Greco, D. M. Bonacossi, S. Ponchia, R. Rollinger (Hrsg.), From Source to History – Studies on Ancient Near Eastern Worlds and Beyond. Dedicated to Giovanni Battista Lanfranchi on the Occasion of his 65th Birthday on June 23, 2014 (Alter Orient und Altes Testament 412), Münster 2014, 341–352.
Jacobs 2015 = B. Jacobs, Zur bildlichen Repräsentation iranischer Eliten im achämenidenzeitlichen Kleinasien, in: Sh. Farridnejad, R. Gyselen, A. Joisten-Pruschke (Hrsg.), Faszination Iran – Beiträge zur Religion, Geschichte und Kunst des Alten Iran. Gedenkschrift für Klaus Schippmann (Göttinger Orientforschungen – Iranica 13) Wiesbaden 2015, 101–128.
Jacobs 2017 = B. Jacobs, Personalisierung politischer Agentien. Eine herodoteische Erzähltechnik und ihre Konsequenz für die Interpretation persischer Reichspolitik, in: R. Rollinger (Hrsg.), Die Sicht auf die Welt zwischen Ost und West (750 v. Chr.–550 v. Chr.) (CLeO 12), Wiesbaden 2017, 143–156.
Jacobs/Rollinger 2010 = B. Jacobs, R. Rollinger, Der Achämenidenhof (CLeO 2), Wiesbaden 2010.
Jacoby 1913 = F. Jacoby, Herodot, RE Suppl. 2 (1913), 205–520.
Jung 2006 = M. Jung, Marathon und Plataiai: Zwei Perserschlachten als „lieux de mémoire" im antiken Griechenland (Hypomnemata, Untersuchungen zur Antike und zu ihrem Nachleben, Band 164), Göttingen 2006.
Jursa 2010 = M. Jursa, Aspects of the Economic History of Babylonia in the First Millennium B.C. Economic Geography, Economic Mentalities, Agriculture, the Use of Money and the Problem of Economic Growth (AOAT 377), Münster 2010.

Kaldma 2016 = P.-H. Kaldma, The Dynamics of Political Power in Archaic Athens, in: T. R. Kämmerer, M. Kõiv, V. Sazonov (Hrsg.), Kings, Gods and People. Establishing Monarchies in the Ancient World (AOAT 390/4), Münster 2016, 355–385.
Keaveney 1988 = A. Keaveney, The Attack on Naxos: A ‚Forgotten Cause' of the Ionian Revolt, in: CQ 38 (1988), 76–81.
Keraveney 1995 = A. Keaveney, The Medisers of Thessaly, Eranos 93 (1995), 30–38.
Keaveney 2003 = A. Keaveney, The Life and Journey of the Athenian Statesman Themistocles (524–460 B.C.?) as a Refugee in Persia, Lampeter 2003.
Keavenay 2011 = A. Keaveney, The Persian Invasion of Greece, Barnsley 2011.
Kees 1952 = H. Kees, Dreißigjahrfest, in H. Bonnet (Hrsg.), Reallexikon der ägyptischen Religionsgeschichte, Berlin 1952, 158–160.
Kehne 2002 = P. Kehne, Zur Logistik des Xerxesfeldzuges 480 v. Chr., in: E. Olshausen (Hrsg.), Zu Wasser und zu Land. Verkehrswege in der antiken Welt (Stuttgarter Kolloquium zur Historischen Geographie des Altertums 7), Stuttgart 2002, 29–47.
Kelly 2003 = T. Kelly, Persian Propaganda – A Neglected Factor in Xerxes' Invasion of Greece and Herodotus, IA 38 (2003), 173–219.
Kienast 1995 = D. Kienast, Die Politisierung des griechischen Nationalbewußtseins und die Rolle Delphis im großen Perserkrieg, in: C. Schubert, K. Brodersen (Hrsg.), Rom und der griechische Osten. Festschrift für Hatto H. Schmitt zum 65. Geburtstag, Stuttgart 1995, 117–133.
Kienast 1996 = D. Kienast, Der Wagen des Ahura Mazda und der Aufmarsch des Xerxes, Chiron 26 (1996), 285–313.
Kienast 2002 = D. Kienast, Bemerkungen zum Ionischen Aufstand und zur Rolle des Artaphernes, Historia 51 (2002), 1–31.

Kiechle 1963 = F. Kiechle, Ursprung und Wirkung der machtpolitischen Theorien im Geschichtswerk des Thukydides, Gymnasium 70 (1963), 289–312.

Kiechl (in Vorb.) = D. H. Kiechl, Herodots Erzählung von Adrastos und Atys in ihrer Abhängigkeit von Antiphons zweiter Tetralogie, in: J. Degen, H. Klinkott, R. Rollinger, K. Ruffing, B. Truschnegg (Hrsg.), Contextualizing Herodotus, Wiesbaden, in Vorb.

Klinkott 2005 = H. Klinkott, Der Satrap. Ein achaimenidischer Amtsträger und seine Handlungsspielräume (Oikumene. Studien zur antiken Weltgeschichte 1), Frankfurt a. M. 2005.

Klinkott 2007 = H. Klinkott, Steuern, Zölle und Tribute im Achaimenidenreich, in: H. Klinkott, S. Kubisch, R. Müller-Wollermann (Hrsg.), Geschenke und Steuern, Zölle und Tribute. Antike Abgabenformen in Anspruch und Wirklichkeit (CHANE 29), Leiden 2007, 263–290.

Klinkott 2008 = H. Klinkott, Zum persischen Adel im Achaimenidenreich, in: H. Beck, P. Scholz, U. Walter (Hrsg.), Die Macht der Wenigen. Aristokratische Herrschaftspraxis, Kommunikation und ‚edler' Lebensstil in Antike und Früher Neuzeit (HZ Beih. 47), München 2008, 207–252.

Klinkott 2015 = H. Klinkott, Die Tempel und ihr Land im achaimenidischen Kleinasien, in: E. Winter, K. Zimmermann (Hrsg.), Zwischen Satrapen und Dynasten. Kleinasien im 4. Jahrhundert v. Chr. (AMS 76), Bonn 2015, 147–173.

Klinkott 2016 = H. Klinkott, „Dem König Erde und Wasser bringen" – Persisches Unterwerfungsritual oder herodoteisches Konstrukt?, in: A. Luther, H. Börm (Hrsg.), Diwan. Untersuchungen zu Geschichte und Kultur des Nahen Ostens und des östlichen Mittelmeerraums im Altertum (Festschrift für Josef Wiesehöfer), Duisburg 2016, 133–182.

Klinkott/Kramer 2017 = H. Klinkott, N. Kramer, Zwischen Assur und Athen. Altorientalisches in den Historien Herodots (SpielRäume der Antike 4), Stuttgart 2017, 13–42.

Klinkott 2017 = H. Klinkott, Xerxes und der Kopf des Leonidas. Handlungszwänge und Rollenverständnis eines persischen Großkönigs, in: H. Klinkott, N. Kramer (Hrsg.), Zwischen Assur und Athen. Altorientalisches in den Historien Herodots (SpielRäume der Antike 4), Stuttgart 2017, 67–81.

Klinkott 2019 = H. Klinkott, Heiligtum und Herrschaft. Zum Verhältnis von Lokalheiligtümern und Rechtsverwaltung am Beispiel der Satrapieneinteilung Babyloniens, in: R. Achenbach (Hrsg.), Persische Reichspolitik und lokale Heiligtümer Beiträge einer Tagung des Exzellenzclusters „Religion und Politik in Vormoderne und Moderne" vom 24.–26. Februar 2016 in Münster (BZAR 25), Wiesbaden 2019, 121–146.

Klinkott 2019a = H. Klinkott, Die Panik von Gaugamela, Gymnasium 126 (2019), 513–530.

Klinkott 2020 = H. Klinkott, Victor without Victory? The Lack of Battle Descriptions in the Achaemenid Empire, in: J. Luggin, S. Fink (Hrsg.), Battle Descriptions as Literary Texts, Wiesbaden 2020, 47–59.

Klinkott 2021 = H. Klinkott, Der Großkönig und das Meer. Achaimenidisches Reichsverständnis in einem neuen Weltbild, in: H. Klinkott, A. Luther, J. Wiesehöfer (Hrsg.). Studien zur Geschichte und Kultur des alten Iran und seiner Nachbarn Festschrift für Rüdiger Schmitt zum 80. Geburtstag, Stuttgart 2021, 111–136.

Klinkott (in Vorb.) = H. Klinkott, The Siege of Cities. Transfer of Poliorcetics from Mesopotamia to Greece?, in: I. Madreiter, R. Rollinger, M. Lang, C. Pappi (Hrsg.), The Intellectual Heritage of the Ancient Near East: Papers held at the 64th Recontre Assyriologique Internationale and the 12th Melammu Symposium, University of Innsbruck, July 16–20, 2018, Austrian Academy of Sciences Press, Wien, in Vorb.

Klotz 2015 = D. Klotz, Darius I and the Sabaeans: Ancient Partners in Red Sea Navigation, JNES 74 (2015), 267–280.

Knauß 2005 = F. Knauß, Caucasus, in: P. Briant, R. Bourchalat (Hrsg.), L'archéologie de l'empire achéménide: nouvelles recherches. Actes du colloque organisé au Collège de

France par le Réseau international d'études et de recherches achéménides, 21-22 Novembre 2003 (Persika 6), Paris 2005, 197-210.
Koch 1992 = H. Koch, Es kündet Dareios der König ... Vom Leben im persischen Großreich (Kulturgeschichte der antiken Welt 55), Mainz 1992.
Köhnken 1988 = A. Köhnken, Der dritte Traum des Xerxes bei Herodot, Hermes 116 (1988), 24-40.
Kolb 1977 = F. Kolb, Die Bau-, Religions- und Kulturpolitik der Peisistratiden, JDAI 92 (1977), 99-138.
Konijnendijk 2016 = R. Konijnendijk, Mardonius' Senseless Greeks?, CQ 66 (2016), 1-12.
Konstan 1987 = D. Konstan, Persians, Greeks and Empire, in: D. Boedeker, J. Peradotto (Hrsg.), Herodotus and the Invention of History (Arethusa 20), Buffalo 1987, 59-73.
Konstan 1992 = D. Konstan, Rez. v. „Politics and Belief in Herodotus" by Binyamin Shimron; „Hérodote et les peuples non grecs" by Giuseppe Nenci, Olivier Reverdin; „Herodotus Explorer of the Past: Three Essays" by J. A. S. Evans, in: Phoenix 46 (1992), 174-178.
Kraft 1964 = K. Kraft, Bemerkungen zu den Perserkriegen, Hermes 92 (1964), 144-171.
Kramer 2004 = N. Kramer, Athen: Keine Stadt des Großkönigs!, Hermes 132 (2004), 257-270.
Kramer 2017 = N. Kramer, Herkunft, Transformation und Funktion orientalischer Kriegsmotive bei Herodot, in: H. Klinkott, N. Kramer (Hrsg.), Zwischen Assur und Athen. Altorientalisches in den Historien Herodots (SpielRäume der Antike 4), Stuttgart 2017, 83-104.
Krewet 2017 = M. Krewet, Vernunft und Religion bei Herodot (Studien zu Literatur und Erkenntnis 8), Heidelberg 2017.
Krikona 2018 = E. Krikona, Commemorating the Power of Democracy. The Constructed Athenian Collective Memory of the Persian Wars through the Eyes of Aeschylus, Akropolis 2 (2018), 85-104.
Kuhrt 1988 = A. Kuhrt, Earth and Water, in: A. Kuhrt, H. Sancisi-Weerdenburg (Hrsg.), Method and Theory (Achaemenid History III), Leiden 1988, 87-99.
Kuhrt 2007 = A. Kuhrt, The Persian Empire. A Corpus of Sources from the Achaemenid Period, 2 Vol., London 2007.

Lanfranchi 2010 = G. B. Lanfranchi, Greek Historians and the Memory of the Assyrian Court, in: B. Jacobs, R. Rollinger (Hrsg.), Der Achämenidenhof (CLeO 2), Wiesbaden 2010, 39-65.
Lang/Rollinger 2010 = M. Lang, R. Rollinger, Im Herzen der Meere und in der Mitte des Meeres – das Buch Ezechiel und die in assyrischer Zeit fassbaren Vorstellungen von den Grenzen der Welt, in: R. Rollinger, B. Gufler, M. Lang, I. Madreiter (Hrsg.), Interkulturalität in der Alten Welt: Vorderasien, Hellas, Ägypten und die vielfältigen Ebenen des Kontakts (Philippika 34); Wiesbaden 2010, 207-264.
Lang 1924 = G. Lang, Aischylos – Die Perser, München 1924.
Lange 1944 = G. Lange, Aischylos, Die Perser, München 1944.
Langlotz 1951 = E. Langlotz, Die Larisa des Telephanes, MusHelv. 8 (1951), 157-170.
Latacz 1984 = J. Latacz, Funktionen des Traums in der antiken Literatur, in: Th. Wagner-Simon, G. Benedetti (Hrsg.), Traum und Träumen. Traumanalysen in Wissenschaft, Religion und Kunst Göttingen 1984, 10-31.
Lazenby 1993 = J. F. Lazenby, The Defence of Greece: 490-479 B.C., Warminster 1993.
Lee 2007 = J. W. I. Lee, A Greek Army on the March, Cambridge 2007.
Lehmann 1968 = G. A. Lehmann, Bemerkungen zur Themistokles-Inschrift von Troizen, Historia 17 (1968), 276-288.
Lemaire 1991 = A. Lemaire, Recherches d'épigraphie araméenne en Asie Mineur et en Égypte et le problème de l'acculturation, in: A. Kuhrt, H. Sancisi-Weerdenburg (Hrsg.), Asia Minor and Egypt. Old Cultures in a New Empire (Achaemenid History VI), Leiden 1991, 199-206.

Lenardon 1959 = J. Lenardon, The Chronology of Themistokles' Ostracism and Exile, Historia 8 (1959), 23–48.
Lendle 1995 = O. Lendle, Kommentar zu Xenophons Anabasis (Bücher 1–7), Darmstadt 1995.
Lenfant 2009 = D. Lenfant, Les Histoires perses de Deinon et d'Héraclide, Fragments édités, traduits et commentés, Paris 2009.
Lenschau 1935 = T. Lenschau, Leotychidas (2), RE XII (Stuttgart 1935), 2063 f.
Lewis 1985 = D. Lewis, Persians in Herodotus, in: M. Jameson (Hrsg.), The Greek Historians. Literature and History. Papers presented to A.E. Raubitschek, Saratoga (CA) 1985, 101–117.
Lewis 1987 = D. W. Lewis, The King's Dinner (Polyaenus IV.3.32), in: H. Sancisi-Weerdenburg, A. Kuhrt (Hrsg.), Achaemenid History II. The Greek Sources, Leiden 1987, 79–87.
Lewis 1998 = S. Lewis, Who is Pythios the Lydian?, Histos 2 (1998), 185–191.
Lichtheim 1980 = E. Lichtheim, Ancient Egyptian Literature III, London 1980.
Lincoln 2012 = B. Lincoln, ‚Happiness for Mankind' – Achaemenian Religion and the Imperial Project (Acta Iranica 53), Leuven 2012.
Link 2000 = S. Link, Das Paros-Abenteuer des Miltiades, Klio 82 (2000), 40–53.
Llewellyn-Jones 2012 = L. Llewellyn-Jones, The great Kings of the Fourth Century and the Greek Memory of the Persian Past, in: J. Marincola, L. Llewellyn-Jones, C. Maciver (Hrsg.), Greek Notions of the Past in the Archaic and Classical Eras, Edinburgh 2012, 317–346.
Llewellyn-Jones 2013 = L. Llewellyn-Jones, King and Court in Ancient Persia 559 to 331 B.C.E., Edinburgh 2013.
Llewellyn-Jones 2015 = L. Llewellyn-Jones, ‚That My Body is Strong': The Physique and Appearance of the Achaemenid Monarch, in: F. Wascheck, H. A. Shapiro (Hrsg.), Fluide Körper – Bodies in Transition, Kön 2015, 211–248.
Llewellyn-Jones 2017 = L. Llewellyn-Jones, ‚Open Sesame!' Orientalist Fantasy and the Persian Court in Greek Art 430–330 B.C.E., in: R. Strootman, M. J. Versluys (Hrsg.), Persianism in Antiquity (Oriens et Occidens 25), Stuttgart 2017, 69–86.
Löffler 2008 = H. Löffler, Fehlentscheidungen bei Herodot (Classica Monacensia. Münchener Studien zur Klassischen Philologie), Tübingen 2008.
Lotze 1970 = D. Lotze, Selbstbewußtsein und Machtpolitik. Bemerkungen zur machtpolitischen Interpretation spartanischen Verhaltens in den Jahren 479–477 v. Chr., Klio 52 (1970), 255–275.
Lougovaya-Ast 2017 = J. Lougovaya-Ast, Das Reiterrelief des Dareios und Herodots Umgang mit Inschriften, in: H. Klinkott, N. Kramer (Hrsg.), Zwischen Assur und Athen. Altorientalisches in den Historien Herodots (SpielRäume der Antike 4), Stuttgart 20017, 105–121.
Luhmann 2018 = N. Luhmann, Die Gesellschaft der Gesellschaft, Frankfurt a. M. 2018[10].
Luraghi 2001 = N. Luraghi, Local Knowledge in Herodotus' Histories, in: N. Luraghi (Hrsg.), The Historian's Craft in the Age of Herodotus, Oxford 2001, 138–160.
Luraghi 2006 = N. Luraghi, Meta-historie: Method and Genre in the Histories, in: C. Dewald, J. Marincola (Hrsg.), The Cambdridge Companion to Herodotus, Cambridge 2006, 76–91.
Luther 2004 = A. Luther, Könige und Ephoren. Untersuchungen zur spartanischen Verfassungsgeschichte, Frankfurt a. M. 2004.
Luther 2006 = A. Luther, Die Mobilmachung des spartanischen Landheeres im 5. und 4. Jh. und das Problem der Nominierung der Könige zu Feldherren, Electrum 11 (2006), 9–26.
Luther 2007 = A. Luther, Die verspätete Ankunft des spartanischen Heeres bei Marathon (490 v. Chr.), in: R. Rollinger, A. Luther, J. Wiesehöfer (Hrsg.), Getrennte Wege? Kommunikation, Raum und Wahrnehmung in der Alten Welt (Oikumene 2), Frankfurt 2007, 381–403.

Literaturverzeichnis

Macan 1908 = R. W. Macan, Herodotus in the Seventh, Eighth, & Ninth Books with Introduction, Text, Apparatus, Commentary, Appendices, Indices, Maps. Vol. I, Part 2: Text and Commentaries, London 1908.
Mahlich 2020 = E. Mahlich, Der Kanalbau unter Dareios I. Ein achämenidisches Bauprojekt in Ägypten, Berlin 2020.
Malkin 2011 = I. Malkin, A Small Greek World, Oxford 2011.
Marincola 1987 = J. Marincola, Herodotean Narrative and the Narrator's Presence, in: D. Boedeker, J. Peradotto (Hrsg.), Herodotus and the Invention of History (Arethusa 20), Buffalo 1987, 121–138.
Matarese 2021 = C. Matarese, Deportationen im Perserreich in teispidisch-achaimenidischer Zeit (CLeO 27), Wiesbaden 2021.
Mathéus (in Vorb.) = P. Mathéus, Herodotus the Ironist: Ancient Traces, Modern Theories, in: J. Degen, H. Klinkott, R. Rollinger, K. Ruffing, B. Truschnegg (Hrsg.), Contextualizing Herodotus, Wiesbaden, in Vorb.
Maul 2003 = S. Maul, Omina und Orakel. A. Mesopotamien, Reallexikon der Assyriologie und Vorderasiatischen Archäologie 10 (2003), 45–88.
Meier 1987 = C. Meier, Historical Answers to Historical Questions: The Origins of History in Ancient Greece, in: D. Boedeker, J. Peradotto (Hrsg.), Herodotus and the Invention of History (Arethusa 20), Buffalo 1987, 41–57.
Meier 1998 = C. Meier, Athen. Ein Neubeginn der Weltgeschichte, Berlin 2012.
Meier 1999 = M. Meier, Kleomenes I., Damaratos und das spartanische Ephorat, Göttinger Forum für Altertumswissenschaft 2 (1999), 89–108.
Meier 2004 = M. Meier, Die Deiokes-Episode im Werk Herodots – Überlegungen zu den Entstehungsbedingungen griechischer Geschichtsschreibung, in: M. Meier, B. Patzek, U. Walter, J. Wiesehöfer (Hrsg.), Deiokes, König der Meder. Eine Herodot-Episode in ihren Kontexten (Oriens et Occiens 7), Stuttgart 2004, 27–51.
Meier 2005 = M. Meier, „Die größte Erschütterung für die Griechen". Krieg und Naturkatastrophen im Geschichtswerk des Thukydides, Klio 87 (2005), 329–345.
Meier 2010 = M. Meier, Die Thermopylen – „Wanderer, kommst du nach Spa(rta)", in: E. Stein-Hölkeskamp, K.-J. Hölkeskamp (Hrsg.), Erinnerungsorte der Antike. Die griechische Welt, München 2010, 98–113.
Meiggs 1982 = R. Meiggs, Trees and Timber in the Ancient Mediterranean World, Oxford 1982.
Meister 1970 = K. Meister, Das persisch-karthagische Bündnis von 481 v. Chr. (Bengtson, Staatsverträge II, Nr. 129), Historia 19 (1970), 607–612.
Meister 1978 = K. Meister, Stesimbrotos' Schrift über die athenischen Staatsmänner und ihre historische Bedeutung (FGrHist 107 F 1–11), Historia 27 (1978), 274–294.
Metzler 1975 = D. Metzler, Wandteppiche mit Bildern der Perserkriege im Achaimenidenpalast zu Babylon, Mitteilungen des Deutschen Archäologischen Verbandes 6 (1975), 37–38.
Meyer 1954 = E. Meyer, Pausanias, Beschreibung Griechenlands, Zürich 1954.
Meyer-Zwiffelhoffer 2007 = E. Meyer-Zwiffelhoffer, Orientalismus? Die Rolle des Alten Orients in der deutschen Altertumswissenschaft und Altertumsgeschichte des 19. Jahrhunderts (ca. 1785–1919), in: A. Luther, R. Rollinger, J. Wiesehöfer (Hrsg.), Getrennte Wege? Kommunikation, Raum und Wahrnehmung in der Alten Welt (Oikumene 2), Frankfurt 2007, 501–594.
Miller 2006/07 = M. Miller, Persians in the Greek Imagination, Mediterranean Archaeology 19/20 (2006/07), 109–123.
Mitchell 2015 = C. Mitchell, The Testament of Darius (DNa/DNb) and Constructions of Kings and Kingship in 1–2 Chronicles, in: J. M. Silverman, C. Waerzeggers (Hrsg.), Political Memory in and after the Persian Empire, Atlanta 2015, 363–380.

Momigliano 1934 = A. Momigliano, Filippo il Macedone. Saggio sulla storia greca del IV secolo a. C., Firenze 1934.

Monynihan 1980 = E. Moynihan, Paradise As a Garden: In Persia and Mughal India (World Landscape Art and Architecture Series), London 1980.

Moreno 2007 = A. Moreno, Feeding the Democracy: The Athenian Grain Supply in the Fifth and Fourth Centuries B.C., Oxford 2007.

Mosley 1973 = D. J. Mosley, Envoys and Diplomacy in Ancient Greece (Historia ES 22), Wiesbaden 1973.

Müdler 1913 = D. Müdler, Die Demaratosschrift des Dikaios, Klio 13 (1913), 39–69.

Müller 1994 = D. Müller, Von Kritalla nach Doriskos: Die Königsstraße und der Marschweg des Xerxesheeres in Kleinasien, IstMit. 44 (1994), 17–38.

Müller 2016 = S. Müller, Die Perser und das Meer. Eine Analyse der Inschriften der frühen Perserkönige, in: E. Baltrusch, H. Kopp, C. Wendt (Hrsg.), Seemacht, Seeherrschaft und die Antike (Historia ES 244), Stuttgart 2016, 219–231.

Müller 2016a = S. Müller, Die Aergeade. Geschichte Makedoniens bis zum Zeitalter Alexanders des Großen, Paderborn 2016.

Müller 2019 = S. Müller, Das Perserreich in europäischen Lexika der Neuzeit, in: R. Rollinger, K. Ruffing, L. Thomas (Hrsg.), Das Weltreich der Perser (CLeO 23), Wiesbaden 2019, 305–324.

Müller 2020 = S. Müller, Bessos (Artaxerxes V), in: W. Heckel, J. Heinrichs, S. Müller, F. Pownall (Hrsg.), Lexicon of Argead Macedonia, Berlin 2020, 141–144.

Munson 2001 = R. V. Munson, Telling Wonders. Ethnographic and Political Discourses in the Work of Herodotus, Ann Arbor 2001.

Murray 1987 = O. Murray, Herodotus and Oral History, in: H. Sancisi-Weerdenburg, A. Kuhrt (Hrsg.), The Greek Sources (Achaemenid History II), Leiden 1987, 93–115.

Muth 2008 = S. Muth, Gewalt im Bild, Berlin, New York 2008.

Myres 1953 = J. L. Myres, Herodotus. Father of History, Oxford 1953.

Nagel 2018 = A. Nagel, Painter's Workshops in the Ancient Near east. A Reassessment, in: S. Gondet, E. Haerinch (Hrsg.), L'Orient est son jardin. Hommage à Rémy Boucharlat (Acta Iranica 58), Leuven/Paris/Bristol 2018, 379–388.

Nesselrath 2022 = H.-G. Nesselrath, Das Orakel von Delphi bei Herodot, in: B. Bäbler, H.-G. Nesselrath (Hrsg.), Delphi. Apollons Orakel in der Welt der Antike, Tübingen 2021, 353–375.

Nicolet-Pierre 1992 = H. Nicolet-Pierre, Xerxès et le trésor de l'Athos (IG CH 362), Revue Numismatique 34 (1992), 7–22.

Nieling/Rehm 2010 = J. Nieling, E. Rehm, Achaemenid Impact in the Black Sea. Communication of Powers (BSS 11), Aarhus 2010.

Niemeyer 2016 = W.-D. Niemeyer, Das Orakelheiligtum des Apollon von Abai/Kalapodi, Wiesbaden 2016.

Niese 1901 = B. Niese, Demaratos (1), RE IV.2 (1901), 2029–2030.

Nollé 2003 = J. Nollé, Münzen und Alte Geschichte – Neues von Themistokles!, Antike Welt 2 (2003), 189–198.

Nunn 2018 = A. Nunn, Iconographie royale au Levant achéménide, in: S. Gondet, E. Haerinch (Hrsg.), L'Orient est son jardin. Hommage à Rémy Boucharlat (Acta Iranica 58), Leuven/Paris/Bristol 2018, 389–402.

Obst 1930 = E. Obst, Mardonios, RE XIV.2 (1930), 1654–1658.

Oeken 2019 = B. Oeken, Das antike Perserreich zur Zeit der Achaimeniden in deutschen und italienischen Schulbüchern im 20./21. Jahrhundert, in: R. Rollinger, K. Ruffing, L. Tho-

mas (Hrsg.), Das Weltreich der Perser. Rezeption – Aneignung – Verargumentierung (CLeO 23), Wiesbaden 2019, 345–378.
Olbrycht 2010 = M. Olbrycht, Macedonia and Persia, in: J. Roisman, I. Worthington (Hrsg.), A Companion to Ancient Macedonia, Oxford 2010, 342–369.
O'Neil 1981 = J. L. O'Neil, The Exile of Themistokles and Democracy on the Peloponnese, CQ 31 (1981), 335–346.
Oppen 2022 = S. Oppen, Comparing laments for the fallen city in the ancient Near Eastern and Greek traditions, in: R. Mattila, S. Fink, S. Ito (Hrsg.), Evidence Combined. Western and Eastern Sources in Dialogue (Melammu Symposia 11, SÖAW 920), Wien 2022, 423–446.

Panaino 2019 = A. Panaino, The „Persian Empire" in Hegel's *Vorlesungen über die Philosophie der Weltgeschichte*, in: R. Rollinger, K. Ruffing, L. Thomas (Hrsg.), Das Weltreich der Perser. Rezeption – Aneignung – Verargumentierung (CLeO 23), Wiesbaden 2019, 379–402.
Parke 1945 = H. W. Parke, The Deposing of Spartan Kings, CQ 39 (1045), 106–112.
Parke/Wormell 1956 = H. W. Parke, D. E. W. Wormell, The Delphic Oracle. Vol. I: The History, Oxford 1956.
Parker 1996 = V. Parker, Vom König zum Tyrannen. Eine Betrachtung zur Entstehung der älteren griechischen Tyrannis, Tyche 11 (1996), 165–186.
Pelling 2011 = C. Pelling, Herodotus and Samos, Bulletin of the Institute of Classical Studies of the University of London 54 (2011), 1–18.
Pfeiffer 2014 = S. Pfeiffer, Alexander der Große in Ägypten: Überlegungen zur Frage seiner pharaonischen Legitimation, in: V. Grieb, K. Nawotka, A. Wojciechowska (Hrsg.), Alexander the Great and Egypt. History, Art, Tradition (Philippika 74), Wiesbaden 2014, 89–106.
Piras 2011 = A. Piras, Serse e la flagellazione dell'Ellesponto. Ideologia avestica e conquista territoriale achemenide, Studi Iranici Ravennati 1 (2011), 111–138.
Podlecki 1976 = A. J. Podlecki, Athens and Aigina, in: Historia 25 (1976), 396–414.
Pope/Ackerman 1938 = A. U. Pope, P. Ackerman, A Survey of Persian Art from Prehistoric Times to the Present. Vol. IV, London/New York 1938.
Ponchia 2022 = S. Ponchia, Legitimation of War and Warriors in Literary Texts, in: R. Mattila, S. Fink, S. Ito (Hrsg.), Evidence Combined. Western and Eastern Sources in Dialogue (Melammu Symposia 11, SÖAW 920), Wien 2022, 157–176.
Pongratz-Leisten 1997 = B. Pongratz-Leisten, Das „negative Sündenbekenntnis" des Königs anlässlich des babylonischen Neujahrfestes und die Kidinnūtu von Babylon, in: J. Assmann, Th. Sundermeier (Hrsg.), Schuld, Gewissen und Person (Studien zum Verstehen fremder Religionen 9), Gütersloh 1997, 83–101.
Pongratz-Leisten 2012 = B. Pongratz-Leisten, Melammu, The Encyclopaedia of Ancient History (2012), 4419.
Pongratz-Leisten 2018 = B. Pongratz-Leisten, „Ich bin ein Babylonier": The Political-Religious Message oft he Cyrus Cylinder, in: M. R. Shayegan (Hrsg.), Cyrus the Great. Life and Lore, Cambridge (MA)/London 2018, 92–105.
Posener 1936 = G. Posener, La Première Domination Perse en Égypte. Recueil d'inscriptions hiéroglyphiques Kairo 1936.
Potts 2014 = D. T. Potts, Sailing to Pasargadae, in: T. Darayaee, A. Mousavi, K. Rezakhnai (Hrsg.), Excavating an Empire. Achaemenid Persia in Longue Durée, Costa Mesa 2014, 133–145.
Prandi 1988 = L. Prandi, Platea: momenti e problemi della storia di una polis, Padova 1988.
Pritchett 1961 = W. K. Pritchett, Xerxes' Route over Mount Olympos, AJA 65 (1961), 369–375.
Pritchett 1975 = W. K. Pritchett, Dionysius of Halicarnassus: On Thucydides, Berkeley/Los Angeles/London 1975.

Pritchett 1991 = W. K. Pritchett, The Greek State at War. Vol. 5, Berkeley/Los Angeles/London 1991.
Pritchett 1993 = W. K. Pritchett, The Liar School of Herodotos, Amsterdam 1993.

Quack 2006 = J. F. Quack, Inaros, Held von Athribis, in: R. Rollinger, B. Truschnegg (Hrsg.), Altertum und Mittelmeerraum: Die antike Welt diesseits und jenseits der Levante. Festschrift für Peter W. Haider zum 60. Geburtstag (Oriens et Occidens 12), Stuttgart 2006, S. 499–506.

Raaflaub 1987 = K. Raaflaub, Herodotus, Political Thought, and the Meaning of History, in: D. Boedeker, J. Peradotto (Hrsg.), Herodotus and the Invention of History (Arethusa 20), Buffalo 1987, 221–248.
Radt 2004 = S. Radt, Strabons Geographika Band 3. Buch IX–XIII, Text und Übersetzung, Göttingen 2004.
Rhodes 2018 = P. J. Rhodes, Herodotus and Democracy, in: T. Harrison, E. Irwin (Hrsg.), Interpreting Herodotus. Essays after Charles Fornara, Oxford 2018, 265–277.
Rocchi 1980 = M. Rocchi, La ritualizzazione del passagio di Serse in Grecia. Appunti per una lettura erodotea, Cultura e Scuola 74 (1980), 100–105.
Roettig 2010 = K. Roettig, Die Träume des Xerxes, Zum Handeln der Götter bei Herodot (Studia Classica et Mediaevalia 2), Nordhausen 2010.
Rollinger 2000 = R. Rollinger, Herodotus and the Intellectual Heritage of the Ancient Near East, in: S. Aro, R. M. Whiting (Hrsg.), The Heirs of Assyria. Melammu Symposia 1, The Proceedings of the Opening Symposion of the Assyrian and Babylonian Intellectual Heritage Project held in Tvärminne, Finland October 7–11, 1998, Helsinki 2000, 65–83.
Rollinger 2001 = R. Rollinger, The Ancient Greeks and the Impact of the Ancient Near East: Textual Evidence and Historical Perspective (ca. 750–650 B.C.), in: R. M. Whiting (Hrsg.), Mythology and Mythologies: Methodological Approaches to Intercultural Influences, Helsinki 2001, 233–264.
Rollinger 2006 = R. Rollinger, The Eastern Mediterranean and Beyond. The Relations between the Worlds of the ‚Greek' and ‚Non-Greek' Civilizations, in: K. H. Kinzl (Hrsg.), A Companion to the Classical Greek World, Malden/MA, Oxford, Victoria 2006, 197–226.
Rollinger 2006/07 = R. Rollinger, Dareios, Sanherib, Nebukadnezar und Alexander der Große: die Organisation großköniglicher Projekte, deren Infrastruktur sowie der Einsatz fremder Arbeitskräfte (FS E. Kettenhofen), in: Iranistik 9/10 (2006/07), 147–169.
Rollinger 2010 = R. Rollinger, Extreme Gewalt und Strafgericht. Ktesias und Herodot als Zeugnisse für den Achaimenidenhof, in: B. Jacobs, R. Rollinger (Hrsg.), Der Achämenidenhof (CLeO 2), Wiesbaden 2010, 559–666.
Rollinger 2011 = R. Rollinger, Herrscherkult und Königsvergöttlichung bei Teispiden und Achaimeniden. Realität oder Fiktion?, in: L.-M. Günther, S. Plischke (Hrsg.), Studien zum vorhellenistischen und hellenistischen Herrscherkult (Oikumene. Studien zur antiken Weltgeschichte 9), Berlin 2011, 11–54.
Rollinger 2012 = R. Rollinger, Herodotus III. Defining the Persians, Enc.Ir. XII (2012), 257–260.
Rolinger 2012a = R. Rollinger, Herodotus VIII. Mardonius According to Herodotus, Enc.Ir. XII.3 (2012), 276–278.
Rollinger 2013 = R. Rollinger, Dareios und Xerxes an den Rändern der Welt, in: B. Dunsch, K. Ruffing (Hrsg.), Herodots Quellen – Die Quellen Herodots (CLeO 6), Wiesbaden 2013, 95–116.
Rollinger 2013a = R. Rollinger, Alexander und die großen Ströme. Die Flussüberquerungen im Lichte altorientalischer Pioniertechniken (Schwimmschläuche, Keleks und Pontonbrücken) (CLeO 7), Wiesbaden 2013.

Literaturverzeichnis

Rollinger 2014 = R. Rollinger, The View from East to West: World View and Perception of Space in the Neo-Assyrian Empire, in: N. Zenzen et al. (Hrsg.), Aneignung und Abgrenzung. Wechselnde Perspektiven auf die Antithese von ‚Ost' und ‚West' in der griechischen Antike, Heidelberg 2013, 93–161.

Rollinger 2014a = R. Rollinger, Das teispidisch-achaimenidische Großreich. Ein ‚Imperium' avant la lettre?, in: M. Gehler, R. Rollinger (Hrsg.), Imperien und Reiche in der Weltgeschichte, Teil 1: Imperien des Altertums, mittelalterliche und frühneuzeitliche Imperien, Wiesbaden 2014, 149–192.

Rollinger 2016 = R. Rollinger, The Battle of Arbela in 331 B.C.E., Disloyal „Orientals" and the alleged „Panic" in the Persian Army: From Neo-Assyrian Kings to Alexander III, in: S. Svärd, R. Rollinger (Hrsg.), Cross-cultural Studies in Near Eastern History and Literature, Münster 2016, 213–242.

Rollinger 2017 = R. Rollinger, Altorientalisches bei Herodot: Das wiehernde Pferd des Dareios I., in: H. Klinkott, N. Kramer (Hrsg.), Zwischen Assur und Athen. Altorientalisches in den Historien Herodots (SpielRäume der Antike 4), Stuttgart 2017, 13–42 (= R. Rollinger, Herodotus and the Transformation of Ancient Near Eastern Motifs. Darius I, Oebares, and the Neighing Horse, in: T. Harrison, E. Irwin (Hrsg.), Interpreting Herodotus, Oxford 2018, 125–148).

Rollinger 2017a = R. Rollinger, Universale Weltherrschaft und die Monumente an ihren Grenzen. Die Idee unbegrenzter Herrschaft und deren Brechung im diskursiven Wechselspiel (Vom Alten Orient bis zum Imperium Romanum), in: R. Rollinger (Hrsg.), Looking at the World, from the East and the West (750 B.C.E.–550 CE) (CLeO 12), Wiesbaden 2017, Teil A, 1–30.

Rollinger 2018 = R. Rollinger, Herodotus and the Transformation of Ancient Near Eastern Motifs. Darius I, Oebares, and the Neighing Horse, in: T. Harrison, E. Irwin (Hrsg.), Interpreting Herodotus, Oxford 2018, 125–148.

Rollinger 2020 = R. Rollinger, Somer Considerations on Empire and Mental Mapping. Conceptualizing the Ends of the World in the First Millennium B.C.E., in: M. Cammarosano, E. Devecchi, M. Viano (Hrsg.), Taluageš witteš. Ancient Near Eastern Studies Presented to Stefano de Martino on the Occasion of his 65th Birthday, Münster 2020, 383–398.

Rollinger 2022 = R. Rollinger, Kingship in the Achaemenid Empire, in: J. Spier, T. Potts, S. E. Cole (Hrsg.), Persia. Ancient Iran and the Classical World, Los Angeles 2022, 33–41.

Rollinger 2022a = R. Rollinger, Xerxes's Daiva Inscription: An Interpretation, in: J. Spier, T. Potts, S. E. Cole (Hrsg.), Persia. Ancient Iran and the Classical World, Los Angeles 2022, 87–88.

Rollinger (in Vorb.) = R. Rollinger, The Persian Empire and the outside world, in: K. Radner, N. Moeller, D. T. Potts (Hrsg.), The Oxford History of the Ancient Near East, Volume 5, Oxford 2022, in Vorb.

Rollinger (in Vorb., a) = R. Rollinger, How the Mediterranean became the Mediterranean. Some neglected pieces of evidence for the historical perspective (ca. 750–600 B.C.), in: G. R. Tseskhladze (Hrsg.), Greek Colonisation. An Account of Greek Colonies and Other Settlements Overseas III, Leiden/Boston, in Vorb.

Rollinger/Degen 2021 = R. Rollinger, J. Degen, Conceptualizing Universal Rulership: Considerations on the Persian Achaemenid Worldview and the Saka at the „End of the World", in: H. Klinkott, A. Luther, J. Wiesehöfer (Hrsg.), Beiträge zur Geschichte und Kultur des alten Iran und benachbarter Gebiete. Festschrift für Rüdiger Schmitt, Stuttgart 2021, 187–224.

Rollinger/Degen 2021a = R. Rollinger, J. Degen, The Establishment of the Achaemenid Empire: Darius I, Xerxes I, and Artaxerxes I, in: B. Jacobs, R. Rollinger (Hrsg), A Companion to the Achaemenid Persian Empire I, Hoboken 2021, 429–456.

Rollinger/Ruffing 2012 = R. Rollinger, K. Ruffing, „Panik" im Heer – Dareios III., die Schlacht von Gaugamela und die Mondfinsternis vom 20. September 331 v. Chr., Iranica Antiqua 47 (2012), 101–115.

Rookhuijzen 2020 = J. Z. Rookhuijzen, Herodotus and the Topography of Xerxes' Invasion. Place and Memory in Greece and Anatolia, Berlin/Boston 2020.

Root 1979 = M. C. Root, The King and Kingship in Achaemenid Art: Essays on the Creation of an Iconography of Empire (Acta Iranica 9), Leiden 1979.

Root 2015 = M. C. Root, Achaemenid Imperial Architecture: Performative Porticoes of Persepolis, in: S. Babaie, T. Grigor (Hrsg.), Persian Kingship and Architecture: Strategies of Power in Iran from the Achaemenids to the Pahlavis, London 2015, 1–63.

Rop 2017 = J. Rop, The Historical Context of the Reply to the Satraps Inscription (IG IV 556), JAH 5/2 (2017), 304–322.

Ruffing 2006 = K. Ruffing, Salamis – die größte Seeschlacht der Alten Welt, Grazer Beiträge 25 (2006), 1–32.

Ruffing 2010 = K. Ruffing, Die Indienbilder des Ktesias, in: J. Wiesehöfer, R. Rollinger, G. B. Lanfranchi (Hrsg.), Die Welt des Ktesias – Ctesias' World, Wiesbaden 2010 (CLeO 1), 351–366.

Ruffing 2013 = K. Ruffing, 300, in: B. Dunsch, K. Ruffing (Hrsg.), Herodots Quellen – die Quellen Herodots (CLeO 6), Wiesbaden 2013, 201–221.

Ruffing 2016 = K. Ruffing, Alloisi douleuein und der Rat des Artembares. Überlegungen zum Schlußkapitel in Herodots Historien, in: C. Binder, H. Börm, A. Luther (Hrsg.), Diwan. Untersuchungen zu Geschichte und Kultur des Nahen Ostens und des östlichen Mittelmeerraumes im Altertum. Festschrift für Josef Wiesehöfer zum 65. Geburtstag, Duisburg 2016, 183–203.

Ruffing 2016a = K. Ruffing, Reparationen, Tribut, Enteignung. Wirtschaftliche Folgen des Krieges am Beispiel des Delisch-Attischen Seebunds, in: L. Meier, O. Stoll (Hrsg.), Niederlagen und Kriegsfolgen – Vae Victis oder Vae Victoribus? Vom Alten Orient bis ins Europäische Mittelalter. Historische und Kulturhistorische Beiträge eines Passauer Workshops, 4. bis 6. Oktober 2015, Berlin, 29–45.

Ruffing 2018 = K. Ruffing, Gifts for Cyrus, Tribute for Darius, in: T. Harrison, E. Irwin (Hrsg.), Interpreting Herodotus, Oxford 2018, 149–161.

Ruffing 2020 = K. Ruffing, Plataea, 479 B.C., in: S. Fink, J. Luggin (Hrsg.), Battle Descriptions as Literary Texts, Wiesbaden 2020, 81–98.

Ruffing 2021 = K. Ruffing, Westwards Bound … The Achaemenid Empire and the Mediterranean, in: T. Darayee, R. Rollinger (Hrsg.), Iran and its Histories. From the Beginnings through the Achaemenid Empire. Proceedings of the First and Second Payravi Lectures on Ancient Iranian History, UC Irvine, March 23nd, 2018 & March 11th–12th, 2019 (CLeO 29), Wiesbaden 2021, 349–367.

Ruffing (in Vorb.) = K. Ruffing, Herodotus and Naval Power, in: J. Degen, H. Klinkott, R. Rollinger, K. Ruffing, B. Truschnegg (Hrsg.), Contextualizing Herodotus, Wiesbaden, in Vorb.

Rung 2015 = E. Rung, The End of the Lydian Kingdom and the Lydians after Croesus, in: J. M. Siverman, C. Waerzeggers (Hrsg.), Political Memory in and after the Persian Empire (SBL Ancient Near East Monographs 13), Atlanta 2015, 7–26.

Ruzicka 2012 = S. Ruzicka, Trouble in the West. Egypt and the Persian Empire 525–332 B.C., Oxford 2012.

Sacks 1976 = K. S. Sacks, Herodotus and the Dating of the Battle of Thermopylae, in: CQ 26 (1976), 232–248.

Saïd 1981 = S. Saïd, Darius et Xerxès dans les Perses d'Eschyle, Ktema 6 (1981), 17–38.

Literaturverzeichnis

Saïd 2012 = S. Saïd, Herodotus and the ‚Myth' of the Trojan War, in: E. Baragwanath, M. de Bakker (Hrsg.), Myth, Truth, and Narrative in Herodotus, Oxford 2012, 87–106.
Sanchez Mañas 2017 = C. Sanchez Mañas, Los óraculos en Heódoto. Tipología, estructura y función narrativa, Zaragoza 2017.
Sancisi-Weerdenburg 1980 = H. Sancisi-Weerdenburg, Yaunā en Persai. Grieken en Perzen in een ander Perspectief, Groningen 1980.
Sancisi-Weerdenburg 1983 = H. Sancisi-Weerdenburg, Exit Atossa: Images of Women in Greek Historiography on Persia, in: A. Cameron, A. Kuhrt (Hrsg.), Images of Women in Antiquity, London 1983, 20–33.
Sancisi-Weerdenburg 1987 = H. Sancisi-Weerdenburg, The Fifth Oriental Monarchy and Hellenocentrism, in: H. Sancisi-Weerdenburg, A. Kuhrt (Hrsg.). The Greek Sources (Achaemenid History II), Leiden 1987, 117–131.
Sancisi-Weerdenburg 1989 = H. Sancisi-Weerdenburg, The Personality of Xerxes, King of Kings, in: L. De Meyer, E. Haerinck (Hrsg.), Archaeologica Iranica et Orientalia: Miscellanea in honorem Louis Vanden Berghe, Gent 1989, 549–562 (= id., in: E. J. Bakker, I. de Jong, H. van Wees (Hrsg.), Brill's Companion to Herodotus, Leiden 2002, 579–590).
Sancisi-Weerdenburg 1989a = H. Sancisi-Weerdenburg, Gifts in the Persian Empire, in: P. Briant, C. Herrenschmidt (Hrsg.), Le Tribut dans l'Empire Perse. Actes de la Table ronde de Paris, 12–13 Décembre 1986, Paris/Louvain 1989, 129–146.
Sancisi-Weerdenburg 1994 = H. Sancisi-Weerdenburg, The Orality of Herodotus' *Medikos Logos*, or: The Median Empire Revisited, in: H. Sancisi-Weerdenburg, A. Kuhrt, M. C. Root (Hrsg.), Continuity and Change (Achaemenid History VIII), Leiden 1994, 39–55.
Sancisi-Weerdenburg 1998 = H. Sancisi-Weerdenburg, Bāji, in: M. Brosius, A. Kuhrt (Hrsg.), Studies in Persian History. Essays in Memory of David M. Lewis, Leiden 1998, 23–34.
Sancisi-Weerdenburg 2001 = H. Sancisi-Weerdenburg, Yaunā by the Sea and across the Sea, in: I. Malkin (Hrsg.), Ancient Perceptions of Greek Ethnicity, Cambridge (MA)/London 2001, 323–346.
Schäfer 2015 = C. Schäfer, Herodots Plataiai und die Schule der Lügner, in: S. Panzram et al. (Hrsg.), Menschen und Orte der Antike. Festschrift für Helmut Halfmann zum 65. Geburtstag, Rahden 2015, 1–18.
Schaudig 2001 = H.-P. Schaudig, Die Inschriften Nabonids von Babylon und Kyros' des Großen, samt den in ihrem Umfeld entstandenen Tendenzschriften. Textausgabe und Grammatik (AOAT 256), Münster 2001.
Schaudig 2018 = H.-P. Schaudig, The Magnanimous Heart of Cyrus: The Cyrus Cylinder and its Literary Models, in: M. R. Shayegan (Hrsg.), Cyrus the Great. Life and Lore, Cambridge (MA)/London 2018, 67–91.
Schieber 1982 = A. S. Schieber, Leotychidas in Thessaly, AC 51 (1982), 5–14.
Schmitt 1967 = R. Schmitt, Medisches und persisches Sprachgut bei Herodot, ZDMG 117 (1967), 119–145.
Schmitt 1977 = R. Schmitt, Königtum im Alten Iran, Saeculum 28 (1977), 384–395.
Schmitt 1999 = R. Schmitt, On Two Xerxes Inscriptions (Plates I, II), BSOAS 62 (1999), 323–325.
Schmitt 2000 = R. Schmitt, The Old-Persian Inscriptions of Naqsh-I Rustam and Persepolis (CII I.1.2), London 2000.
Schmitt 2009 = R. Schmitt, Die altpersischen Inschriften der Achaimeniden, Wiesbaden 2009.
Schmitt 2009a = R. Schmitt, Iranisches Personennamenbuch VII.1B: Iranische Personennamen in der neu- und spätbabylonischen Überlieferung (ÖAdW), Wien 2009.
Schmitt 2011 = R. Schmitt, Herodot und iranische Sprachen, in: R. Rollinger, B. Truschnegg, R. Bichler (Hrsg.), Herodot und das persische Weltreich (CLeO 3), Wiesbaden 2011, 313–341.

Schmitt 2012 = R. Schmitt, Greece XII. Persian Loanwords and Names in Greek, Enc.Ir. XI (2012), 357–360.
Schmitt 2012a = R. Schmitt, Mardonius (Nr. 2), Enc.Ir. Online (2012), http://www.iranicaonli ne.org/articles/mardonius [Zugriff: 05.08.2022].
Schmitt 2016 = R. Schmitt, Stilistik der altpersischen Inschriften. Versuch einer Annäherung (SB d. ÖAW, 875), Wien 2016.
Schmitt 2019 = R. Schmitt, Überlegungen zu zwei neuen altpersischen Inschriften (Phanagoreia, Naqš-i Rustam), Nartamongæ 14 (2019), 34–49.
Schrader 1985 = C. Schrader, Heródoto Historia: Libro VII Polimnia, Madrid 1985.
Schulz 2013 = F. Schulz, Xerxes, Agamemnon und Hektor, Fehlentscheidungen und Fähigkeit zur Einsicht, in: K. Geus, E. Irwin, T. Poiss (Hrsg.), Herodots Wege des Erzählens, Frankfurt a. M. 2013, 333–344.
Schulz 2017 = R. Schulz, Die Perserkriege, Berlin/Boston 2017.
Schumacher 1987 = L. Schumacher, Themistokles und Pausanias. Die Katastrophe der Sieger, Gymnasium 94 (1987), 218–246.
Schwab 2017 = A. Schwab, Achaimenidische Königsideologie in Herodots Erzählung über Xerxes, Hdt. 7, 8–11, in: H. Klinkott, N. Kramer (Hrsg.), Zwischen Assur und Athen. Altorientalisches in den Historien Herodots (SpielRäume der Antike 4), Stuttgart 2017, 163–195.
Schwab 2020 = A. Schwab, Fremde Religion in Herodots „Historien". Religiöse Mehrdimensionalität bei Persern und Ägyptern (Hermes ES 118), Stuttgart 2020.
Sealey 1976 = R. Sealey, The Pit and the Well: The Persian Heralds of 491 B.C., CJ 72 (1976), 13–20.
Seibert 1979 = J. Seibert, Die politischen Flüchtlinge und Verbannten in der griechischen Geschichte (2 Bde.), Darmstadt 1979.
Seipel 2001 = W. Seipel, 7000 Jahre persische Kunst. Meisterwerke aus dem Iranischen Nationalmuseum in Teheran, Katalog zur Ausstellung des Kunsthistorischen Museums Wien und des Iranischen Nationalmuseums in Teheran vom 22. November 2000 bis 25. März 2001, Wien 2001.
Shayegan 2006 = R. Shayegan, Bardiya and Gaumāta: An Achaemenid Enigma Reconsidered, Bulletin of the Asia Institute 20 (2006), 65–76.
Shayegan 2012 = R. Shayegan, Aspects of History and Epic in Ancient Iran: From Gaumāta to Wahnām, Washington 2012.
Shavarebi 2019 = E. Shavarebi, An Inscription of Darius I from Phanagoria (DFa): Preliminary Report of a Work in Progress, ARTA 2019, 1–15: http://www.achemenet.com/pdf/arta/ ARTA_2019_005_Shavarebi.pdf (letzter Zugriff: 18.08.2022).
Shepherd 2019 = W. Shepherd, The Persian War in Herodotus and Other Ancient Voices, Oxford 2019.
Shipley 1987 = G. Shipley, A History of Samos, 800–188 B.C., Oxford 1987.
Sotheby's 1991 = Sotheby's, The Ada Small Moore Collection of Ancient Near Eastern Seals. 12 December 1991, New York 1991.
Spier 2022 = J. Spier, Akinakes (Short Sword), in: J. Spier, T. Potts, S. E. Cole (Hrsg.), Persia. Ancient Iran and the Classical World, Los Angeles 2022, 92–95.
Spier 2022a = J. Spier, Seal with the Persian King Fighting a Greek Hoplite, in: J. Spier, T. Potts, S. E. Cole (Hrsg.), Persia. Ancient Iran and the Classical World, Los Angeles 2022, 112.
Spier 2022b = J. Spier, Cylinder Seal with a Persian Spearing a Fallen Greek Hoplite, in: J. Spier, T. Potts, S. E. Cole (Hrsg.), Persia. Ancient Iran and the Classical World, Los Angeles 2022, 113.
Sporn 2018 = K. Sporn, Ancient Phokis: Perspectives on the Study of its Settlements, Fortifications, and Sactuaries, AAIA Bulletin 14 (2018), 18–25.

Summerer 2005 = L. Summerer, Achämeniden am Schwarzen Meer: Bemerkungen zum spätarchaischen Marmorkopf aus Herakleia Pontike, ANES 42 (2005), 231–252.
Stephenson 2016 = P. Stephenson, The Serpent Column. A Cultural Biography, Oxford 2016.
Stepper 1998 = R. Stepper, Die Darstellung von Naturkatastrophen bei Herodot, in: E. Olshausen, H. Sonnabend (Hrsg.), Stuttgarter Kolloquium zur historischen Geographie des Altertums 6, 1996. Naturkatastrophen in der antiken Welt (Geographica Historica 10), Stuttgart 1998, 90–98.
Stickler 2015 = T. Stickler, Der persische Großkönig und die Griechen in klassischer Zeit: Kontinuitäten? Brüche? – Dominanz? Abhängigkeiten?, Phasis 18 (2015), 320–334.
Stopler 1985 = M. W. Stolper, Entrepreneurs and Empire. The Murašû Archive, the Murašû Firm, and Persian Rule in Babylonia (Pihans LIV), Istanbul 1985.
Stolper 1992 = M. W. Stolper, The Estate of Mardonius, Aula Orientalis 10 (1992), 211–221.
Stolper 2018 = M. W. Stolper, Atossa Re-enters: Cyrus' Other Daughter in Persepolis Fortification Texts, in: S. Gondet, E. Haerinck (Hrsg.), L'Orient est son Jardin. Hommage à Rémy Bourchalat, Leuven/Paris/Bristol 2018, 449–466.
Stoneman 2015 = R. Stoneman, Xerxes – A Persian Life, New Haven/London 2015.
Stoneman 2019 = R. Stoneman, The Persian Empire in Medieval and Early Modern Historiography, 1146–1618, in: R. Rollinger, K. Ruffing, L. Thomas (Hrsg.), Das Weltreich der Perser. Rezeption – Aneignung – Verargumentierung (CLeO 23), Wiesbaden 2019, 403–424.
Stoneman 2020 = R. Stoneman, Xanthus the Lydian, Aesop and Persian Storytelling, in: A. P. Dahlén (Hrsg.), Achaemenid Anatolia. Persian Presence and Impact in the Western satrapies 546–330 B.C. Proceedings of an International Symposium at the Swedish Research Institute in Istanbul, 7–8 September 2017 (BOREAS 37), Uppsala 2020, 249–162.
Stronk 2010 = J. P. Stronk, Ctesias' Persian History, Part I: Introduction, Text, and Translation, Düsseldorf 2010.

Thomas 1996 = R. Thomas, Rez. v. (H.) Erbse: Studien zum Verständnis Herodots. Berlin: De Gruyter, 1992. – (W. K.) Pritchett: The liar school of Herodotus. Amsterdam: Gieben, 1993. – (R.) Rollinger: Herodots babylonischer Logos: Eine kritische Untersuchung der Glaubwürdigkeitsdiskussion an Hand ausgewählter Beispiele. Innsbruck: Univ. Inst. für Sprachwissenschaft, 1993, JHS 116 (1996), 175–178.
Thomas 2012 = R. Thomas, Herodotus and Eastern Myths and Logoi: Deioces the Mede and Pythius the Lydian, in: E. Baragwanath, M. de Bakker (Hrsg.), Myth, Truth, and Narrative in Herodotus, Oxford 2012, 233–254.
Thommen 1996 = L. Thommen, Lakedaimon Politeia. Die Entstehung der spartanischen Verfassung (Historia ES 103), Stuttgart 1996.
Thomsen 1972 = R. Thomsen, The Origins of Ostracism. A Synthesis (Humanitas IV), Gyldendal 1972.
Trampedach 2006 = K. Trampedach, Die Tyrannis als Wunsch- und Schreckbild. Zur Grammatik der Rede über Gewaltherrschaft im Griechenland des 5. Jahrhunderts v. Chr., in: B. Seidensticker, M. Vöhler (Hrsg.), Gewalt und Ästhetik. Zur Gewalt und ihrer Darstellung in der griechischen Klassik, Berlin/New York 2006, 3–27.
Trampedach 2013 = K. Trampedach, Das Konzept der achämenidischen Monarchie nach den Primärquellen und nach den Historien des Herodot (gemeinsam mit Bruno Jacobs), in: N. Zenzen, T. Hölscher, K. Trampedach (Hrsg.), Aneignung und Abgrenzung. Wechselnde Perspektiven auf die Antithese von ‚Ost' und ‚West' in der griechischen Antike, Heidelberg 2013, 60–92.

Trampedach 2015 = K. Trampedach, Politische Mantik. Die Kommunikation über Götterzeichen und Orakel im klassischen Griechenland (Studien zu Alten Geschichte 21), Heidelberg 2015.

Trampedach 2019 = K. Trampedach, Der Gott verteidigt sein Heiligtum in Delphi (nicht), in: K. Freitag, M. Haake (Hrsg.), Griechische Heiligtümer als Handlungsorte. Zur Multifunktionalität supralokaler Heiligtümer von der frühen Archaik bis in die römische Kaiserzeit, Stuttgart 2019, 156–173.

Trampedach 2021 = K. Trampedach, Die Legitimität des delphischen Orakels, in: B. Bäbler, H.-G. Nesselrath (Hrsg.), Delphi. Apollons Orakel in der Welt der Antike, Tübingen 2021, 185–208.

Trendall/Cambitoglou 1982 = A. D. Trendall, A. Cambitoglou, The Red-Figured Vases of Apulia, Vol. II: Late Apulian, Oxford 1982.

Tripodi 1986 = B. Tripodi, La Macedonia, la Peonia, il caro sacro di Serses (Herodot. 8, 115–116), GIF 38/2 (1986), 243–251.

Tripodi 2007 = B. Tripodi, Aminta I, Alessandro I e gli hyparchoi in Erodoto, in: Institute for Balkan Studies (Hrsg.), Ancient Macedonia VII: Macedonia from the Iron Ages to the Death of Philip II. Papers read at the Seventh International Symposium held in Thessaloniki, October 14–18, 2002, Thessaloniki 2007, 75–86.

Tsakmakis 1995 = A. Tsakmakis, Das historische Werk des Stesimbrotos von Thasos, Historia 44 (1995), 129–152.

Tsetskhladze 2018 = G. R. Tsetskhladze, ‚The Most Marvellous of all the Seas'. The Great King and the Cimmerian Bosporus, in: P. Pavúk, V. Klontza-Jaklová, A. Harding (Hrsg.), EYΔAIMΩN. Studies in Honour of Jan Bouzek (Opera Facultatis philosophicae Universitatis Carolinae Pragensis, XVIII), Prag 2018, 467–490.

Tsetskhaladze 2019 = G. R. Tsetskhladze, An Achaemenid Inscription from Phanagoria. Extending the Bounderies of Empire, Ancient West & East 18 (2019), 113–151.

Tsitsiridis 2013 = S. Tsitsiridis, Beiträge zu den Fragmenten des Klearchos von Soloi (Untersuchungen zur antiken Literatur und Geschichte 107), Berlin/Boston 2013.

Tuplin 1987 = C. Tuplin, Xenophon and the Garrisons of the Achaemenid Empire, AMI 20 (1987), 167–246.

Tuplin 1991 = C. Tuplin, Darius' Suez Canal and Persian Imperialism, in: H. Sancisi-Weerdenburg, A. Kuhrt (Hrsg.), Asia Minor and Egypt. Old Cultures in a New Empire (Achaemenid History VI), Leiden 1991, 237–283.

Tuplin 2003 = C. Tuplin, Xerxes' March from Doriscus to Therme, Historia 52 (2003), 385–409.

Tuplin 2004 = C. Tuplin, Medes in Media, Mesopotamia and Anatolia: Empire, Hegemony, Domination or Illusion? Ancient West & East 3 (2004), 223–251.

Ulanowski 2015 = K. Ulanowski, The Metaphor of the Lion in Mesopotamian and Greek Civilization, in: R. Rollinger, E. van Dongen (Hrsg.), Mesopotamia in the Ancient World. Impact, Continuities, Parallels. Proccedings of the seventh Symposium of the Melammu Project held in Obergurgl, Austria, November 4–8, 2013 (Melammu Symposia 7), Münster 2015, 255–284.

Uphill 1965 = E. Uphill, The Egyptian Sed-Festival Rites, JNES 24 (1965), 365–383.

Van de Mieroop 2004 = M. van de Mieroop, A Tale of Two Cities: Nineveh and Babylon, Iraq 66 (2004), 1–5.

Van der Spek 2014 = R. J. van der Spek, Cyrus the Great, Exiles and Foreign Gods: A Comparison of Assyrian and Persian Policies on Subject Nations, in: M. Kozuh, W. F. M. Henkelman, C. E. Jones, C. Woods (Hrsg.), Extraction & Control. Studies in Honor of Matthew W. Stolper, Chicago 2014, 233–264.

Vasilev 2015 = M. I. Vasilev, The Policy of Darius and Xerxes towards Thrace and Macedonia (Mnemosyne Suppl. 379), Leiden/Boston 2015.
Veh 1998 = O. Veh, Diodors Griechische Weltgeschichte Buch XI–XIII, Stuttgart 1998.
Vickers 1990 = M. Vickers, Interactions between Greeks and Persians, in: H. Sancisi-Weerdenburg, A. Kuhrt (Hrsg.), Centre and Periphery (Achaemenid history IV), Leiden 1990, 253–262.
von Bredow = I. von Bredow, Die Perser am Pangaiongebirge während der griechisch-persischen Kriege, in: G. von Bülow, Kontaktzone Balkan, Beiträge des internationalen Kolloquiums „Die Donau-Balkan-Region als Kontaktzone zwischen Ost-West und Nord-Süd" vom 16.–18. Mai 2012 in Frankfurt a. M., Bonn 2015, 81–89.

Waerzeggers 2003/04 = C. Waerzeggers, The Babylon Revolt against Xerxes and the ‚End of Archives', AfO 50 (2003/04), 150–173.
Wallinga 1966 = H. T. Wallinga, Rez. C. Hignett, Xerxes' Invasion of Greece, Oxford 1963, Mnemosyne 19 (1966), 92–94.
Wallinga 1991 = H. T. Wallinga, Polycrates and Egypt: The Testimony of the Samaina, in: H. Sancisi-Weerdenburg, A. Kuhrt (Hrsg.), Asia Minor and Egypt: Old Cultures in a new Empire (Achaemenid History VI), Leiden 1991, 179–197.
Wallinga 1993 = H. T. Wallinga, Ships and Sea-power before the Great Persian War. The Ancestry of the Ancient Trireme (Mnemosyne Supplementa 121), Leiden 1993.
Wallinga 2005 = H. T. Wallinga, Xerxes' Greek Adventure. The Naval Perspective, Leiden 2005.
Walter 1993 = U. Walter, Herodot und die Ursachen des Ionischen Aufstands, Historia 42 (1993), 257–278.
Walser 1984 = G. Walser, Hellas und Iran. Studien zu den griechisch-persischen Beziehungen vor Alexander, Darmstadt 1984.
Wasmuth 2017 = M. Wasmuth, Ägypto-persische Herrscher- und Herrschaftspräsentation in der Achämenidenzeit (Oriens et Occidens 27), Stuttgart 2017.
Waters 2014 = M. Waters, Ancient Persia. A Concise History of the Achaemenid Empire, 550–330 B.C.E., Cambridge 2014.
Waters 2014a = M. Waters, Earth, Water, and Friendship with the King: Argos and Persia in the Mid-Fifth Century, in: W. Henkelmann, C. Jones, K. Kozuh, C. Woods (Hrsg.), Extraction and Control: Studies in Honour of Matthew W. Stolper, Chicago 2014, 331–336.
Waters 2016 = M. Waters, Xerxes and the Oathbreakers: Empire and Rebellion on the Northwest Front, in: J. J. Collins, J. G. Manning (Hrsg.), Revolt and Resistance in the Ancient Classical World and the Near East: In the Crucible of Empire, Leiden 2016, 93–102.
Weber/Zimmermann 2000 = G. Weber, M. Zimmermann, Propaganda – Selbstdarstellung – Repräsentation im römischen Kaiserreich des 1. Jhs. n. Chr. (Historia ES 164), Stuttgart 2000.
Wecowski 2016 = M. Wecowski, Herodotus in Thukydides: A Hypothesis, in: J. Priestley, V. Zali (Hrsg.), Brill's Companion to the Reception of Herodotus in Antiquity and Beyond, Leiden/Boston 2016, 17–33.
Welwei 1998 = K.-W. Welwei, Die griechische Polis. Verfassung und Gesellschaft in archaischer und klassischer Zeit, Stuttgart 1998².
Welwei 1999 = K.-W. Welwei, Das klassische Athen, Darmstadt 1999.
Wesselmann 2011 = K. Wesselmann, Mythische Erzählstrukturen in Herodots „Historien" (MythosEikonPoiesis 3), Berlin 2011.
West 1988 = S. West, The Scythian Ultimatum (Herodotus IV 131, 132), JHS 108 (1988), 207–211.
West 2004 = S. West, Herodotus and Scythia, in: V. Karageorghis, I. Taifacos (Hrsg.), The World of Herodotus. Proceedings of an International Conference held at the Foundation Anastasios

G. Leventis, Nicosia, September 18–21, 2003 and organized by the Foundation Anastasios G. Leventis and the Faculty of Letters, University of Cyprus, Nicosia 2004, 73–89.

West 2007 = S. West, ‚Falsehood grew greatly in the land'. Persian intrigue and Greek misconception, in: A. Luther, R. Rollinger, J. Wiesehöfer (Hrsg.), Getrennte Wege? Kommunikation, Raum und Wahrnehmung in der Alten Welt, (Oikumene 2), Frankfurt a. M. 2007, 404–424.

West 2011 = S. West, Herodotus' sources of information on Persian matters, in: R. Rollinger, B. Truschnegg, R. Bichler (Hrsg.), Herodot und das persische Weltreich (CLeO 12), Wiesbaden 2011, 255–272.

West 2011a = S. West, A Diplomatic Fiasko: The First Athenian Embassy to Sardis (Hdt. 5, 73); RhMus. 154 (2011), 9–21.

Weiskopf 1989 = M. Weiskopf, The So-called „Great Satrap's Revolt" 366–360 B.C.: Concerning local instability in the Achaemenid far west (Historia ES 63), Stuttgart 1989.

Weissbach 1911 = F. H. Weissbach, Die Keilinschriften der Achämeniden, Leibzig 1911.

Wiesehöfer 1978 = J. Wiesehöfer, Der Aufstand Gaumātas und die Anfänge Dareios' I., Bonn 1978.

Wiesehöfer 1980 = J. Wiesehöfer, Die „Freunde" und „Wohltäter" des Großkönigs, Studia Iranica 9 (1980), 7–21.

Wiesehöfer 1994 = J. Wiesehöfer, Das antike Persien. Von 550 v. Chr. bis 650 n. Chr., Zürich 1994.

Wiesehöfer 1995 = J. Wiesehöfer, Reichsgesetz oder Einzelfallgerechtigkeit? ZABR 1 (1995), 36–46.

Wiesehöfer 2001 = J. Wiesehöfer, Gift giving II. In Pre-Islamic Persia Achaemenids, Enc.Ir. X (2001), 607–608.

Wiesehöfer 2002 = J. Wiesehöfer, „Griechenland wäre unter persische Herrschaft geraten ...". Die Perserkriege als Zeitenwende?, in: S. Sellmer, H. Brinkhaus (Hrsg.), Zeitenwenden. Historische Brüche in asiatischen und afrikanischen Gesellschaften (Asien und Afrika 4), Hamburg 2002, 209–232.

Wiesehöfer 2003 = J. Wiesehöfer, Tarkumuwa und das Farnah, in: W. Henkelman, A. Kuhrt (Hrsg.), A Persian Perspective. Essays in Memory of Heleen Sancisi-Weerdenburg (Achaemenid History XIII), Leiden 2003, 173–187.

Wiesehöfer 2004 = J Wiesehöfer, ‚Persien, der faszinierende Feind der Griechen'. Güteraustausch und Kulturtransfer in achaimenidischer Zeit, in: R. Rollinger, Chr. Ulf (Hrsg.), Commerce and Monetary Systems in the Ancient World: Means of Transmission and Cultural Interaction (5th International Melammu Conference, Innsbruck 2002, Oriens et Occidens 6), Stuttgart 2004, 295–310.

Wiesehöfer 2005 = J. Wiesehöfer, Xerxes: Persepolis, 4. August (?) 465 v. Chr., in: M. Sommer (Hrsg.), Politische Morde. Vom Altertum bis zur Gegenwart, Darmstadt 2005, 37–44.

Wiesehöfer 2007 = Ein König erschließt und imaginiert sein Imperium. Persische Reichsordnung und persische Reichsbilder zur Zeit Dareios' I. (522–486 v. Chr.), in: M. Rathmann (Hrsg.), Wahrnehmung und Erfassung geographischer Räume in der Antike, Mainz 2007, 31–40.

Wiesehöfer 2007a = J. Wiesehöfer, Die Ermordung des Xerxes: Abrechnung mit einem Despoten oder eigentlicher Beginn einer Herrschaft?, in: B. Bleckmann (Hrsg.), Herodot und die Epoche der Perserkriege: Realitäten und Fiktionen. Kolloquium zum 80. Geburtstag von D. Kienast, Köln 2007, 3–19.

Wiesehöfer 2009 = J. Wiesehöfer, Nouruz in Persepolis? Eine Residenz, das Neujahrsfest und eine Theorie, Electrum 15 (2009), 11–25.

Literaturverzeichnis

Wiesehöfer 2010 = J. Wiesehöfer, Der über Helden herrscht: Xerxes I. (ca. 519–465 v. Chr.), in: S. Förster, M. Pöhlmann, D. Walter (Hrsg.), Kriegsherren der Weltgeschichte. 22 historische Portraits, München 2010, 19–33.
Wiesehöfer 2010a = J. Wiesehöfer, Günstlinge und Privilegien am Achaimenidenhof, in: B. Jacobs, R. Rollinger (Hrsg.), Der Achämenidenhof (CLeO 2), Wiesbaden 2010, 509–530.
Wiesehöfer 2011 = J. Wiesehöfer, Homers ‚orientalische Verbindungen' oder: Kulturelle Verkehrswege zwischen Orient und Okzident, in: C. Ulf, R. Rollinger (Hrsg.), Lag Troja in Kilikien? Der aktuelle Streit um Homers Ilias, Darmstadt 2011, 135–147.
Wiesehöfer 2011a = J. Wiesehöfer, Ktesias und der achaimenidische Hof, in: J. Wiesehöfer, R. Rollinger, G. Lanfranchi (Hrsg.), Ktesias' Welt (CLeO 1), Wiesbaden 2011, 499–506.
Wiesehöfer 2013 = J. Wiesehöfer, Herodot und ein persisches Hellas, in: K. Ruffing, B. Dunsch (Hrsg.), Herodots Quellen – die Quellen Herodots (CLeO 6), Wiesbaden 2013, 273–283.
Wiesehöfer 2015 = J. Wiesehöfer, ‚Rulers by the Grace of God', ‚Liar Kings', and ‚Oriental Despots': (Anti-) Monarchic Discourses in Achaemenid Iran, in: H. Börm (Hrsg.), Antimonarchic Discourse in Antiquity (Studies in Ancient Monarchies 3), Stuttgart 2015, 45–65.
Wiesehöfer 2017 = J. Wiesehöfer, Herodotus and Xerxes' *hierosylia*, in: R. Rollinger (Hrsg.), Die Sicht auf die Welt zwischen Ost und West (750 v. Chr.–550 n. Chr.) (CLeO 12), Wiesbaden 2017, 211–220.
Wiesehöfer 2018 = J. Wiesehöfer, „Das also war ihr Geschenk von Alexander". Der Feldzug des Makedonen gegen die Berguxier des Zagros, in: M. Kasper, R. Rollinger, A. Rudigier (Hrsg.), Sterben in den Bergen: Realität – Inszenierung – Verarbeitung (3. Montafoner Gipfeltreffen), Wien/Köln 2018, 289–297.
Wiesehöfer 2018a = J. Wiesehöfer, Anmerkungen zu Literalität und Oralität im teispidisch-achaimenidischen Iran, in: A. Kolb (Hrsg.), Literacy in Ancient Everyday Life, Berlin/Boston 2018, 99–111.
Wiesehöfer 2021 = J. Wiesehöfer, Deportations, in: B. Jacobs, R. Rollinger (Hrsg.), A Companion to the Achaemenid Persian Empire II, Hoboken 2021, 871–878.
Wiesehöfer 2021a = J. Wiesehöfer, Husraw in Petra und Xerxes in Salamis, oder: Prokop, Herodot und die nahöstlichen Traditionen, in: H. Klinkott, A. Luther, J. Wiesehöfer (Hrsg.), Studien zur Geschichte und Kultur des alten Iran und seiner Nachbarn Festschrift für Rüdiger Schmitt zum 80. Geburtstag, Stuttgart 2021, 253–263.
Wiesehöfer 2021b = J. Wiesehöfer, Persian Paradeisoi. Parts of an Imperial Landscape and Gardens ‚Full of Trees and Wild Animals', in: S. Balatti, H. Klinkott, J. Wiesehöfer (Hrsg.), Paleopersepolis: Towards an Environmental and Socio-economic History of Ancient Persis, Stuttgart 2021, 79–93.
Wiesehöfer 2022 = J. Wiesehöfer, Mardonios, in: A. Konecny, N. Sekunda (Hrsg.), The Battle of Plataiai 479 B.C., Wien 2022, 71–78.

Wijnsma 2019 = U. Z. Wijnsma, „And in the Fourth Year Egypt Rebelled". The Chronology of and Sources for Egypt's Second revolt (c. 487–484 B.C.), Journal of Ancient History 7/1 (2019), 32–61.
Williams-Forte 1976 = E. Williams-Forte, Ancient Near Eastern Seals: A Selection of Stamp and Cylinder Seals from the Collection of Mrs. William H. Moore. New York 1976.
Wirth/Veh 1993 = G. Wirth, O. Veh, Diodoros. Griechische Weltgeschichte, Buch I–X, Stuttgart.
Wreszinski 1932 = W. Wreszinski, Löwenjagd im Alten Ägypten, Leipzig 1932.

Yoyotte 2013 = J. Yoyotte, The Egyptian Statue of Darius, in: J. Perrot (Hrsg.), The Palace of Darius at Susa. The great royal residence of Achaemenid Persia. New York 2013.

Zahrnt 1984 = M. Zahrnt, Die Entwicklung des makedonischen Reiches bis zu den Perserkriegen, Chiron 14 (1984), 325–368.
Zahrnt 1992 = M. Zahrnt, Der Mardonioszug des Jahres 492 v. Chr. und seine historische Einordnung, in: Chiron 22 (1992), 237–279.
Zahrnt 1993 = M. Zahrnt, Makedonien im Zeitalter der Perserkriege, Ancient Macedonia V (1993), 1765–1772.
Zahrnt 1997 = M. Zahrnt, Die Perser in Thrakien, in: Actes 2e Symposium international des Études Thraciennes. Thrace ancienne. Époque archaïque, classique, hellénistique (Komotini 20–27 Septembre 1992), Komotini 1997, 91–98.
Zahrnt 2010 = M. Zahrnt, Marathon – das Schlachtfeld als ‚Erinnerungsort', in: E. Stein-Hölkeskamp, K.-J. Hölkeskamp (Hrsg.), Die griechische Welt. Erinnerungsorte der Antike, München 2010, 114–127.
Zahrnt 2011 = M. Zahrnt, Herodot und die Makedonenkönige, in: R. Rollinger, B. Truschnegg, R. Bichler (Hrsg.), Herodot und das persische Weltreich (CLeO 3), Wiesbaden 2011, 761–777.
Zahrnt 2021 = M. Zahrnt, Macedonia, in: B. Jacobs, R. Rollinger (Hrsg.), A Companion to the Persian Achaemenid Empire I, Horboken 2021, 639–648.
Zali 2016 = V. Zali, Herodotus and His Successors: The Rhetoric of the Persian Wars in Thucydides and Xenophon, in: J. Priestley, V. Zali (Hrsg.), Brill's Companion to the Reception of Herodotus in Antiquity and Beyond, Leiden/Boston 2016, 34–58.
Zournatzi 2013 = A. Zournatzi, The Median Logos of Herodotus and the Persian Legitimate Rule of Asia, Iranica Antiqua 48 (2013), 221–252.
Zournatzi 2022 = A. Zournatzi, Persia in Cyprus, in: in: J. Spier, T. Potts, S. E. Cole (Hrsg.), Persia. Ancient Iran and the Classical World, Los Angeles 2022, 73–79.
Zutterman 2003 = C. Zutterman, The Bow in the Ancient Near East, a re-evaluation of Archery from the Late 2nd Millennium to the End of the Achaemenid Period, Iranica Antiqua 38 (2003), 119–165.

Index

Personen- und Ortsnamen

Abai 147 f.
Abdera 65, 181, 191
Abderiten 187
Abrokomas 144
Abrokomes 34
Abydos 55, 60, 84, 123, 126, 165, 180 f., 216
Achaier 49, 50, 138
Achaimenes 34, 159, 193
Aeimnestos 207
Afrika 56, 193
Ägäis 26, 31, 56 f., 59–62, 65, 68, 70, 81, 160, 162, 191–195
Agamemnon 47–49, 183 f.
Agatharchides von Samos 214
Agbatana 49, 222
Agelaos 206
Agesilaos 214
Ägypten 16, 18, 30, 35, 43, 52, 55 f., 61, 69, 74, 103, 108, 188 f., 193
Ägypter 52, 56
Ahuramazdā 35, 37 f., 43, 46, 76, 89, 92 f., 104, 110, 116 f., 120, 122–124, 148, 153, 179, 197, 203
Aigaleos 165
Aigina 26, 60, 64, 66–70, 132, 160, 192
Aigineten 66, 70 f.
Ainianen 130, 138
Aiolidai 148
Aischylos 17, 31, 61, 73, 83, 85, 88, 156, 162 f., 170–172, 178
Akanthische Golf 57
Akanthos 57, 125, 134
Akusilaos von Argos 226
Alabanda 199
Aleuaden 19, 20, 22, 25, 206
Alexander I. 25, 59, 108, 138, 147, 167, 195, 199–201
Alexander III. 14, 41 f., 127, 133, 174, 184, 217, 221, 225
Alos 119
Alphetai 136, 138, 152, 165
Ameinias aus Pallene 166

Ameša Spenta Ameretāt 112
Amestris 219 f.
Amphiaraos 207
Amphikaia 147
Amphipolis 194
Amyntas 108, 138, 199
Anaphes 34
Anaxandrides 140
Andrier 152, 176
Andros 73, 176, 178
Aneristos 23, 113
Anopeia-Pfad 146
Antandros 62
Antenor 184
Antiochos I. 184
Apsinthioi 129
Arabazos 205
Arabien 61
Arachosien 147
Ardumaniš 30
Arebsun/Nevşehir 78
Areisteides 162
Areopagos 150
Argiver 23, 132, 160, 200
Argos 23, 25, 60, 66, 70, 160, 176, 206, 226–228
Ariabignes 34
Arimnestos 207
Ariomardos 34
Aristagoras 64
Aristeides 67, 88, 162, 175
Aristodemos 174
Aristogeiton 184
Aristomedes 206
Ariston 24
Arkader 66, 161, 163
Armenien 147
Arsamenes 34
Arsames 34
Artabanos 16–19, 32–34, 40 f., 43, 45, 48, 50 f., 75 f., 83, 117, 120, 150, 154, 174, 180 f.

Artabazos 134, 144, 180, 191, 193–195, 203, 209 f.
Artachaies 34, 54, 125, 191
Artaios 54
Artake 58, 65
Artaphernes 20–22, 32, 34 f., 37, 64 f., 69, 73, 157, 169, 171, 214
Artasyras 30
Artaxerxes I. 23, 177, 213
Artaxerxes III. 188, 228
Artayktes 121, 194, 217
Artayntes 191, 193
Artemisia 16, 72, 153–155, 159, 169, 179, 183
Artemision 130, 214, 223
Artochmes 34
Artontes, der Sohn des Mardonios 209
Artystone 34
Asopos 205 f., 215
Aspathines 30, 103
Ataphernes 30
Athen 17, 19–23, 25, 27 f., 31, 35, 37, 48 f., 56, 58 f., 61, 63 f., 66–72, 112, 121, 132, 136, 138, 146, 148, 150 f., 153 f., 156 f., 160, 162, 165–169, 171 f., 175, 177, 184, 188 f., 195, 199–202, 206, 215
Athena 119
Athener 14, 20 f., 30, 32, 48, 63, 66–68, 70–72, 82, 143, 148, 150 f., 155–159, 161, 163, 165–167, 172–178, 184, 193–195, 198–203, 206, 208, 210, 215, 217
Athos 18, 29, 53–55, 57, 73, 168, 171, 194
Athos-Kanal 53, 55, 59, 67, 69, 71, 88, 125 f.
Atossa 34, 36
Attaginos 205
Attika 26, 28, 130, 146, 148, 150–152, 156 f., 162 f., 195, 200 f., 203 f., 206
Atys 109
Axios 126 f.

Babylon 18, 80, 82, 121, 124, 130, 171, 188, 211
Babylonien 18, 55, 69, 188, 211 f.
Bagābigna 30
Bagaois 191
Bagapates 30
Bakis 175
Baktrien 193
Bardiya 43 f.
Barisses 30

Bēl-Šimanni 69
Berguxier 202
Bithynien 52
Boioter 27, 130, 147, 149, 152, 158
Boiotien 27 f., 130, 146–151, 179–181, 195, 201, 205 f., 208
Bottiaier 136
Bryger 136
Bubares 54, 199
Bubastiskanals 62, 126
Bulis 23, 113
Byzantion 58, 62, 65, 157 f., 217

Chadra 147
Chalkedon 58, 62
Chalkidier 194
Chalkidike 53, 57, 59, 136, 194 f.
Chalkis 130, 143
Charon von Lampsakos 226
Chersones 54, 58, 62–64, 70, 191
Chier 192
Chileos 156
Chios 58, 64, 73, 192
Choerilos von Samos 152
Cornelius Nepos 158

Dadaršu 213
Daiva 81, 102, 147 f.
Damastes von Sigeion 108, 226
Dareios I. 11, 16 f., 19–21, 24, 26 f., 29–38, 48, 51–53, 55–58, 60–63, 65–70, 72 f., 76 f., 79, 82, 89, 92, 97, 99, 101–106, 108, 110, 112, 115, 117 f., 123, 126 f., 130, 136, 141, 147, 157, 163 f., 170, 172, 174 f., 182, 188 f., 193, 210, 212 f., 216, 220, 222 f., 227
Dareios II. 213
Dareios III. 41, 43, 101, 217
Dātavahya 30
Datis 22, 32, 35, 37, 65, 67, 69, 73, 171, 214, 227
Daulis 147 f.
Deiochos von Prokonnesos 226
Deiokes 49, 222
Dekeleia 204
Delos 192, 203
Delphi 14, 25, 28, 127, 148, 167, 187, 204, 211
Demaratos 24 f., 65, 112 f., 154, 157, 159 f.
Demiokles von Phygele 226
Demokedes 35, 56, 61, 193

Personen- und Ortsnamen

Demosthenes 165
Diodor 54, 225
Diolkos 26
Dion Chrysostomos 28 f., 72, 173, 178
Dionysios von Halikarnassos 226
Dionysophanes 209
Dionysos Karnivoros 129
Dolonker 58
Doloper 27, 130, 138
Dorer 132, 146, 152
Doris 132, 146
Doriskos 53, 84, 122 f., 126, 138, 148
Drymos 147
Dryopis 132

Ebirnāri 188
Edoner 122, 194
Eion 53
Ekbatana 108, 115, 141, 187
Elaious 54, 121
Elam 124
Elateia 147
Eleier 161, 163
Eleusinischer Golf 204
Eleusis 151
Eleutherai 209
Elis 24, 176
Ellopia 143
Enianen 27
Ennea Hodoi 122, 194
Eordaier 136
Ephesier 209
Ephesos 179, 183
Ephoren 142
Ephoros 108, 130
Epidaurer 161, 163
Epidauros 67, 70, 132
Eretria 22, 35, 64 f., 69, 147, 156, 171, 202
Erochos 147
Erythrai 204, 206
Esarhaddon 83, 171 f.
Euboia 56, 65, 136, 138 f., 143, 163
Eudemos von Paros 226
Eugeon von Samos 226
Euphrat 130
Euripos 143, 151, 165
Eurybiades 159
Eurymachos 140
Eurymedon 194
Exarchos 147

Flavius Josephus 152

Galerius 217
Gargaphia-Quelle 215
Gaugamela 75, 125
Gaumāta 41, 43
Gibraltar 56, 195
Gilgameš 81
Gobryas 30, 34, 103, 134, 212 f.
Golf 26
Golf von Magnesia 135 f., 138
Gonnos 130
Griechen 13, 48 f., 70, 72 f., 79, 81 f., 84, 86, 88, 108, 112, 118, 121, 126, 128–130, 140, 144 f., 147, 161, 164, 171 f., 177 f., 181, 184, 192, 196, 201, 203, 207, 210, 215
Griechenland 11, 13 f., 16, 18 f., 22 f., 25–31, 35–37, 39, 46, 52 f., 56–61, 66, 69–75, 80–82, 85, 88, 105 f., 108 f., 112 f., 121, 132, 141, 152, 156 f., 162 f., 166, 169, 173, 175, 181–184, 189–193, 196 f., 200–203, 205 f., 209–211, 214 f., 217, 219, 222, 225, 227
Gygaia 199
Gyndes 130

Halikarnassos 181
Halisarna 24
Halys 73
Hamadan 115
Harmodios 184
Harmokydes 205
Hekataios von Milet 226
Hellanikos 211, 226
Hellas 18, 25, 31, 37, 52, 68, 71, 74, 112, 117, 154, 156–158, 177, 197, 201
Hellenen 71, 108, 130, 135, 143, 145, 156, 161, 169, 175, 190, 192, 201, 204–206, 208, 216
Hellespont 20, 37, 39, 52, 54, 57 f., 60, 62–65, 70 f., 107, 114, 116–118, 121–123, 139, 159, 165, 169, 173 f., 179–182, 191, 193–196, 216 f.
Hellespontier 201
Herakleia Pontike 60, 216
Herakleides 133 f.
Herakleion 108
Herakles 140, 192
Hermione 67, 70, 132
Hermioneer 161, 163

Hermotimos 183
Herodotos, Sohn des Basileides 191
Hesiod 210
Himera 166
Hipparchos 20, 67
Hippias 21 f.
Histiaia 143 f., 146, 151
Histiaios 58, 65
Homer 29, 47 f., 85, 129, 210
Humban 212, 214
Hyampolis 147
Hydarnes 24, 30, 113, 145 f., 157, 160
Hyperanthes 34, 144
Hysiai 204, 209
Hystaspes 20, 30, 33 f., 38

Idernes 30
Ilion 118–120, 184
Imbros 58, 62–64
Inaros 188, 193
Indien 108, 174, 195
Intaphernes 30
Ionien 58, 60, 64 f., 191–193, 195 f., 203, 216
Ionier 26, 66, 152, 171, 196
Issos 41
Isthmos 57, 148, 159–163, 167, 178, 204, 206
Istros 174
Ithamitres 191, 193

Kalapodi 147
Kalchedon 65
Kallatebos 111
Kallias 23, 67, 151
Kambyses 16, 35 f., 41, 43, 45, 56, 68, 108, 134, 164, 170, 175, 188, 213, 222
Kap Akrothoi 57
Kap Artemision 136, 138, 143, 161, 165, 168
Kap Kynosura 163
Kap Sepias 136
Kap Sunion 66, 167
Kap Tainaron 160
Karduchen 202
Karien 52
Karthager 52
Karthago 26, 56
Karystier 152
Karystos 176
Kasthanaie 136

Kebret/Chaluf 189
Keos 163
Kerkyra 67 f., 160, 176
Kilikien 52, 164
Kimon 58, 194
Kithairon 204–206, 208
Kleinasien 25, 61, 79 f., 113, 158, 184, 187 f., 191, 195
Kleinias, des Alkibiades Sohn 143
Kleombrotos 157 f.
Kleomenes 25, 64, 66, 142
Knidos 73
Kolonai 158
Korinth 56, 67
Korinther 161, 163
Korinthischer Golf 204
Korintischer Golf 26
Krateros 127
Kratias 151
Kratios 67
Kristobulos von Torone 194
Kritalla 54, 107
Kroisos 45, 116, 167
Kronos 49
Kroton 56
Ktesias 30, 80, 107, 174, 211
Kunaxa 141, 181
Kykladen 65 f., 176 f.
Kyme 107, 168, 191
Kynousura 173
Kypros 73
Kypseliden 58
Kyros d. J. 141, 205
Kyros II. 16, 34–36, 38, 42, 45, 80, 85, 121, 124, 130, 164, 170, 175, 188, 211, 221 f.
Kyros-Zylinder 80, 124
Kythera 157, 160

Lade 64
Lakedaimon 21, 23–25, 64, 112 f., 142 f., 157–160, 227
Lakedaimonier 24 f., 72, 112–114, 132, 140, 157–161, 163, 195, 198
Lamponion 62
Larisa 20, 216
Larsa 42
Laurion 67, 70
Lekton 216
Lemnos 62 f., 73
Leochares 128
Leon 128 f., 139–141

Personen- und Ortsnamen

Leonidas 28, 72, 114, 129, 139–144, 146, 160 f., 173, 185, 207
Leontiades 129, 140 f.
Leotychidas 113, 158, 187, 194 f., 206, 216
Lesbier 62
Lesbos 58, 64, 73
Leuke Akte 53, 58
Lindos 214, 227
Lokrer 27, 130, 152, 205
Lyder 74
Lydien 48, 87, 116
Lykaretos 62 f.
Lykien 52
Lykurg 177
Lysippos 128

Mager 119, 122, 138
Magnesia 26, 136
Magneten 27, 130, 138
Maiandrios 62
Makedonen 136, 201
Makedonien 20, 25, 27, 53, 57, 59, 65, 126, 156, 163, 180, 182, 205, 210
Malier 27, 130, 152
Malis 132
Marathon 17, 22, 31 f., 37, 69, 73, 75, 88, 159, 167, 170, 177, 210, 223
Mardonios 16 f., 19, 30–33, 37 f., 47, 49–51, 53, 57 f., 65, 72, 74, 134, 144, 148, 154 f., 157 f., 160 f., 168–170, 179–182, 189–191, 194 f., 197–215
Mardontes 191, 193
Maroneia 67
Masistes 34, 43, 191, 193, 195, 219 f.
Masistios/Makistios 206, 208
Meder 85, 145, 147, 205, 210
Medien 124
Megabates 157
Megabazos 62, 182
Megabyxos 30
Megabyzos 30, 54
Megakles 67
Megara 67, 70, 132, 204
Megarer 205
Megaris 204 f.
Melesagoras von Kalchedon 226
Mesopotamien 80
Messenier 207
Metiochos 63
Meydançikkalı 78
Milet 58, 64 f., 147, 202

Miltiades 58, 62–64, 66–70, 167
Mithra 116
Mitradāta, Sohn des Bagazuštu 213
Mittelgriechenland 20, 26 f., 108, 179, 203–205
Moloeis-Bach 215
Molosser 176
Munychia 163
Murychides 201 f.
Musaios 19
Mygdonia 126
Mykale 13, 162, 190–195, 202 f., 215–217, 223
Mykonos 73
Myrina 63
Myron 216
Mys 198
Mysien 24, 52

Nabonid 80
Naqsh-i Rustam 76, 220
Narses 217
Naxos 64, 73, 132, 171
Necho-Kanal 56
Neon 147
Nereiden 138
Nesioten 26, 65, 132, 152, 163 f., 176, 178
Nestor 49 f.
Nestos 127
Nikolaos 23, 113
Nippur 213
Nordafrika 52
Norondabates 30

Oberägypten 77
Oeroe 215
Oibazos 129
Oinokles-Malers 184
Olymp 108
Olympia 161
Olynthos 194
Onomakritos 19 f., 22 f.
Onophas 30
Ossa-Gebirge 108
Otanes 30, 34, 62 f., 121

Paionen 136
Pallene 194
Pamphylien 52
Pan 75
Panopeus 148
Paphos 73

Papremis 170
Parapotamioi 147
Parmys 34
Parnassos 147
Paros 66–69, 73
Parsa 55, 178
Parthien 124
Paša 212
Pasargadae 225
Patiramphes 121
Patizeithes 44
Pausanias 113, 157 f., 160, 176, 187 f., 209, 215, 217
Pedieai 147
Peisistratiden 19 f., 22–24, 26, 58, 62–64, 67, 70, 150 f.
Peisistratos 20, 22
Pelasger 62
Peloponnes 23, 56, 60 f., 66, 113, 132, 142, 148, 156, 160–163, 179, 187, 195, 204, 206
Peloponnesier 162 f.
Pelusion 61
Peneios 108, 129
Pergamon 24, 119
Perikles 67, 121, 217
Perinthos 53, 58, 65
Perrhaiber 27, 130, 138
Persepolis 36, 46, 76 f., 88 f., 106, 117, 127, 133, 140 f., 174, 187, 212–214, 216, 219, 221 f.
Persien 37, 68, 70, 77, 80, 103, 143, 152, 160, 166, 188 f., 192
Persis 55
Petra-Paß 130
Phaleron 17, 151–154, 157, 161, 163, 165, 168, 175, 178 f., 183
Phanagoreia 60, 62
Pharandates 158
Pharnakes 134, 210
Pharnaspes 30
Phidias 167
Phleiasier 161, 163
Phoiniker 52, 54
Phoinikien 52, 61, 195
Phokaia 107, 216
Phoker 132, 146 f., 201, 205, 209
Phokis 132, 146–151, 205, 210
Phraortes 141
Phratagune 34

Phrygien 116, 199
Phthiotischen Achaier 27, 130
Pierien 130
Pierier 136
Piräus 165, 202
Pirāva 55
Pisidien 52
Plataiai 13 f., 134, 149, 158, 166 f., 179, 184, 188, 190 f., 198, 202–205, 207, 209–211, 214 f., 217, 223, 227
Plataier 27, 130, 148
Plutarch 165
Polyain 133, 209, 221
Polykleitos 216
Polykrates von Samos 56
Pontos 52, 58, 60
Poseidon 29, 66
Potidaia 194
Prokonnesos 58, 65
Propontis 58, 65, 73
Protesilaos 121, 129
Psyttaleia 88, 162, 163, 174
Ptolemaios II. 171
Pydna 176
Pythagoras 216
Pythios 87, 109–111, 121, 139, 224

Qarajamirli 60

Rhodos 73, 228
Rotes Meer 55 f.

Sabäer 55
Sagartien 144
Saken 108, 118
Salamis 13, 49, 73, 75, 83, 136, 155, 157, 159, 161–175, 177, 184, 187, 190, 192 f., 200–202, 206, 225
Samos 56, 62, 73, 191 f., 202 f., 216
Sane 54
Sanherib 130
Sardes 16, 19–21, 30, 32, 37, 48, 54 f., 64, 107–109, 112, 114, 116–118, 121, 156, 163, 169, 180, 182 f., 187, 193, 219
Sargon II. 81, 164, 171, 224
Sargon von Akkad 81, 164
Saronischer Golf 26, 60, 66, 70 f., 151, 160, 163, 165, 174–176, 204
Sataspes 26, 56, 192 f.
Schwarzes Meer 52, 57–59, 62, 73
Selymbria 58, 65
Sepias 119, 136, 138, 152, 165, 224

Personen- und Ortsnamen

Sestos 194, 217
Sikinnos 176
Sikyon 70
Sikyonier 161, 163
Simonides 14, 168
Singitischer Golf 57, 125
Sizilien 26, 68
Skapte Hyle 57, 65
Skarmander 119
Skiathos 128, 136, 145
Skolopoleis 203
Skolos 204
Skythen 32, 58
Smerdis 34, 41, 43 f., 99
Smerdomenes 34
Sokrates 29
Soloi 73
Sparta 17, 24 f., 56, 64, 66, 70, 112 f., 142 f., 156 f., 159–162, 187 f., 191, 195, 206 f., 216 f., 228
Spartaner 66, 142, 145, 159, 162, 207, 215
Spartiaten 142 f., 160, 207
Sperthias 23, 113
Speusipp 108
Sphendale 204 f.
Stenykleros 207
Stesimbrotos von Thasos 88, 162
Strabon 210, 224
Strattis 192
Strymon 18, 53, 71, 87, 122, 125, 129, 194
Strymonisches Meer 73
Susa 19 f., 22–24, 40, 92, 94, 107 f., 113, 117, 127, 150, 184, 187, 219
Synetos 108
Syrer 210

Tanagra 204 f.
Tarent 56, 61, 193
Tegea 176
Tegeaten 156
Teheran 216
Telephanes aus Phokaia 216
Tempe 108, 130, 225
Tenedos 58, 64
Tener 152
Tenos 73
Tepe 60
Tethronion 147
Teuthrania 24
Thasier 57, 65
Thasische Peraia 57, 65

Thasos 35, 57 f., 65, 67 f., 194
Thebaner 27, 130, 140, 149, 201
Theben 147, 180 f., 200, 203–205, 210
Themistokles 49, 59, 67–70, 88, 108, 126, 150, 158 f., 162, 172, 175–178, 202, 214
Theophanes 216
Theopomp 210
Therma 125, 126, 128 f., 135, 139 f., 148 f.
Thermopylen 28, 72, 114, 136, 138–147, 150, 152, 157, 160 f., 167, 171, 173, 186, 189, 207, 223
Thersandros aus Orchomenos 205
Thersites 48
Thespiai 149
Thespier 27, 130, 148, 150
Thessaler 27, 130, 132, 195, 200, 205, 209 f.
Thessalien 19 f., 25, 59, 88, 107, 129 f., 135, 145, 158, 162, 179–182, 187 f., 190 f., 193–195, 198, 201, 203, 206, 210, 216, 227 f.
Thetis 138
Thrakien 26, 53, 57, 59, 65, 73, 118, 122, 136, 182, 195 f., 203, 205
Thrisaische Ebene 151
Thukydides 45, 68, 95, 157, 226
Tigranes 34, 191, 195, 203
Tiribazos 216
Tissaphernes 190, 205
Tithorea 147
Trachis 138
Tritantaichmes 34, 144
Triteai 147
Troas 52, 62, 158
Troia 49, 75, 84, 119, 121, 184
Troizen 67, 70, 132, 150
Troizener 161, 163
Trophonios 207
Tyrodiza 53
Tyros 164

Unterägypten 215
Ursa/Rusa 224
Uruk 42

Vahuka 30
Vahyasparuva 30
Varuna 116
Vivāna 147

Xanthippos 67, 121, 192, 217
Xanthos 78

Xanthos von Lydien 226
Xenagoras 214
Xenomedes von Chios 226
Xenophon 38, 205, 222

Yehawmilk 94

Zakynthos 24
Zeus 38, 47 f., 117, 121, 139 f., 180
Zion 152
Zypern 52, 215

Θuxra 30

Belegstellen

Ael. 1, 31	131
Aisch. Pers. 73–86	222
Aisch. Pers. 104–113	61
Aisch. Pers. 189–192	222
Aisch. Pers. 201 ff.	16
Aisch. Pers. 299	220
Aisch. Pers. 366–371	163
Aisch, Pers. 424–428	172
Aisch. Pers. 454–464	162
Aisch. Pers. 465–470	222
Aisch. Pers. 753–758	31
Aisch. Pers. 774–779	43
Aisch. Pers. 854–900	73
Aristodemos: FGrHist. 104 F 1, 2	174
Arr. Anab. 3, 17, 1–4	202
Arr. Anab. 7, 19, 2	184
Ashurbanipal 3, I 39	38
Ashurbanipal 4, I 31	38
Ashurbanipal 21, 24	38
Athen. Pol. 22, 6	20
Athen. Deipin. IV 145a	221
Athen. Deipin. V 197b	171
Cic. De leg. 1, 5	12
Dan. 7.5	29
Dan. 11.2	29
DB § 2	30
DB § 4	117
DB § 5–9	76
DB § 6	196
DB § 8	99, 109
DB § 10	43, 103
DB § 13	76
DB § 14	44, 76
DB § 16	101
DB § 18 f.	76
DB § 23	141
DB § 25	33
DB § 25–31	76
DB § 26	33
DB § 26–30	147
DB § 29	33
DB § 33	33, 76, 144
DB § 35 f.	76
DB § 38	33, 76
DB § 41	33, 76
DB § 42	75
DB § 45	33, 76
DB § 45–48	147
DB § 46	76
DB § 50	33, 76
DB § 51	76
DB § 52	101, 144
DB § 54	101
DB § 54 f.	102
DB § 56	76
DB § 58 f.	76
DB § 62 f.	76
DB § 63 f.	44, 74
DB § 68	30, 33
DB § 68 f.	30, 99
DB § 69	30
DB § 70	76, 97
DB § 71	33
DB § 72	76
DB § 75	76
DBb	94
DBc	94
DBd	94

Belegstellen

DBe	94
DBf	94
DBg	94
DBh	94
DBi	94
DBj	94
DBk	94
Dem. In Timocr. 129	165, 209
Dio Chrysost. 11, 148	72
Dio Chrysost. 11, 149	72, 141, 173, 178
Dio Chrysost. 37, 18	168
Dio Chrysost., An die Alexandriner 88	107
Dio Chrysost., In Athen. 25	165
Dio Chrysost., Knechtschaft und Freiheit 1, 8	180
Dio Chrysost., Peri Basil. 2, 30 f.	29
Dio Chrysost., Peri Basil. 2, 36	209
Dio Chrysost., Über die Habgier 14	13
Diod. 2, 2	31
Diod. 2, 5, 5	107
Diod. 10, 19, 5	19
Diod. 10, 31, 1	225
Diod. 11, 1, 3 f.	31
Diod. 11, 2, 1 f.	52
Diod. 11, 2, 3	107
Diod. 11, 2, 4	54, 57, 126
Diod. 11, 2, 5	13, 108
Diod. 11, 2, 6	130
Diod. 11, 3, 2	130
Diod. 11, 3, 4 f.	132
Diod. 11, 3, 6	130
Diod. 11, 3, 7–9	124
Diod. 11, 5, 1	57, 125
Diod. 11, 5, 3	29
Diod. 11, 17, 2	163
Diod. 11, 19, 6	179, 210
Diod. 11, 28, 1	199 f.
Diod. 11, 28, 3	206
Diod. 11, 28, 4	205
Diod. 11, 28, 6	202
Diod. 11, 29–31	215
Diod. 11, 29, 1	180
Diod. 11, 29, 1–4	210
Diod. 11, 30, 1	204
Diod. 11, 31, 2	207
Diod. 11, 32, 1–5	210
Diod. 11, 33, 1	210
Diod. 11, 34, 1–4	216
Diod. 11, 34–36	216
Diod. 11, 36, 7	108, 187
Diod. 11, 37, 4	195
Diod. 11, 41, 2 f.	202
Diod. 11, 42, 3	202
Diod. 11, 48, 2	195
Diod. 11, 54, 3 f.	176
Diod. 11, 54, 4	162
Diod. 11, 55, 3	176
Diod. 11, 55, 8	176
Diod. 11, 70, 1	194
Diod. 11, 70, 5	194
DNa § 1	93
DNa § 3	98
DNa § 3 f.	37, 123
DNa § 4	102
DNb § 1	93
DNb § 4	97
DNb § 6	33
DNb § 8	102
DNb § 11	77, 104 f., 110
DNb § 12	105
DPe § 2	26, 66, 103, 196
DPg § 1 f.	82
DSab § 2	103
DSe § 2	26
DSe § 3	98, 103, 196
DSe § 4	66, 118, 196
DSe § 5	94, 102, 123
DZc § 3	103, 126, 189
Esarhaddon 1, ii 25	38
Esarhaddon 2, i 1	38
Esarhaddon 48, 44	38
Esarhaddon 49, 1	38
Esarhaddon col. IV.82 – V.2	172
Hdt. 1, 0	146
Hdt. 1, 1, 0	75
Hdt. 1, 3 f.	118
Hdt. 1, 95	92, 225
Hdt. 1, 141	164
Hdt. 1, 189	121
Hdt. 1, 189–190, 1	130
Hdt. 1, 192, 1	109, 133

Hdt. 3, 12	193	Hdt. 6, 73	66
Hdt. 3, 15	193	Hdt. 6, 74 f.	66
Hdt. 3, 25, 1	134	Hdt. 6, 75 f.	25
Hdt. 3, 61, 1	43	Hdt. 6, 76–82	66
Hdt. 3, 63, 2	43	Hdt. 6, 85, 1	66
Hdt. 3, 63, 4	43	Hdt. 6, 94, 2	214
Hdt. 3, 64	41	Hdt. 6, 98, 2	45
Hdt. 3, 65, 5	43	Hdt. 6, 98, 3	79
Hdt. 3, 68–70	30	Hdt. 6, 99, 1	60
Hdt. 3, 80–82	17	Hdt. 6, 101	147, 202
Hdt. 3, 82, 2	49	Hdt. 6, 105, 1–3	75
Hdt. 3, 82, 5	79	Hdt. 6, 106 f.	159
Hdt. 3, 83 f.	30	Hdt. 6, 107 f.	22
Hdt. 3, 134–136	56	Hdt. 6, 131	217
Hdt. 3, 134–138	193	Hdt. 6, 136	63, 67
Hdt. 3, 134, 5 – 135, 2	35	Hdt. 6, 136–140	63
Hdt. 3, 136	61	Hdt. 6, 140	63
Hdt. 4, 42 f.	193	Hdt. 7, 2 f.	29
Hdt. 4, 43	56	Hdt. 7, 2–4	36, 51
Hdt. 5, 1–22	182	Hdt. 7, 2–5	68
Hdt. 5, 25 f.	62	Hdt. 7, 2, 3	54
Hdt. 5, 27	62 f.	Hdt. 7, 3	24, 36
Hdt. 5, 30–34	64	Hdt. 7, 4	22, 51
Hdt. 5, 32	157	Hdt. 7, 5	18, 38, 50, 74
Hdt. 5, 73	20 f., 64	Hdt. 7, 5, 1	18, 37
Hdt. 5, 96	21	Hdt. 7, 5–19	19
Hdt. 5, 99, 1	64	Hdt. 7, 5, 2	16, 30
Hdt. 5, 105	48	Hdt. 7, 5 f.	197
Hdt. 6, 18–20	147, 202	Hdt. 7, 6	189, 197
Hdt. 6, 26	58	Hdt. 7, 6, 1	30 f., 38
Hdt. 6, 28	65	Hdt. 7, 6, 2	20
Hdt. 6, 31	58, 64, 163	Hdt. 7, 6, 2–5	19
Hdt. 6, 33	58, 65	Hdt. 7, 6, 3 f.	23
Hdt. 6, 34	58	Hdt. 7, 6, 4	22
Hdt. 6, 39	58, 62	Hdt. 7, 7	37, 193
Hdt. 6, 40	58, 63	Hdt. 7, 8, 1	31, 36, 51
Hdt. 6, 41	58, 62–64	Hdt. 7, 8, 2	30, 32
Hdt. 6, 43 f.	58	Hdt. 7, 8α	16
Hdt. 6, 43–45	57	Hdt. 7, 8α 1 f.	36
Hdt. 6, 44	65	Hdt. 7, 8α, 2	37
Hdt. 6, 46	57, 65	Hdt. 7, 8β, 1	37
Hdt. 6, 46, 1 – 48, 1	57	Hdt. 7, 8β, 2 f.	32
Hdt. 6, 48, 1	65	Hdt. 7, 8β–γ	19
Hdt. 6, 48, 2	26	Hdt. 7, 8γ	38 f., 117
Hdt. 6, 48, 2 – 49, 1	112	Hdt. 7, 8–11	154
Hdt. 6, 49, 1	26, 60, 66	Hdt. 7, 9, 1 – 10, 1	31
Hdt. 6, 66	24 f.	Hdt. 7, 9, 2	16
Hdt. 6, 70	24	Hdt. 7, 9α	50
Hdt. 6, 71	24	Hdt. 7, 9β, 1 f.	27
Hdt. 6, 72	195, 206	Hdt. 7, 10	33

Belegstellen

Hdt. 7, 10, 2	32	Hdt. 7, 59 f.	124
Hdt. 7, 10γ	174	Hdt. 7, 60–99	123
Hdt. 7, 10ε	75	Hdt. 7, 61	34
Hdt. 7, 10η	74	Hdt. 7, 61–100	48
Hdt. 7, 11	18, 32	Hdt. 7, 62, 2	34
Hdt. 7, 12	40	Hdt. 7, 68	34
Hdt. 7, 12–19	40	Hdt. 7, 68, 2	34
Hdt. 7, 13	76	Hdt. 7, 72, 2	34
Hdt. 7, 13, 2	45	Hdt. 7, 73	34
Hdt. 7, 13, 3	46	Hdt. 7, 74, 2	34
Hdt. 7, 14	40, 76, 183	Hdt. 7, 78	34
Hdt. 7, 15	40, 45, 76	Hdt. 7, 82	34
Hdt. 7, 15–18	40, 76	Hdt. 7, 89	124
Hdt. 7, 17 f.	40	Hdt. 7, 97	34
Hdt. 7, 18	33, 40 f.	Hdt. 7, 100	123
Hdt. 7, 18, 2 f.	17	Hdt. 7, 101	154
Hdt. 7, 19	17, 40, 76	Hdt. 7, 103	154
Hdt. 7, 19–21	107	Hdt. 7, 105	154
Hdt. 7, 19, 2	51	Hdt. 7, 106	221
Hdt. 7, 20	18, 29, 52	Hdt. 7, 108	124
Hdt. 7, 22	53 f.	Hdt. 7, 108 f.	29
Hdt. 7, 22–24	53	Hdt. 7, 110	124, 174
Hdt. 7, 22–25	18, 107	Hdt. 7, 113 f.	87, 122, 129
Hdt. 7, 23 f.	55	Hdt. 7, 115	26, 125
Hdt. 7, 24	53, 55, 57	Hdt. 7, 116	125, 134
Hdt. 7, 25	18, 59	Hdt. 7, 117	34
Hdt. 7, 25, 1 f.	52	Hdt. 7, 117 f.	125
Hdt. 7, 26	18, 54, 107	Hdt. 7, 119	28, 53, 133 f.
Hdt. 7, 27–29	109	Hdt. 7 119 f.	125
Hdt. 7, 30	116	Hdt. 7, 120	133 f.
Hdt. 7, 31	48, 87, 112	Hdt. 7, 121	125, 148, 174
Hdt. 7, 32	21, 27 f., 112	Hdt. 7, 122 f.	124
Hdt. 7, 35	114, 118	Hdt. 7, 123	126
Hdt. 7, 37	54	Hdt. 7, 125	126 f.
Hdt. 7, 38 f.	87, 109	Hdt. 7, 126	127, 140
Hdt. 7, 39	109 f., 121	Hdt. 7, 127	128
Hdt. 7, 40 f.	121	Hdt. 7, 128–130	129
Hdt. 7, 43	118–120	Hdt. 7, 129, 1	130
Hdt. 7, 44	123	Hdt. 7, 130	20
Hdt. 7, 45–47	120	Hdt. 7, 131	130, 149
Hdt. 7, 46	120	Hdt. 7, 132	27, 130, 148
Hdt. 7, 46, 2	84	Hdt. 7, 133	24, 112
Hdt. 7, 50	117	Hdt. 7, 134	113
Hdt. 7, 52, 2	19	Hdt. 7, 134–137	24, 132, 142, 160
Hdt. 7, 53, 1	117		
Hdt. 7, 54	39, 114	Hdt. 7, 135	113, 157
Hdt. 7, 55	116, 122	Hdt. 7, 136	24
Hdt. 7, 56	117	Hdt. 7, 136 f.	113
Hdt. 7, 57	118	Hdt. 7, 138	112, 130, 156
Hdt. 7, 57–60	116		

Hdt. 7, 139	24, 112, 114, 132, 160, 177	Hdt. 7, 226	150
		Hdt. 7, 226, 1 f.	145
Hdt. 7, 140	83	Hdt. 7, 233	140
Hdt. 7, 144	66	Hdt. 7, 233, 1	140
Hdt. 7, 144, 1 f.	67	Hdt. 7, 235	157, 160
Hdt. 7, 144, 2	68, 70	Hdt. 7, 239	24 f.
Hdt. 7, 144, 3	67	Hdt. 8, 1	159
Hdt. 7, 145	71, 108	Hdt. 8, 3	158
Hdt. 7, 146 f.	108	Hdt. 8, 5	162
Hdt. 7, 147	60	Hdt. 8, 6, 1	136
Hdt. 7, 148	132	Hdt. 8, 7	136, 165
Hdt. 7, 148–152	23	Hdt. 8, 7, 2	136
Hdt. 7, 149	132	Hdt. 8, 9–11	136
Hdt. 7, 149–152	160	Hdt. 8, 12, 1 – 14, 1	139
Hdt. 7, 150	23	Hdt. 8, 14–17	143
Hdt. 7, 151	23, 132	Hdt. 8, 15	138, 143
Hdt. 7, 152	23, 76, 106, 132	Hdt. 8, 15, 2	143
Hdt. 7, 168	160	Hdt. 8, 16 f.	143
Hdt. 7, 172	132	Hdt. 8, 21	143
Hdt. 7, 173	108, 128, 130	Hdt. 8, 23 f.	143
Hdt. 7, 174	108, 132	Hdt. 8, 25	146
Hdt. 7, 180	128	Hdt. 8, 25, 1	143 f.
Hdt. 7, 184	136	Hdt. 8, 26	144, 161
Hdt. 7, 185	138	Hdt. 8, 30	146
Hdt. 7, 185 f.	136	Hdt. 8, 30, 1	132
Hdt. 7, 186	136	Hdt. 8, 31	132, 146
Hdt. 7, 188	136	Hdt. 8, 32 f.	147, 150
Hdt. 7, 188–191	136	Hdt. 8, 34	147 f.
Hdt. 7, 190	139	Hdt. 8, 35	148
Hdt. 7, 190 f.	138	Hdt. 8, 35, 2	148 f.
Hdt. 7, 193	136	Hdt. 8, 40	148
Hdt. 7, 193–196	26	Hdt. 8, 43	159
Hdt. 7, 196	135 f., 145	Hdt. 8, 44	130, 148
Hdt. 7, 198	138	Hdt. 8, 44, 1	130
Hdt. 7, 201 f.	138	Hdt. 8, 46	132
Hdt. 7, 204	140, 142	Hdt. 8, 50	149 f.
Hdt. 7, 205	140	Hdt. 8, 52	150
Hdt. 7, 206	142, 160 f.	Hdt. 8, 53	150
Hdt. 7, 208	138	Hdt. 8, 54	150 f., 156
Hdt. 7, 211, 2	145	Hdt. 8, 55	151
Hdt. 7, 215	146	Hdt. 8, 58	162
Hdt. 7, 218	146 f.	Hdt. 8, 60α	159
Hdt. 7, 219, 3	145	Hdt. 8, 62	159
Hdt. 7, 220	139	Hdt. 8, 63	159
Hdt. 7, 222	150	Hdt. 8, 64	136
Hdt. 7, 224	34, 142	Hdt. 8, 65	151
Hdt. 7, 224, 1	145	Hdt. 8, 66	147, 151 f., 165
Hdt. 7, 224, 2	144	Hdt. 8, 67	152 f.
Hdt. 7, 225	140	Hdt. 8, 67–69	155
Hdt. 7, 225, 3	145	Hdt. 8, 68	17, 153 f.

Belegstellen

Hdt. 8, 68α	155	Hdt. 8, 128	194
Hdt. 8, 68β	155	Hdt. 8, 129	194
Hdt. 8, 69	153, 155	Hdt. 8, 130	168, 191
Hdt. 8, 70 f.	161	Hdt. 8, 131	216
Hdt. 8, 72	161, 163	Hdt. 8, 132	191 f., 203
Hdt. 8, 76	163, 165	Hdt. 8, 133	197
Hdt. 8, 77	173	Hdt. 8, 133, 1	192
Hdt. 8, 78 f.	163	Hdt. 8, 133–136, 1	197
Hdt. 8, 79	159	Hdt. 8, 134	148
Hdt. 8, 80, 1	175	Hdt. 8, 135 f.	198
Hdt. 8, 81 f.	163	Hdt. 8, 136	199
Hdt. 8, 83	166	Hdt. 8, 136, 1	59, 197
Hdt. 8, 87 f.	159	Hdt. 8, 140a	199
Hdt. 8, 89	168	Hdt. 8, 140a–b	200
Hdt. 8, 90	165	Hdt. 8, 140b	195
Hdt. 8, 92	165, 168	Hdt. 8, 143	200
Hdt. 8, 93	168	Hdt. 9, 5	202
Hdt. 8, 97	168, 173	Hdt. 9, 6 f.	159
Hdt. 8, 99 f.	170	Hdt. 9, 9	156
Hdt. 8, 100	171	Hdt. 9, 10	142, 158
Hdt. 8, 100 f.	161	Hdt. 9, 10 f.	159
Hdt. 8, 101	179	Hdt. 9, 1, 1	156, 159
Hdt. 8, 101, 1	169	Hdt. 9, 12	23, 160, 200
Hdt. 8, 102	169, 179	Hdt. 9, 15	204 f.
Hdt. 8, 102, 1 – 103, 1	72	Hdt. 9, 16	205
Hdt. 8, 103	179	Hdt. 9, 17	200, 205
Hdt. 8, 104–106	183	Hdt. 9, 19	204, 206
Hdt. 8, 106	61	Hdt. 9, 21	205
Hdt. 8, 107	179, 191	Hdt. 9, 22–24	207
Hdt. 8, 108	159, 163, 175, 178	Hdt. 9, 22–25	208
		Hdt. 9, 31	205, 209
Hdt. 8, 108 f.	175	Hdt. 9, 32	205
Hdt. 8, 109	162	Hdt. 9, 39	215
Hdt. 8, 110	175 f.	Hdt. 9, 4, 1	134, 144, 180 f., 203–205
Hdt. 8, 111	175 f., 178		
Hdt. 8, 112	176	Hdt. 9, 42	204
Hdt. 8, 113	59, 175, 178 f., 181 f., 190 f.	Hdt. 9, 46	158
		Hdt. 9, 47	158
Hdt. 8, 113, 2	191	Hdt. 9, 48	158
Hdt. 8, 114	190, 198	Hdt. 9, 49	215
Hdt. 8, 114, 1	191	Hdt. 9, 50	215
Hdt. 8, 115	180 f.	Hdt. 9, 51	215
Hdt. 8, 115–120	187	Hdt. 9, 57	215
Hdt. 8, 117	180, 187	Hdt. 9, 59	215
Hdt. 8, 118	180, 196	Hdt. 9, 63	207
Hdt. 8, 118 f.	180	Hdt. 9, 64	207
Hdt. 8, 120	181, 187	Hdt. 9, 65	151
Hdt. 8, 121 f.	167	Hdt. 9, 76	158
Hdt. 8, 126	169, 191, 194	Hdt. 9, 81	14
Hdt. 8, 127	194	Hdt. 9, 84 f.	208

Hdt. 9, 85	209	Ktes. § 1b, 5	107
Hdt. 9, 89	209 f.	Ktes. § 14	30
Hdt. 9, 89, 1 – 90, 1	210	Ktes. § 28	211
Hdt. 9, 96	191, 195, 203	Ktes. § 29	211
Hdt. 9, 97	203	Ktes. § 30	173
Hdt. 9, 98–105	216	Lykurg 1, 68	202
Hdt. 9, 99	202	Lykurg 1, 70	177
Hdt. 9, 100	191, 215	Lykurg 1, 72	200
Hdt. 9, 101	191, 215		
Hdt. 9, 102 f.	203	Nep. Pausanias 1, 1	158
Hdt. 9, 105, 1	193	Nep. Pausanias 2, 1	217
Hdt. 9, 106	216	Nep. Pausanias 2, 2–5	217
Hdt. 9, 107	191, 195	Nep. Pausanias 2, 3 f.	157
Hdt. 9, 107, 2 – 114, 1	220	Nep. Pausanias 2, 4	157, 217
Hdt. 9, 108	108, 187, 219	Nep. Pausanias 3, 3	158
Hdt. 9, 109	219	Nep. Pausanias 3, 5	158
Hdt. 9, 110	187, 219, 221	Nep. Them. 2, 1–4	68
Hdt. 9, 110, 2	221	Nep. Them. 8, 1 f.	176
Hdt. 9, 113	193, 220	Nep. Them. 8, 2	176
Hdt. 9, 114–121	215, 217		
Hdt. 9, 114, 2	195	Paus. 1, 8, 5	184
Hdt. 9, 116–121	194, 217	Paus. 1, 27	209
Hdt. 9, 119	122	Paus. 1, 28, 2	167
		Paus. 3, 7, 9 f.	206
Hieron. Comm.		Paus. 3, 11, 3	216
In Dan. 3, 11, 2b	29	Paus. 9, 2, 2	209
		Paus. 9, 2, 5	209
Hom Il. 2, 4–16	48	Paus. 9, 4, 1 f.	167
Hom. Il. 2, 6–75	47	Paus. 10, 14, 5	177
Hom Il. 2, 8–15	48	Paus. 10, 31, 9	147
Hom Il. 2, 20–34	48		
Hom. Il. 2, 51–81	48	PBS 2/1, 37	213
Hom. Il. 2, 53–75	48		
Hom. Il. 2, 84–86	32, 48	PF 60	212
Hom. Il. 2, 93–440	48	PF 348	212, 214
Hom. Il. 2, 110–114	47	PF 1848	212
Hom. Il. 2, 204 f.	49	PFort. 1902A–101: 19 f.	212
Hom. Il. 2, 212–244	48		
Hom. Il. 2, 306	48, 112	Philostrat. Imag. 2, 31	177
Hom. Il. 2, 362–366	49	Philostrat. Vita Apollonii	
Hom. Il. 2, 365 f.	47	1, 3	170, 184, 225
Hom. Il. 2, 381 f.	48	Philostrat. Vita Alexandri	
Hom. Il. 2, 444–446	32, 48	3, 28, Z. 26 f.	170, 184, 225
Hom. Il. 2, 455–785	48	Plat. Gorg. 483D	95
		Plat. nom. 3, 695a–e	222
IG I.2 927	168		
IG IV 556	206	Plin. nh. 34, 68	216
IG V.1 1	206		
IG XIV 1295	62	Plut. Alex. 37	216
		Plut. Alex. 40	127
Iust. 9, 1, 3	158	Plut. Arist. 14, 4–6	208
		Plut. Arist. 19, 1	207
Ios. c. Ap. 1, 172	152		

Belegstellen

Plut. Arist. 20, 3	167
Plut. Arist. 25, 10	162
Plut. De Herod. 43	210
Plut. Her. Malign. 35	162
Plut. Her. Malign. 38	168
Plut. Kim. 5, 5 f.	162
Plut. Kim. 10, 8	162
Plut. Kim. 14 f.	194
Plut. Kim. 16, 2	162
Plut. mor. 605E	162
Plut. mor. 859D	195, 206
Plut. parallela minora 2, 2, 1	214
Plut. Them. 4	67, 70
Plut. Them. 4, 2 f.	67 f.
Plut. Them. 7	130
Plut. Them. 13	122, 129, 165
Plut. Them. 19, 2–4	202
Plut. Them. 20, 3 f.	162
Plut. Them. 20, 4	162
Plut. Them. 22, 3	162
Plut. Them. 23, 1	162, 176
Plut. Them. 23, 2 f.	176
Plut. Them. 24, 3–7	88
Polyain. strat. 4, 3, 32	133, 221
Polyain. strat. 7, 15, 2	108
Polyain, strat. 7, 15, 3	59 f.
Polyain, strat. 7, 33, 3	209
Sach. 9, 13	152
Sargon II 73, 3	38
SEG 18, 153	150
SEG 39, 370	206
Sennacherib 15, vii 14	38
Sennacherib 136, i 10	38
Sennacherib 152, 1	38
Sennacherib 155, 24	38
Sennacherib 16, i 15	38
Sennacherib 17, i 11	38
Sennacherib 22, i 10	38
Sennacherib 23, i 9b	38
Sennacherib 24, i 9b	38
Sennacherib 27, ii 1	38
Sennacherib 46, 2b	38
Sennacherib 230, 5b	38
Šin-šarru-iškun 2, 7	38
Stesimbrotos von Thasos: FGrHist. 107, F 1–3	162
Strab. 9, 1, 13	174
Strab. 11, 6, 2 f.	210
Strab. 15, 3, 18	224
Suet. Cal. 19, 2	107
SZc § 3	55
TAD C2.1	77
Thuk. 1, 14	68
Thuk. 1, 14, 2 f.	67
Thuk. 1, 73, 3	179
Thuk. 1, 76	95
Thuk. 1, 90, 1 f.	188
Thuk. 1, 93, 3 f.	202
Thuk. 1, 94	217
Thuk. 1, 100, 1–3	194
Thuk. 1, 100, 2	194
Thuk. 1, 128, 7	157
Thuk. 1, 132, 1	158
Thuk. 1, 135, 1 f.	176
Thuk. 1, 135, 3	176
Thuk. 5, 111, 4	95
Tiglath-pileser III 35, ii 18	38
Tiglath-pileser III 37, 12	38
Tiglath-pileser III 39, 1	38
Timoth. Pers. 145–150	82
TuM 2/3, 147	213
TuM 2/3, 201	213
Val. Maxim. 2, 10, ext. 1	184
XEa § 1	117
Xen. Kyneg. 2, 3	164
Xen. Kyneg. 2, 4 f.	164
Xen. Kyneg. 2, 7–9	164
Xen. Kyneg. 6, 5 f.	164
Xen. Anab. 1, 10, 1	141
Xen. Anab. 2, 3	127
Xen. Anab. 2, 3, 10	130
Xen. Anab. 2, 3, 13	130
Xen. Anab. 3, 2, 20 f.	181
Xen. Anab. 3, 2, 34 f.	181
Xen. Anab. 3, 5, 16	202
Xen. Hell. 1, 5, 9	190, 205
Xen. Kyr. 1, 2, 1	92, 225
Xen. Kyr. 1, 6, 28	164

Xen. Kyr. 1, 6, 39	164
Xen. Kyr. 2, 4, 25	164
Xen. Kyr. 4, 6, 4	127
XPa § 1 f.	117
XPa § 3 f.	117
XPb §1 f.	117
XPc § 1 f.	117
XPc § 3	117
XPd § 1 f.	117
XPf § 1 f.	117
XPf § 4	35, 117, 174
XPf § 4 f.	16
XPh § 1 f.	117
XPh § 2	178
XPh § 3	26, 98, 152, 196
XPh § 4	44, 66, 102, 124, 147, 203
XPh § 4–6	197
XPh § 18 f.	116
XPl § 1	89, 92 f., 100, 104, 117, 120
XPl § 2	46, 76, 89, 93–98, 104, 123, 143 f., 155, 178
XPl § 2 f.	46, 95
XPl § 2–4	183
XPl § 2–6	92
XPl § 3	46, 90, 94–98, 101, 114, 120, 153 f.
XPl § 3 f.	110
XPl § 4	90, 94–98, 102, 111, 141, 143 f.
XPl § 4–6	94
XPl § 5	90, 94 f., 98 f., 153
XPl § 5 f.	33
XPl § 6	33, 46, 90, 94, 98 f., 109, 155
XPl § 7	91, 99–101, 105, 139, 144, 153 f.
XPl § 7–9	92
XPl § 8	75, 91, 100–103, 120, 128 f., 139
XPl §8 f.	144
XPl § 9	91, 102, 135, 144–146, 184
XPl § 10	76, 92, 103 f., 153, 220
XPl § 11	92 f., 104, 179, 221
XVa § 1 f.	117
XVa § 3	117